KB202973

성서 제대로 다시 읽기

성서 제대로 다시 읽기

2019년 12월 27일 초판 1쇄 발행
2023년 2월 27일 초판 2쇄 발행

지은이 | 마커스 J. 보그
옮긴이 | 염승철
펴낸이 | 김영호
펴낸곳 | 도서출판 동연
등 록 | 제1-1383호(1992. 6. 12)
주 소 | 서울시 마포구 월드컵로 163-3
전 화 | (02)335-2630
전 송 | (02)335-2640
이메일 | yh4321@gmail.com
인스타그램 | http://www.instagram.com/dongyeon_press

Copyright ⓒ 도서출판 동연, 2019

ISBN 978-89-6447-547-8 03230

Reading the Bible Again for the First Time

성서 제대로 다시 읽기

마커스 J. 보그 지음 | 염승철 옮김

동연

톰 할러에게
그리고 와이오밍주 링 레이크 목장의 공동체에
2000년 8월

머 리 말

오늘날 북미 그리스도인들 사이에서 가장 결정적인 단 하나의 쟁점은 성서와 관련된 갈등이다. 또 미국 문화에서 차지하는 그리스도교의 중요성 때문에 성서와 관련된 갈등의 중심에는 '문화전쟁'(the culture wars)으로 불렸던 것이 놓여 있다.

그 갈등은 성서 읽기의 두 가지 매우 다른 방식 사이의 논쟁이다. 나중에 이 책에서 사용하게 될 말로 하자면, 그것은 성서를 '문자-사실주의적'(literal-factual)으로 읽는 방식과 '역사-은유적'(historical-metaphorical)으로 읽는 방식 사이의 갈등이다. 전자는 그리스도교 근본주의자들과 많은 보수 복음주의적(conservative-evangelical) 그리스도인들에게 중심이 된다. 후자는 거의 한 세기 동안 주류 교단의 신학대학교에서 가르쳤던 방식이다. 대다수 목회자는 오래전에 그것에 대해 알았다. 지난 몇십 년간 역사-은유적 성서 읽기 방식은 주류 교회의 평신도들 사이에서 점차 일반적인 방식이 되었다.

이 책은 그 논쟁에서 역사-은유적 입장을 대변한다. 이 책에서 나는 두 공동체—성서 연구와 종교 연구를 하는 학문 공동체와 교회라는 종교 공동체— 속에서 내 삶으로부터 흘러나온 성서를 보고 읽는 하나의 방식을 말하려고 한다.

35년 넘게 나는 공립 및 사립대학, 종합대학교 및 대학원에서 연구하고 가르쳐왔다. 처음부터 내 연구의 전문 분야는 예수와 복음서였다. 그러나 나는 늘 히브리 성서(구약성서)에 대한 지속적인 관심이 있었고, 신약성서 입문과 좀 더 상급 수준의 신약성서 강의뿐만 아니라 히브리 성서도 꾸준히 가르쳤다.

이 책은 내가 이 경험으로부터 성서에 대해 배웠던 가장 중요하고 계몽적인 통찰을 포함하고 있다. 1부(세 개의 장)는 현재의 갈등을 분석하고, 성서에 대한 역사-은유적 접근법을 위한 토대를 마련한다. 2부와 3부는 이 접근법을 적용하여 독자에게 성서의 주요 부분을 소개한다. 2부에서는 네 개의 장에서 히브리 성서의 세 부분을 다루는데, 그것은 창조 이야기, 오경(Pentateuch)과 예언서 및 지혜서이다. 3부에서는 복음서, 바울과 계시록과 같은 신약성서의 주요 부분들을 탐구한다.

이 책의 많은 부분은 대학교에서 가르친 경험에서 나온 것이기 때문에 대학과 대학교 과정에서 유용할 것이라고 믿는다. 그리고 동시에 그리스도인 청중을 위해서도 글을 쓰고 있는데, 이러한 지향이 비그리스도인 독자들에게 방해가 되지 않기를 바란다. 후자의 범주에 속하는 독자들은 자신들이 때때로 그리스도인의 내부 대화(intra-Christian conversation)를 듣고 있다고 생각할 것이고, 아마도 그것을 재미있다고 여길지도 모르겠다.

이 책을 그리스도교와 관련시키고자 한 내 바람은 내가 사는 다른 공동체에서 흘러나온 것이다. 나는 학계에 몸담아 왔던 것보다 훨씬 더 오랫동안 그리스도교 세계 안에서 살아왔다. 나는 루터교회에서 자랐고 대략 서른 살까지 루터교 교인이었다. 그 후 거의 십 년 동안 제도권 교회에 대한 나의 참여는 아주 적었다. 내가 다시 교단에 들어간 것은 몇 년 동안 나와 "같은 영성"(kindred spirit)을 가졌던 장로교 교인들을 통해서였다. 그 경험은 정말로 자양분이 풍부했지만, 내가 좀 더 의식적(liturgical)이고 성례전적인(sacramental) 형식의 예배를 원한다는 것을 깨닫고, 나는 내가 아주 기꺼이 고향이라고 부르는 교단이자 전통인 성공회(聖公會, Episcopal Church)에 가입했다. 나는 자신을, 모든 영속적인 종교적 전통들의 정당성을 긍정하는 바로 그 순간에도, 그리스도교 전통 안에서 하나님과 함께 하는 삶에 헌신하고 있는 비문자주의적이고 비배타주의적인 그리스도인이라고 말한다.

따라서 성서의 역사적이고 문학적인 문제들을 다루는 것 이외에 그것의 종교적인 중요성, 특히 그리스도인들을 위한 중요성을 탐구하고자 노력해왔다. 이 책에서 내가 추구했던 핵심적인 목적 중 하나는 교회 안에서 성서와 관련된 현재의 갈등을 검토하고, 그리스도인들에게 성서를 읽고 이해하기 위한 설득력 있는 방식을 제공하는 것인데, 그것은 성서를 문자 그대로 읽지 않으면서도 진지하게 받아들이는 방식이다.

성서 읽기의 역사-은유적 접근을 전개하면서 나는 성서 전통에 대한 해석도 제시한다. 내가 여기서 제시하는 것은 성서를 읽고 이해하는 하나의 방식인데, 그것은 내 삶 전체의 경험으로부터 흘러나온 것이다: 성서를 공부하는 학생으로서 내가 받은 교육, 성서와 종교를 연구하는 선생으로서 내 직업, 그리스도인으로서 내 삶의 여정과 다른 사람의 삶의 여정을 통해 내가 배운 것.

분명히 말해서 이 책은 나 자신의 주관을 반영한다. 마치 내가 (혹은 누군가) 자신의 개인적이고 문화적인 역사의 외부에서 좋은 위치에 설 수 있는 것처럼, 객관성을 가장해봐야 아무 의미가 없다. 우리의 주관적인 것들에 대한 시험—그것들이 주로 편협하든, 개인주의적이든 혹은 심지어 자기도취적이든—은 그것들이 다른 것들에도 의미가 통하는가, 하는 것이다. 그래서 나는 여러분을 내가 이해한 성서를 읽고 이해하는 방식으로 초대하고, 그것이 여러분에게 얼마나 많이 이해가 되는지에 관하여 분별 있는 판단력을 이용하도록 권하고 싶다.

성서를 배우게 된 것에 대해 많은 사람에게 감사한다. 교회 안에서의 친교에 대해 감사한다. 비록 그것이 잊어야 할 많은 것들을 포함하고 있을지라도, 내 안에서 성서에 대한 애정과 그 중요성에 대한 지속적인 의식을 스며들게 하기도 했다. 과거의 교수님들에게도 감사드린다. 대학 시절에 폴 스폰하임(Paul Sponheim)과 로드 그루브(Rod Grubb) 교수(그 당시 두 분 모두 미네소타주 무어헤드Moorhead에 있는 콩코르디아대학Concordia College의 교수였다)는 성인 시절 종교와 성서에 대한 나의 관심을 불러일으켜 주신 주인공들이다. 대학원 교육을 받을 당시 옥스퍼드 대학원의 주임 교수였던 조지 B. 케어드(George B. Caird)는 말할 수 없이 중요한 분이시다.

나는 또 지난 몇 세기에 걸친 성서 연구에 관한 책들의 저자들과 교수협의회의 동년배 동료들에게도 빚을 지고 있다. 일부는 각주를 통해서 알렸지만, 그러나 일부는 그렇지 못했다. 이 책은 30년 이상의 교수 경험에서 나왔기 때문에, 나는 더는 내가 전한 많은 통찰의 출처를 기억할 수는 없다. 사실상 모든 경우에 있어서 나는 누군가로부터 그것들을 배웠다(완벽하게 독창적인 통찰력을 지닌 사람은 매우 드물다). 모든 기여자의 공을 이름으로 말할 수 없음을 사과했다.

나는 톰 할러(Tom Haller)와 와이오밍주의 두 보이스(Du Bois) 근처에 있는 에큐메니컬 수련원, 링 레이크 목장(Ring Lake Ranch)의 공동체에 이 책을 바치는 말로 끝맺으려 한다. 거기서 내 아내 마리안(Marianne)과 나는 8월 하순 두 주 동안 영성 수련을 함께 지도했었는데, 그동안 이 책을 끝마쳤다. 영성 수련 첫날에 세인트루이스의 그리스도 연합교회 목사인 톰 할러가 승마 사고로 심하게 다쳤다. 하루 동안 우리는 그가 살 수 있을지도 모를 상태였다. 그의 사고는, 특별히 우리가 그의 회복을 위해 기도할 때, 영성 수련 참가자들의 공동체를 매우 친밀하게 연합시켰다. 특별히 나는 링 레이크 목장의 직원들에게 감사하고, 특히 로버트 호스킨스(Robert Hoskins), 앤 미베인(Ann Mebane), 엘리 슈트워트(Elly Stewart) 그리고 그곳의 수련원장인 조안 건트젤만(Joan Guntzelman)에게 감사하고 싶다. 톰이 회복되었다고 전할 수 있어 행복하고, 이 책을 톰과 와이오밍 산속에서 두 주간 동안 풍요롭게 함께 생활한 그 사람들에게 바치게 되어 매우 기쁘다.

옮 긴 이 의 글

2015년 1월 어느 날 나는 슬픈 소식 하나를 접하고 하루종일 우울했던 기억이 난다. 하늘의 뜻을 알 수 있다는 나이 오십을 지나면서 내 마음속에서 신앙과 신학의 스승이 된 마커스 보그(Marcus J. Borg)가 하늘길 여행을 떠났다는 것이다. 물론 그는 나를 모를 뿐 아니라 나와 한 번도 만난 적이 없으며 나를 제자로 여긴 적도 없지만 말이다. 나와 그와의 만남은 순전히 그가 쓴 책을 통해서만 이루어졌을 뿐이다.

마커스 보그는 1942년에 태어난 '진실한' 신앙의 성공회 신자이자 우리 시대의 가장 영향력 있고 탁월한 신학자들 가운데 한 사람이다. 그는 존 도미니크 크로산(John Dominic Crossan)과 더불어 예수 세미나의 핵심적인 구성원이었고, 성서와 신학의 대중화에 힘쓴 진보적인 신약학 교수였다. 또한 그는 『예수의 의미』, 『첫 번째 바울의 복음』, 『첫 번째 크리스마스』, 『그리스도교 신앙을 말하다』, 『놀라움과 경외의 나날들』 등 수많은 베스트셀러를 쓴 열정적인 저술가였다.

이 책의 원제목은 *Reading The Bible for The First Time*이다. 나는 출판사와 협의 끝에 이 책의 제목을 『성서 제대로 다시 읽기』로 정했다. 마커스 보그는 이 책에서 오늘의 그리스도인들과 목회자들에게 옛 방식의 성서 읽기에서 새로운 방식의 성서 읽기로의 '대전환'을 암묵적으로 그러나 강하게 권고한다. 다시 말해서 이미 수명을 다한 기존의 렌즈를 벗어버리고 새로운 렌즈를 끼고 성서 전체를 '다시', '제대로' 읽으라는 것이다. 물론 이 책에서 그가 말하는 옛 렌즈는 전통적인 옛 방식의 성서 해석이고, 새 렌즈는 역사비평과 함께 그리고 그것을 넘어 옛 방식의 문자주의적 성서 해석을 뒤집어엎는 역사-은유적 성서 해석이다.

　나는 마커스 보그와 그의 책이 오늘뿐만 아니라 내일의 한국교회로부터 끊임없이 소환될 수 있다고 생각한다. 한국의 교회공동체를 이루고 있는 상당수의 그리스도인들은 아직도 문자주의에 얽매어 "비판적 사고 이전의 소박함"의 상태에서 벗어나지 못하고 있을 뿐만 아니라 그들을 인도하고 있는 목회자들도 '달을 가리키는 손가락'을 '달' 자체로 잘못 알고 오직 '손가락'만을 '하나님의 말씀'으로 여기고 있기 때문이다. 물론 보그의 책도 달을 가리키는 하나의 손가락일 뿐이다. 그러나 적어도 그의 책은 달을 '다시' 그리고 '제대로' 바라볼 수 있도록 이끌어주는 새로운 손가락일 수 있다.

　독자들이 쉽게 읽고 이해할 수 있도록 최대한 전문적인 용어를 피하고 매끄러운 번역을 하려고 했으나, 번역을 마치고 나서 보니 그렇지 못한 것 같아 마음이 무겁고 걱정이 앞선다. 우리 시대의 위대한 신학자들 중 한 명으로 손꼽히는 마커스 보그에게 누가되지는 않을까, 하는 생각이 들기 때문이다. 그러니 쉽게 이해가 되지 않거나 잘못된 부분이 있다면, 그것은 저자는 말할 것도 없고 편집자의 책임도 아니고, 전적으로 역자의 책임임을 미리 밝혀 둔다. 독자들의 예리하고 가차 없는 비판을 달게 받겠다. 그럼에도 불구하고 이 책이 어떤 형태로든 '신앙'에 관심이 있는 모든 사람들에게 조금이나마 도움이 되길 바란다. 아울러 기획, 편집, 출판에 노력을 아끼지 않은 도서출판 동연 김영호 대표님과 모든 직원들에게 깊은 감사를 드린다.

2019년 성탄절을 앞두고
염승철

차 례

제1부

렌즈를 통해
읽기

1 장

성서 제대로 다시 읽기

이 책의 제목, "성서 제대로 다시 읽기"(Reading The Bible Again for The First Time)의 핵심 단어는 '다시'(Again)이다. 그것은 나의 핵심 주장을 가리킨다. 지난 세기를 거쳐 오면서 옛 방식의 성서 읽기는 수많은 사람에게 설득력을 잃었고, 따라서 우리 시대에서 가장 긴급하게 필요한 것 중의 하나는 새로운 방식의 성서 읽기이다.

읽기와 이해하기는 함께 간다. 한편으로 무엇을 읽는가가 어떻게 이해하는가에 영향을 미칠 수 있다. 다른 한편으로, 나의 당면한 목적을 위해 더 중요한데, 성서를 이해하는 방식이 성서를 읽는 방식에 영향을 미친다. 우리가 하나의 본문 혹은 문헌 읽기에 무엇을 가져오는가, 하는 것이 그것을 어떻게 읽는가에 영향을 미친다. 돋보기안경을 사용하든 않든 간에 우리는 모두 렌즈를 통해 읽는다.

21세기에 접어들면서 성서를 읽을 새로운 렌즈가 필요하게 되었다. 근대성(modernity)에 의해 갈고 닦여진 옛 렌즈가 더는 많은 사람에게 효과가 없다. 이 렌즈는 교체될 필요가 있다. 곧 기술하게 될 옛 방식의 성서 읽기와 성서 이해는 엄청난 수의 사람들에게 성서를 믿을 수 없고, 자신들과 관련 없는 것으로 만들었다. 이것은 유럽과 북미에서 교회를 떠난 수많은 사람에게뿐만 아니라 계속해서 적극적인 교회생활을 하는 많은 그리스도인에게도 그렇다.

따라서 새로운 렌즈에 대한 필요성은 교회 자체 내에 존재한다. 옛 렌즈 덕분에 초기 세대의 그리스도인들은 성서를 그리스도인의 길을 따라가기 위한 광원(光源), 즉 그들의 발길을 비추는 등불로 경험할 수 있었다. 그러나 우리 시대의 많은 그리스도인에게 옛 렌즈는 불투명해졌고, 성서를 길을 막는 장애물로 바꾸어 버렸다.1 그렇지만 모든 그리스도인이 새 렌즈의 필요성에 동의하는 것은 아니다. 많은 이가 옛 방식의 성서 이해를 격렬하게 옹호하고 있다. 오히려 그들에게 위태로운 것처럼 보이는 것은 다름 아닌 성서와 그리스도교 진리 그 자체이다.

상충하는 렌즈

성서를 읽고 이해하는 방식과 관련된 갈등은 오늘날 북미 그리스도인들을 분열시키는 단 하나의 가장 큰 쟁점이다. 그 분열의 한편에

---

1 그 주장은 내가 들었던 한 진술에 제시되어 있는데, 그것은 간접적으로 성서에 관한 최근의 베스트셀러 *The Good Book* (New York: William Morrow, 1996)의 저자인 고메스(Peter Gomes)의 말로 생각된다. 고메스의 정확한 말을 확신하지 못하기 때문에, 나는 인용 부호를 사용하지 않는다. 그 진술의 요지는 다음과 같다: 성서가 복음 선포에 방해가 되었는가?

는 근본주의자들과 많은 보수 복음주의적 그리스도인들이 있다. 다른 한편으로 온건한 자유주의적(moderate-to-liberal) 그리스도인들이 있는데, 그들은 주류 교단에 속해 있다.2 그 두 집단을 분리시키는 것은 성서에 관한 세 가지 근본적인 질문—성서의 기원과 권위 및 성서 해석에 대한 질문—을 이해하는 두 개의 매우 다른 방식이다.

자신들을 '성서를 믿는 그리스도인들'(Bible-believing Christians)로 부르는 첫 번째 집단은 일반적으로 성서를 틀림이 없고, 확실한 하나님의 말씀으로 이해했다.3 이 신념은 성서의 기원을 이해하는 그들의 방식에서 나온다. 다른 책과 달리 성서는 하나님에게서 온 것이라는 신념이다. 신적인 산물로서 성서는 하나님의 진리이고, 성서의 신적인 기원은 그 권위의 근거이다. 오늘날 자동차 범퍼 스티커에 대담하게 쓰여 있는 것처럼, "하나님이 말씀하셨고, 나는 그것을 믿으며, 그것으로 만사가 해결된다." 그 스티커가 이러한 입장을 지지하는 많은 사람에게는 부당할지 모르지만, 그것은 비평가가 아니라 옹호자에 의해 만들어졌다.

이러한 그리스도인들에게, 특정한 구절의 언어가 분명하게 은유

---

2 주류 개신교 교단에는 대부분의 옛 개신교 교회들이 포함되어 있다. 그 중에는 그리스도 연합교회(the United Church of Christ), 성공회(the Episcopal Church), 연합감리 교회(the Methodist Church), 미국 장로교회(the Presbyterian Church USA), 미국 복음주의 루터교회(the Evangelical Lutherana Church in America, 가장 큰 루터 조직), 그리스도인 교회-제자회(the Christian Church-Disciples), 미국 침례교회 (the American Baptists), 퀘이커(Quakers) 그리고 일부 다른 교회들이 포함된다. 성서에 관해서 가톨릭교회는 근본주의자들이나 보수 복음주의 교회들보다는 주류 개신교 교회들과 더 많은 공통점을 갖고 있다.

3 성서에 대한 보수적인 태도들의 변형에 관한 중요한 논문을 위해서는 Gabriel Fackre, "Evangelical Hermeneutics: commonality and Diversity," *Interpretation* 43 (1989), 117-129 참조.

적이지 않다면, 성서는 문자적으로 해석되어야 한다. 그들의 관점에서 보면, 비문자적 해석을 하도록 허락하는 것은 성서의 권위를 교묘히 피해서 우리가 원하는 대로 성서가 말하도록 만드는 문을 여는 것이다. 그들은 보통 자신들이 성서를 가장 진지하게 읽는다고 여기고, 온건한 자유주의적 그리스도인들이 성서의 의미를 약화시키고 그 권위를 무효로 만든다고 비판한다. 또 그들은 일반적으로 자신들이 '옛 시대의 종교'(the old-time religion), 즉 근대 이전의 그리스도교를 증언하고 있다고 생각한다. 그러나 나중에 보게 될 것처럼, 사실상 그들의 접근법은 그 자체가 근대적이고, 주로 특정한 형태의 19세기와 20세기 개신교 신학의 산물이다. 더욱이 그들의 접근법은 성서가 최대의 목소리를 내게 하기보다는, 오히려 사실상 성서를 단단한 신학적 구조 안에 가두어 놓는다.[4]

두 번째 집단의 그리스도인들은 그 대다수가 주류 교회에서 발견되는데, 그들은 자신들이 생각에 그릇되게 보이는 성서 이해에 대해서는 단호한 거부 의사를 표한다. 반면에, 자신들이 이해하는 성서에 대해서는 상대적으로 분명하지 않은 입장을 보인다. 그들은 성서의 많은 부분을 문자 그대로, 즉 역사적 사실로 혹은 하나님의 뜻을 표현하는 것으로 읽을 수 없다고 강하게 확신한다. 물론 이런 결론에 이른

---

4 L. William Countryman, *Biblical Authority or Biblical Tyranny?* (Harrisburg, PA: Trinity Press International, 1994), IX-X. "이러한 그리스도인들은 성서적 권위의 본질이 완벽하게 분명하다고 생각한다. 그들은 종종 성서는 오류가 없다고 말한다. 그렇지만 사실상 그들은 주로 19세기에 형성된 보수 개신교 신학을 지지하면서 암묵적으로 성서의 권위를 저버렸다. 그들은 근본주의 신학에 성서적 우위를 주는 일련의 인용들을 가지고 근본주의 신학을 지지하지만, 그러나 그것은 그들의 성서 읽기를 너무도 철저하게 미리 결정해서 성서를 그들 교회의 어떤 독립적인 목소리를 가지고 있는 것으로 말할 수 없다." 컨트리맨(Countryman)의 책 전문을 강력하게 추천한다.

일부 사람들은 교회를 떠난다. 그러나 많은 사람은 계속해서 교회 내에 머물면서 성서문자주의를 넘어 설득력 있고 강력한 방식의 성서 이해를 추구하고 있다.

그들의 수는 증가하고 있다.[5] 주류 그리스도인들 속에서 현대 성서 연구에 대한 요구가 그렇게 컸던 적은 이전에 결코 없었다. 그들은 더 역사적이고 은유적인 성서 읽기에 강하고 긍정적인 반응을 보이고 있다. 주류 교회의 평신도 층에서도 주요한 성서의 탈-문자주의화(de-literalization)가 진행 중이다.

이러한 그리스도인들은 자신들이 성서문자주의자가 될 수 없다는 것을 확실하게 알고 있음에도 불구하고, 성서의 기원과 권위를 정말로 어떻게 이해하는가에 대해서는 그리 분명치 못한 태도를 보인다. 그들은 종종 성서가 '하나님의 말씀' 혹은 '하나님의 영감으로 된' 것이라고 말함이 무슨 의미인지 확신하지 못한다. 그들은 성서의 권위를 무오성(infallibility)에 두는 것은 거부하지만, '성서의 권위'가 무슨 의미인지에 대해서는 확신하지 못했다.

따라서 심지어 주류 교단들 내에서도 성서를 읽고 이해하는 방식에 대한 갈등이 있다는 것은 놀랄 일이 아니다. 전국적인 차원에서 이들 교단 중의 대다수에게는 성서 권위의 상실로 인식하는 것에 저항하는 소수자 운동의 목소리가 있다. 지역적인 차원에서 일부 교인들

---

5 주류 그리스도인의 수가 증가하고 있음을 의미하는 것이 아니다. 사실상 모든 사람이 알고 있듯이 주류 교회들의 교인 수는 지난 40여 년 동안 급격히 줄어들고 있다. 그 이유는 다음과 같은 것이다: 모든 사람이 하나의 교회에 속할 것이라는 문화적 기대가 있을 때, 주류 교단들은 대단히 성공했다. 왜냐하면 그들은 그리스도인이 되는 안전하고 문화적으로 존경할만한 방법을 제공했기 때문이다. 일단 그런 문화적 기대가 사라지자 (20세기의 마지막 1/3이 그랬듯이) 그 교단들의 교인 수는 줄어들었다. 그러나 주류 교단 교인들 중에서 현대 성서 연구에 대한 욕구는 주목할 만하다.

은 성서를 이해하는 방식에 관해 날카롭게 분열되어 있다. 많은 보수적인 그리스도인 가정에는 한 명 이상이 교회 다니는 것을 그만두거나 혹은 자유주의적 교회의 교인이 된 구성원이 있다. 그 반대의 경우도 마찬가지이다. 많은 자유주의적 그리스도인 가정들은 가족 구성원 중 한 명 이상이 보수적인 그리스도인이 되는 것을 보아왔다. 일부 가정은 이 갈등을 은혜롭게 처리할 수 있었다. 그러나 많은 가정에서는 그것이 분열, 슬픔과 개탄(hand-wringing)의 원천이었다.

성서와 관련된 갈등은 세 가지 쟁점에 관한 토론에서 가장 공개적으로 볼 수 있다. 첫째, 일부 그리스도인 집단에서 '창조 대 진화'는 성서에 대한 충성도의 주요한 리트머스 검사이다. 두 번째 쟁점은 동성애이다. 현재 활동 중인 동성애자들이 교회의 온전한 구성원일 수 있는가? 동성애자 연인의 결혼은 축복받을 수 있는가? 동성애자는 목사 안수를 받을 수 있는가? 이 논쟁은 종종 성서의 권위를 받아들이거나 혹은 거부하는 형태로 제시했다.

갈등의 세 번째 피뢰침(lightning rod)은 현대의 역사적 예수 연구이다. 지난 십 년 동안 역사적 예수 연구는 광범위한 매체의 주목과 특히 주류 그리스도인들 속에서 대중적인 관심을 이끌었다. 그러나 그것은 근본주의자들과 보수 복음주의적 그리스도인들 속에서 강한 부정적 반작용을 일으켰다. 그들의 관점에서 보면, 복음서의 역사적 사실성에 의문을 제기하는 것은 바로 그리스도교의 토대를 뒤흔드는 것이다.

갈등의 근원

근본주의자들과 보수 복음주의적 그리스도인들 사이의 경계는 그 선을 긋기가 힘들다. 근본주의자는 "어떤 것에 화가 난 복음주의자"[6]로서 정의되었다. 그러나 일부 보수 복음주의자들은 근본주의자가 아니다. 예를 들어 창조에 관한 성서 이야기의 문자적 사실성 혹은 예수의 말이라고 생각되는 모든 말의 완전한 역사적 정확성을 옹호하는데 전혀 관심이 없다. 그러나 그들의 공통점은 성서의 기원에 근거를 둔 성서의 권위에 대한 이해이다. 성서는 하나님에게서 온 것이기 때문에 사실이라는 것이다.

근본주의 자체—그리스도교와 유대교든지 혹은 이슬람이든지—는 근대적이다. 그것은 근대 문화에 대한 반응이다.[7] 확인할 수 있는 하나의 종교 운동으로서 그리스도교 근본주의는 19세기 후반을 그 근간으로 해서 20세기 초 미국에서 비롯되었다.[8] 그것은 특별히 다윈주

---

6 George M. Marsden, *Understanding Fundamentalism and Evangelicalism* (Grand Rapids, MI: Eedmans, 1990), 1에서 폴웰(Jerry Falwell)이 말한 것이다. 마르스덴(Marsden) 자신도 이 정의를 약간 확대한다. "미국의 근본주의자는 교회의 자유주의 신학과 문화적 가치 및 관습에 대한 반대에 공격적인 복음주의자이다." 마르스덴은 "근본주의자는 복음주의자의 아류(subtype)다"라고 단언한다. 미국의 근본주의와 복음주의와의 관계에 대해서는 Marsden, *Fundamentalism and American Culture* (Oxford: Oxford Univ. Press, 1980) 참조. 두 권의 책은 내게 특별히 이해를 돕고 공정하다는 인상을 준다.

7 그리스도교, 유대교 그리고 이슬람 근본주의(이들 모두 근대 문화에 대한 반작용으로 이해된다)에 관한 중요하고 새로운 연구인 Karen Armstrong, *The Battle for god* (New york: Knopf, 2000)을 보라.

8 앞의 각주 6에 인용된 마르스덴의 책들을 보라. 명확하게 '근본주의'로 알려진 운동의 기원은 보통 *The Fundamentals*로 명명된, 1910년과 1915년 사의의 출판된 12권 책으로 거슬러 올라간다.

의와 이른바 '고등비평'(그것은 주로 19세기 독일에서 성행했을 때 성서의 학문적 연구를 의미했다)에 반대해서 성서의 무오성(infallibility)과 무류성(inerrancy)을 강조했다.

복음주의적 성서 이해의 기원은 더 오래되었으며, 16세기 종교개혁 때로 거슬러 올라간다. 종교개혁은 교회의 권위와 전통을 '유일한 성서의 권위'로 대체하였다. 두 명의 가장 중요한 종교개혁 지도자인 장 칼뱅과 마르틴 루터는 성서의 권위에 대해 강하게 인식하고 있었다. 그러나 성서가 틀림없는 진리라고 주장되었던 것은 종교개혁 2세대와 3세대 때였다. '완전영감설'(Plenary inspiration)—성서는 하나님에 의해 받아쓰기 된, 그래서 오류가 없다는 개념—은 그 후기 종교개혁자들에 의해 강조되었다.[9]

이러한 발전이 상대적으로 최근이라는 것을 알아차리는 것은 중요하다. 성서는 오류가 없고 틀림없다는 근본주의자들과 보수 복음주의자들의 분명한 기술(description)은 고대적 및 전통적인 교회의 목소리라고 주장할 수 없다. 그러나 근본주의와 '하나님의 말씀'(따라서 오

---

9 *David Noel Freeman* ed., *The Anchor Bible Dictionary* (New York: Doubleday, 1972), vol. 5, 1017-1056의 '성서의 권위'에 관한 매우 도움이 되고 흥미로운 논문을 보라. 그 논문은 많은 저자에 의해 쓰였다. 맥킴(Donald K. Mckim)은 2, 3세대의 종교개혁가들이 '완전 영감설', 즉 성서는 하나님의 영감에 의해 쓰였다는 개념, "… 본질로 영감의 '받아쓰기' 이론"을 확언했다고 말한다(1034). 대략 루터 시대 100년 후에 루터파 퀸스테트(Johann Quenstedt, 1617-1688)는 성서의 책들은 "…그 원래 본문에서 결코 틀림없는 진리이고 전혀 오류가 없다. … 성서에서 우리에게 제시된 모든 것은 그것이 교리, 윤리학, 역사, 연대기, 지리에 관련된 것이든 아니든 절대로 진실이다" 등등을 기록했다. 레벤트로우(Henning Graf Reventlow)는 다음과 같이 기록하고 있다: 이것은 루터로부터 시작된 중요한 변화였다. "루터에게 성서는 설교를 통해 선포되는 살아있는 하나님의 말씀인 반면, 정통체제에서는 글로 써진 형태로서 계시와 동일시된다"(1035).

류가 없는)으로서 성서 개념은 오랫동안 대다수 그리스도인에 의해 넓게 공유되었던, 성서를 보는 보다 오래된 전통적 방식 속에 그 뿌리를 두고 있다.

옛 방식의 성서 이해

보통 사람들은 상대적으로 최근에 이르러서야 비로소 성서를 읽었다. 약 500년 전까지만 해도 성서는 라틴어, 그리스어, 혹은 히브리어를 알고, 손으로 쓴 필사본을 접할 수 있는 매우 적은 수의 사람들만이 읽을 수 있었고, 그 필사본은 값이 비싸고, 그래서 희귀했다. 두 가지 발전이 이 상황을 바꾸어 놓았다. 1400년대 중엽에 인쇄기가 발명되었다. 이후 백 년이 채 못가서, 주로 종교개혁 때문에, 성서는 고대의 '신성한'(sacred) 언어로부터 동시대의 언어들로 번역되었다.

읽을 수 있는 사람은 누구든지 성서를 손에 넣을 수 있다는 것은 은총이자 저주였다. 분명히 그것은 그리스도교의 민주화를 낳았다. 이제 더는 성서의 보고(寶庫, the riches)가 교육받은 엘리트에게만 알려지지는 않았다. 그러나 부정적인 결과도 있었다. 그것은 성서에 대한 개인주의적 해석을 가능하게 하였다. 그리고 개신교 종교개혁(Protestant Reformation)에 의해서 성서에 부여된 높은 지위와 결합되어, 다수의 교단과 종파주의 운동으로 그리스도교의 분열을 이끌었는데, 그 각각은 서로 다른 성서 해석을 바탕으로 했다.

더욱이 인쇄기의 발명 이전에는 사실 그 누구도 성서의 책들이 단한 권으로 함께 묶인 것을 보지 못했었다. 그보다는 오히려 성서는 일반적으로 별개 사본들의 모음집으로 경험되었다. 실제로 고대와 중세 동안 성서는 가장 자주 복수형의 '경전들'(scriptures), 즉 책들의 모음집으로 불렸다. 일단 성서가 관례대로 단 한 권으로 묶이자마자, 그것을 단 하나의 저자(다시 말해, 하나님)를 가진 단 한 권의 책으로 간주하는 것이 더 쉽게 되었다.

그때 이후로 최근까지 대다수 그리스도인(특히 개신교인)은 성서를 보고 읽기 위한 한 세트의 렌즈를 공유하였다. 사실 이런 식으로 성서를 보는 방식은 너무도 널리 퍼져서 대다수 그리스도인은 그 렌즈를 인식조차 하지 못했다.

이러한 옛 방식의 성서 이해는 '천부적 문자주의'(natural literalism) 로 불리어왔다. 천부적 문자주의 상태에서 성서는 아무런 노력 없이 읽히고 받아들여진다. 이 상태에 있는 사람은 다르게 생각할 이유가 없기에, 성서의 문자적 읽기에는 어떠한 문제도 제기되지 않는다.

천부적 문자주의는 '의식적 문자주의'(conscious literalism)와는 상당히 다르다. 의식적 문자주의는 성서의 문자적 읽기에 의해 제기되는 문제들을 인식하지만, 그럼에도 그것을 고집하는 근대적 형태의 문자주의이다.[10] 천부적 문자주의는 노력이 필요 없는 반면, 의식적 문자주의는 노력이 필요하다. 의식적 문자주의는 '신앙'(faith)을 필요로 하는데, 그 신앙은 믿기 힘든 것을 믿는 것으로 이해된다. 그러나 천부적 문자주의는 문자적 해석을 고집하지 않는다. 오히려 그것을 당연하게 여기고, 그러기 위해 '신앙'을 필요로 하지 않는다.

근본주의자들과 많은 복음주의자는 의식적 문자주의자이다. 그러

---

10 천부적 문자주의 그리고 천부적 문자주의와 의식적 문자주의의 차이에 대해서는 Paul Tillich, *Dynamics of Faith* (New York: Harper& Row, 1957), 3, 51-53.

나 그들의 성서 이해 방식은 지난 세기들의 천부적 문자주의와 상당한 연속성에 있다. 천부적 문자주의의 렌즈를 통해 성서를 보는 것은 독자들을 성서의 기원, 권위 그리고 해석에 관한 다음과 같은 결론들—의식적 문자주의의 결론들과 비슷한 결론들—로 이끌었다.

1. **기원**. 성서는 신적인 산물이다. 그것은 수 세기에 걸쳐 그리스도인들이 성서에 관해 어떻게 말해왔는가에 대한 자연스러운 혹은 즉각적인 의미이다. 성서는 성령의 영감으로 된 하나님의 말씀이다: 그것은 신성한 경전이다. 따라서 성서는 인간의 산물이 아니라 다른 책과는 전혀 다른 방식으로 하나님에게서 온 것이다.

2. **권위**. 그러므로 성서는 사실이고 권위가 있다. 성서의 진리성과 권위는 그것의 기원을 토대로 한다. 신적인 산물로서 성서는 사실이라는 신적인 보증을 지니고 있고, 무엇을 믿고 어떻게 살지에 관한 궁극적인 권위로서 진지하게 받아들여져야 한다.

3. **해석**. 성서는 역사적으로 그리고 사실적으로 옳다. 천부적인 문자주의에서는 성서가 일어났다고 말하는 것이 실제로 일어났다는 것을 당연하게 여긴다. 유일한 예외는 명백하게 은유적인 언어인데, 예를 들어 "기뻐서 그 손으로 박수를 치는 산들" 같은 표현이다. 천부적인 문자주의자는 은유를 인식하고 이해할 수 있다. 그러나 성서가 발생했던 어떤 일을 보도하고 있는 것처럼 보일 때, 그 일은 발생했다. 게다가 성서의 사실성을 믿는 것은 어떠한 노력도 필요로 하지 않는다. 천부적인 문자주의에서는 다르게 믿을 아무

런 이유가 없기 때문이다.

비록 이 책의 독자들은 성서를 이런 식으로 이해하지 않을 것이지만, 그럼에도 그 관점은 친숙하다. 그러한 친숙함은 부분적으로 그리스도교 내에서 최근까지 보유한 전통적인 지위로부터 나온 것이다. 2, 3세대 이전 대부분의 우리 조상들은 천부적 문자주의자였다. 우리 중 나이가 더 든 사람들에게는 아마도 우리의 부모조차 천부적 문자주의자일 것이다.

우리 중 많은 사람은 이런 전통에 깊이 빠져 자라왔다. 나도 그랬다. 지난 세기 중반에 루터교회에서 자란 아이로서 나는 성서를 '하나님의 말씀'으로 들었다. 그러므로 내가 성서를 진지하게 받아들여야 한다는 것은 분명했다.

주일학교에서 우리는 십계명을 암기할 것으로 기대되었다. 십계명은 성서에 있고 하나님의 율법이기 때문에 중요한 것이었다. 우리는 "예수 사랑하심은… 날 사랑하심"이라는 찬송가를 불렀는데, 우리는 이것을 어떻게 알았을까? "성서가 나에게 그렇게 말하기 때문이다." 대부분 개신교인과 마찬가지로, 우리 루터교 교인은 성서를 신앙과 도덕의 유일한 권위로 간주했다. 비록 나는 그 당시에 sola scriptura—'오직 성서'—라는 라틴어 어구를 알지 못했지만, 그것은 개신교 종교개혁의 슬로건 중 하나였다. "내 주는 강한 성이요"라는 종교개혁의 위대한 찬송과 똑같은 멜로디로 우리는 다음과 같이 찬송을 불렀다.

하나님의 말씀은 우리의 위대한 유산이고,

영원히 우리의 것이 되시니

대대로 그 빛을 전파하는 것은

우리의 주요한 사명일 것이다.

평생토록 우리의 길을 인도하시고,

죽음 속에서 우리가 잠시 머무는 곳이니

주께서 허락하사, 세상이 지속되는 동안,

우리는 그 가르침을 순전히 지키리니,

대대로.

내 가족과 교인들은 근본주의자가 아니었다. 오히려 우리는 천부적 문자주의자이다. 비록 우리는 '유연한 문자주의'(soft literalism)라고 부르는 것을 지지했지만 말이다. 예컨대 우리는 창세기의 창조 이야기를 문자적으로 읽어야 한다고 주장하지는 않았다. 6일 동안의 창조를 여섯 번의 지질학적인 시대로 보는 것은 괜찮았다. 우리는 공룡의 존재나 화석에 관한 기록을 부인할 필요가 없었다.

그러나 '유연한 문자주의자'로서 우리는 성서의 가장 중요한 사건들이 거의 보도된 대로 발생했다는 것을 당연하게 여겼다. 출애굽 당시에 바다는 정말로 나누어졌고, 고대 히브리인은 그 사이를 건너갔다. 예수가 정말로 동정녀에게서 탄생했고, 정말로 물 위를 걸었고, 정말로 빵의 양을 크게 늘였으며, 기타 등등의 사건을 당연하게 여겼다. 이것이 '유연한 문자주의'가 의미하는 것이다. 성서에 보도된 가장 중요한 사건들은 실제로 일어났다고 당연하게 여기는 것이다.

이러한 옛 방식의 성서 이해는 그리스도교를 이해하는 옛 방식과 병행한다. 그와 같은 연결의 이유는 분명하다. 성서는 수 세기를 거쳐 이루어진 그리스도교의 토대였다. 성서를 이해하는 방식과 그리스도교를 이해하는 방식은 일치한다는 말이다.

옛 방식의 그리스도교 이해

이 옛 방식의 그리스도교 이해는 한 세기 전까지만 해도 전통적인 그리스도교였다. 그것은 근본주의자들과 많은 보수적인 그리스도인들 속에서 여전히 일반적인 이해이다. 나는 그것을 여섯 개의 형용사를 가지고 기술하고 그 각각을 간단하게 설명할 것이다.

첫째, 이미 언급했듯이, 옛 방식의 그리스도교 이해는 (보다 완고한 형태이든 보다 유연한 형태이든 간에) **문자주의적**(literalistic)이었다.

둘째, 그것은 **교리적**(doctrinal)이었다. 그리스도인이 된다는 것은 그리스도교의 핵심 교리 내용을 믿는 것을 의미했다. 사도신경이나 혹은 니케아신경을 자주 사용하는 교회에서 만약 당신이 기도하지 않거나 혹은 그 구절의 어떤 부분에서 침묵하지 않고 신경을 말할 수 있다면, 당신은 '진정한' 그리스도인이 되는 것이다.

셋째, 상당히 **도덕주의적**(moralistic)이었다. 이것은 두 가지를 의미한다. 첫 번째 측면은 그리스도인이 된다는 것은 선한 사람이 되기 위해 노력하는 것을 의미하고, 선하다는 것은 '하나님의 율법'으로 이해된(의에 대해 좁고 매우 구체적인 규칙으로 이해하든 혹은 더욱 넓게 황금률이나 혹은 이웃을 자신처럼 사랑하는 것과 같은 일반원리로 이해하든 간에) 성서의 윤리적 가르침에 일치되게 살아가려고 노력하는 것을 의미했다.

그리스도교를 바라보는 옛 방식에서 이해되는 도덕주의의 두 번째 측면은 우리가 선을 잘 행하지 못한다는 사실에서 나왔다. 이러한 옛 방식의 그리스도인 되기는 죄, 죄책감 그리고 용서의 동력을 중심으로 한다. 사실 죄와 죄에 대한 용서가 이 오래되고 전통적인 그리스도교의 형태에서 얼마나 핵심적인가라는 것은 놀라운 일이다. 대다수 그리스도인의 예배는 죄의 고백을 포함하고 있고, 대부분의 성찬식(미사와 주의 만찬, 즉 성찬식으로 알려진)은 그 중심에 죄, 희생 그리고 용서를 두고 있다. 심지어 꽤 자유주의적인 교회들조차도 죄와 용서를 강조한다. 나는 최근에 자유주의적 그리스도교의 분위기 속에서 이루어진 한 주간의 회의에서 이것을 보고 충격을 받았다. 매일 아침 예배는 죄의 고백으로 시작한다. '아침 9시인데, 우리는 벌써 나쁜 사람이 되어버렸네'라고 마음속으로 생각했다.

넷째, 이 옛 방식의 그리스도교 이해는 **가부장적**(patriarchal)이었다. 그것은 하나님과 사람들에 대해 주로 남성 언어를 사용할 뿐만 아니라, 교회, 사회 그리고 가정에서 남성 지배적인 위계질서(hierarchies)를 정당화했다.

다섯째, **배타주의적**(exclusivistic)이었다. 완고한 형태로서 그리스도교 배타주의는 예수가 구원의 유일한 길이고, 그리스도교는 유일한 참 종교라는 주장이다. 또 이런 주장에 불편함을 느끼지만, 전통적인 입장을 놓아 버리면 비그리스도인이 될지도 모른다고 두려워하는 그리스도인들이 가지고 있는 더 유연한 형태의 배타주의도 있다.

여섯째이자 마지막으로 옛 방식의 그리스도교 이해는 **내세 지향적**(afterlife-oriented)이었다. 내가 어릴 때 배웠던 그리스도교에서 구원의 주된 의미는 '천국에 가는 것'이었다. 실제로 천국은 너무도 중요해서, 만약 당신이 열두 살 때쯤의 나에게 내세가 없다는 것을 납득시킬 수 있었다면, 나는 그리스도인이 되어야 한다는 그 어떤 생각도 갖지 않았을 것이다. 천국이 그리스도인에게는 전부였던 것이다.

요약해서 이러한 옛 이해 방식을 한 문장으로 말하자면 다음과 같다. "나중에 구원을 받기 위해 지금 그리스도인이 되십시오." 약간 다른 말로 같은 개념을 표현하자면, "나중에 천국에 가려면 지금 그리스도교를 믿으세요." 그리고 그 강조점은 '믿음'에 있는데, 이 모든 것이 사실이라고 믿는 것이다.

그러나 성서와 그리스도교에 대한 이러한 방식의 이해는 서구 문화의 대다수 사람에게 느슨해졌다. 우리 선조 대부분이 가졌던 천부적 문자주의가 거의 사라졌던 것처럼, 나의 어린 시절의 천부적 문자주의도 오래 갈 수 없었다. 물론 의식적 문자주의는 남아있다. 그러나 우리 중 많은 사람에게 그것은 선택권이 아니다.

이러한 옛 시각이 종종 그리스도인들과 비그리스도인들 모두와 (그것을 변호하는) 보수주의자들과 (그것을 거부하는) 자유주의자들 모두에 의해 전통적인 그리스도교로 간주된다는 점을 언급하는 것은 중요하다. 그러나 성서와 그리스도교에 대한 이러한 옛 방식의 이해는 '그리스도교 전통'이 아니다. 오히려 그것은 지난 수 세기의 상황에 의해 형성된 것으로서 역사적으로 영향받은 (성서를 포함한) 전통에 대한 이해 방식이다. 그러므로 문제는 그리스도교 전통을 지키느냐 혹은 버리느냐에 있지 않고, 그것을 이해하는 하나의 방식으로부터 또 하나의 방식으로의 전환(transition)에 있다. 그 문제는 성서 전체와 그리스도교적 전통을 읽고 이해하는 렌즈와 관련되어 있다.

다시 보기: 우리의 문화적 맥락

왜 성서를 읽고 이해하는 이러한 옛 방식이 설득력을 잃었을까? 왜 옛 렌즈는 더는 작동하지 않는 것일까? 주된 이유는 다음과 같다. '우리는 무엇이 되었는가'라는 것이다. '우리'라는 말에서 나는 21세기가 시작되는 근대 서구 문화 속에 있는 우리 대부분을 의미한다. 나는 네 가지 진술로 우리가 무엇이 되었는가를 기술할 것이다. '우리는 누구인가' 하는 문제에 대한 포괄적인 기술은 아닐지라도, 이 진술들은 우리가 성서, 그리스도교 그리고 종교를 더욱 폭넓게 이해하는 방식에 영향을 끼친 네 가지 요소를 제시했다.

종교 다원주의

우리는 종교 다원주의(religious pluralism)**를 알고 있다.** 심지어 백년 전까지만 해도 거의 모든 사람은 대부분의 인류 역사 동안 지니고 있지 않았던 방식으로 세계의 종교들을 인식하고 있었다. 우리는 다양한 정도와 다양한 방식으로 다른 종교들에 대해 알고 있다. 대학의 종교 교과과정으로부터 혹은 우리 자신의 독서로부터 혹은 조지프 캠벨(Joseph Cambell)과 휴스턴 스미스(Huston Smith)가 주연으로 나오는 공영 텔레비전 시리즈로부터 혹은 다른 전통의 사람들과의 개인적인 친분으로부터 알고 있다는 말이다. 이것은 단순히 증가하고 있는 우리의 세계적 인식의 일부다.

그러므로 우리 중 다수는 그리스도교 전통의 배타적인 주장들을 수용하는 것이 불가능하다는 것을 알고 있다. 이것은 상식적인 이유와 그리스도교 신학적 이유 때문이다. 전 우주의 창조자가 단지 하나의 종교적 전통에서만, 그것도 (다행스럽게) 우리 자신의 것에서만 알려진다는 것이 이치에 맞는가?

더욱이 그런 주장은 그리스도교 전통의 은총의 중심성과 조화를 이루기가 어렵다. 만약 누군가가 하나님과 올바른 관계를 맺기 위해서 그리스도인이 되어야 한다면, 그것은 하나의 필요조건이 있는 것이다. 그렇다면 정의상(by definition) 은총의 언어를 사용할지라도, 우리는 더는 은총에 대해서 말하지 않는다고 할 수 있다.

역사-문화적 상대성

우리는 역사-문화적 상대성(historical and cultural relativity)을 인식하고 있다. 조금 다른 말로 말하자면, 우리는 역사-문화적 영향에 대해서 알고 있다. 우리는 사람들의 사고방식이 사회적이고 경제적인 계층뿐만 아니라 그들이 사는 시간과 장소에 의해 편만하게 형성됨을 알고 있다. 이것은 더 이른 시기와 다른 장소들의 사람들뿐만 아니라 우리에게도 적용된다. 우리의 개념, 이미지, 언어, 지식, 신념은—심지어 우리의 사고 과정 자체도— 모두 문화에 의해 깊게 형성된다. 그것들은 모두 그것들이 생겨난 시간과 장소에 의해 영향을 받으며 그와 관련된다. 따라서 (성서나 혹은 우리의 전통적인 종교적 가르침과 같은) 이러한 범주로부터 어떤 것을 제외하려는 시도들에 대해 의심하는 것처럼, 우리는 가르침의 어떤 모음집이 절대적 진리 혹은 유일한 진리일 수 있다는 것에 의심을 품고 있다.

근대성

우리는 근대인이다. 이 말을 통해 나는 단순히 '근대성'(modernity)으로 알려진 서구 문화적 역사의 시대 속에 우리가 살고 있다는 것을 의미한다. 근대성은 17세기 계몽주의에서 시작해서 현재까지 계속되고 있는 문화적 사고방식(mind-set)이다. 물론 근대성은 인상적인 성취와 중요한 한계를 지닌 하나의 복잡한 현상이다. 우리의 목적을 위해 나는 그것의 핵심적인 특징 두 가지를 언급할 것인데, 이 둘은 서로 밀접하게 연결되어 있다.

첫째, 근대성은 과학적인 앎의 방식으로 특징지어진다. 실제로, 근대 과학의 시작은 근대성의 출현이다. 근대 과학과 함께 새로운 인식론(혹은 우리는 어떻게 아는가에 관한 이론)이 등장했다. 근대 이전의 사람들과 달리, 우리는 오늘날 실험과 검증을 통해 어떤 것이 사실이라는 것을 알았다.

둘째, 근대성은 때때로 '근대적 세계관' 혹은 '뉴턴적 세계관'이라고 불리는 것에 의해 특징지어진다. 세계관은 실재에 대한 이미지인데, 그것은 무엇이 실재하는 것이고 무엇이 가능한 것인지에 대한 이해이다. 근대적 세계관은 과학적인 앎의 방식을 토대로 하고 있다. 실재하는 것은 과학의 방법들을 통해 알려질 수 있다는 것이다. 인식론(우리는 어떻게 아는가)은 존재론(무엇이 실재하는가)이 되었다.

근대적 세계관은 실재에 대한 물질적 이해를 낳는다. 실재는 물질과 에너지의 시-공간적 세계이다. 실재는 작은 부분과 '물질'의 조각들로 구성되고, 그것들 모두는 '자연법칙'과 일치하여 상호작용한다. 그 결과는 원인과 결과라는 닫힌 체계로서 우주상이다. 비록 이런 세계관이 이론 물리학에서는 폐기되었지만, 우리의 마음속에서는 계속해서 강력하게 작동하고 있다.

근대성은 엄청난 가치가 있는 많은 것들을 만들었다. 근대성의 가장 분명한 성취는 과학, 기술 그리고 의학에 있다. 그러나 그 성취는 그러한 영역을 넘어 정부체제, 인권, 과거에 대한 연구, 타문화에 대한 공감적 인식 그리고 기타 등등으로 확장되고 있다. 나는 근대성에 대해 매우 제대로 이해하고 있는데, 심지어 그것이 일반적으로 종교에 그리고 특별히 그리스도교와 성서에 미친 매우 파괴적인 영향 두 가지를 언급할 때도 그렇다.

이런 영향의 첫째는 근대성이 우리로 하여금 영적 실재에 대해 회의적인 태도를 갖도록 만들었다는 것이다. 실재에 대한 근대의 물질적 이해는 하나님의 실재를 우리 중 많은 사람에게 문제가 되게 만들었다. '하나님의 죽음'(death of God)의 신학이 근대기에 출현했다는 것은 결코 우연이 아니다. 그것은 근대적 세계관을 절대화한 논리적 결과이다.

둘째, 근대성은 우리로 하여 사실성―과학적으로 증명되고 역사적으로 신뢰할 만한 사실들―에 몰두하도록 이끌었다. 실제로 근대의 서구 문화는 인류 역사상 진리를 사실성과 동일시했던 유일한 문화이다. 우리는 '사실적 근본주의자들'(fact fundamentalists)이다. 만약 하나의 진술이 과학적으로 혹은 역사적으로 사실이 아니라면, 그것은 진실이 아니다.[11]

---

11 나는 이 유용한 구절을 Marcus Borg ed., *Jesus at 2000* (Boulder: Westview, 1997), 116-117의 "예수와 세계 종교들"을 쓴 스미스(Huston Smith)에게서 빌려왔다. 그의 책 *Forgotten truth* (San Francisco: HarperSanFrancisco, 1976, 1992)에

교회 내에서 성서 근본주의자들과 그리스도교 자유주의자들은 모두 종종 사실적 근본주의자들이다. 전자에게 있어서 성서는 어쨌든 사실이 되기 위해서 사실적으로 정확해야만 한다(따라서 그들은 성서 본문의 문자적이고 역사적인 사실성을 강조한다). 후자는 다른 전략을 따르는 경향이 있는데, 즉 불길 속에서 몇 개의 사실을 알려고 노력하였다. 그러나 근본주의자들과 자유주의자들은 둘 다 의견이 일치했다. 그 일치된 의견은 '중요한 것은 사실'이라는 것이다.

　　사실성에 대한 근대의 집착은 성서와 그리스도교를 어떻게 이해하는가에 대해 편만하고 왜곡된 영향을 미쳐왔다. 19세기와 20세기 대부분 기간에서 많은 그리스도인과 대부분의 그리스도교 신학은 문자주의(보다 완고한 혹은 더욱 유연한 형태로)와 환원주의(reductionism)라는 두 개의 무익한 선택들 사이에 끼어있었다. 첫째, 성서와 그리스도교의 사실적 정확성과 독특성을 옹호하려고 했다. 둘째, 성서와 그리스도교를 근대적 세계관 내에서 의미가 통하는 것으로 축소하려는 경향이 있었다. 둘 다 철저하게 근대적 입장이다.

　　그것의 추가 결과로 근대기의 그리스도교는 믿음 혹은 불신의 역학에 몰두하게 되었다. 많은 사람에게 '불확실한'(iffy) 주장을 사실이라고 믿는 것이 그리스도교 신앙의 핵심적인 의미가 되었다. 그것은 마치 하나님이 우리에게 가장 원하는 것은 매우 문제가 되는 진술을 사실적으로 옳다고 믿는 것이라는 말처럼 이상한 개념이다. 그리고 누군가가

서, 특히 첫 장에서, 스미스는 근대성의 특징을 과학만능주의라고 말하는데, 그는 조심스럽게 그것을 과학과 구별한다. 과학만능주의는 과학으로 알 수 있는 것만이 사실이라고 주장한다. 그것에다가 근대성은 역사주의에 의해 특징지어진다는 말을 나는 첨가하겠다. 역사주의는 역사적으로 사실인 것만 중요하다고 주장한다. 두 견해 모두 심각한 실수이다.

그것들을 믿을 수 없다면, 그는 신앙이 없고 그리스도인이 아니라는 것이다.

이러한 신앙 개념의 철저한 근대적 특성은 중세 그리스도교 시대에 신앙이 의미했던 것과의 비교를 통해 볼 수 있다. 중세기 동안 기본적으로 그리스도교 문화의 모든 사람은 성서가 사실이라고 생각했다. 그들은 달리 생각할 이유가 없었다. 창조로부터 세계의 종말에 이르기까지 성서의 이야기는 당시의 일반적 통념의 일부분이었다. 그것들을 받아들이는 것은 '신앙'(faith)을 필요로 하지 않았다. 신앙은 우리가 성서를 사실이라고 생각하는지 아닌지와 관련된 것이 아니라 하나님과 사람의 관계와 연관되어 있다.[12]

탈근대성

우리는 근대 이후의 경계에서 살고 있다. 우리는 근대인일 뿐만 아니라 문화사의 새로운 시대의 경계에서 살고 있다. 그 새로운 시대의 중심적이고 결정적인 특징은 아직 분명해지지 않았기 때문에 우리는 그것을 아직 무엇이라 불러야 할지 모른다. 그래서 우리는 그것을 단순히 탈근대성(postmodernity)이라고 부른다. 다시 말해서 그것은 무엇인가 다음에 오는 것이다.

근대성처럼 탈근대성도 거대하고 복잡한 현상이다. 게다가 일부 근대 이후의 운동은 내게는 끝난 목표라는 느낌이 든다. 그러므로 나는 탈근대성에 관한 포괄적인 기술이나 혹은 정의를 시도하지 않을

---

12 신앙의 이런 의미와 다른 의미에 관해서는 나의 저서 *The God We Never Know* (san Francisco: HarperSanFrancisco, 1997), 169-171을 보라.

것이지만, 우리의 목적을 위해 대단히 중요한 세 가지 특성만을 강조할 것이다.

첫째, 탈근대성은 근대성 자체가 문화적으로 조건 지어진 상대적인 역사적 구성이라는 인식으로 특징지어진다. 근대의 세계관은 이전의 세계관이 그러했던 것 이상으로 실재에 대한 최종적 단어가 아니다. 탈근대성은 언젠가 뉴턴적 세계관이 프톨레마이오스적 세계관처럼 기이하고 낡은 것처럼 보이게 될 것을 알고 있고, 이러한 발전은 이미 이론 물리학자들 사이에서 발생했다.

둘째, 탈근대성은 경험에의 의존을 특징으로 하고 있다. 전통적인 종교적 가르침이 의심스러워졌을 때, 우리는 우리 자신의 경험 속에서 알려질 수 있는 것을 신뢰하는 경향이 있다. 우리는 이러한 경험에 대한 의존을 주류 교회들 내부에서 그리고 그 너머에서 나타나는 다시 살아난 영성에 관한 관심 속에서 봤다. 영성은 종교의 경험적 차원이다.

셋째, 탈근대성은 사실적 근본주의를 넘어, 이야기가 문자적으로나 사실적으로 '사실'이 아니더라도 '진실'일 수 있다는 인식으로의 움직임을 특징으로 하고 있다. 이 발전은 은유적 신학을 강조하고 있는 상당수의 현대 신학에 반영되어 있다. 근대 시기 동안 종종 잊혀왔던 분명한 점은, 비록 은유와 은유적 이야기가 문자적 혹은 사실적으로 사실이 아니더라도, 그것들은 완전히 진실일 수 있다는 것이다. 이러한 인식은 내가 이 책에서 제안하게 될 성서를 읽고 이해하는 방식에 중심이 된다.

우리가 어떤 사람이 되었는지를 고려해 볼 때, 우리 시대에 긴요하게 필요한 것 중 하나는 성서와 그리스도교를 다시 보는 것(re-visioning)

이다. 나는 내가 의미하는 것과 하이픈 없는 '개정'(revision)이라는 말의 일반적 의미를 구별하기 위하여 의도적으로 '다시 보기'(re-vision)라고 하이픈으로 연결했다. 우리는 종종 형편없이 이루어진 어떤 것—예를 들어 원고 혹은 학기 말 리포트—에 대한 개선을 말하기 위하여 후자의 단어를 이용한다. 그러나 그것은 내가 의미하는 것이 아니다.

오히려 다시 보기(re-vision)는 '다시 보는 것'(to see again)을 의미한다. '다시 보기'에 대한 강조는 또한 우리에게 그리스도교의 옛 형태가 '전통적인 그리스도교'가 아니라 성서와 그리스도교 전통을 이해하는 과거의 방식이었다는 것을 상기시켜준다. 우리 시대에 필요한 것은 우리 조상들과는 다르게 중요하고 정당한 방식으로 성서를 진지하게 받아들이는 방식이다.

이 책의 나머지 부분에서 내가 말하는 성서를 읽고 이해하는 방식은 믿음과 거의 관련이 없는, 그리스도인 되기의 한 방식으로 이어진다. 대신에 앞으로 드러나게 될 것은 그리스도인의 삶에 대한 관계적이고 성례전적인 이해이다. 나는 그리스도인이 된다는 것이 성서에 대한 믿음 혹은 그리스도교에 대한 믿음에 관한 것이 아니라는 것을 논증할 것이다. 오히려 그것은 성서가 가리키는 하나님과 깊어지는 관계에 관한 것으로, 신성(the sacred)의 성례전으로서 그리스도교 전통 안에서 살아가는 것이다.

2 장

성서와 하나님

　다른 종교들이 신성과 그들의 경전 사이의 긴밀한 관련을 확언하듯이, 그리스도인들도 항상 성서와 하나님 사이의 긴밀한 관계를 확언해왔다. 이 장에서 나는 성서와 하나님의 관계를 어떻게 이해하느냐에 집중함으로써 성서를 다시 읽고 이해하는 방법을 서술하기 시작할 것이다. 네 가지 주제가 가장 중심이 되는데, 그것은 하나님에 대한 인간의 응답으로서 성서, 신성한 경전으로서 성서, 신성의 성례전으로서 성서 그리고 하나님의 말씀으로서 성서이다.

하나님에 대한 인간의 응답으로서 성서

　성서 읽기의 근본은 '성서의 기원을 어떻게 이해하는가'에 대한 결정이다. 그것은 하나님에게서 온 것인가 아니면 인간의 산물(human product)인가? 우리는 성서가 말하는 것을 신적인 산물(divine product) 로서 읽고 이해해야 하는가, 아니면 인간의 산물로서 읽고 이해해야 하는가?

천부적 문자주의와 그 현대적 후손들의 렌즈를 통틀어서, 성서는 (이미 강조했던 것처럼) 신적인 산물로 간주되었다. 성서의 영감을 하나님이 성서의 글을 직접 또는 간접으로 이끌었다는 의미로 이해했다.

물론 대안은 성서를 인간의 산물, 즉 고대의 두 공동체의 산물로 보는 것이다. 이것이 내가 성서를 보는 렌즈이다. 히브리 성서(그리스도교의 구약성서)는 고대 이스라엘의 산물이었다. 신약성서는 초기 그리스도교 운동의 산물이다. 성서가 말하고 있는 것은 하나님의 말이 아니라 그들 공동체의 말이다.

성서를 인간의 산물로 보는 것은 하나님의 실재를 조금도 부인하지 않는다. 사실 성서의 중심 되는 전제 중의 하나는 하나님은 실재하고 경험될 수 있다는 것이다.[1] 나는 그것을 내가 아는 방법만큼 쉽게 말해왔다. 반복해서 말하는 것처럼 들릴지 모르지만, 나는 하나님(또는 내가 같은 의미로 사용하는 용어인 '신성' 또는 '영')을 인간의 경험 속에서 알려진 실재라는 뜻으로 말하는 것이지, 단순히 인간의 창작 또는 투사를 의미하는 것은 아니다. 물론 우리가 하나님에 관해 **말하는** 것은 무엇이나 인간의 창작이다. 우리는 우리에게 알려진 말, 상징, 이야

---

1 물론 나는 이것을 증명할 수 없다. 그래도 나는 자신들이 하나님의 실재하지 않음을 증명할 수 있다고 생각하는 사람들에 반대하여 설득력 있는 입증을 할 수 있다고 생각한다. 수 세기에 걸친 많은 문화의 종교적 체험에 관한 나의 연구와 현대의 종교적 체험에 대한 나의 지식을 통해서 나는 하나님은 실재하고 체험될 수 있다는 확신에 이르게 되었다. 그리고 그러한 체험은 문화들과 종교전통들 전반에 걸쳐서 발생한다. 나의 책 *The God We Never Knew* (San Francisco: HarperSanFrancisco, 1977), 2.

기, 개념 그리고 범주를 가지지 않고서는 하나님(또는 그 외의 어떤 것)에 관해 말할 수 없다. 그렇지만 우리는 '거룩함'(the holy), '신령함'(the numinous), '신성'(the sacred)에 대한 **체험들**을 가지고 있다. 이런 체험은 우리의 언어를 넘어서고, 그것을 산산조각내고 그것을 상대화시킨다. 나는 성서가, 일반적으로 신성한 문헌처럼, 그와 같은 체험에서 비롯된 것이라고 확신한다. 나는 또한 (말로 표현된 다른 모든 것처럼) 성서가 인간의 구성물이라고 확신한다.

하나님과 성서의 문헌 사이의 관계를 이해하는 제3의 방법이 있다: (둘은) 아무런 관계가 없는데, 왜냐하면 (성서의 문헌에는) 하나님이 없기 때문이다. 이런 견해에서 볼 때, 성서는 물론 인간의 산물이지만, 성서는 이러한 고대인들이 잘못 생각한 것에 대해 그것이 우리에게 말해주는 것을 넘어서는 한, 아무런 종교적 의미도 지니지 않는다.

나는 성서를 하나님에 대한 인간의 응답으로 본다. 나는 하나님을 성서의 궁극적 저자로 이해하기보다는 오히려 성서를 이 두 고대 공동체들이 체험한 하나님에 대한 반응으로 보는 것이다. 그처럼 성서는 하나님에 관한 그들의 이야기, 하나님의 성격과 뜻에 대한 그들의 인식, 하나님에 대한 그들의 기도와 찬양, 인간의 상황과 구원의 길에 대한 그들의 인식, 그들의 종교적이고 윤리적인 실천 그리고 하나님에 대한 신실함이 의미하는 것에 대한 그들의 이해를 담고 있다. 그와 같이, 이러한 두 공동체의 산물로서 성서는 우리에게 **하나님**이 상황을 어떻게 보는지에 관한 것이 아니라, **그들이** 상황을 어떻게 이해하는지에 관해 말해줬다.

성서에 관한 우리의 관점이 만들어 낸 차이

성서를 인간의 산물로 보는 것에 대한 타당성은 설득력이 있고, 또 많은 저자가 그것을 입증해왔다.[2] 가장 기본적으로 성서를 자세하고 주의 깊게 읽는 일은 성서가 들려주는 것이 직접적이든 간접적이든 하나님에게서 온 것이라고 생각하는 것을 불가능하게 만드는 일이라고 생각된다. 그래서 나는 성서를 인간의 산물이라는 주장보다는 성서를 읽고 이해하는 이 두 가지 방법이 만들어 내는 차이를 다섯 가지 예를 들어 제시할 것이다.

첫 번째 예는 하나의 이야기이다. 나는 때때로 그리스도교 라디오 방송을 듣는다. 어느 날 밤에 나는 성서와 윤리적인 질문에 대한 시청자 전화 참여 프로그램을 듣고 있었다. 청취자의 전화에 대한 응답으로 진행자는 "하나님이 그것에 대해서 무엇이라고 말씀하시는지 봅시다"라고 말했고, 그리고 나서 성서 한 구절을 (우연히도 바울 서신의 한 구절을) 인용했다. 내가 그것을 알아들은 바로 그 순간, 나는 그 사회자가 하나님에게서 성서로 건너뛰는 것에 조금 놀랐다. 결국, 그 사회자는 성서가 말하는 것을 하나님에서 온 것으로 보았었다. 그러나 성서를 신적인 산물로 보는 것과 인간의 산물로 보는 것의 차이는 이 사례에서 분명하다. 바울 서신의 그 어떤 구절이 우리에게, **하나님**이 하

---

2 최근의 책 중에서 Paul J. Achtemeier, *Inspiration and Authority: The Nature and Function of Christian Scripture* (Peabody, MA: Hendrickson, 1999); John Shelby Spong, *Rescuing the Bible from Fundamentalism* (San Francisco: HarperSan Francisco, 1991) 특히 1-36; L. William Countryman, *Biblical Authority or Biblical Tyranny?* (harrisburg, PA: Trinity Press International, 1994), 1-15.

신 말씀을 들려주는가, 아니면 **바울**이 파악한 상황을 들려주는가?

두 번째 예는 창세기의 창조 이야기에 관한 것이다. 우리가 성서를 신적인 산물로 본다면, 그것들은 **하나님**의 창조 이야기이다. 하나님의 이야기이기 때문에 그 이야기는 틀릴 리가 없다. 만일 우리가 이런 식으로 따지고 파고든다면, 우리는 ('과학'이라는 것으로 창세기를 문자적으로 읽을 수 있다는 사실을 입증하려는 시도인) 과학적 창조론까지 끌려가게 될 것이다. 우리는 심지어 공립학교들의 생물 시간에 진화론과 함께 창세기를 가르쳐야 하느냐에 관한 갈등에 연루될지도 모른다.

그러나 우리가 성서를 인간의 산물로 본다면, 우리는 창세기의 시작하는 장들을 하나님의 창조 이야기가 아니라 고대 이스라엘의 창조 이야기로 읽게 된다. 대부분의 고대 문화처럼 이스라엘도 그런 이야기를 하는 것이다. 만일 우리가 "고대 이스라엘의 창조 이야기가 과학적으로 정확한 정보를 가지고 있을 가능성이 얼마나 되는가?"라고 질문한다면, 그 대답은 "거의 없다"는 말일 것이다. 그리고 만일 그 창조 이야기가 과학적으로 정확한 정보를 가지고 있다면, 그것은 완전히 우연의 일치일 것이다. 그렇게 말했지만, 나는 이스라엘의 창조 이야기가 완전히 진실이라는 내 생각을 덧붙이겠다. 그러나 문자 그대로 사실적인 이야기가 아니라 은유적 또는 상징적인 이야기로서 진실이라는 말이다.[3]

세 번째 예는 성서의 율법에 관한 것이다. 우리가 성서를 신적인 산물로 간주한다면, 성서의 율법은 하나님의 율법이다. 현대의 그리스도교 논쟁으로 예를 들자면, 남자들 사이의 동성애적 행위를 금하

---

3 이 책 4장을 보라.

는 히브리 성서의 유일한 율법은 레위기에 나온다. "너는 여자와 교합하듯 남자와 교합하면 안 된다. 그것은 망측한 짓이다." 그에 대한 징벌(죽음)은 두 장 뒤에 나왔다.[4]

우리가 성서를 신적인 산물로 여긴다면, 이것은 하나님의 율법들 가운데 하나이다. 그러면 이런 윤리적인 질문이 나올 것이다. "어떻게 하나님의 율법 중 하나를 무시하는 일이 정당화될 수 있는가?" 물론 이것은 근본주의자들과 보수적인 그리스도인들이 그 쟁점을 이해하는 방식이다.

그러나 만일 우리가 성서를 인간의 산물로 본다면, 히브리 성서의 율법은 고대 이스라엘의 율법이고, 동성애적 행위에 대한 금지는 우리에게 그러한 행위가 고대 이스라엘에서는 용납될 수 없었다는 사실을 말해준다. 그러면 윤리적인 질문은 이렇게 나올 것이다. "동성애적 행위를 고대 이스라엘이 이해했던 것처럼 계속해서 그렇게 이해하는 것이 타당한 이유는 무엇인가?"

이 율법이, 다른 무엇보다도 먼저, 같은 밭에 두 종류의 씨앗을 뿌리고, 두 종류의 옷감으로 만들어진 옷을 입는 것을 금하는 율법의 모음집 속에 내장되어 있다는 것을 알아차릴 때, 그 질문은 훨씬 더 예리해진다.[5] 우리는 이런 문제들에 대해 걱정하지 않는다. 우리 대다수는 다시 생각해 보지도 않고 혼합물로 만들어진 옷을 입는다. 우리는 이런 금지조항 중의 일부를 지금은 따를 의무가 없는 고대 문화의 법으로 쉽게 인식한다. 그렇다면 왜 우리는 몇몇만을 '하나님의 율법'으로 지목해야 하는가?

---

4 레위기 18:22; 20:13.
5 레위기 19:19.

네 번째 예는 모세, (그의 부인) 십보라 그리고 그들의 아들과 관련된 출애굽기의 낯선 짧은 이야기이다.6 그들은 하나님이 모세를 이스라엘의 해방자로 위임한 것에 복종하여 이집트로 돌아가는 길이다. 우리는 "길을 가다가 그들이 밤을 보낼 한 장소에서, 주님이 그를 만나 그를 죽이려고 하였다"라는 말을 듣는다. 십보라는 그때 아들의 포피를 잘라서 그것을 모세의 발에 갖다 댄다. 그 결과 하나님은 모세를 놓아주신다. 즉, 모세를 죽이려는 신의 의도는 사라지게 된 것이다.

만일 우리가 성서를 신적인 산물로 본다면, 특별히 모세는 하나님에 의해 선택되었고 그가 하나님이 그에게 하라고 명령한 것을 하고 있었기 때문에, 질문은 이런 것이 된다. "왜 하나님은 모세를 죽이려고 하셨는가?" 그 질문은 대답하기가 불가능하다. 그것은 혼란스럽게도 변덕스럽고 악의적인 하나님을 시사하고 있다. "하나님의 방법은 우리의 방법과 같지 않다"는 친숙한 말에 호소하는 것은 적절한 대응이 아니라 교묘한 술수처럼 보인다.

그러나 만약 우리가 성서를 인간의 산물로 본다면, 우리는 이것이 고대 이스라엘이 들려주었던 이야기라는 것을 알아차리게 된다. 그러면 질문은 이럴 것이다. "이스라엘은 왜 이런 이야기를 했는가?" 대답은 여전히 분명치 않지만(아마도 그것은 할례의 중요성과 어떤 관련이 있을 것이다) 그러나 적어도 그것을 하나님에 관한 진실한 이야기로 읽어야 하는 딜레마가 우리에게 남겨지지는 않는다.

앞에서 든 세 가지 예들은 히브리 성서에서 가져왔기 때문에, 나는 신약성서에 나오는 하나의 예를 들면서 결론을 맺으려 한다. 그 구절

---

6 출애굽기 4:24-26.

은, 바울이 쓴 편지로 간주되지만 그가 쓰지 않았음이 거의 확실한, 디모데전서에 나온다.7

이처럼 여자들도 소박하고 정숙하게 단정한 옷차림으로 몸을 꾸미기를 바랍니다. 머리를 어지럽게 꾸미거나 금붙이나 진주나 값비싼 옷으로 치장하지 말고, 하나님을 공경하는 여자에게 어울리게, 착한 행실로 치장하기를 바랍니다. 여자는 조용히, 언제나 순종하는 가운데 배워야 합니다. 여자가 가르치거나 남자를 지배하는 것을 나는 허락하지 않습니다. 여자는 조용해야 합니다. 사실 아담이 먼저 지으심을 받고, 그다음에 하와가 지으심을 받았습니다. 아담이 속임을 당한 것이 아니라, 여자가 속임을 당하고 죄에 빠진 것입니다. 그러나 여자가 믿음과 사랑과 거룩함을 지니고, 정숙하게 살면, 아이를 낳는 일로 구원을 얻을 것입니다.8

이것은 기이한 구절이다. 여자들은 가르치거나 남자를 지배할 수 없을 뿐 아니라, 머리를 땋거나 진주나 금으로 장식하거나 값비싼 옷을 입을 수도 없다. 더욱이 그들은 이 세상의 죄의 기원에 대해 책임이 있다. 속임을 당한 것은 남자가 아니라 바로 여자다. '좋은 소식'(good news)은 여자들이 출산을 통해 구원을 받을 수 있다는 것이다.

만약 성서가 신적인 산물로 여겨진다면, 이 구절들은 여자들의 행

---

7 디모데전서 2:9-15. 사실상 모든 주류 성서 학자들은 디모데전서·후서와 디도서(합쳐서 '목회서신'으로 알려진)를 바울 사후 40년경 또는 그 이후, 즉 2세기 초엽쯤에 기록된 비교적 후기 문서들로 간주한다. 고대에는 과거의 존경받던 인물의 이름으로 글을 쓰는 것이 용납될 수 있었다.

8 마지막 구절에서 대명사의 변화는 곤혹스럽다(저자가 사용하는 NRSV에는 she에서 they로 주어 변화가 분명히 드러난다 _ 옮긴이). '그녀'는 분명하게 여성/여성들을 지칭하지만, '그들'은 여성들을 가리키거나 '출산'으로 태어난 아이들을 가리킬 수 있다.

동과 역할에 대한 하나님의 제약이다. 실제로 이것이 (비록 다른 제약들은 보통 무시되더라도) 여성의 목사 안수를 금지하는 개신교 교회들이 그 구절들을 이해하는 방식이다.9 그들에게 여성 목사 안수는 '하나님의 말씀'을 거스르는 것이다.

그렇지만 성서를 인간의 산물로 간주한다면, 이 구절은 우리에게 한 사람, 즉 초기 그리스도교의 저자가 어떻게 상황을 바라보았는가를 말해준다. 방금 말했던 것처럼 바울은 거의 확실히 이런 글을 쓰지 않았다. 그 저자는 일반적으로 바울의 이름으로 글을 쓴 바울의 2세대 또는 3세대 추종자로 여겨진다. 그러나 그 저자는 바울의 추종자가 아니라, 초기 그리스도교 운동에서 주목해야 할 성평등주의의 무력화를 추구한 '교정자'(corrector)였을 거라는 추정도 마찬가지로 가능하다. 성서를 인간의 산물로 간주할 때, 신약성서에 나오는 이 본문과 다른 본문들 사이의 대비는 초기 그리스도교에서 여성의 역할에 대해 말하는 목소리가 하나 이상 있었다는 사실을 깨닫고, 또한 어느 목소리를 존중해야 하는지를 분별하려는 노력을 필요로 한다.

따라서 성서를 인간의 산물로 볼 것인지 아니면 신적인 산물로 볼 것인지에 많은 것의 성패가 달려 있다. 성서가 신적인 산물이 아니라 인간의 산물이라는 사실에 대해 전적으로 분명하고 솔직하지 않으면, 우리는 확실히 엄청난 혼동을 만들어 내게 될 것이다.

---

9 가톨릭이 여성을 사제로 임명하는 것을 금하는 것은 다른 근거이다.

왜 우리의 관점이 양자택일(Either-Or)이어야 하는가

하나의 가능한 반대를 예상하자면, 그것은 '왜 우리가 그 문제를 양자택일의 선택으로 보는가' 하는 것이다. 왜 성서를 신적인 산물과 인간의 산물 **양자**로 보면 안 되는가? 내 경험으로 볼 때, 그것을 둘 다로 단언하는 것은 혼동만을 증가시킬 뿐이다.

성서를 신적인 산물과 인간의 산물 둘 다로 간주할 때, 우리는 두 가지 선택권을 가지게 된다. 하나는 성서가 **전부** 신적인 산물이고, **전부** 인간의 산물이라고 말하는 것이다. 좋게 들릴지 모르지만, 그것은 우리에게 성서 전체를 신적인 계시로 취급하는 것의 딜레마를 남긴다. 내 경험에 의해 좀 더 일반적으로 말하자면, 성서는 신적인 산물일 뿐만 아니라 인간의 산물이라고 확언하는 것은 인간적인 부분에서 신적인 부분을 분리하려는 시도에 이르게 한다. 마치 성서의 일부는 하나님에게서 오고, 일부는 인간의 산물인 것처럼 말이다. 그러면 하나님에게서 온 부분에는 권위가 주어지고, 나머지 다른 부분들은 그렇지 않게 된다. 그러나 우리는 하나님에게서 왔다고 생각하는 부분을 중요한 것으로 여기고, 따라서 우리는, 보수주의자든 자유주의자든 간에, 단순히 우리에게 중요한 것에 신적인 권위를 부여한다.

예를 들면, 성서를 신적인 산물뿐만 아니라 인간의 산물로 간주하는 그리스도인은 대부분 십계명이 하나님에게서 온 것 중의 하나라고 말할 것이다. 십계명은 두 가지 다른 천으로 만든 옷을 입는 것에 대한 금지가 중요하게 보이질 않을 정도만큼 중요한 것처럼 보였다.

그러나 한순간의 성찰이 십계명도 인간의 산물이라는 것을 생각나게 한다. 십계명은 남성의 관점에서 썼다. 예를 들어 십계명은 네 이웃의 아내를 탐하는 것을 금지하지만, 그러나 네 이웃의 남편을 탐하는 것에 대해서는 아무 말도 하지 않는다.[10] 더욱이 도둑질, 간음, 살인, 거짓 증거하기와 그 밖의 것들을 금지하는 계명들은 단순히 인간들이 공동체 안에서 함께 사는 것을 가능하게 해주는 규칙들일 뿐이다. 이 같은 규칙들을 생각해내기 위해서 신이 내린 재능이 필요하지는 않다. 그 요점은 십계명이 중요하지 않다는 것이 아니다. 오히려 요점은 십계명의 인간적 기원이 분명하다는 것이다.

따라서 내가 지지하는 렌즈는 성서의 기원을 전적으로 신적인 것으로 간주하거나, 또는 일부는 신적으로 그리고 일부는 인간적인 것으로 간주하는 것도 아니다. 성서는 하나님에 대한 응답으로 만들어진 것이지만, **모두** 인간의 산물이다. 성서가 초기 그리스도교 운동의 인식과 오해를 포함하고 있는 것처럼, 마찬가지로 그것에는 하나님과 함께하는 삶이 수반하는 것에 대한 고대 이스라엘의 인식과 오해도 포함되어 있다.

그러므로 성서의 다양한 목소리를 읽고 해석하는 방법과 그것을 듣고 평가하는 방법을 파악해야 하는 사람은 바로 우리이다. 성서에는 "이 구절은 하나님의 뜻을 반영하지만, 다음 구절은 아니다" 또는 "이 구절은 모든 시대에 타당하지만, 이전 구절은 아니다"라고 말하는 각주가 나오지 않는다. 그래서 성서에는 "이 구절은 문자 그대로 읽어야 하지만, 저 구절은 아니다"라고 말하는 각주도 나오지 않는다. 창조 이야기 또는 예수 탄생 이야기를 문자 그대로 읽는 것은, 그것들을 은유적으로 읽으려는 결정이 수반하는 것과 똑같이, 해석적 결정(즉,

---

10 출애굽기 20:17; 신명기 5:21.

그것들을 문자 그대로 읽으려는 결정)을 수반했다.

따라서 성서의 한 구절이 의미하는 것에 대한 그 어떤 모든 주장도 해석을 수반한다. 만약 우리의 성서 읽기가 단순히 공중에 소리를 내는 것으로 구성되어 있지 않다면, 성서의 비해석적 읽기 같은 것은 없다. 그렇다면 성서를 읽을 때 우리는 "하나님은 무엇이라고 말하는가?"라고 질문하지 말고 "고대의 저자 또는 공동체는 무엇이라고 말하는가?"라고 질문해야 한다.[11]

신성한 경전으로서 성서

비록 성서가 인간의 산물일지라도, 그것은 세 가지 종교적 전통의 신성한 경전이기도 하다. 히브리 성서(구약성서)는 유대교의 신성한 경전이고, 히브리 성서와 신약성서는 그리스도교의 신성한 경전이며, 그 둘에 코란과 똑같은 신성한 지위가 주어지지는 않지만, 히브리 성서와 신약성서는 이슬람의 신성한 경전이다.

신성한 지위

성서를 '신성한 경전'으로 여기는 것은 무슨 의미인가?[12] 나는 성

---

11 이 부분에 대한 설명은 중요하다. 나는 성서 본문의 의미가 고대의 저자 또는 공동체가 말했던 것에 국한되거나 제한된다는 것을 말하고 있는 것이 아니다. 다음 장에서 말하겠지만, 성서의 은유적 읽기는 본문의 고대의 역사적 의도를 넘어서는 의미를 가져왔다.
12 '경전'의 의미를 대단히 훌륭하게 다룬 것을 보기 위해서는, *Wilfred Cantwell Smith, What Is Scripture?* (Minneapolis: Fortress, 1993)를 참조하라. 스미스는 경전은 "인간의 활동"이라고 주장하는데, 이것은 몇 가지 의미를 지닌 표현이다. 경전이 된 문

서의 책들이 기록될 당시 신성한 경전이 아니었다는 점을 언급하는 것으로 시작하겠다. 예를 들어 바울은 그가 그의 공동체에 보낸 편지들이 신성한 경전이 되었다는 것을 알았다면 깜짝 놀랐을 것이다. 오히려 성서의 다양한 부분은 몇 세기를 거친 과정을 통해 신성한 경전이 되었다. 성서가 신성하게 된 그 과정은 '정경화'(canonization)로 알려져 있다. 우리가 아는 한(많은 것을 알지 못하지만), 정경화 과정은 만나서 결정을 내리는 공식적인 심의회를 거치지 않았다. 오히려 그것은 점진적이고 단계별로 이루어졌다. 히브리 성서의 첫 번째 다섯 권(토라 또는 모세 오경으로 알려진 율법서)은 분명히 기원전 400년경 신성한 경전으로 인정받았다. 히브리 성서의 두 번째 부분(예언서)은 기원전 200년경에 신성한 지위를 성취하였다. 세 번째 부분(성문서)은 서기 100년경에 정경이 되었다. 정경 히브리 성서는 그때 완성되었다.

신약성서 27권의 책들의 정경화 과정은 약 3세기가 걸렸다. 현재 신약성서 문헌들의 대다수는 100년경에 기록되었지만, 특별한 지위를 가지고 있는 것으로 27권을 모두 언급한 첫 번째 목록은 367년부터이다.

성서가 수 세기의 기간에 걸쳐서 신성한 경전이 되었다는 인식은 성서의 기원, 지위 그리고 권위에 대한 우리의 이해를 위한 함축적 의미를 지니고 있다. 성서를 신성하다고 말하는 것은 종교 공동체 내에서 그 기원이 아니라 그 지위를 다룬다. 어떤 문헌도 단지 그것이 **특정한 공동체에서** 신성하기에 신성한 것이다. 지위를 기원으로 오해하는

서들은 인간들에 의해 만들어지고, 그러고 나서 공동체에 의해 경전으로 선언되며, 바로 다음에 그 문서들을 경전으로 간주하는 사람들의 삶을 형성하는 기능을 한다. 도움이 될 책으로 John Burgess, *Why Scripture Matters* (Louisville: Westminster John Knox, 1998)도 보라.

것은 내가 이 장의 앞 단락들에서 말했던 그런 부류의 혼동을 초래했다.

그리스도인들에게 신성한 경전으로서 성서의 지위는 성서가 우리가 알고 있는 문헌 중에 가장 중요한 모음집이라는 것을 의미한다. 성서는 하나님과의 관계에서 우리가 누구이고 공동체와 개인으로서 우리가 누구인지를 정의해주는 주요한 문헌들이다. 성서는 우리를 형성해왔고 계속해서 우리를 형성할 책이다.

이 점이 중요하기 때문에, 나는 그것을 다른 방식으로 말할 것이다. 많은 종교학자와 마찬가지로, 나는 세계의 각 종교를 '문화-언어적 세계'(cultural-linguistic world)로 간주한다. 다소 추상적인 이 어구는 두 가지를 의미한다. 첫째로 각 종교는 특정한 문화 속에서 생겨나고, 비록 종교가 그 문화의 중심적 가치와 이해를 전복시키거나 그것들에 도전할지라도, 그 문화로부터 나온 언어와 상징들을 이용한다. 따라서 종교는 기존의 문화-언어적 세계 내에서 탄생했다.

둘째로 새 종교가 세월이 지나도 살아남는다면, 그것은 당연히 문화-언어적 세계가 된다. 이처럼 새 종교는 그 추종자들이 사는 세계를 제공한다. 그 종교의 이야기와 관례, 가르침과 의식(rituals)은 그 구성원들이 현실과 그들의 삶을 바라보는 렌즈가 된다. 그것은 정체성과 비전의 주된 기초가 된다.

이러한 이해의 틀 내에서 신성한 경전으로서 성서는 그리스도교의 문화-언어적 세계의 기초이다. 성서는 법률의 모음집이라는 의미에서가 아니라 그것의 토대라는 의미에서 그리스도교 세계의 '헌법'(constitution)이다.

성서의 권위

성서를 기원이 아니라 지위에서 신성한 것으로 간주하는 것은 성서의 권위를 다르게 보는 방식으로 이어진다. 전통적인 옛 방식의 성서 이해는 성서 권위의 근거를 그 기원에 두었다. 성서는 하나님에게서 왔기 때문에 신성하다고 했다. 그 결과는 성서 권위의 군주적 모델(monarchical model)이다. 고대의 군주처럼 성서는 우리 위에 군림하고, 우리에게 무엇을 믿고 무엇을 해야 할지를 말해준다. 그러나 성서를 그 지위에 있어서 신성하다고 이해하는 것은 성서 권위의 다른 모델로 이끈다. 우리 위에 군림하는 권위이기보다는 오히려 성서는 그리스도인들이 살아가는 세계의 터전이다.

그 결과, 성서 권위의 군주적 모델은 성서 권위의 대화적 모델(dialogical model)로 대체된다. 다시 말해서, 정경으로서 성서는 그리스도인들이 계속 대화를 해야 할 고대 문헌의 주요한 모음집을 지정한다. 이 지속적 대화는 그리스도인의 정체성의 분명한 구성요소이다. 대화가 끊기거나 미미해지면, 우리는 그리스도인이기를 그만두고 다른 것이 된다. 그러므로 성서의 권위는 우리의 주된 고대의 대화 상대자로서 그 지위이다.

그러나 성서는 신성한 경전일 뿐만 아니라 인간의 산물이기 때문에, 그 지속적 대화는 비판적인 대화일 필요가 있다. 성서에는 존중받을 필요가 없거나 존중받지 말아야 한다고 우리가 결정하게 될 부분들이 있다. 왜냐하면 우리는 그것들이 우리 시대가 아니라 고대 시대에 적절하다고 파악하기 때문이거나 또는 그것들이 결코 하나님의 뜻이 아니라고 파악하기 때문이다.[13]

그러나 성서와의 비판적 대화는 우리가 본문에 대한 통찰력 있는 판단을 내린다는 것을 암시할 뿐만 아니라 본문이 우리를 형성하고 판단할 수 있도록 허락한다는 것도 의미한다. 성서를 읽을 때, 우리는 우리의 비판적 지성을 가져와야 할 뿐만 아니라 귀 기울여 들으려고 해야 한다. 나는 종종 나의 학생들에게 잘 읽는 것은 잘 듣는 것을 수반한다고 말한다. 즉, 단순히 본문을 우리가 이미 생각하고 있는 것으로 흡수하지 말고, 본문이 우리에게 말하고 있는 것을 들으려고 노력해야 한다는 것이다.

그리스도인이 된다는 것은 성서에 의해 창조된 세계 내에서 사는 것을 의미한다. 우리는 그것을 잘 들으려고 해야 하고, 성서의 중심되는 이야기가 하나님에 대한 우리의 비전을 형성하도록 해야 한다. 그것은 실재와 삶에 대한 우리의 기초적인 이미지가 거하는 우리의 심령의 부분, 즉 우리의 상상력을 형성해야 한다. 우리는 성서에 의해 형성된 공동체가 되어야 한다. 신성한 경전으로서 성서와 우리의 지속적인 대화의 목적은 다름 아닌 바로 그것이다.[14]

---

13 나는 포괄적인 목록을 제공하기를 원하지는 않지만, 각각 하나의 예를 드는 것이 도움이 될지도 모른다. 1) 이교도의 희생제물로부터 남겨진 고기를 먹는 것이 허용될 수 있는지에 관한 바울의 조언은 그의 시대에는 적절했지만, 적어도 우리 시대라면 그다지 적절치 못하다. 2) 나는 히브리 성서의 한 예를 이용하여 전쟁에서 적의 여성들과 아이들을 학살해야 하는 것이 하나님의 뜻이었다고 믿을 수 없다. 또는 신약성서의 한 예를 이용해서 대다수 세상 사람이 예수 재림 때 파괴되어야 하는 것이 하나님의 뜻이라고 믿을 수 없다.

14 이것은 성서가 초기 그리스도교 역사에서 기능한 방식이다. David Noel Freedman ed., *The Anchor Bible Dictionary* vol. 5 (New York: Doubleday, 1992), 1028에서 그리어(Rowan A. Greer)가 지적한 것을 보라. 초기교회 시기 동안, "성서의 권위는 상황들에 대한 명제 또는 원칙의 적용 문제라기보다는 오히려 교회의 과거 전승(lore)이 어떻게 그리스도인의 공동의 삶을 설득력 있게 형성해주었는가의 문제였다."

신성의 성례전으로서 성서

이처럼 성서의 주요한 한 가지 기능은 그리스도인의 비전과 정체성을 형성하는 것이다. 성서는 또 하나의 주요한 기능도 있는데, 그것은 성서와 하나님과의 관계라는 더 심화된 측면이다. 즉, 성서는 신성의 성례전(a sacrament of the sacred)이다.

그리스도교 전통에서 '성례'(sacrament)라는 단어는 종종 특정한 성례전 중의 하나를 말한다. 개신교에는 세례식과 성찬식의 두 가지 성례전이 있고, 가톨릭에는 그 두 개에 다섯 개를 더한 것들이 있다. 성례전적인 것은 '은총의 수단'이며, 그 말은 이 특별한 의미의 '성례'에 대한 정의에 중심이 됐다.

'성례'라는 단어는 더욱 넓은 의미도 지니고 있다. 종교 연구에서 성례는 보통 신성의 매개자(mediator of the sacred), 신이 현존하는 수단, 영(the Spirit)이 체험되는 수단으로 정의된다. 따라서 이 의미는 더욱 넓은 의미에서처럼 두 개(또는 일곱 개)의 그리스도교 성례전을 포함한다. 사실상 어떤 것도 성례전이 될 수 있다. 자연, 음악, 기도, 출생, 죽음, 섹슈얼리티, 시, 사람들, 순례, 심지어 스포츠에의 참여 등등. 그것들이 하나님을 체험하기 위한 의식이 될 때, 성령이 현존하게 되는 순간, 신성이 경험적 실재가 되는 때에 모든 것은 성례전이다.

성서는 종종 그리스도인의 삶 속에서 이러한 성례전의 방식으로 기능한다. 예를 들면, 그것은 그리스도교 역사상 많은 중요한 인물들의 회심 체험들(conversion experiences) 속에서 그렇게 했다. 아우구스티누스는 한 아이가 "집어 들어 읽어라"라고 노래 부르는 것을 듣고, 그의 삶을 변화시킨 바울의 로마서의 한 구절을 읽었을 때 회심 체험을 하게 되었다. 존 웨슬리의 가슴속에서 일어난 성령의 활동뿐만 아니라 마르틴 루터의 불안해하는 노력으로부터 은총 체험으로의 획기적 전환(breakthrough)도 성서에 대한 몰두를 통해 일어났다. 모든 경우에 그들은 성서를 성령이 현재 그들에게 보낸 수단으로 체험했다.

성서를 성례전으로 이용하는 것은 유대인과 그리스도인의 영적 수행 중의 하나이기도 하다. 토라에 대한 명상은 고대 유대인의 수행이다. 그리스도교 전통에서 이그나티우스 로욜라(Ignatius of Loyola)가 고안한 영적 수행은 하나의 성서 본문에 대한 이미지들이 성령에 의해 생기 있게 될 때까지 그것들에 대한 명상을 요구했다. 또 하나의 수행인 거룩한 독서(lectio divina)는 각각의 읽기 사이에 침묵의 시간과 더불어 성서의 한 구절을 몇 번이고 큰 소리로 읽는 동안 관상 상태(contemplative state)로 들어가기와 경청하기를 수반한다. 이러한 예들에서 수행의 목적은 정보 또는 내용을 얻기 위해 성서를 읽거나 듣는 것이 아니다. 오히려 그 목적은 성서 본문의 말들을 통해 하나님의 성령이 말하는 것을 듣는 것이다.

많은 그리스도인에게 성서는 때때로 개인적으로 경건하게 읽을 때 성례전이 된다. 앞에서 언급한 수행들에서처럼 경건한 읽기의 목적은 내용 습득이 아니다. 오히려 그것은 어구나 절을 통해 독자에게 보내는 하나님의 말씀 체험에 대한 개방성, 성령이 자신 안에 현존한다는 의식에 대한 개방성이다. 그러한 순간에 성서는 은총의 수단과 신성의 매개자인 성례전이 된다. 하나님은 성서 본문의 말들을 통해 "말씀하신다."

성서를 신성의 성례전으로 보게 되면, 우리는 또한 인간의 산물로서 성서로 다시 연결된다. 그리스도인의 성례전인 성찬식에 사용되는 빵과 포도주는 명백히 인간의 산물이다. 누군가는 빵을 만들었고 누군가는 포도주를 만들었다. '완벽한'이라는 말이 무엇을 의미하든 간에, 우리는 빵과 포도주를 '완벽한' 것으로 간주하지 않는다. 오히려 흔한 성찬식의 어구를 사용해서 말하자면, 우리는 빵과 포도주라는 이 명백한 인간의 산물 '안에, 함께 그리고 아래에서' 그리스도가 우리에게 현존하게 된다고 확언한다. 그러므로 성서의 인간적인 말들 '안에, 함께 그리고 아래에서'도 하나님의 성령은 우리에게 말을 한다.

내가 속한 교단을 포함하여 많은 교단의 예배에서는 성서의 한 구절을 읽은 후에 '주님의 말씀'이라고 말한다. 인간의 산물로서 성서에 대한 강조와 더불어, 우리는 대신에 "일부의 사상은 고대 이스라엘에서 왔거나 일부의 사상은 초기 그리스도교 운동에서 왔다"라고 말해야 한다고 나는 때때로 농담을 한다. 그러나 경솔하기보다는 진지할 때, 나는 뉴질랜드 성공회 공동기도문에 사용된 다음과 같은 말들이 정확하게 옳다는 것을 알게 된다. "성령이 교회에 말하고 있는 것을 들어보세요." 하나님의 성령은 이 고대 문헌 안에 있는 인간의 말을 통해 이렇게 말한다. 성서는 신성의 성례전이다.

하나님의 말씀으로서 성서

성서의 성례전적 기능은 하나님과 성서 사이의 관계에 관한 최종점, 즉 '하나님의 말씀'으로서 성서로 연결된다. 이미 말했던 것처럼, 성서를 '하나님의 말씀'으로 간주하는 것은 종종 그리스도인들이 성서를 하나님에게서 온 것으로 보도록 이끈다. 이제 성서를 읽기 위해 내가 말하고 있는 렌즈는 성서를 그런 식으로 보지 않는다는 것이 분명하다.

그렇다면 성서를 '하나님의 말씀'이라고 하는 것은 무슨 의미인가? 그리스도교 역사상 그리스도교 전통이 성서를 하나님의 말들(the words of God, 소문자 w와 복수)이 아니라 하나님의 말씀(the Word of God, 대문자 W와 단수)으로 말해왔다는 것을 강조하는 것은 중요하다. 만약 그리스도교 전통이 하나님의 말들이라는 표현을 사용했다면, 성서의 말들을 하나님의 말들로 믿는 것은 그리스도인이 되는 것에 포함된 것이라고 당연히 주장할 수 있을지도 모른다.

그러나 대문자 W와 단수의 사용은 다른 의미를 시사한다. 즉, '말씀'(Word)은 은유적이고 비문자적인 의미로 사용되고 있다. 일반적으로 은유에서처럼 이것은 여러 가지 의미의 미묘한 차이에 반향을 일으킨다. 하나의 단어는 말하기와 듣기를 포함하는 의사소통의 수단이다. 하나의 단어는 드러냄의 수단이다. 우리는 말을 통해 자신을 드러내거나 밝힌다. 말은 우리 자신과 다른 사람들 사이의 간격을 연결하는 가교역할을 한다. 다시 말해서 우리는 말을 통해 공감하고 친밀하게 된다.

성서를 하나님의 말씀이라고 말하는 것은 이 모든 방식으로 성서를 이해하는 것이고, 의심할 여지 없이 그 이상이다. 성서는 신적인 자기-드러냄의 수단이다. 이것을 가리키는 전통적인 신학적 표현은 '하나님의 계시로서 성서'이다. 그리스도교의 문화-언어적 세계로서 성서 안에서 그리스도인은 하나님의 계시를 발견한다. 이것은 성서가 하나님의 말씀이기 때문이 아니라 성서가 하나님의 뜻과 성격을 드러내는 주요한 이야기와 전통을 담고 있기 때문이다.

성서를 하나님의 말씀으로 간주하는 것은 그것의 성례전적인 기능을 강조하는 것이기도 하다. 성서의 말들은 때때로 성령이 현재 우리에게 전달하는 신성의 매개자가 된다. 요약하자면, 성서를 하나님의 말씀이라고 말하는 것은 그것의 기원을 가리키는 것이 아니라, 그것의 지위와 기능을 가리키는 것이다.

성서 이해를 위한 끝맺음 은유들

근대에 와서 그리스도인들은 성서를 믿는다는 것을 자주 강조해 왔다. 나는 이번 장을 모두 그리스도인과 성서 사이의 관계를 이해하기 위해 매우 다른 방식을 암시하는 세 개의 은유를 가지고 끝맺으려 한다.

달을 가리키는 손가락

첫 번째 은유는 불교의 전통으로부터 온 것이다. 불교도들은 흔히 붓다의 가르침을 "달을 가리키는 손가락"(a finger pointing to the moon) 이라고 말한다. 이 은유는 불교도가 된다는 것이 붓다의 가르침을 믿는 것, 즉 손가락을 믿는 것으로 생각하는 실수를 경계하는 데 도움이 된다. 이 은유가 암시하는 것처럼 우리는 손가락이 가리키는 것을 보고 그것에 주의를 기울여야 했다.

이 은유를 성서에 적용하면, 성서는 달을 가리키는 손가락과 같다. 그리스도인들은 때때로 그리스도인이 된다는 것이 그 손가락이 가리키는 것과의 관계로서 그리스도인의 삶을 보기보다는 손가락을 믿는 것에 관하여 생각하는 실수를 한다.

렌즈로서 성서

지금까지 나는 그것을 통해 우리가 성서를 보는 렌즈에 관하여 이야기를 해왔다. 이제 나는 렌즈 은유—성서는 렌즈이다—를 성서 자체에 적용하려고 한다. 내가 이 은유를 사용하게 된 것은 몇 년 전에 나의 성서 입문 강좌를 들었던 학생의 덕택이다. 학기가 시작되고 약 두 주가 지나서 그 학생은 나에게 다음과 같이 말했다. "나는 이해가 되기 시작합니다. 성서는 그것을 통해 우리가 하나님을 바라보는 렌즈와 같다고 당신은 말하지만, 일부 사람들은 렌즈를 믿는 것이 중요하다고 생각합니다."

그 학생의 단순한 말은 나의 마음속에 계속 남아있었다. 물론 중요한 것은 손가락 은유와 같은 것이다. 렌즈를 믿는 것과 렌즈 너머에 있는 것을 보는 방식으로서 렌즈를 사용하는 것 사이에는 결정적인 차이가 있다.

성례전으로서 성서

나의 마지막 은유를 위해 나는 성례전으로서 성서로 되돌아간다. 그렇지만 이제 나는 그리스도교 전통 전체를 포함하도록 그 은유를 확대한다. 성서뿐만 아니라 그리스도교의 신경, 전례, 의식, 관례, 찬송, 음악, 미술 기타 등등. 그리스도교를 신성의 성례전으로 간주할 때,

그리스도인이 된다는 것은 그리스도교를 믿는 것에 관한 것이 아니다. 그것은 빵과 포도주가 그리스도의 현존을 매개하는 성례전적인 역할을 하도록 하는 것이기보다는 성찬식의 빵과 포도주를 믿는 것과 같을 것이다. 그것은 손가락이나 렌즈를 믿는 것과 같을 것이다.

오히려 그리스도인이 된다는 것은 성례전으로서 그리스도교 전통에 의해 매개되는 하나님과의 관계에 관한 것이다. 그리스도인이 되는 것은 성례전으로서 그리스도교 전통 안에서 살고, 그 전통이 우리들 사이에서 변화시키는 활동을 하게 만드는 것이다.

3 장

역사와 은유

이번 장에서 나는 성서를 이해하는 방식으로부터 성서 읽기의 더 구체적인 주제로 이동하겠다. 철저한 줄여 쓰기(radical shorthand)로 말하자면, 나는 앞으로 전개할 그 방법을 '역사–은유적 접근'(historical-metaphorical approach)이라 부른다. 그것은 이전 장에서 했던 성서에 관한 중심 되는 주장들을 전제로 한다. 즉, 그것은 하나님에 대한 인간의 응답으로서 성서의 기원, 신성한 경전으로서 그리스도인들을 위한 성서의 지위 그리고 그리스도교 세계의 토대와 신성의 성례전으로서 성서의 기능이다.

역사-은유적 접근

'역사–은유적 접근'이란 표현에서 두 개의 형용사는 결정적으로 중요하다. 축약해서 말하자면, 그것은 커다란 우산(umbrella)이다. 더 상세하게 서술하기 전에 각각을 간결하게 정의하겠다.

'역사적 접근'이라는 표현은 성서 본문들의 고대의 역사적 의미를 파악하는 것과 관련되는 모든 방법을 의미한다. 역사적 접근의 주된 관심사는 "이 본문은 그것이 쓰였던 고대의 역사적 배경에서 무엇을 의미했는가?"라는 과거 시제의 질문이다. '은유적 접근'이라는 표현은 매우 폭넓게 성서 본문을 비문자적으로 읽는 방식을 의미한다. 은유적 읽기는 그 자체를 본문의 문자적, 사실적 그리고 역사적 의미로 국한하지 않는다. 그것은 "이 이야기는 그것의 역사적 사실성과 별개로 하나의 이야기로서 무엇을 의미하는가?"라는 질문으로 넘어간다.

역사적 접근

역사적 접근은 고대의 맥락 속에서 본문을 역사적으로 밝히는 것에 초점을 맞춘다. 커다란 우산이라는 범주로서 역사적 접근은 지난 수 세기에 걸쳐 성서학자들이 발전시켜 온 역사비평의 모든 방법을 다룬다. 단지 일반적인 용법으로 '비평'이라는 말은 흠잡기("오, 너무 비판적이지 마라"라고 말하는 것처럼)라는 부정적 의미를 지니고 있기에, 그 말은 아마도 불쾌할 것이다. 그러나 '역사비평'이라는 표현에서 '비평'은 '분별력', 즉 역사적 문제에 관해 분별력 있는 판단을 내리는 것을 의미한다.

그것은 무엇인가

역사적 접근은 자료비평, 양식비평, 편집비평 그리고 정경비평의 전통적인 방법들을 포함했다.[1] 그것은 또한 역사 연구에 관한 더 최근의 학제 간(interdisciplinary) 방법들을 포함한다. 때때로 '사회-과학적 비평'으로 불리는 이 방법들은 산업화 이전의 농업 사회, 명예-수치 사회, 문화인류학 등등의 연구에서 비롯된 모델과 통찰력의 이용을 포함한다. 이 학제 간 방법들은 특별히 성서 본문이 말해지고 쓰였던 고대의 맥락을 구성하는 데 도움이 된다. 그것들은 성서가 시작된 매우 다른 문화적 세계를 이해하는 데 도움이 된다.

역사적 접근의 초점은 이중적인데, 그것은 그 역사적 맥락 안에 있는 본문의 역사적 의미이다. 그 안에서 말을 하거나 글을 쓰는 혹은 행위가 이루어지는 맥락은 그것들의 의미를 충만하게 형성해준다. '맥락'(context)이란 말은 라틴어 접두사 'con'이 '함께'를 의미하는 뜻을 가짐을 암시한다. 따라서 맥락(con-text)은 본문과 함께 가는 것이다.

그것이 왜 중요한가

비록 성서를 종교적으로 이용하는 것이 역사적 접근과 전적으로 관계가 없을지라도, 역사적 접근은 과거 문헌들의 모음집으로서 성서를 진정으로 듣기 위해서 필수 불가결한 것이다. 그것은 성서 전체와 그 개별적인 본문들이 과거에 만들어진 것들, 즉 유물이라는 것을 인정한다. 분명하게 말하자면, 성서 전체와 그 개별적인 본문들은 아득한 과거의 유물이다. 히브리 성서는 대략 기원전 10세기 중엽부터 기원전 2세기 중엽까지 기록되었다.[2] 신약성서는 대략 서기 50년부터

---

1 자료비평은 성서의 일부 책들의 초기 자료들을 식별하려는 시도이다. 양식비평은 성서를 산출한 고대 공동체들의 전승 구전 양식들(oral forms)과 그것들의 배경에 관한 연구이다. 편집비평은 문서를 그것의 최종 형태로 만든 저자(들)(편집자(들))의 의도에 초점을 맞춘다. 정경비평은 성서 전체의 맥락 내에서 구절들의 의미를 찾는다.

2 많은 학자는 (오경에서 발견된) 가장 이른 시기의 부분들을 기원전 900년대로 추정하

100년대 초엽 혹은 중엽까지 기록되었다.

역사적 접근은 우리와 성서 속 과거 사이의 거대한 역사적이고 문화적인 거리를 진지하게 여긴다. 그것은 소설 중개인(The Go-Between)의 첫 줄에 나오는 "과거는 외국이다. 그들은 거기서 일을 다르게 했다"[3]라는 말의 진실성을 인정한다. 그것은 성서를 우리 세계와는 매우 다른 세계에서 산출된 고대 문헌들의 모음집으로 이해하려고 했다.

성서의 역사적 연구는 근대 학문의 자랑거리 중 하나이다. 그것은 성서 이해에 대단한 도움이 되었다. 만일 성서의 역사적 연구가 없다면, 성서의 많은 부분은 그야말로 이해하기 힘들 것이다. 성서의 구절을 고대의 상황 속에 놓는 것은 그 구절들을 생생하게 만들어준다. 그 연구 때문에, 그렇게 하지 않았다면, 우리의 시야에서 감춰져 있었을 이 고대 본문들의 의미를 이해할 수 있게 된 것이다. 또한 그것은 그렇게 하지 않았다면 과거 속에 묻혀버렸을 의미를 밝혀내고 있다. 게다가 그 연구 때문에 우리는 낯선 세계로부터 우리에게 다가오는 이 낯선 본문들을 이해할 수 있다. 그러므로 성서의 역사적 연구는 우리로 하여금 성서를 단순히 마음속에 있는 현재 우리의 의제(agendas)를 가지고 읽는 것을 피하도록 도와주고, 성서가 그 자신의 목소리로 자유롭게 말하도록 해준다.

고 가장 늦은 시기의 부분(다니엘서)을 기원전 165년경으로 추정한다. 가장 이른 시기의 신약성서 문서는 아마도 데살로니가에 있는 바울의 공동체에 보낸 바울의 첫 번째 편지일 것인데, 그것은 서기 50년경에 기록되었으며, 가장 늦은 시기의 것은 아마도 125년 혹은 150년에 기록된 베드로후서일 것이다.

3 Leslie Hartly, *The Go-Between* (New York: Stein and Day, 1953).

한계

그러나 역사적 접근은 자체의 한계를 가지고 있다. 한계 중의 일부는 역사적 접근이 근대에 실행되었던 방식 때문이다. 역사적 접근은, 영적인 실재에 대한 회의주의와 사실성에 대한 집착과 더불어, 근대의 세계관에 결합될 때 때때로 본문의 '단조로움'(flattening)으로 이어진다. 성서의 본문들은 하나님에 관하여 혹은 하나님에 대한 진실한 체험에 관하여 혹은 근대의 세계관에 의해 가능하다고 여겨지는 것의 경계를 넘어서는 사건들에 관하여 중요한 것을 말하고 있을지도 모르는데, 이 대안들은 종종 다루어지지 않는다.

더욱이 근대 성서 연구의 많은 부분은 매우 기술적이고 전문적이며, 학자들의 의견이 서로 일치하지 않고, 확실한 것이 거의 없는 것처럼 보인다. 그 결과 근대의 성서 연구가 그리스도인의 강한 소명의식과 성서에 대한 애정이 이유가 되어 성서 연구를 위해 신학대학 혹은 대학원에 갔던 많은 사람에게 자신들로부터 성서를 빼앗아 가는 경험을 하게 해왔다. 목회자와 학자 중의 일부는 그러한 경험으로부터 회복되지 못했다. 어떤 사람에게는 성서가 갈기갈기 찢겨 있고, 다른 사람은 역사비평은 파산했다고 비난하면서 그것에 대한 측면 공격을 시작했다.4 그러나 역사비평을 공격하는 사람들조차도, 그들이 근본주의자가 아니라면, 그것 없이 견딜 수는 없다.

한 가지 더 한계가 있는데, 그것은 내재적(intrinsic) 한계이다. 즉,

---

4 비록 월터 윙크(Walter Wink)가 "역사적 성서비평은 파산했다"라는 문장으로 시작하는 현재 유명한 책을 썼지만, 나는 분명히 이 범주에서 그를 제외한다. *The Bible in Human Transformation* (Philadelphia: Fortress, 1973), 1. 월터의 그 이후의 저서가 분명히 하는 것처럼, 그는 역사비평의 노련한 실천가이다.

역사비평은 본문의 고대적 의미만을 다룬다는 것이다. 이번 장의 서론에서 언급했던 것처럼, 그 초점은 "이 본문은 그것을 산출한 고대 공동체 내에서 그리고 그 공동체에게 무엇을 의미했었나?"라는 과거 시제의 질문이다. 또 하나의 접근에 의해 보충되지 않는다면, 역사비평은 본문을 과거 속에 감금된 상태로 내버려둔다.

은유적 접근

은유적 접근은 본문들이 그 고대적 배경에서 의미했던 것의 독특함을 넘어서는 의미를 우리가 이해하고 확인할 수 있도록 해준다. 역사적 접근처럼 은유적 접근도 하나의 커다란 우산이고, 다양한 학문 분야를 아우른다. 그 우산 아래의 모든 것이 공통으로 지니는 것은 본문의 역사적 의미를 넘어서는 성서 읽기의 한 방식이다.

그것은 무엇인가

나는 '은유'와 '은유적'이라는 말을 좁은 의미보다는 넓은 의미로 사용하고 있다. 좁은 의미로 '은유'는 매우 구체적인 종류의 비교 언어를 말하고 그것의 가까운 사촌격인 '직유'(simile)와 구별된다. 즉, 직유는 비교할 때 '~과 같은'이라는 단어를 사용하는 반면에, 은유는 그 단어를 사용하지 않는다. 예를 들면, "내 사랑은 빨갛고 빨간 장미와 같다"라는 말은 직유이다. "내 사랑은 빨갛고 빨간 장미다"라는 말은 은유이다. 그렇지만, 나는 이번 장과 이 책에서 '은유'와 '은유적'이라는 말을 훨씬 더 넓은 의미로 사용하고 있다.

　은유적 언어는 본디 비문자적이다. 그것은 긍정과 부정을 동시에 한다. 예를 들면, x는 y이고, x는 y가 아니다. "내 사랑은 빨갛고 빨간 장미다"라는 진술은 내가 사랑하는 상대가 그것을 부정할 때조차도 내 사랑은 장미라고 긍정한다. 내가 글자 그대로 꽃을 사랑하지 않는다면, 내가 사랑하는 상대는 장미가 아니다. 오히려 내가 사랑하는 상대가 장미와 같은 어떤 것이 있다는 말이다.

　이러한 인식은 은유적 언어의 두 번째 특징으로 이어진다. 즉, 은유적 언어는 의미에 있어서 한 가지 이상의 어감(nuance) 혹은 공명(resonance)을 지니고 있다. 그리스 어근에 의하면 '은유'는 '수반하는 것'(to carry with)이라는 의미이고, 은유가 전달하거나 혹은 가져다주는 것은 의미의 공명 혹은 연관(associations)이다. 복수의 사용은 의도적인데, 하나의 은유는 단 하나의 의미로 축소될 수 없기 때문이다(하나의 비유로 단 하나의 의미할 수 있다면, 그 의미를 비은유적인 언어로 표현하는 편이 낫다). 다시 장미의 예로 돌아가자면, "내 사랑은 빨갛고 빨간 장미다"라고 말하는 것은 한 가지 이상의 연관된 의미를 호출한다. 그 은유는 내가 사랑하는 사람의 아름다움, 그녀의 좋은 냄새, 활짝 핀 그녀의 존재를 가리킬 수 있다. 게다가 장미처럼 내가 사랑하는 사람도 약해지고 죽을 것이기 때문에, 그것은 단명성과 유한성을 가리킬 수도 있다. 심지어 장미 속에 가시가 있기에, 그것은 어려움을 가리킬 수도 있다. 요약하자면, 은유적 언어는 본질로 다면적 의미를 가진 것(multivalent)으로서 수많은 연관을 갖는다.

　'은유'는 또한 '~로 보는 것'을 의미하는데, 어떤 것을 그것 말고 다른 것으로 보는 것이다. 은유는 언어학적 기술 혹은 언어의 기술이다. 만약 여러분이 장미의 예를 한 번 더 들 수 있다면, 나는 내가 사랑하는 사람을 장미로 본다. 혹은 성서의 예를 이용하자면, 우리는 출애굽 이야기를 인간의 곤경과 구원의 방법을 묘사하는 신-인 관계(the divine-human relationship)의 은유적 이야기로 볼 수 있다.

따라서 성서의 은유적 접근은 은유와 그 연관을 강조한다. 그것은 믿는 것이 아니라 보는 것을 강조한다. 중요한 것은 은유를 믿는 것이 아니라 그것에 비추어보는 것이다.

마지막으로, 비록 은유는 문자적으로 사실이 아닐지라도, 그것은 완전히 진실일 수 있다. 은유는 시에 무엇인가 덧붙여진 것이지, 사실성에서 무엇인가를 뺀 것이 아니다(Metaphor is poetry plus, not factuality minus).5 다시 말해서, 은유는 사실 이하가 아니라 사실 이상이다. 어떤 것들은 은유적 언어로 가장 잘 표현되지만, 다른 것들은 은유적 언어로만 표현될 수 있다.

성서의 은유적 접근은 수많은 유형의 현대적 해석에 중심이 된다. 이 유형들은 이야기로서 이야기의 의미에 초점을 맞추는 이야기 신학(narrative theology)과 본문이 그 본래의 역사적 의미와 별개로 문학으로서 어떻게 기능하는가에 초점을 맞추는 일부 형태의 문학비평을 포함했다.

은유적 접근의 세 번째 형태인 원형비평은 원형적 상징과 이야기에 관한 연구와 관련되는데, 그것은 일반적으로 초문화적(transcultural)이

---

5 "은유는 시에 무엇인가 덧붙여진 것이지, 사실성에서 무엇인가를 뺀 것이 아니다"라는 말은 스미스(Wilfred Cantwell Smith)의 저서 *What is Scripture?* (Minneapolis: Fortress, 1993), 277에서 스미스에 의해 인용되고, 스텐달(Krister Stendahl)의 표현으로 여겨지는 스웨덴의 속담을 기반으로 한 것이다. 원래의 속담은 "신학은 시에 무엇인가를 덧붙여진 것이지, 과학에서 무엇인가를 뺀 것이 아니다"라는 말이다.

다. 원형비평은 매우 분명하게 성서 본문의 심리학적 읽기로 이어진다. 그러나 그것은 심리적인 것도 넘어선다. 왜냐하면 그러한 이야기들과 상징들이 때때로 사회적 실재들에도 연결되기 때문이다.[6] 은유적 접근은 일부 고대적 유형의 해석도 포함하고 있다. 신약성서의 저자들은 종종 히브리 성서의 본문들을 비문자주의적인 방식으로 사용했다. 그러한 관행은 2세기부터 중세기까지 그리스도교에 널리 퍼졌던 성서의 '영적인' 혹은 '알레고리적' 읽기에서 계속되었다. 그 기간의 그리스도교 신학자들은 종종 성서 본문의 네 단계 해석에 대해 말했는데, 그것은 문자적, 알레고리적, 신비적(anagogical), 전의적 해석이다.[7] 이 네 가지 단계의 세부적인 내용은 단지 은유적 해석의 범위와 고대성(antiquity)을 보여주려는 나의 현재 목적에는 중요하지 않다.

정당화

은유적 접근의 정당화는 최소한 이중적이다. 첫째, 성서 이야기 중의 일부는 분명히 은유적이고, 따라서 은유적 해석이 필요하다. 이러한 인식은 근대적인 것이 아니라 고대의 것이다. 200년대에 오리게네스라는 이름의 초기 그리스도교 신학자이자 성서학자는 성서의 '영적인' 의미와 '육적인' 의미를 구별했다. '영적인 의미'로 그는 거의 정확

---

6 원형과 사회 사이의 관계의 한 예: 고대의 우주적 전투 신화는 잔인하고 압제적인 군주 지배하에 놓인 후 그 악한 세력을 물리치는 영웅이 도래해서 선한 군주의 통치를 회복시켜 주는 세상에 관한 이야기를 하는 원형적 이야기이다. 이 책에서 말하겠지만, 이것은 계시록의 주된 구조적 요소이다: 카이사르의 주권(lordship)과 그리스도의 주권 사이의 갈등이 이러한 용어들로 묘사되고 있다.

7 Robert M. Grant and David Tracy, *A short History of Interpretation of the Bible,* second ed. (Philadelphia: Fortress, 1984), 85-86.

하게 내가 은유적이라는 말로 뜻한 것을 의미했다. '육적인 의미'로 그는 문자-사실주의적인 것을 뜻했다. 이러한 차이를 이용해서 오리게네스는 성서 전체가 영적인 의미로 읽혀야 하며, 어떤 부분은 육적인 의미로 읽혀서는 안 된다고 주장했다.[8]

그러나 성서의 이야기가 분명히 은유적이지 않을 때조차도 은유적 접근으로 그것을 읽기 위한 정당한 이유가 있다. 그 이유는 성서가 "종교적 고전"이라는 것이다.[9] 고전은 오랜 시간 지속해 왔고 읽혀 왔으며 (그리고 계속해서 읽히고) 새로운 환경에서 다시 읽혀 왔던 문학작품이다. 그 말의 정의상 고전은 의미의 잉여를 가지고 있다. 그것의 의미는 저자의 의도나 혹은 원래의 환경에 국한되지 않는다.

한계

은유적 접근의 주된 한계는 실제 본문과 거의 혹은 전혀 관계없는 자유로운 공상적 해석을 만들어 내면서 상상력이 너무도 자유롭게 배회하게 될 위험이 있다는 것이다.

전형적인 예는 누가복음에 나오는 잘 알려진 선한 사마리아인의 비유에 대한 아우구스티누스의 해석이다.[10]

예수는 이렇게 이야기한다. 예루살렘으로부터 여리고로 여행하고

---

8 Oregon, De Principiis IV. 1, *The Ante-Nicene fathers*, ed. by Alexander Roberts and James Donaldson (Grand Rapids: Eerdmans, 1979, reprint of the 1885 edition), 360-373.

9 David Tracy, *The Analogical Imagination* (New York: Crossroad, 1987), 99-229.

10 누가복음 10:29-37. 아우구스티누스의 해석은 그의 저서 *Quaestions Evangeliorum* II. 19에 나오고, C. H. Dodd, *The Parables of the Kingdom*, rev. ed. (New York: Scribner, 1961)에서 알기 쉽게 바꾸어 표현되어 있다. 도드는 이것을 하지 말아야 할 비유 해석법의 한 예로 사용했다.

있는 한 남자는 강도에 의해 공격을 당하고 맞아서 반쯤 죽은 상태로 길가에 누운 채 내버려 졌다. 두 명의 성전 관리(제사장과 레위인)가 길을 따라오다가 무시한 채 그 길의 다른 편으로 지나간다. 바로 다음에 멸시받는 집단의 구성원인 한 사마리아인이 길을 따라오다가 그 부상당한 사람의 상처를 보살펴주고, 그를 당나귀에 태우고, 여관으로 데리고 간다. 그것은 함께 아파하는 것이 무엇을 의미하는가에 관한 이야기이다.

아우구스티누스는 그 이야기를 상당히 다르게 읽었다. 나는 여기서 그가 발견한 의미 중 몇 가지만 언급하겠다. 예루살렘으로부터 여리고로 여행하고 있는 남자는 아담이다. 그를 공격한 도둑들은 악마와 그의 천사들이다. 그들은 아담이 죄를 지도록 유도하고 그의 불멸성을 빼앗음으로써 그를 패배시킨다. 지나가는 제사장과 레위인은 옛율법 시대의 대표자들인데, 그들은 구원을 줄 수 없다. 그를 도와주러 온 사마리아인은 예수다. 그가 아담의 상처에 발라준 기름은 기쁜 희망의 위로이다. 아담을 태운 동물은 성육신의 몸이다. 아담을 데리고 간 여관은 교회이고, 여관 주인은 사도 바울이다.

이처럼 아우구스티누스의 읽기에서 그 비유는 아담의 타락으로부터 예수를 거쳐 바울에 이르는 그리스도교의 구원 이야기의 알레고리가 된다.

그것은 독창적이고 매우 기발하다. 물론 문제는 이러한 읽기가 본문과 아무런 관련이 없다는 것이다. 예수나 누가가 이같은 것을 의미했다고 상상할 수 없다. 그것은 완전히 공상적일 뿐만 아니라 그 비유의 의미를 이해하기 어렵게 만들며, 따라서 어떤 의미에서는 본문을 파기한다.

그러므로 은유적 접근은 통제가 필요하다. 다시 말해서, 본문과의 관련을 전혀 생각할 수 없는 은유적 읽기를 주장할 수는 없다. 그러나 그 통제들은 '유연한'(soft) 것이어야 한다. 은유적 접근의 주요한 기능 중의 하나가 본문이 과거에 국한되는 것을 막는 것이기 때문이다.

그 요구된 통제들은 부분적으로 역사적 접근에 의해 그리고 부분적으로 해석이 제공되는 공동체의 분별력에 의해 이루어진다. 몇몇 요인들이 공동체의 분별력에 영향을 미치는데, 그것은 성서 전체의 의미에 대한 그들의 감각, 그리스도교 전체 이야기에 대한 그들의 이해 그리고 '적합함'에 대한 그들의 감각이다. 만약 하나의 해석이 그것을 제공하는 개인 외에 아무에게도 이해가 되지 않는다면, 그것은 의미 있는 중요성을 지니지 못할 것 같다.

요컨대, 성서 읽기의 역사적 접근과 은유적 접근은 서로를 필요로 한다. 역사적 접근은 성서 본문이 과거에 갇혀 있지 않도록 하기 위해서 은유적 접근이 필요하다. 은유적 접근은 그것이 주관적 공상이 되지 않도록 하기 위해서 역사적 접근이 필요하다.

이번 장의 나머지 부분은 두 가지 목적을 가지고 있다. 첫째, 성서는 역사와 은유의 조합이며 그래서 이 접근이 필요하다는 것을 제시하는 것이다. 둘째, 이 접근으로부터 생기는 그런 종류의 읽기를 예를 들어 설명하는 것이다.

역사와 은유로서 성서

성서는 역사와 은유의 조합이다. 약간 다르게 말하자면, 성서는 역사적 기억과 은유적 이야기의 조합이다.

'기억된 역사' 혹은 '역사적 기억'의 의미는 분명하다. 성서에 보도된 일부 사건들은 실제로 발생했고, 고대 이스라엘 공동체와 초기 그리스도교 운동은 사건들이 발생했던 것에 대한 기억을 보존했다. 사실 성서 이야기는 이 두 공동체의 역사에 근거를 두고 있다.

'은유적 이야기'의 의미는 더 많은 설명이 필요하다. 성서에서 그러한 이야기는 두 가지 범주로 나누어진다. 첫 번째는 발생했던 (혹은 발생했을지도 모르는) 사건에 은유적 의미가 주어지는 이야기를 포함한다. 두 번째는 순수하게 은유적인 이야기를 다룬다.

역사를 은유화하는 이야기들

은유적 이야기의 첫 번째 유형은 역사와 은유를 결합하는 이야기인데, 우리는 그것을 '은유화된 역사'(history metaphorized)라고 부를 수있다. 역사적 사건이 그 이야기 뒤에 숨어있지만, 그 이야기가 말해지는 방식은 그 이야기에 은유적 의미도 부여한다. 예를 들면, 나는 예수가 정말로 일부 눈먼 사람들에게 시력을 회복시켜 주었다고 말하는 것에 충분히 역사적 근거가 있다고 생각한다. 그러한 사건을 보도하고 있는 하나 이상의 이야기는 아마도 역사적 기억을 반영할 것이다. 그러나 이 이야기의 말하기 방식은 이야기에 은유적 의미도 부여했다.

예수가 시력을 회복시킨 두 명의 눈먼 사람의 이야기를 마가복음의 저자가 말하는 방식은 이해에 도움이 되는 예를 제공한다. 그 두 이야기는 마가복음의 대단히 핵심적인 부분의 틀을 구성하고 있는데, 그것은 예루살렘으로의 예수의 마지막 여정을 묘사하고, 그의 임박한 죽음과 부활에 관한 세 번의 엄숙한 이야기를 포함하며, 이 여정에서 예수 따름으로서 제자도(discipleship)를 말하는 부분이다.[11]

이 부분의 시작에 마가는 벳새다의 눈먼 사람의 이야기를 배치한다. 예수는 두 단계로 그의 시력을 회복시켜 준다. 첫 단계 후에 그 눈먼 사람은 사람들을 보지만, 분명하게 보지 못한다. 그래서 그는 "사람들이 걸어 다니는 나무처럼 보입니다"라고 말한다. 예수가 다시 그에게 손을 얹은 후에 그 눈먼 사람은 "모든 것을 똑똑히" 봤다.[12]

이 부분의 끝에 바디매오라는 이름의 눈먼 거지의 이야기가 있다. 그는 예수에게 "나를 불쌍히 여겨 주십시오!"라고 큰소리로 외치고, 예수는 "내가 너에게 무엇을 하여 주기를 바라느냐?"라고 묻는다. 멋지게 환기하는 언어로, 바디매오는 "내가 다시 볼 수 있게 하여 주십시오"라고 그의 가장 큰 소망을 표현한다. 그 후에 우리는 "바디매오는 다시 보게 되었고 예수가 가는 길을 따라나섰다"라는 말을 듣는다.[13]

이 이야기를 자신의 활동 장소에 배치함으로써, 마가복음의 저자는 그 두 이야기에, 그것 중의 하나 혹은 둘 다가 기억된 역사를 반영할 때조차도, 은유적 의미를 부여한다. 즉, 자신의 시력을 얻는 것―다시 보는 것―은 예수의 길을 보는 것이다. 그 길, 즉 그 행로는 갈릴리로부터 죽음과 부활, 끝과 시작의 장소인 예루살렘까지 그와 함께

---

11 마가복음 8:27-10:45.

12 마가복음 8:22-26. 그러므로 마가가 그 이야기를 할 때, 이어지는 본문에서도 제자들과 베드로는 예수가 누구인가를 두 단계로 이해한다(막 8:27-30). 1) 예수는 제자들에게 "사람들이 나를 누구라고 하느냐?"라고 묻고 제자들은 다양한 보도로 대답한다. 2) 바로 다음에 예수는 그들에게 "너희는 나를 누구라고 하느냐?"라고 묻고 베드로는 "선생님은 그리스도이십니다"(그리스도 = 메시아)라고 대답한다. 벳새다의 눈먼 사람에서처럼 제자들이 예수가 누구인지를 '보는 것'도 두 단계가 필요했다.

13 마가복음 10:46-52.

여행하는 것을 뜻한다. 그것을 보는 것이 자신의 눈을 뜨는 것이다.

이처럼 마가가 이 이야기를 사용하는 방식은 은유화된 역사를 낳는다. 게다가 그 부분 전체는 기억된 역사와 은유화된 역사의 또 하나의 예를 제공한다. 기억된 역사는 예수가 실제로 예루살렘까지의 마지막 여행을 했다는 것이다. 은유화된 역사는 그 여행 이야기를 말하는 방식이 그 이야기를 제자도의 길에 관한 은유적 이야기로 바꾼다는 것이다.

순수한 은유적 이야기들

은유적 이야기의 두 번째 유형은 순수하게 은유적인 이야기들로 구성되어 있다. 어떤 특정한 역사적 사건도 그 배후에 있지 않다. 오히려 그 이야기 전체는 은유적이거나 혹은 상징적이다. 히브리 성서에 나오는 이 범주의 예들은 창조와 인간의 시작(다음 장의 주제)에 관한 이스라엘의 이야기, 요나와 그를 삼켜버린 커다란 물고기에 관한 이야기 그리고 여호수아 당시 움직이지 않고 정지되었던 해에 관한 이야기이다. 신약성서에 나오는 예들은 예수에 관한 초기 그리스도교 운동 이야기 중의 일부, 즉 예수의 탄생, 물 위를 걷는 것, 빵과 물고기를 크게 늘린 것, 물을 포도주로 바꾼 것 등등을 포함했다.

하나의 이야기를 순수하게 은유적 이야기로 볼지 말지에 관한 결정은 두 가지 요인과 관련된다. 첫째는 이야기 자체 속의 요소들에 중점을 둔다. 그 이야기는 발생했던 어떤 일을 보도하는 것처럼 보이는가? 혹은 그 이야기 속에 그것이 상징적으로 읽혀야 한다는 것을 암시하는 징표들이 있는가? 세상의 시작에 관한 이스라엘의 이야기들에는 그러한 징표들이 많이 들어있고, 방금 언급한 예수에 관한 이야기들은 히브리 성서로부터 인용한 풍부한 상징적 모티브들을 이용한다.

두 번째 요인은 내가 '극적인 것의 한계'(the limits of the spectacular)라고 부르는 것의 판단이 필요하다. 나는 의도적으로 '기적'보다는 오히려 '극적인 것'을 말한다. 기적을 주장하는 사람들과 그것을 부인하는 사람들에게 공통으로 받아들여지는 기적의 현대적 이해는 우주를 자연법칙의 폐쇄된 체계로 이해하는 것을 전제하고 있다. 기적은 '저기 바깥에' 있는 하나님이 자연의 인과법칙이라는 완벽히 다르게 예측할 수 있는 체계 속으로 초자연적 개입을 하는 것으로 이해된다. 나는 하나님과 우주의 관계에 관한 그런 방식의 사고를 받아들이지 않기 때문에, '기적'이라는 용어를 피한다. 반면에 '극적인 것'은 우리가 흔히 가능할 수 있다고 생각하는 것을 넘어서는 사건들에만 관련됐다.

'극적인 것의 한계'가 있는지에 관한 질문은 "어디에서도 결코 발생하지 않은 어떤 일들이 있는가?"라고 묻는 것이다. 그 질문에 관해 생각할 때 근대의 세계관처럼 한계를 너무 협소하게 긋지 않는 것이 중요하다. 근대의 세계관이 허락하는 것보다 더 많은 일이 가능하고, 더 많은 일이 일어났다.

예를 들면, 나는 예수가 실제로 초자연적인 치유를 했고, 그것들은 단지 정신-신체의 용어로 설명될 수 없다고 생각한다. 나는 심지어 공중부양 같은 극적인 현상이 아마 일어날 수도 있다고 생각할 마음이 있다. 그러나 동정녀 탄생, 빵과 물고기의 양을 크게 늘린 것 그리고 물을 포도주로 바꾼 것이 어디에서든 일어났는가? 만약 내가 그런 일들이 일어난다고 확신하게 된다면, 나는 그러한 사건들을 보도하는 예수에 관한 이야기들도 기억된 역사를 포함하고 있다는 가능성을 받아들일 것이다. 그러나 역사가로서 내가 할 수 없는 것은 "그 밖에 누구도 결코 할 수 없었음에도 예수는 그러한 일을 할 수 있었다"고 말하는 것이다. 그래서 나는 이것들을 순수하게 은유적인 이야기로 간주했다.

성서가 역사와 은유 둘 다 포함하고 있다고 인정하는 것은 즉각적인 함축적 의미를 지니는데, 그것은 성서를 산출한 고대의 공동체들이 종종 그들의 역사를 은유화하였다는 것이다. 실제로 이것은 그들이 자신들의 이야기에 의미를 부여했던 방식이다. 그러나 우리는, 특별히 근대에, 종종 그들의 은유를 역사화하였다. 약간 다르게 말하자면, 그들은 (다시 의미를 표현하기 위해서) 종종 그들의 역사를 신화화한 반면에, 우리는 그들의 신화를 문자 그대로 해석하는 경향이 있다. 그리고 은유 혹은 신화를 문자 그대로 해석할 때 그 결과는 말도 안 되는 이야기가 된다. 반면에 은유적 이야기를 은유적 이야기로 인식할 때, 그 결과는 매우 효과적인 이야기가 된다. 이것은 바로 다음의 문제로 연결된다.

신-인 관계에 관한 이야기로서 성서

성서는 이야기 이상의 것을 포함하고 있지만, 성서의 놀랄 만큼 많은 양은 내러티브로 이루어져 있다. 이것들은 수많은 개별 이야기뿐 아니라 성서 전체를 형성하는 이야기들, 즉 내가 다른 곳에서 '거시적 이야기'(macro-stories)라고 불러왔던 것이기도 하다.[14] 더욱이 상당한

---

14 나의 책 *Meeting Jesus Again for the First Time* (San Francisco: Harper-SanFrancisco, 1994), 6.

정도로 개별적이고 거시적인 이 이야기들은 신-인 관계(divine-human relationship)에 관한 것들이다. 히브리 성서는 하나님과 이스라엘의 관계에 관한 고대 이스라엘의 이야기(와 이야기들)이다. 신약성서는 예수 안에 계시된 하나님과 이스라엘의 관계에 관한 초기 그리스도교 운동의 이야기(와 이야기들)이다.

중요한 것은 이 이야기들이 과거의 신-인 관계에 관한 것뿐만이 아니라는 것이다. 그것들은 현재의 신-인 관계에 관한 것이기도 하다. 매년 유대인들이 유월절을 기념할 때 출애굽 이야기가 사용되는 방식은 이 주장을 분명하게 해준다. 유월절 식사를 수반하는 예배(liturgy)에서 (약간 의역한) 다음과 같은 기도문이 낭독된다.

> 이집트에서 바로의 노예가 되었던 것은 우리 아버지들과 어머니들 뿐만이 아니었습니다. 오늘 저녁 여기 모인 우리 모두도 이집트에서 파라오의 노예였습니다. 위대하고 전능하신 하나님의 손에 의해 이집트에서 벗어날 수 있게 인도된 것은 우리 아버지들과 어머니들 뿐만 아니라 오늘 저녁 여기에 모인 우리 모두도 위대하고 전능하신 하나님의 손에 의해 이집트에서 벗어날 수 있게 인도되었습니다.

'우리'(우리의 조상뿐 아니라)는 이집트에서 노예였고, '우리'는 하나님에 의해 노예의 땅에서 벗어날 수 있게 인도되었다고 말하는 것은 무슨 의미인가? 그것은 우리의 유전자나 DNA가 거기에 있었던 것처럼, 우리가 그곳에서 우리 조상의 허리에 있었다는 것을 의미하는 것은 아니다. 오히려 출애굽 이야기는 모든 세대에 진실로서 이해되고 있다. 그것은 속박을 지속되는 인간의 문제로서 묘사하고, 우리가 속박으로부터 해방되어야 한다는 하나님의 뜻을 선포한다. 따라서 이집트에서 이스라엘의 속박과 하나님에 의한 이스라엘의 해방은 신-인 관계에 관한 지속으로 진실한 이야기이다. 그것은 우리와 하나님에 관한 이야기이다.

비판적 이후의 소박함 상태에서 성서 읽기

앞의 내용을 고려해 볼 때, 성서를 읽는 현대의 독자들에게 주요하게 필요한 것은 비판적 이전의 소박함(precritical naivete)으로부터 비판적 사고를 거쳐 비판적 이후의 소박함(postcritical naivete)으로 이동하는 것이다. 비록 이러한 표현이 지식인의 용어처럼 들릴지라도, 그 표현은 매우 많은 것을 밝혀줄 것이다. 그것은 우리가 우리 자신의 경험에서 인식할 수 있는 성서를 읽고 듣는 방식을 확인해줬다.[15]

비판적 이전의 소박함은 유아기의 상태인데, 그 상태에서 우리는 삶에서 상당히 권위가 있는 인물들이 우리에게 사실이라고 말하는 것은 무엇이나 정말로 사실이라고 당연하게 여긴다. (만일 우리가 그리스도교적 환경에서 자란다면) 이 상태에서 우리는 성서의 이야기를 단순히 사실적인 이야기로만 듣는다.

실례를 들어 설명하자면, 어렸을 때 크리스마스 이야기를 들었던

---

15 나는 이 주제를 이전의 책들에서 다루었다. *Meeting Jesus Again for the First Time*, 6, 17, 24.에서는 간단하게, N. T. Wright와의 공저인 *The Meaning of Jesus: Two Visions* (San Francisco: HarperSanFrancisco, 1988), 247-249에서는 좀 더 광범위하게 다루었다. 이 책을 위해 그것이 중요하기 때문에, 나는 여기서 다시 그것을 다뤘다.

방식을 나는 기억한다. 나는 예수의 탄생이 마태와 누가 그리고 우리의 크리스마스 야외극이 묘사하는 대로 실제로 일어났다고 생각했다. 어려움 없이 나는 마리아가 정말로 동정녀였고, 그녀와 요셉이 나사렛에서 베들레헴으로 정말로 갔으며, 예수는 그곳 마구간에서 태어났고, 천사들이 정말로 목자들에게 노래를 불렀고, 특별한 별의 안내를 받은 동방박사들이 정말로 선물을 가지고 베들레헴에 왔고, 기타 등등을 당연하게 여겼다.

"이 이야기의 얼마나 많은 부분이 역사적으로 사실이고 그리고 얼마나 많은 부분이 은유적 이야기인가?"라는 의문이 내게는 생기지 않았다. 나는 단지 그 익숙한 이야기들을 사실로 들었다. 그것은 내게 신앙을 요구하지 않았다. 상황이 그 이야기들이 보도한 것과 달랐다고 생각할 아무런 이유가 없었다.[16]

비판적 사고는 유아 후기와 청소년 초기에 시작된다. 우리는 이러한 종류의 사고를 개발하기 위하여 지성인이 되거나 대학 혹은 4년제 대학을 갈 필요가 없다. 오히려 그것은 인간 성장의 자연스러운 단계이고 모든 사람이 그 단계에 들어갔다.[17] 이 단계에서, 의식적으로 혹은 상당히 무의식적으로, 우리는 어릴 때 배웠던 것의 얼마나 많은 부분을 간직해야 하는지를 알기 위하여 그것을 샅샅이 살펴본다. 치아 요정(서양에서는 빠진 치아를 주머니에 담아 머리맡에 놓아두고 잠을 자면 치아 요정이 와서 치아를 가져가며 선물을 놓고 간다는 전설이 있다 _ 옮긴

---

16 이처럼 비판적 이전의 소박함은 1장에서 기술한 천부적 문자주의와 매우 유사하다.
17 이 단계는 저항을 받을 수 있다. 근본주의는 비판적 사고를 성서에 적용하는 것에 대한 거부이다. 의식적 문자주의의 형태로서(1장을 보라) 근본주의는 근대의 비판적 사고가 성서에 해로운 영향을 미친다고 여기고 그것을 끈질기게 거부했다.

이)이 정말로 있는가? (아이들이 최근에 어느 때고 이 이야기를 들은 적이 있다면) 황새가 아기를 데려다주는가? 창조는 정말로 단지 6일이 걸렸는가? 아담과 하와는 정말 사람이었나?

1장에서 언급한 것처럼 현대 서구 문화에서 비판적 사고는 사실성에 상당히 많은 관심이 있고, 따라서 종교 전반, 특별히 그리스도교와 성서에 매우 유해하다. 서양 문화의 비판적 사상가로서 대부분 우리는 더는 성서의 이야기를 사실 이야기로 듣지 않거나 혹은 최소한 그것의 진리성을 의심하게 되었다. 이제 그것을 믿기 위해서는 신앙이 필요하고, 신앙은 사람들이 정상적으로 거부하는 것을 믿는 것이 된다.

비판적 이후의 소박함은, 성서의 이야기가 사실적으로 옳지 않고 그 이야기의 진리성이 사실성에 달려 있지 않을 때조차도, 성서의 이야기를 또다시 진실한 이야기로 듣는 능력이다.

이런 방식의 신성한 이야기 듣기는 근대 이전의 문화에 널리 퍼져 있다. 아라비아의 전통적인 이야기꾼들은 "그렇지만, 그렇지 않다" (This was, and this was not)라는 말로 그들의 이야기를 시작한다. 조지아주(state)가 아닌 조지아라는 나라에서도 전통적인 이야기를 시작하기 위해 비슷한 말들을 하는데, 그것은 "있었고, 있었지만, 있지 않았다" (There was, there was, and yet there was not)라는 말이다.[18] 내가 좋아하는 말은 미국 원주민 이야기꾼이 그 부족의 창조 이야기를 시작하는 방식인데, 그것은 "지금 나는 이것이 이런 식으로 일어났는지 아닌지 알지 못하지만, 이 이야기가 진실이라는 것을 알고 있다"라는 말이다. 만약 당신이 이 진술을 받아들일 수 있다면, 당신은 비판적 사고

---

18 George Papashvily, *The Yes and No Stories* (New York: Harper& Brothers, 1946)을 보라.

이후의 소박함이 무엇인지를 아는 것이다.

중요한 점은 비판적 이후의 소박함은 비판적 이전의 소박함으로 되돌아가는 것이 아니라는 것이다. 비판적 이후의 소박함은 비판적 이전의 소박함과 더불어 비판적 사고 이후에 온다. 비판적 이후의 소박함은 역사비평의 통찰들을 거부하는 것이 아니라, 그 통찰들을 하나의 더 큰 전체 속에 통합시켰다.

이것을 예증하기 위하여 크리스마스 이야기로 돌아가 보자. 크리스마스 이야기의 주된 요소들이 역사적으로 사실이 아니라는 것을 상당히 확실히 알게 될지라도, 비판적 사고 이후의 소박함은 그 이야기를 또다시 진실한 이야기로 듣는 능력이다. 역사비평 형식의 비판적 사고는 예수의 동정녀 수태 이야기를 히브리 성서에 나오는 특별한 탄생 주제의 연장으로 간주한다. 비판적 사고를 통해 특별한 별과 선물을 가지고 오는 동방박사들의 이야기는 역사가 아니라 오히려 이사야 60장을 근거로 하는 거의 분명한 마태의 문학적 창작이라는 것을 알 수 있다. 비판적 사고를 통해 예수는 아마도 베들레헴이 아니라 나사렛에서 태어났다는 것과 기타 등등의 사실을 알 수 있다.

비판적 이후의 소박함의 상태에서 탄생 이야기들이 말하는 진리는 은유적 이야기로서 그 의미 속에 있다는 것을 우리는 알고 있다. 성서적 이미지와 원형적인 종교적 이미지를 이용해서 탄생 이야기들은 예수의 의미와 신-인 관계에 관하여 말해주고 있다.19

비판적 이전의 소박함에서 비판적 사고로의 이동은 불가피한 것이지만, 비판적 이후의 상태로 이동하는 것에 관해서는 불가피한 것

---

19 이러한 방식의 탄생 이야기 읽기에 대한 좀 더 충분한 설명을 위해서는 *The Meaning of Jesus: Two Visions*, 12, 179-186을 보라.

이 전혀 없다. 현대에 상당히 많은 사람이 그러한 것처럼, 사람은 평생 비판적 사고의 상태에서 꼼짝 못할 수도 있다. 비판적 사고로의 첫 이동은 종종 해방으로 경험되지만, 이 상태에서 계속 머무르게 되면 엘리엇의 '황무지'처럼 살기에 매우 메마른 불모지가 된다.

우리는 비판적 이후의 소박함의 상태로 인도될 필요가 있다. 그것은 자동으로 일어나지 않는다. 우리가 역사적이고 은유적인 접근을 이용해서 성서 읽는 법을 배울 때, 그것은 우리 시대 주된 과업 중의 하나일 것이다.

이 책의 나머지 부분에서 우리는 역사와 은유의 조합으로서 성서를 읽는 것이 무슨 의미인지를 탐구할 것이다. 우리는 역사비평의 도구들을 이용하여 성서의 구절들을 그 역사적 맥락 속에 배치함으로써 성서 본문의 고대적 의미를 밝히려고 노력할 것이다. 우리는 또한 성서가 종교적 고전이라는 사실을 진지하게 받아들이는 것에서 발생하는 의미를 탐구할 것인데, 성서 본문은 그 고대적 맥락 속에 있는 본문의 특별한 의미를 넘어서는 의미의 잉여를 가지고 있다. 우리는 성서를 신-인 관계에 관한 진실한 이야기로서 (그리고 진실한 이야기들의 모음집으로서) 읽는 것이 무엇을 의미하는지를 살펴볼 것이다.

제2부

히브리 성서
제대로 다시 읽기

4 장

창조 이야기

흔히 그리스도인들 사이에서 '구약성서'로 알려진 히브리 성서로 부터 시작하겠다.[1] 대다수 최근의 연구에서처럼, 나는 두 가지 이유로 '구약성서'라는 용어 대신에 '히브리 성서'라는 용어를 사용하겠다. 첫째는 유대교에 대한 존중 때문이다. 유대인들에게 히브리 성서는 '구약성서'가 아니라 유일한 성서(the Bible)이다.

두 번째 이유는 그리스도인들에게 관련된 것이다. 많은 그리스도인에게 '옛'이라는 형용사는 '신'약이 '구'약을 대체하는 것으로 의도된 것처럼 '시대에 뒤떨어진' 혹은 '대체된'이라는 의미를 함축하고 있다.

---

[1] 히브리 성서와 개신교의 구약성서는 내용은 동일하지만, 구분은 다르게 되어있다. 전자에는 24권의 책이 있지만, 후자에는 39권이 있다. 가톨릭의 구약성서는 흔히 '외경'(The Apocrypha) 혹은 '제2 경전의'(Deuterocanonical) 책으로 불리는 열두 권을 더 포함하고 있다. (흔히 '동방정교회'라 불리는) 정교회 그리스도인들은 네 권을 더 포함하고 있다.

일반적으로 이 용법에 수반하는 것은, '구'약은 율법과 심판의 하나님을 말하지만 '신'약은 은총과 사랑의 하나님을 말한다는 개념이다. 이상투적인 문구가 그리스도인들 사이에 널리 퍼져 있지만, 그것은 그저 틀린 말일뿐이다. 하나님의 두 모습이 두 계약에 모두 나타나기 때문이다. 신약(과 신약의 하나님)이 구약(과 구약의 하나님)을 대체한다는 개념은 2세기의 초기 그리스도교에 의해 거부되었다.[2] '구'약을 이차적인 지위로 격하시키려는 그리스도인의 지속적 경향에도 불구하고, '구'약은 그리스도인들에게 신약성서와 마찬가지로 신성한 경전, 즉 '성서'이다. 그리스도인들이 이것을 이해하지 못할 때, 우리는 우리 유산의 많은 부분을 거부할 뿐 아니라 예수, 신약성서 그리고 그리스도교 자체에 대한 우리의 이해도 떨어뜨렸다.

유대교 전통에서 히브리 성서는 세 가지 주요 부분으로 구분된다. 그것들은 영어로 '율법서'(the Law), '예언서'(the Prophets) 그리고 '성문서'(the Writings)라고 불린다. 히브리어로는 각각 토라(Torah), 느비임(Neviim) 그리고 케투빔(Kethuvim)이다. 이 히브리 용어들의 각각의 첫 철자는 히브리 성서 전체에 대한 유대인의 일반적 용어인 두 문어 타낙(TaNak)을 구성한다.

토라(Torah)는 히브리 성서의 첫 번째이자 기초가 되는 부분이다. 그것은 다섯 권의 책으로 구성되어 있는데 창세기, 출애굽기, 레위기, 민수기 그리고 신명기이다. 이 책들 자체는 저자에 대해 그 어떤 것도 말하고 있지 않지만, 유대교 전통과 그리스도교 전통은 모두 모세의

---

2 이 거부는 마르키온 논쟁으로 알려진 것에서 발생했다. 마르키온은 2세기 로마의 그리스도인이었다. 그는 히브리 성서를 비그리스도교적이라고 거부하고, 후에 신약성서가 된 것의 매우 축약된 부분만을 인정하였다.

작품으로 여겨왔다. 따라서 그것들은 때때로 "모세의 다섯 권의 책"으로 불린다. 그리고 이 책들의 가장 일반적인 영어 명칭은 '율법서'이지만, 토라는 '율법'이라는 말이 의미하는 것보다 훨씬 큰 의미를 포함하고 있다. '토라'라는 말 자체는 그 이상을 의미하고 있는데, 그것은 '명령' 혹은 '가르침'으로 번역될 수 있다. 토라는 실제로 이스라엘의 율법을 포함하고 있을 뿐 아니라 이스라엘의 기원에 관한 이야기도 들어 있다. 그것은 그 백성의 율법에 기초가 될 뿐만 아니라 그들의 이야기와 정체성에 관한 '명령' 혹은 '가르침'이다. 다시 말해서 그것은 이야기 전통과 법적 전통을 결합시켰다.

토라는 또한 우리가 앞에서 본 것처럼, 일반적으로 '다섯 두루마리 책'이라는 의미의 그리스어인 '오경'(Pentateuch)으로 불렸다. 사실 오경은 이 다섯 권의 책에 대해 가장 일반적으로 사용되는 용어다.

오경은 우리가 이제 눈을 돌려야 할 이스라엘의 창조 이야기로 시작한다.

세상의 시작에 관한 이스라엘의 이야기

창세기의 처음 열한 장에 있는 세상의 시작에 관한 고대 이스라엘의 이야기는 성서의 가장 잘 알려진 부분 중의 하나이다. 서구 문화의 거의 모든 사람은 그 이야기를 들어 본 적이 있다.

— 6일 만의 세상 창조
— 에덴동산의 아담과 하와, 말하는 뱀에 의한 그들의 유혹 그리고

에덴으로부터 그들의 추방

— 그들의 아들 가인과 아벨 그리고 가인의 아벨 살인

— 969세로 장수목록의 으뜸으로 꼽힌 므두셀라를 포함한 장수한
초기의 사람들

— "하나님의 아들들"과 "사람의 딸들"의 성교로 태어난 거인들

— 노아의 방주와 대홍수

— 바벨탑의 건축, 하나님의 바벨탑 파괴 그리고 서로 다른 언어
집단들로의 인간의 분열

이러한 이야기들의 사실적 진리성에 관한 주요 논쟁이 근대기의
서구 문화를 특징지었다. 그렇지만 17세기와 18세기 계몽주의 시대
에 근대가 출현하기 이전에는 창세기가 사실적 진리로 유대교와 그리
스도교 세계들에 논쟁 없이 받아들여졌다. 비록 이 이야기들이 항상
문자 그대로 읽힌 것은 아니지만 말이다.[3] 이 이야기들의 사실성에 이
의를 제기할 이유가 거의 혹은 전혀 없었다. 신학과 과학은 둘 다 우주
가 상대적으로 얼마 안 됐고, 지구와 그 대륙, 산, 바다, 다양한 생명체
는 우리가 지금 보는 것과 매우 많이 같은 형태로 창조되었다는 것을
당연하게 여겼다. 창조의 일반적인 추정 시기는 기원전 6000년에서
기원전 4000년에 이르렀다.

1650년경 지구의 나이는 제임스 어셔(James Ussher)라는 이름의
더블린 지역 영국 성공회 대주교에 의해 상당히 정확하게 계산되었다.
창세기의 계보를 이용해서 어셔는 창조가 기원전 4004년에 발생했다

---

3 이 장의 뒤에 나오는 3세기 그리스도교 신학자 오리게네스(Origen)로부터 인용한 것
을 보라.

고 결론을 내렸다.[4] 그의 계산은 바로 근대 과학의 출현과 부딪치는 시기에 이루어졌다. 지질학과 고생물학은 곧 헤아릴 수 없을 정도로 더 오래된 지구를 가리키기 시작했다. 창세기의 창조 이야기를 사실적으로 읽는 것에 대한 도전은 1859년에 출판된 『종의 기원』(On the Origin of Species)에서 진화에 대한 찰스 다윈(Charles Darwin)의 주장에 의해 격렬해졌다. 갑자기 지구의 나이뿐 아니라 자연 과정을 통한 훨씬 초기의 생명 형태로부터 현재의 생명 형태로의 발전도 쟁점이 되었다.

19세기는 과학과 성서 사이의 극심한 갈등의 시기였다. 일부 지성인들과 동네 무신론자들(village atheists, 신앙인들이 대부분인 마을에서 독불장군 같은 무신론자를 일컫는 말이다 _ 옮긴이)은 성서와 그리스도교가 틀렸다는 것을 밝혀내기 위하여 과학을 이용하는 것을 즐거워했다. 그리스도인 중에서 어떤 사람들은 새로운 과학적 주장에 빠르게 적응하고 그것들을 창세기의 비문자적 읽기로 통합시켰다.[5] 다른 사람들은 성서와 그리스도교의 진리가 공격을 당하고 있다고 생각했다.

비록 그 논쟁은 훨씬 더 적은 수의 그리스도인들이 관련되어 있지만, 그것은 지금까지도 계속되고 있다. 과학적 창조론의 옹호자들은 6일 동안의 창조 이야기의 사실적 정확성을 여전히 변호하고 있다.[6]

---

4 그가 계산한 연대는 아직도 일부 성서의 난외(欄外)에 나온다.

5 George M. Marsden, *Fundamentalism and American Culture* (Oxford: Oxford University Press, 1980), 17-26; Ian G. Barbour, *Issues in Science and Religion* (New York: Harper & Row, 1966), 96-104; *Religion and Science* (San Francisco: HarperSanFrancisco, 1977), 49-74.

6 '과학적 창조론' 혹은 '창조 과학'의 분석과 비판을 위해서는 Conrad Hyers, *The Meaning of Creation: Genesis and Modern Science* (Atlanta: Knox, 1984)를 보라. 그의 책 전체는 현대 성서학, 과학 그리고 신화를 통합한 창조 이야기의 훌륭한 연구서이다.

노아의 방주 잔해를 찾아서 몇 년마다 터키의 아라라트산(Mt. Ararat)으로 탐험이 시작되었다. 어떤 사람들은 아직도 에덴동산이 실제 장소라고 여기고 그곳의 지리적인 위치를 알아내려고 노력한다(나는 그곳이 위스콘신주에 있었다고 주장하는 팸플릿을 본 것을 기억하지만, 대체로 그곳은 중동 어딘가의 위치를 정확하게 나타내고 있다).

그러나 현대 성서학은 이 이야기를 세상의 기원에 관한 역사적, 사실적인 설명으로 읽지 않는다. 대신에 그 이야기를 세상의 기원에 관한 고대 이스라엘의 이야기로 보고 대단히 진실한 신화적 이야기로 해석한다. 이 장에서 나는 현대 학문의 렌즈를 통해 보이는 대로 이 이야기를 기술할 것이다. 더 구체적으로 말하자면, 나는 창세기 처음 세 장에 나오는 창조 이야기에 주로 초점을 맞추면서 역사-은유적 읽기를 제시할 것이다.

그렇지만, 먼저 나는 처음에 이 창조 이야기를 어떻게 들었는가를 기술할 것이다.

처음으로 창조 이야기 듣기

교회에서 자라던 어린 시절에 나는 창세기의 이야기를 비판적 사고 이전의 소박함의 상태에서 들었고, 따라서 그것을 사실 이야기로 들었다.7 비록 6일 동안의 창조를 문자 그대로 받아들였던 때를 기억할 수는 없지만, 매우 어린 시절에 그렇게 했다는 것은 확실하다. 그리

---

7 비판적 사고 이전의 소박함에 관한 토론을 위해서는 3장을 보라.

고 분명히 아무런 갈등 없이 그 이야기의 문자적 듣기를 놓아 버릴 때
조차도, 나는 어렵지 않게 그렇게 했었을 것이다. 초등학교에서 공룡
에 관한 이야기와 우주의 엄청난 나이와 크기에 관해 배웠을 때, 나는
종교적 위기를 겪지 않았다.

그러나 그 시절을 돌이켜 생각해 볼 때, 아담과 하와를 최초의 두
사람으로서 꽤 문자 그대로 계속해서 받아들였고, 그것을 놓아 버리
는 것이 오히려 문제가 되었다는 것을 알아차리게 되었다. 초등학교
에서 나는 네안데르탈, 크로마뇽 그리고 베이징과 같은 이름을 가진
초기 원시인들(humanoids)에 관해 배웠다.[8] 그러나 십대 사춘기가 돼
서야 비로소 나는 그러한 원시인들에 관한 증거에 내포된 의미가 무
엇인지를 알고서 깜짝 놀랐다. 비판적 사고의 단계에 들어갔을 때, 나
는 가장 초기의 원시인들과 아담과 하와를 동일시해야 하는지에 대해
궁금해하기 시작했다. 그러나 나는 이 초기의 원시인들을 아마도 거
의 언어를 구사할 수 없는 덩치가 큰 짐승으로 여겼을 것이다. 그들은
아담과 하와의 그럴듯한 후보자처럼 보이지 않았다. 왜냐하면 아담과
하와의 아들인 가인과 아벨은 농사를 짓고 가축을 치는 복잡한 일에
종사했었기 때문이다. 그리고 도시까지 건설했었다.

그래서 나는 아담과 하와가 실제 사람이 아니었을 가능성을 진지
하게 받아들이기 시작했다. 그러나 그 가능성이 사실이라는 것이 드러
난다면, 흔히 에덴동산에서의 '타락'으로 불리는 최초의 죄에 관한 이
야기를 무엇으로 바꾸어야 하는가? 만약 '타락'이 역사적이지 않다면
(나는 궁금했다) 이것이 어떻게 보편적 죄에 대한 그리스도교의 이야

---

8 그리고 물론 우리는 이제 내가 어렸을 때 들었던 것보다 훨씬 더 오래된 원시인들을 알
  고 있다.

기, 우리의 구원의 필요성 그리고 필요한 희생제물로서 예수의 죽음에 영향을 미쳤는가? 6일 동안의 창조 이야기를 지질학적인 세(世, ep-ochs)로 연장하는 것에 관련된 어떤 것보다 아담과 하와 및 '타락'의 역사적 사실성에 관련된 것이 더 중요한 것처럼 보였다. 이 문제들을 해결하는 것이 내게는 중대한 신학적 문제였다. 이 문제와 씨름하고 있을 때, 나의 종교적 이해의 기초가 흔들리기 시작했다. 아담과 하와의 이야기가 '사실'이 아니라면(현대의 십대로서, 나는 성서의 진리를 사실인 것으로 간주했다), 성서 전체와 그리스도교에 무슨 일이 일어나겠는가?

나는 이제 이 문제를 상당히 다르게 이해한다. 그 이야기의 의미를 역사학의 렌즈를 통해서 그리고 은유적 이야기로서 세심하게 읽음으로써, 나는 또다시 그것을 완전히 진실한 이야기로 볼 수 있었다. 그리고 그 이야기의 목적은 세상의 시작에 대해 사실적으로 정확한 이야기를 제공하는 것이 아니기에, 그것이 정확한 사실적 이야기인지 혹은 잘못된 사실적 이야기인지 논쟁하는 것은 본론에서 벗어나는 것이다. 그 이야기들은 세상의 시작에 관한 하나님의 이야기가 아니라 오히려 세상의 시작에 관한 고대 이스라엘의 이야기이다. 이제 이 이야기를 보면서 두 가지 핵심적인 질문을 할 것이다. 고대 이스라엘은 왜 이 이야기를 했을까? 그리고 그들은 왜 이 이야기를 이런 식으로 말했을까? 역사-은유적 접근은 이 두 질문에 분명한 답을 제공했다.

역사적 조명

창세기의 처음 열한 장은 오경의 서론뿐 아니라 오경 전체라는 맥락 속에서 이해할 필요가 있다.

그것은 이스라엘의 선사(先史, prehistory)에 관한 그들의 이야기이다. 나는 그것을 두 가지 의미로 말하고 있다. 첫째, 그것은 이스라엘의 특별한 역사, 즉 그 이야기는 그들의 아버지와 어머니인 아브라함과 사라의 이야기로 시작되는 역사 이전의 인류에 대한 이스라엘의 이야기이다. 그렇다면 아브라함과 사라는 성서에 나오는 최초의 **역사적** 인물이다.9 그들의 이름은 창세기 11장의 끝부분에 족보로 나오고, 이스라엘의 조상이 될 그들의 부르심에 관한 이야기는 창세기 12장에서 시작된다. 그들 이전의 모든 것은 이스라엘의 선사(先史)이고 오경과 그들의 조상에 관한 이스라엘 이야기의 서막으로 기능을 했다.

둘째, 이러한 창세기의 처음 장들을 선사라고 부르는 것은 그것들을 역사적 이야기로 읽지 말아야 한다는 것을 의미한다. 오히려 이스라엘이 있기 이전 먼 옛날의 시작에 대한 고대 이스라엘의 이야기로서, 그것들은 특별한 종류의 은유적 이야기로, 즉 내가 곧 그것에 관해 더 말하게 될 이야기인 신화로 읽혀야 한다. 우선은 신화가 문자 그대로 사실이 아니라는 것만을 언급하지만, 신화는 대단히 진실하고, 엄청난 설득력을 지닌 의미로 넘쳐날 수 있다.

그 이야기들 자체로 돌아가기 전에 한 가지 더 지적할 것이 있다. 즉, 우리는 대체로 창세기의 처음 장들을 가지고 성서를 읽기 시작하지만, 그것들은 고대 이스라엘이 처음으로 자신의 이야기를 하기 시

---

9 그들을 역사적 인물이라고 말하는 것은 그들에 관한 이야기가 직접적인 역사적 보도라는 것을 혹은 심지어 우리가 그들에 관한 어떤 정확한 역사적 정보를 가지고 있다는 것을 암시하는 것은 아니다. 오히려 그것은 이스라엘이 아브라함과 사라의 이야기를 인식 가능한 역사적 맥락 속에 두었다는 것을 의미했다.

작했던 부분이 아니라는 것이다. 창조 이야기는 비교적 나중에 기록되었다. 하나의 민족으로서 이스라엘은 기원전 13세기에 이집트로부터의 탈출과 함께 생겨났다. 아무리 빨라도 이스라엘은 창조 이야기를 300년쯤 후에 말했을 것이다. 다음 장에서 보게 되겠지만, 출애굽, 계약 그리고 약속된 땅의 선물에 관한 이야기는 이스라엘의 원시적(primal)이고 기초가 되는 이야기이다. 요컨대 이스라엘은 하나님의 세상 창조를 말하기 오래전에 출애굽과 하나의 민족으로서 하나님의 이스라엘 창조 이야기를 했다.

두 개의 창조 이야기

창세기의 처음 세 장에는 두 개의 창조 이야기가 들어있는데, 두 이야기는 약 400년쯤 떨어져서 기록되었다. 첫 번째 것은 창세기 1장 1절~2장 3절인데, 아마도 기원전 500년경에 기록되었을 것이다. 흔히 '제사 문서'(priestly) 혹은 'P 기자의 이야기'로 불리는 그 이야기는 오경 전반을 포괄하고 제사장과 의식에 관한 관심을 반영하는 큰 자료 덩어리의 일부분이다. 두 번째 것은 더욱 이른 시기에 기록되었다. 그것은 창세기 2장 4절에서 시작해서 3장 끝까지 계속된다. 아마도 기원전 900년대에 기록되었을 것이고, 그것은 흔히 '야훼 문서 기자(Yahwist)의 이야기' 혹은 'J 기자의 창조 이야기'라고 불린다. 그 기자가 하나님의 이름을 '야훼'(Yahweh)로 사용하기 때문이다.[10] 야훼 문서 기

---

10 왜 J가 오경의 '야훼 문서 기자' 자료에 대한 일반적인 축약형인지를 설명하겠다. 오경의 자료설은 19세기 독일 성서학에서 비롯되었다. Y자가 없는 독일어는 영어의 Y자

자의 이야기는 또한 오경의 도처에 있는 이스라엘의 기원에 관한 큰 서사적 기술(narrative account)의 일부다.[11] 이 두 이야기는 상당히 다르다.

P 기자의 이야기

P 기자의 이야기(그리고 성서 전체)는 '형체 없는 공허'로서 땅으로 시작된다. 태초의(primeval) 암흑 속에서 하나님의 바람(혹은 영)은 태곳적(primordial) 물 위에서 움직였다.

태초에 하나님이 천지를 창조하셨다. 땅이 혼돈하고 공허하며, 어둠이 깊음 위에 있고, 하나님의 영은 물 위에 움직이고 계셨다.[12]

발음을 위해 J자를 사용한다. 따라서 독일어로 하나님의 이름은 'Jahweh'이고, 그 축약형은 J이다. 그러나 'Jahweh'를 'Yahweh'로 쓰는 것이 영어에서의 관례이다. 이런 이유로 야훼 문서 기자의 자료가 J 자료가 된 이상한 결과가 나오게 된 것이다.

11 이 부분에서 나는 한 세기가 넘게 오경의 자료들에 대해 학계에서 일반적으로 이해해 왔던 것을 받아들인다. 최근에 그러한 이해는 히브리 성서학자들에 의해 재검토와 수정에 있다. P 문서와 그것의 연대를 500년대로 추정하는 것은 여전히 널리 받아들여지고 있지만, J 문서를 초기의 연결된 서사로 간주해야 할지 혹은 J 문서 일부의 연대가 P 문서처럼 늦은 시기의 것이라는 이유로 이스라엘 역사의 여러 시기로부터 전해져온 전승들의 혼합물로 간주에 관해서는 심각한 의문이 있다. J 문서의 많은 부분을 늦은 시기의 것으로 간주하는 몇몇 학자들의 주장에 대한 요약을 위해서는, Joseph Blenkinsopp, *The Pentateuch* (New York: Doubleday, 1992)를 보라. 최근의 일부 학자들은 계속해서 J 문서를 이른 시기의 것으로 본다. 예를 들면, *The New Interpreter's Bible*, vol. 1,(Nashville: Abingdon, 1994), 319-674에 나오는 프렛하임(Terence Fretheim)의 창세기 주석을 보라. Harold Bloom & David Rosenberg, *The Book of J* (New York: Grove Weidenfeld, 1990)는 J 문서의 이른 연대를 근거로 한다(그리고 그 저자가 여성이었을 것이라고 다소 도발적이고 괴상하게 주장한다). 비록 히브리 성서학자들 사이의 논쟁이 J 문서보다 늦은 연대로 결론이 나더라도, 내 분석은 눈에 띌 정도로 영향을 받지는 않을 것이다. 왜냐하면 J 문서에 대한 나의 설명은 초기의 연대에 의존하고 있지 않기 때문이다.

그때 하나님은 우주를 6일 만에 창조한다. 창조의 각각의 날에 반복되는 하나의 문학 구조 속에서 그 이야기는 빛의 창조로 시작한다.

> 하나님이 말씀하시기를 "빛이 생겨라" 하시니, 빛이 생겼다. 그 빛이 하나님 보시기에 좋았다. 하나님이 빛과 어둠을 나누셔서, 빛을 낮이라고 하시고, 어둠을 밤이라고 하셨다. 저녁이 되고 아침이 되니, 하루가 지났다.[13]

빠르게 잇달아 우주의 나머지가 창조된다. 둘째 날에 하나님은 하늘의 반구형 지붕('창공')을 만들고, 하늘 위와 아래의 태곳적 물을 분리하셨다. 셋째 날에 하나님은 육지, 바다, 식물을 창조한다. 넷째 날에 빛나는 것들을 하늘 창공에 있게 하고, 해, 달 그리고 별을 창조했다.[14] 다섯째 날에 하나님은 바다 생물과 새를 창조한다. 마지막으로 여섯째 날에 하나님은 육지 생물을 창조하고, 남자와 여자를 동시에 만듦으로써 창조를 끝냈다.

> 하나님이 말씀하시기를 '우리가 우리의 형상을 따라서, 우리의 모양대로 사람을 만들자… 하나님이 당신의 형상대로 사람을 창조하셨으니, 곧 하나님의 형상대로 사람을 창조하셨다. 하나님이 그들을 남자와 여자로 창조하셨다.'[15]

---

12 창 1:1-2.

13 창 1:3-5.

14 창조 행위의 순서는 시간 프레임을 단순히 날들로부터 지질학적인 세(世)로 연장하여 창세기의 창조 이야기와 현대 과학의 지식을 조화시키는 것이 불가능함을 시사한다. 빛은 첫째 날에 만들어졌지만 해, 달 그리고 별은 넷째 날이 돼서야 창조되었음을 주목하라. 실제로 식물의 창조(셋째 날)는 해, 달 그리고 별의 창조에 앞선다.

15 창 1:26-27. '우리'와 '우리의'라는 복수 대명사의 사용은 자주 사람들을 혼란스럽게 만든다. 하나님은 누구에게 말하고 있는가? 그리스도인들은 때때로 이것을 삼위일체

하나님이 첫 번째 3일의 각 날에 창조한 것과 두 번째 3일의 각 날에 창조한 것 사이에는 흥미로운 상관관계가 있다. '영역'(domain)을 만들고, 그 다음에 거주하게 했다.

첫째 날	빛	둘째 날	바다와 하늘
셋째 날	육지	넷째 날	해, 달 그리고 별
다섯째 날	바다 생물과 새	여섯째 날	육지 생물

그러고 나서 일곱째 날에 하나님은 휴식을 취하고, 그렇게 함으로써 그날을 안식일로 축복하고 거룩하게 하였다는 것을 우리는 듣는다.

J 기자의 이야기

J 기자의 창조 이야기는 창세기 2장 4절에서 시작된다. 그것은 인류의 창조에 중점을 두고 있으며 세상 창조는 거의 다루지 않는다. 그것은 빛, 창공, 해와 달, 별이나 바다 생물을 언급하지 않는다. 오히려, 그것은 히브리어로 '인류'를 뜻하고 종종 '인간'(man)으로 번역되는 아담(adham), 즉 인류의 창조로 시작된다. 아담의 창조는 그것으로 이야기가 시작되는 매우 긴 문장의 절정이다:

하늘과 땅을 창조하실 때의 일은 이러하였다. 주 하나님이 땅과 하늘을 만드

의 전거(reference)로 여기지만, 그러한 해석은 고대의 히브리 이야기에서는 불가능하다. 왜냐하면 그 이야기는 삼위일체의 개념이 생기기 약 1천 년 전의 것이기 때문이다. 대부분 학자는, 예를 들어 열왕기상 22:19-23에서 볼 수 있는 것처럼, 그 구절이 하나님의 이미지를 천상의 의회에 의해 둘러싸인 왕으로서 이용하고 있다고 생각한다.

실 때에, 주 하나님이 땅 위에 비를 내리지 않으셨고, 땅을 갈 사람도 아직 없었으므로, 땅에는 나무가 없고, 들에는 풀 한 포기도 아직 돋아나지 않았다. 땅에서 물이 솟아서, 온 땅을 적셨다. 주 하나님이 땅의 흙으로 사람을 지으시고, 그의 코에 생명의 기운을 불어넣으시니, 사람이 생명체가 되었다.[16]

P 기자의 이야기는 사람들 외에 모든 것을 만든 후에, **마지막으로** 사람들을 창조함으로써 인류를 창조의 절정으로 묘사한다. J 기자의 이야기는 식물과 동물 전에 사람들을 먼저 창조함으로써 인류에 우선권을 줬다. P 기자의 이야기에서는 남자와 여자로서 인간이 동시에 창조되었으나 J 기자의 이야기에서는 여자의 창조가 뒤에 온다.

아담에게 살 장소를 제공하기 위하여, 하나님은 에덴동산에 나무를 심고 아담에게 나무 하나를 제외하고 그 모든 나무의 열매를 먹을 수 있도록 허락한다. "동산에 있는 모든 나무의 열매는, 네가 먹고 싶은 대로 먹어라. 그러나 선과 악을 알게 하는 나무의 열매만은 먹어서는 안 된다. 그것을 먹는 날에는, 너는 반드시 죽는다."[17]

그러고 나서 하나님은 아담의 짝을 만들어준다: "그때 주 하나님이 말씀하셨다. '남자가 혼자 있는 것이 좋지 않으니, 그를 돕는 짝을 만들어주겠다.'" 하나님은 들의 모든 짐승과 공중의 모든 새를 만들고, 그것들을 아담에게 데리고 온다. 그러나 그것 중의 어느 것도 필요를 충족시키지 못한다. "아담을 돕는 사람 곧 그의 짝이 없었다." 그래서 하나님은 아담을 잠들게 하고 그의 갈빗대 하나로 여자를 만들어 낸

---

16 창 2:4-7. 이 구절에서처럼 주(LORD)라는 단어가 모두 대문자로 나올 때마다, 그것이 하나님의 신성한 히브리어 이름인 '야훼'의 번역이라는 것을 주목하라.
17 창 2:17.

다. 더는 혼자가 아닌 아담은 소리쳤다. "이제야 나타났구나, 이 사람! 뼈도 나의 뼈, 살도 나의 살."[18]

이 낙원에 말하는 뱀이 나타난다. 그 뱀은 그 태초의 부부에게 '선과 악에 대한 지식의 나무'인 금지된 나무의 열매를 먹으라고 유혹한다. 뱀은 그들에게 만약 그것을 먹으면, 그들도 "하나님처럼 되어서 선과 악을 알게 될 것이다"라고 약속한다. 그들은 뱀의 제안을 받아들이고, 그들의 삶은 극적으로 변화한다. 이제 자신들의 벌거벗음을 인식하고, 그들은 무화과 나뭇잎으로 허리에 두르는 옷을 만든다. 더 심각한 결과로 그들은 두려워하고 하나님으로부터 숨는다. 처벌이 뒤따른다. 이제 하와라는 이름을 가지게 된 여자는 출산의 고통과 자신의 남편에게의 예속이라는 형벌을 선고받는다. 아담이라는 이름을 가지게 된 남자는 가시덤불과 엉겅퀴가 가득한 땅으로부터 곡식을 재배해야 하는 수고와 땀의 형벌을 선고받는다. 둘은 모두 에덴동산으로부터 추방된다. 그 이야기는 아담과 하와가 번쩍이는 칼을 든 천사가 지키는 동산의 출입문, 즉 '에덴의 동쪽'에서 사는 것으로 끝난다. 낙원에서의 삶은 끝났다.[19]

두 가지 핵심적인 질문으로 돌아가자. 왜 고대 이스라엘의 사람들은 이런 이야기를 했을까? 그리고 왜 그들은 이런 식으로 그 이야기들을 했을까? 때때로 주어지는 한 가지 대답은 이 이야기들이 원시 과학으로서 기능했다는 것이다. 즉, 고대 이스라엘은 세계가 어떻게 생겨났는지 몰랐고, 그래서 사물이 어떻게 존재하게 되었는가를 설명하기 위하여 이 이야기들을 만들어 냈다는 것이다. 그러나 여기에는 기원

---

18 창 2:18-23.
19 창 3:1-24.

에 관한 과학 이전의 설명보다 더 많은 일이 벌어지고 있다. 미리 나의 중심 되는 주장을 말하자면, 이스라엘은 하나님과 세상에 관한 그리고 종종 '인간의 본성'(human nature)이라고 불리는 것에 관한 자신의 가장 깊은 확신을 표현하기 위하여 이 이야기들을 했다. 인간의 본성은, 우리는 어떤 존재이고 '에덴의 동쪽'에서의 우리의 삶은 어떤 것인가, 라는 것에 관한 것이다.

이 핵심적인 질문 중의 첫 번째를 더 충분히 다루기 전에, 나는 두 번째 질문으로 시작한다. 왜 고대 이스라엘은 **이런 식으로** 이야기를 했을까?

역사적 렌즈를 통해 P 기자의 이야기 읽기

역사적 연구는 고대 이스라엘이 이야기했던 방식으로 이야기한 이유를 이해할 수 있도록 도와준다. 이미 언급했던 했듯이, P 기자의 이야기는 아마도 기원전 500년대에 쓰였을 것이다. 이것을 고대 이스라엘의 역사와 연결해 보면, 바빌로니아제국이 그들의 고국을 정복하고 기원전 586년에 예루살렘을 파괴한 후에 유대인들은 바빌론에서 포로 생활을 하게 되었다. 이 포로 생활은 기원전 539년까지 거의 50년간 지속됐는데, 그때 소수의 유대인이 폐허가 된 예루살렘에 돌아온 후 새로운 제국인 페르시아의 지배하에서 유대인 고국의 재건 과업을 시작하였다. 이처럼 P 기자의 창조 이야기는 포로기 동안 혹은 그 직후 기록되었다.

6일 동안의 창조

유대인들은 이 기간에 수적으로 급격히 감소했기 때문에, 하나의 민족으로서 그들의 정체성을 유지하는 수단으로 독특한 전례가 지극히 중요하게 되었다. 이러한 전례 중에 휴식의 날로서 안식일(일주일의 일곱 번째 날)이 있었다. 안식일 준수는 포로기 이전으로 추정되지만, 그것은 포로기 동안과 그 후에 훨씬 더 중요해졌다. 그러면 왜 P 기자의 이야기에서 창조는 6일이 걸리는가? 그것을 강조하기 위해 하나님조차도 안식일을 지킨다. 창조가 얼마나 오래 걸렸는가에 대한 문자 그대로의 설명을 의도했다기보다는 6일 동안의 창조 이야기는 안식일의 중요성을 강조하려는 의도였다.

고대의 우주론

'우주론'이라는 말은 코스모스 혹은 우주에 대한 사람들의 이미지 또는 '지도'를 말한다. 바빌론과 다른 고대 중동의 우주론과 마찬가지로 고대 이스라엘 사람들은 지구를 우주의 중심으로 생각했다. 지구 위에는 많은 영어 번역본에서 '창공'으로 불리는 하늘의 반구형 지붕이 있었다. 이러한 이해가 P 기자의 이야기 속에 반영되어 있다. 창조의 둘째 날에 하나님은 "'물 한가운데 창공이 생겨, 물과 물 사이가 갈라져라…'라고 말하고 하나님은 창공을 하늘이라고 하셨다." 넷째 날에 하나님은 해, 달 그리고 별을 창조했고 "빛나는 것들을 하늘 창공에 두시고 땅을 비추게 하셨다."[20]

오늘 우리에게 낯선 개념처럼 보이는 것은 실제로 인간의 경험과 잘 일치한다. 하늘은 우리 머리 위에 반구형 지붕처럼 보인다. 그것 위에 해, 달 그리고 별이 올려지고, 그것은 우리 주위를 회전한다. 더욱이 하늘의 반구형 지붕 위에 물이 있다는 개념은 또한 물이 하늘에서 비와 눈으로 내려온다는 경험을 반영한다. 그러고는 노아 시대 때 홍수가 시작되자 "땅속 깊은 곳에서 큰 샘들이 모두 터지고, **하늘에서는 홍수 문들이 열렸다**"[21]라고 한다. 우리에게 근대 혹은 근대 이후의 과학과 일치될 수 있는 우주에 관한 이해를 전혀 제공하지 않고, P 기자의 창조 이야기의 우주론은 고대 이스라엘이 생각했던 만물의 이치만을 반영하고 있다. 이스라엘은 우주를 이런 식으로 생각했기 때문에, 이런 식으로 이야기했다. 따라서 그것은 이스라엘의 창조 이야기이지, 하나님의 창조 이야기는 아니다.

P 기자의 창조 이야기의 문학 양식

　P 기자의 창조 이야기는 고대 이스라엘의 전례 혹은 하나님에 대한 찬양의 찬가에서 각색되었던 것 같다. 그것이 구절을 반복해서 사용하는 것은 찬가와 전례에서 발견되는 것과 같은 후렴(ref-rains)을 암시한다. 다음의 각각은 일곱 번 반복됐다.

> 하나님이 말씀하시기를, '생겨라 ….'
> 그리고 그렇게 되었다.
> 그리고 하나님 보시기에 좋았다.

---

20 창 1:6, 14-17.
21 창 7:11.

"저녁이 되고 아침이 되니…"라는 말이 각 날의 창조 후에 반복된다. 더욱이 6일 동안의 창조는 여섯 연(stanza)을 암시한다. 전례가 창세기의 첫 장의 이면에 감추어져 있다면, 우리는 그것을 아마도 한 명의 선창자(cantor)와 한 명 이상의 합창단이 번갈아 가면서 노래로 불렀거나 성가로 불렀을 것이라고 상상해야 한다.

P 기자의 이야기가 찬가 혹은 전례였을 가능성이 높았다는 인식은 즉각적인 함축적 의미를 지니는데, 그것은 찬가가 정확한 사실적인 정보를 제공하리라고 기대하지 않는다는 것이다. 그리스도인들이 "햇빛을 받는 곳마다 주 예수 왕이 되시고"라는 찬송가를 부를 때, 해가 지구 주위를 돈다고 믿는다는 것을 말하는 것은 아니다. 찬송가의 언어는 시, 은유 그리고 찬양의 언어이다. 창조는 묘사될 수는 없지만, 노래로 불릴 수 있는 것이다.[22]

실제로 창세기를 나는 '송영'(doxology)이라고 말해왔다. 그 말의 어근은 "영광의 혹은 영광에 관한 말"을 의미한다. "만복의 근원 하나님 온 백성 찬송 드리고 저 천사여 찬송하세"라는 가장 친숙한 영어 송영이 우리에게 상기시키듯, 송영은 찬양의 노래이다. 따라서 창세기와 성서 전체는 창조주 하나님에 대한 찬양의 노래로 시작한다. 더 적절한 시작을 상상하기는 어렵다.

이스라엘의 하나님을 창조주로 선포

P 기자 이야기의 기원을 바빌로니아의 정복 이후의 시기로 두는

---

22 히브리 성서에 나오는 창조에 관한 다른 찬양, 시편을 위해서는 시편 8, 104편을 보라.

것은 또 하나의 의미를 더해 준다. 고대에서 한 민족이 다른 민족에 의해 결정적으로 정복되었을 때, 승리한 민족의 신(혹은 신들)은 정복 당한 민족의 신을 패배시켰고, 그 신을 열등한 혹은 아마도 전혀 신이 아닌 존재로 폭로했다는 것은 공통된 생각이었다. 많은 사람에게—바빌로니아 사람들과 유대인들 모두— 그것은 포로기 동안 바빌로니아 제국의 신들이 이스라엘의 하나님을 이겼던 것처럼 보였다.

이러한 배경에서 P 기자의 창조 이야기의 첫 문장과 중심되는 주장은 이스라엘의 하나님이 하늘과 땅, 즉 존재하는 모든 것의 창조주라는 것을 도전적으로 확고히 한다. 그것은 바빌로니아와 그 신들의 주권(lordship)과 대조해서 이스라엘 하나님의 주권을 선포한다. 그 이야기는 '대항 세계'(counter-world), 즉 제국의 세계에 대한 대안적 세계를 확언했다.[23] 나중에 보게 되겠지만, 이 확언은 처음부터 끝까지 성서 전체에 걸쳐 흐르는 주제이다.

역사적 렌즈를 통해 J 기자의 이야기 읽기

P 기자의 이야기를 그것의 역사적 맥락 속에 배치함으로써 그 이야기가 분명히 밝혀지듯이, J 기자의 창조 이야기도 역시 그렇게 분명히 밝혀졌다.

---

23 Walter Brueggemann, *Genesis* (Atlanta: Knox, 1982), 24-27. 창세기 1-3장에 관한 그의 설명은 훌륭한 통찰력으로 채워져 있다(11-54).

명칭의 상징적 의미

J 기자는 명칭들이 상징적이라는 것을 암시하는 방식으로 명칭들을 사용한다. 아담은 고대 히브리어로 적절한 이름이 아니다. 성서에 나오는 누구도 아담이라는 이름이 없다. 오히려 아담은 히브리어 *ad-bam*인데, 그것은 (이미 언급했듯이) '인류'라는 의미의 보통명사다. 실제로 그 말은 언어유희와 관련되어 있는데, 아담은 히브리어 **아다마** (*adhamah*)에서 왔다. 아다마는 '땅' 혹은 '티끌'을 의미한다. 다시 말해서 최초의 사람은 '티끌로 만든 피조물'(dust-creature)이다. 우리는 먼지로, 흙으로 만들어졌다. 더욱이 이 말은 '인류'를 의미하기 때문에, 그 말의 사용은 저자가 어떤 구체적인 사람이 아니라(중세의 잘 알려진 도덕극의 제목 및 주인공 이름을 차용해서 말하자면) 보통사람(Everyman)을 생각하고 있다는 것을 암시한다. 저자는 어떤 특정한 사람이 아니라 '보통사람'에 대한 이야기를 하고 있다.

그래서 하와라는 이름도 히브리어로 적절한 이름이 아니다. 그것은 '살아있는 모두의 어머니'를 의미한다. '에덴동산' 또한 상징적 의미를 지니고 있는데, 이 말은 '기쁨의 동산'(그리고 더 나아가 낙원)을 뜻한다. 반건조(半乾燥) 기후에 살고 있던 고대 히브리인들은 낙원을 물이 흐르는 시내로 가득한, 푸르고 풍요로운 동산으로 묘사했다.

이스라엘 역사와의 관련성

J 기자의 이야기 흐름과 이스라엘 역사 사이에는 많은 암시적인 병행(parallels)이 있다. **아담**처럼, 고대 이스라엘도 (시내사막에서 하나님

과의 계약을 통해) 메마른 땅에서 탄생했다. 아담처럼, 고대 이스라엘에게도 살 수 있는 푸르고 좋은 땅이 주어졌다. 아담의 경우처럼, 금지령은 계약과 선물의 땅과 그리고 금지령을 어겼을 경우 추방의 위협과 함께 왔다. 그리고 더 추론적으로 말하자면, 유혹자는 가나안 다산 종교(fertility religion)의 일반적인 상징인 뱀이고, 그것은 이스라엘이 직면했던 하나님에 대한 충실을 저버리는 주된 유혹이었다. 따라서 J 기자의 이야기는 그것에 예언자적 날카로움을 지니고 있을지도 모른다. 즉, 이스라엘이 야훼 하나님에게 신실하기로 한 계약을 저버린다면, 이스라엘은 하나님이 이스라엘에게 준 땅/동산으로부터의 추방과 유배생활에 직면하게 되는 것이다.[24]

은유적 렌즈를 통해 창조 이야기 읽기

이스라엘이 왜 자신이 말 한대로 창조 이야기를 했는가에 대한 역사적 이유 중의 일부를 살펴보았으니, 역사적 은유로서 창조 이야기 읽기로 전환하자. 이러한 이야기에 대한 은유적(따라서 비문자적인) 접근은 새로운 것이 아니다. 성(聖) 아우구스티누스와 함께 초기 그리스도교의 가장 훌륭한 두 명의 신학자 중 하나로 여겨진 3세기의 오리게네스라는 이름의 그리스도교 성서학자는 이렇게 썼다.

---

24 J가 이른 시기의 것이라면, 유배 생활의 가능성은 하나의 경고이다. J가 늦은 시기의 것이라면, 유배 생활은 이미 시작된 것이다. J 자료가 이른 시기의 것이든 아니든 간에, J 자료가 P 기자의 이야기 속으로 통합된 것은 이스라엘의 실제 유배 경험 동안 혹은 이후에 발생한 일이다.

어떤 지성인이 해, 달 그리고 별도 없이 첫째 날이 있었고, 그다음에 둘째 날이 있었으며, 셋째 날이 있었고, 저녁과 아침이 있었다고 상상할 수 있겠는가?(해, 달 그리고 별은 넷째 날에 창조되었다). 그리고 첫째 날이—그것을 그렇게 부르는 것이 이해가 될지라도—하늘 없이도 존재했겠는가?(하늘은 둘째 날에 창조되었다). 누가 인간 정원사처럼 하나님이 에덴에 동산을 만들고 그곳에 볼 수도 있고 만질 수도 있는 생명나무를 심어서 그 열매를 베어 먹음으로써 생명을 얻을 것이라고 믿을 만큼 그렇게 어리석겠는가? 그리고 또 다른 나무의 열매를 먹음으로써 선과 악을 알게 될 것이라고 믿을 만큼 그렇게 어리석겠는가? 그리고 하나님이 그 정원 안으로 걸어 들어오고 아담이 나무 뒤에 숨었다는 것을 들을 때, 나는 이 상세한 기술이 문자적으로 일어나지 않았던 역사적 이야기를 사용함으로써 상징적으로 영적인 의미를 나타낸다는 것을 누구든지 의심하게 될 것이라고는 상상도 할 수 없다.[25]

신화로서 창조 이야기

왜 이스라엘이 이런 이야기를 했는가 하는 문제를 다루기 시작할 때, 창세기의 창조 이야기가 **신화**라는 것을 인식하는 것은 중요하다.

---

25 Origen, *De principiis*, 4.1.16. 번역은 내가 한 것이고 삽입된 자료는 덧붙인 것이다. 더 오래된 번역은 *The Ante-Nicene Fathers*, ed. by Alexander Roberts and James Donaldson (Grand Rapids: Eerdmans, 1979, reprint of 1885 edition) vol. 4, 365를 보라. 오리게네스는 또 성서에는 "발생한 것으로 기록되어 있지만, 문자적으로는 일어나지 않은 이런 비슷한 예가 무수히" 많다. 심지어 "복음서 자체도 같은 종류의 이야기들로 가득찼다." 오리게네스는 성서의 많은 부분을 역사적인 것으로 본다고 강하게 단언했다.

신화라는 용어는 주의 깊은 설명이 필요하다. 왜냐하면 그것은 사실상 가장 통속적인 사용으로 인해 그 의미가 손상되었기 때문이다. 통속적인 언어로 '신화'는 경멸적인 용어이다. 어떤 것을 신화라고 부르는 것은 그것을 고려할 가치가 없다고 묵인하는 것이다. 즉, 그것을 진지하게 받아들일 필요가 없다는 것이다. 신화는 잘못된 믿음, 즉 거짓말로 간주되었다.

그러나 신화라는 용어는 종교 연구에서 매우 다른 것을 의미한다. 신화는 설명이 아니다. 신화는 원시 과학이 아니다. 신화는 잘못된 믿음이 아니다. 오히려 신화는 이 세상과 신성(the sacred)의 관계에 관한 은유적 이야기이다. 신화는 전형적으로 하나님과의 관계에서 세상의 시작과 끝, 그것의 기원과 운명에 관해 말한다. 신화는 비문자적인 언어를 사용하는데, 이런 의미에서 신화는 사실을 이야기하지 않는다. 그러나 만일 우리가 하나님 안에서 세상의 기원과 운명을 이야기해야 한다면, 신화는 필요하다. 우리는 그런 문제들을 위한 어떤 다른 언어도 가지고 있지 않다.

'신화'라는 말의 흔한 경멸적인 사용과 종교 연구에서의 그 의미 사이의 차이는 20세기의 가장 위대한 종교학자 중의 하나인 미르체아 엘리아데(Mircea Eliade)가 쓴 책의 제목, 『신화와 현실』(Myth and Reality)[26]에 암시되어 있다. 현대 세계에서 신화와 현실은 일반적으로 정반대의 말로 간주된다. 다시 말해서, 우리는 신화 아니면 현실을 말한다. 엘리아데의 요점은 정반대인데, 신화와 현실은 함께 간다는 것이다. 신화는 궁극적인 실재에 관해 말하기 위한 언어이기 때문이다. 엘리아

---

26 Mircea Eliade, *Myth and Reality* (New York: Harper& Row, 1963).

데에게는, 비록 문자적으로 사실이 아닐지라도, 신화는 진실이다.

또 하나의 정의를 예로 들자면, "신화는 그것이 진리를 선포한다는 점에서 시를 초월하는 시의 한 형태이다."[27] 이전 장에서 은유에 관해 말했던 것에 공명하자면, 신화는 시에 무엇인가 덧붙여진 것이지, 과학에서 무엇인가를 뺀 것이 아니다.

그리스도교 사상에서 창세기의 창조 이야기는 신화적이고 신학적인 의미가 대단히 풍부한 광산이었다. 그 이야기는 창조주로서 하나님, 하나님-세상의 관계, 실재의 본성, 인간의 본성 그리고 인간 실존의 특성이라는 거대한 주제를 다루고 있다. 이러한 주제를 탐구하면서, 우리는 태초에 관한 이스라엘 신화의 의미를 분명히 하기 위해 개념적 언어를 사용할 것이다.

창조주로서 하나님

고대 이스라엘의 창조 신화에는 문자 그대로의 확언이 있다고 할 정도까지, 단지 다음과 같을 뿐이다: 하나님은 존재하는 모든 것의 근원이다. 내가 속한 신학교의 교수 중 한 교수가 몇십 년 전에 말했던 것처럼, "창세기 1장의 유일한 문자 그대로의 진술은 '하나님이 하늘과 땅을 창조했다'라는 말이다."

창세기는 창조를 '태초에' 일어났던 일로 말한다. 그 이후의 그리스도교 사상에는 그 진술에 대한 두 가지 상당히 다른 이해 방식이 있다.

---

27 H. and H. A. Frankfurt, *The Intellectual Adventure of Ancient Man* (Chicago: Univ. of Chicago Press, 1946), 8. 그 인용은 신화는 "추론을 초월하는 추론의 한 형태이다"라고 단언함으로써 계속된다.

첫째는 창조를 '역사적 기원'으로 보는 것이다. 다시 말해 과거의 특정한 순간에, 즉 태초에 하나님이 창조했다는 것이다. 둘째는 창조 개념을 '존재론적 의존'(ontological dependence)의 관계를 가리키는 것으로 본다. 이 낯선 표현은 아마도 하나님은 **시간의 모든 순간에 존재하는** 모든 것의 근원이라는 것을 의미할 것이다.[28] 이 관점에서 볼 때, 하나님이 창조주라는 확언은 본래 먼 과거의 기원에 관한 진술이 아니고, 오히려 그것은 하나님에 대한 우주의 현시적 의존에 관한 진술이다. 만약 하나님이 우주(와 우리)를 존재하도록 진동시키는 것을 그만둔다면, 우주(와 우리)는 소멸할 것이다. 전통적인 그리스도교의 언어로 말하자면, 창조주로서 하나님은 또한 존재하는 모든 것을 지속시키는 분이다.

창조에 관한 후자의 사고방식은 더 중요한 것처럼 보인다. 과학적 관점에서 볼 때, 우리는 '아무것도 없는' 때가 있었는지를 알지 못한다. 우주의 기원에 관한 현대의 '빅뱅 이론'은 현재의 우주가 시작된 대략 150억 년 전의 한순간을 말하는데, 이는 창조를 역사적 기원으로 간주하는 것과 완전히 양립할 수 있는 것이다. 실제로 일부 사람은 빅뱅 이론의 태곳적 "우주의 번쩍임"을 창세기 이야기의 첫째 날에 "빛이 있으라"라고 한 창조의 첫 번째 행위와 두드러지게 유사하다고 본다. 20년 전에 한 과학자는 빅뱅 이론에 대해 비꼬는 투로 다음과 같이 말했다.

---

28 그러나 발생하는 모든 것에 관해서는 아니다. "존재하는 모든 것"과 "발생하는 모든 것" 사이의 구별은 중요하다. 하나님은 존재하는 모든 실체의 근원이라고 말하는 것은 발생하는 모든 일의 원인이라고 말하는 것이 아니다. 이것은 특별히 인간의 태도에 적용되기도 하지만, 기후, 지진, 허리케인 등과 같은 '자연적' 사건에도 적용이 됐다.

이성의 능력에 대한 믿음으로 살아온 과학자에게 그 이야기는 악몽처럼 끝난다. 그는 무지의 산에 올랐다. 그는 막 최고봉을 정복하려고 한다. 마지막 암벽을 오르려고 할 때, 그는 수 세기 동안 거기에 앉아 있었던 한 무리 신학자들의 환영을 받는다.[29]

그러나 현재의 우주 이전에 우주가 있었다는 것도 가능하다. 실제로 항상 우주가 존재했을 가능성이 있다. "하나님은 창조주다"라는 진술을 존재론적 의존에 대한 주장으로 보는 것은 그리스도인들과 그리스도교 신학이 우주의 시작이 있었는지에 관한 질문에 종교적으로 무관심할 수 있다는 것을 의미한다. "하나님은 창조주다"라고 말하는 것은 현재까지 계속되는 관계이자 과정을 확고하게 한다. 그것이 먼 과거의 특정한 시간의 구체적인 사건을 나타낼 필요는 없다.

창조주로서 하나님에 대한 이러한 사고방식은 빅뱅 이론뿐 아니라 그것을 대체할지도 모르는 (그리고 거의 확실히 대체할) 어떤 과학적 이론과도 양립할 수 있다. 실제로 이런 식으로 창조에 관해 생각하는 것은 하나님을 "하늘과 땅을 만드신 분"으로 확언하는 것이 우주의 기원에 관한 어떤 과학적 설명과도 양립할 수 있다는 것을 의미한다. 궁극적인 기원의 수준에서 창세기와 과학 사이에는 어떠한 갈등도 있을 필요가 없다. 그 둘은 직접 경쟁하지 않는다.

---

29 Robert Jastrow, *God and the Astronomers* (New York: Warner Books, 1980), 105-106. 종교와 과학의 관계에 관한 문헌은 방대하다. 내가 특별히 추천하는 최근의 책 중에는 Conrad hyers, *The Meaning of Creation: Genesis and Modern Science* (위의 각주 6을 보라); Barbara Brown Taylor, *The Luminous Web* (Harrisburg: Morehouse, 2000); Philip Clayton, *God and Contemporary Science* (Grand Rapids: Eerdmans, 1977); Ian G. Barbour, *Religion and Science* (SanFrancisco: HarperSanFrancisco, 1977)가 있다.

하나님-세상의 관계

창조에 대한 두 가지 사고방식이 있듯이, 하나님-세상의 관계에 관한 사고에도 두 가지 모델이 있는데, 그것은 창조주로서 하나님과 우주의 관계이다.[30] 첫째는 '생산'(production) 모델로 알려져 있다. 즉, 장인 혹은 미술가처럼 하나님은 하나님 자신과 분리된 어떤 것으로 우주를 만든다는 것이다. 일단 창조되자마자 우주는 하나님과 분리된 채 존재한다. 마치 집 혹은 그림이 그것을 만든 건축가나 미술가와 분리된 채 존재하듯이 말이다. 이 모델은 하나님의 특정한 개념과 연결된다. '초자연적 유신론'(supernatural theism)으로 알려진 하나님에 대한 이러한 사고방식은 하나님을 우주와 분리된 '또 하나의 존재'로 개념화한다.

하나님-세상의 관계에 관한 두 번째 사고방식은 '출산'(pro-creative) 혹은 '유출론'(emanationist) 모델로서, 하나님이 자신의 존재로부터 우주를 낳았다는 것이다. 우주는 하나님에서 왔기 때문에, 그것은 어떤 의미에서 '하나님의 물건'(God-stuff)이다. 이 모델은 우주를 하나님과 동일시하지 않는다. 하나님은 우주 **이상**이기 때문이다. 오히려 이 모델은 우주를 '하나님의' 그리고 '하나님 안의' 존재로 본다 (다시 말해서 그 모델은 범재신론적이다).[31] 신약성서의 한 구절을 인용

---

30 두 모델에 대해서는 Sllie McFague, *The Body of God* (Minneapolis: Fortress, 1993), 151-157. 또 그녀의 *Models of God* (Philadelphia: Fortress, 1987), 109-116.
31 이 관점은 흔히 하나님과 우주의 동일시를 의미하는 것으로 이해되는 범신론과 혼동하지 말아야 한다. 범재신론의 뿌리는 매우 고대적이다. 유대교와 그리스도교 전통에서 그 뿌리는 하나님의 초월성과 내재성에 대한 성서의 확언으로 거슬러 올라간다. 초자연적 유신론, 범신론과 범재신론의 차이점들에 대한 나의 설명에 대해서는 *The God*

하자면, 하나님은 "우리(와 모든 것)가 그 안에 살고 움직이고 존재하고 있는 그분"이다.[32]

하나님-세상의 관계에 관한 사고의 이 두 가지 모델의 차이점은 중요하다. 생산 모델은 우주가 하나님과 분리되어 있고, 창조는 과거의 어떤 시점에 일어났다는 것을 암시한다. 출산 모델은 우주 안에 그리고 우주 너머 하나님의 현존을 주장하고, 그 모델은 창조가 단순히 과거의 사건이 아니라 계속 진행 중인 과정이라는 것에 적합하다. 마지막으로, 생산 모델과 초자연적 유신론과 그것의 연관성은 세상으로부터 하나님의 분리를 강조하는 반면에, 후자의 모델은 하나님과 세상의 친밀감, 곧 세계 속 하나님의 현존이라는 훨씬 더 친밀한 감각으로 이어진다.

분명히 창세기의 이야기는 생산 모델을 이용하여 창조를 말한다. 창세기 1장에서 하나님은 말하고 우주는 생겨난다. 창세기 2장에서 하나님은 흙으로 **아담**을 만드는 장인(artisan), 정원에 나무를 심는 정원사 등과 같다. 요컨대, 하나님은 자신과 분리된 우주를 창조하는 것으로 묘사된다.

그러나 이것은 신화와 은유의 언어이기 때문에, 창조 이야기에 관해 생각하는 방식은 준문자적(semiliteral) 읽기에 국한되어야 할 필요는 없다. 유비(analogy)를 인용해서 말하자면, 성서는 흔히 하나님을 사람과 같은 존재로 말하는데, 이것이 예배와 신앙의 자연스러운 언

We never knew (San Francisco: HarperSanFrancisco, 1977), 2-3을 보라. 명확하게 발전된 개념으로서 범재신론은 주류 그리스도교 신학자들 속에서 점점 더 일반적으로 되고 있다. 예를 들어 Clayton, *God and Contemporary Science*, 82-124를 보라.

32 행 17:28.

어이기 때문이다. 그러나 그것은 우리가 하나님을 사람과 같은 존재로 여겨야 한다는 것을 의미하지는 않는다. 어쨌든 창조에 대한 우리의 생각이 생산 모델을 따르든 혹은 출산 모델을 따르든 간에, 그 신화의 중심 되는 가설(truth-claim)은 하나님이 모든 것의 근원이라는 데 있다.

실재의 본성

창세기 1장의 중심에는 각각의 날의 창조 후에 반복되는 "하나님이 보시기에 좋았다"라는 후렴이 있다. 그 선언은 존재하는 모든 것을 포함한다. 중세 신학의 라틴어 구절을 사용하자면, *Esse qua esse bonum est*, 즉 "존재는 존재 그대로 좋다"(Being as being is good)라는 것이다. 이것은 **발생하는** 모든 것이 좋다는 것을 의미하지는 않는다. 그러나 존재하는 것은 무엇이나 좋다.

이처럼 창조 이야기는 두드러지게 세상에 대해 긍정적(world-affirming)이다. 실제로 유대교의 전통 전체는 유대인들이 겪었던 참혹한 고통에도 불구하고 일관되게 세상에 대해 긍정적이었다. 긍정은 그리스도교 신학의 중심이기도 하다. 비록 내세에 그 강조점을 두는 대중적인 그리스도교가 때때로 세상(특별히 '육체')을 매우 문제가 있는, 가까이하지 않아야 하는 어떤 것, 천상의 집으로 가는 도중에 거쳐야 하는 장소로 여겨왔지만 말이다. 그러나 모든 세상에 대해 부정적인(world-denying) 신학과 철학에 반대하여, 창세기는 세상을 선한 하나님의 선한 창조로 확인해준다. 존재하는 모든 것은 좋다.

인간의 본성

고대 이스라엘의 창조 이야기는 우리에 관해 두 가지를 확인시켜 준다. 우리는 하나님의 형상으로 창조되어 세상에 대한 지배권이 주어진 창조의 절정이다. 그렇지만 흙으로 만들어진 사람들, 즉 '먼지로 만들어진 피조물'이기도 하다. 먼지로 만들어진 피조물로서 우리는 유한하고 언젠가는 반드시 죽는다. "너는 흙에서 나왔으니, 흙으로 돌아갈 것이다"라는 것이 낙원에서 하나님이 아담에게 한 마지막 말이다.[33]

우리는 "하나님의 형상대로" 창조되었다는 확언으로 고대의 이스라엘이 무엇을 의미했는지 알지 못한다. 아마도 그 주장은 단순히 창세기의 창조 이야기가 인간 중심적이라는 것을 반영할 것이다. 즉, 그 이야기는 인간의 관점에서 말해진 것이고, 인간 중심적이며, 인간을 창조의 절정으로 강조한다. 물론 창조 이야기는 신 중심적(theocentric), 즉 하나님이 중심이 되지만, 그것이 묘사하는 신의 창조는 우리가 바로 하나님의 창조 행위의 절정이라는 것으로 이끈다. 따라서 "하나님의 형상대로" 창조되었다는 것이 무엇을 의미하든 간에, 고대 이스라엘은 우리에게 특별한 것이 있었다고 생각했던 것이 분명하다.

우리의 특별한 지위 그리고 우주와 비교해서 우리의 왜소함이라는 역설적인 병치(juxtaposition)는 창조 시편 중 친숙한 한 시편의 말 속에 표현되어 있다. 시편 8편의 전반부에서, 저자는 하나님을 부르고 우리의 하찮음을 반성했다.

---

33 창 3:19.

주님께서 손수 만드신 저 큰 하늘과 주님께서 친히 달아 놓으신 저 달과 별들을 내가 봅니다. 사람이 무엇이기에 주님께서 이렇게까지 생각하여 주시며, 사람의 아들이 무엇이기에 주님께서 이렇게까지 돌보아 주십니까?

그러고 나서 시편의 저자는 다음과 같이 단언한다.

주님께서는 그를 하나님보다 조금 못하게 하시고, 그에게 존귀하고 영화로운 왕관을 씌워주셨습니다. 주님께서 손수 지으신 만물을 다스리게 하시고, 모든 것을 그의 발아래에 두셨습니다.

그 평가는 현실적이다. 우리는 하찮고, 유한하며, 언젠가는 반드시 죽는다. 그렇다 하더라도 우리에게는 다른 것이 있다.

비록 우리는 지난 반세기 동안 우리와 인간이 아닌 동물 사이의 절대적인 차이에 대해 말하지 말아야 한다는 것을 깨닫게 되었지만, 우리는 정말로 우리가 알고 있는 어떤 종보다 더 탁월한 의식을 가지게 되었다. 우리 안에서 우주는 자신을 의식하게 되었다. 그리고 고대 이스라엘이 꿈꾸지 못할 정도로 우리는 지배적이 되었고, 이것은 우리 자신과 지구에 매우 혼합된 결과를 가져다주었다.[34] 그렇지만 우리는

---

34 어떤 문화 역사가들은 근대의 자연 지배와 파괴는 서구 문화의 신성한 본문으로서 성서를 기반으로 한다고 주장하는데, 특별히 창세기 1장 28절에서 "생육하고 번성하여 땅에 충만하여라. 땅을 정복하여라. 바다의 고기와 공중의 새와 땅 위에서 살아 움직이는 모든 생물을 다스려라"라는 하나님에 의해 주어진 인간의 지배에 대한 그 확언이 있는 창조 이야기가 그렇다. 그 비난은 어느 정도 중요하다. Walter Brueggemann은 창세기 1장 28절에 언급된 지배는 "동물을 돌보고 보살피며 먹이는 목자의 지배"라고 주석하고 그것은 "모든 다른 피조물의 행복을 안전하게 보장하고 각 피조물에게 충만한 성취를 약속하는 것"과 관계가 있다고 말한다(Genesis, 32).

먼지로 만들어진 피조물이고 먼지로 돌아갈 운명이다. 더욱이 창세기에 의하면, 우리는 죽을 수밖에 없을 뿐 아니라 '타락한' 존재이다.

인간 실존의 특성

'타락'이란 말은 창세기의 창조 이야기에 나오지 않는다. 낙원으로부터의 아담과 하와의 추방을 에워싸고 있는 사건에 관한 기술로서 타락은 대체로 그리스도인의 표지이지만, 유대인들은 일반적으로 '타락'에 대해 이야기하지 않는다.

그리스도교 전통 내에서 '타락'은 흔히 '죄에 빠짐'을 의미하는 것으로 이해되었다. 그것은 또 '원죄'(original sin)라는 개념과 관련되었는데, 원죄는 최초의 죄뿐만 아니라 모든 세대의 모든 개인에게 유전되는 죄성(sinfulness)이다. 성서가 말하는 것을 훨씬 넘어서는 이 후자의 개념은 일반적으로 서기 400년경의 훌륭하지만 동시에 문제도 많은 신학자 아우구스티누스에게서 기인했다. 그래서 이 이야기를 다시 듣고 읽을 때, 우리는 '타락'과 관련된 분명히 그리스도교적인 연관으로부터 우리 자신을 해방시키려고 노력해야 한다.

비록 '타락'이라는 말이 이 이야기 자체에는 나오지 않지만, 뱀의 유혹에 넘어가는 아담과 하와의 이야기는 무언가가 잘못되었음을 나타내고 있다. 그 결과는 선명하고 기억을 떠올리게 하며 또한 철저했다. 아담과 하와는 자신의 빵을 얻기 위한 수고와 땀 그리고 출산의 아픔과 고통을 견뎌야 하는 세계 속에 있는 에덴의 동쪽에서 살고 있음을 알게 된다. 그들은 낙원에서 영원히 추방된다. 창세기의 처음 열한 장의 나머지 이야기는 심화된 결과를 기술하고 있다. 다음 세대에 살인이 발생하는데, 즉 아담과 하와의 아들인 가인이 그의 동생 아벨을 죽인다. 폭력은 심화되어 마침내 우주의 경계마저도 침해당한다. 즉, '하나님의 아들들'이 '사람의 딸들'과 교합하여 끔찍한 결과를 낳는다. 상황이 너무도 통제할 수 없을 정도가 되어 하나님은 창조가 회복될 수 있도록 노아의 방주에 있는 생명을 제외하고 모든 생명을 멸하기 위해 홍수를 일으킨다. 그러나 그 후에 곧 그 순환은 바벨탑의 이야기에서 다시 시작되는데, 즉 사람들은 하늘에 닿을 수 있는 탑을 세우려고 노력한다. 그러나 하나님은 그들의 노력을 좌절시키고, 인류는 서로 다른 언어의 '횡설수설'(babble)로 분해됐다.

분명히 그 히브리 이야기꾼은 무언가 잘못되었음을 말하고 있다. 삶은 낙원에서 시작되었지만, 이제는 낙원 바깥에서, 중노동, 괴로움, 고통, 폭력 그리고 분열의 추방 생활을 한다. 비록 세상은 아름답지만, 무언가 잘못되었고 우리는 실제로 괴로움과 고통의 세계에서 살고 있다.

그러나 무엇이 잘못되었는가? 어떤 활동, 욕망 혹은 행동이 그러한 편만한 결과를 초래했는가? 그 이야기꾼의 언어는 좋은 생각을 떠올리게 하지만, 정확하지는 않다. 그것은 분명하게 특별한 해석을 가리키지 않는다. 그래서 수 세기를 거쳐 "무엇이 잘못되었는가?"라는 것에 대한 다양한 해석이 생겨났다. 각각의 해석은 인간을 고통의 세계로 빠지게 했던 원초적 행동인 '죄'에 대한 다소 다른 이해로 이어지고, 그것들은 "무엇이 잘못되었는가?"에 대한 미묘한 차이를 나타낸다.

불순종으로서 원초적 행동

첫 번째 이해 방식은 반드시 가장 통찰력 있는 것은 아니지만 가장 단순한 이해이다. 아담과 하와의 에덴으로부터의 추방에 원인이 된 행동은 **불순종**이었다. 하나님은 그들에게 명령했고, 그들은 그 명령에 불순종했으며, 그것으로 끝이었다. 강조점은 불순종 자체에 있지, 불순종의 행동이 무엇이었는가에 있지 않다. 이 관점의 가장 기본적인 형태에서 보자면, 만약 하나님의 금지가 "그 데이지 꽃을 먹지 말라"였다면, 그것은 문제가 되지 않았을 것이다. 이 관점은 전형적으로 일반적인 죄를 불순종의 문제로 보는 것으로 이어진다. 즉, 하나님은 우리에게 명령과 규칙과 법을 주고, 우리는 그것들을 어긴다는 것이다. 인간의 문제는 법률 제정자로서 하나님에게 불복종하는 것이다.

휴브리스(Hubris)로서 원초적 행동

두 번째 이해 방식은 불순종과 관련되었다는 것에는 동의를 하지만, 그러나 불순종의 행위가 수반하는 것을 강조한다. 특별히 그것은 **"하나님처럼 되어서, 선과 악을 알게 될 것이다"**라는 뱀의 유혹의 전반부에 초점을 맞춘다. 그 욕망은 하나님처럼 되고자 하는 것, 우리의 존재보다 뛰어난 것, 창조의 중심이 되고자 하는 것이다. 그리스도교 신학 전통에서 이것은 흔히 '교만'(pride)으로 번역되는 그리스어 **휴브리스**로 알려져 있다.

그러나 이 맥락 속에서 **휴브리스**는 "내가 그 일을 했을 때, 나는 나 자신이 자랑스러웠다"라는 문장에서 사용된 'pride'라는 말의 일상적인 의미(자부심 _ 옮긴이) 이상을 뜻한다. **휴브리스**는 자신의 참된 한계를 넘는 것을 의미하고, 하나님에게만 속한 자리를 자기 자신에게 주는 것을 의미하며, 또 자기 자신을 중심으로 만드는 것을 의미한다. **휴브리스**는 세계를 정복하려는 오만으로부터 자기중심적인 불안에 이르기까지 여러 형태를 취할 수 있다. 이러한 형태들에 공통적인 것은 자신과 자신의 관심에 중심을 두는 삶이다. 따라서 인간의 문제인 죄는 자기중심으로 이해되는 **휴브리스**이다.

태만(Sloth)으로서 원초적 행동

세 번째 이해 방식은 앞에서 논의된 교만에 거의 정반대되는 것이다. '태만'이라는 말은 이 맥락에서 '게으름'을 의미하지 않는다. 오히려, 그것은 '뱀에게 맡겨두는 것', 즉 다른 어떤 것이 자신의 존재를 만들어 내도록 허용하는 것을 의미한다. 그것은 자신의 삶을 사는 방식에 관해 다른 사람의 생각을 무비판적으로 받아들이는 것을 의미한다. 이 관점에서 볼 때, 인간의 문제인 죄는 타율성, 즉 다른 사람들의 의도대로 사는 것이다.[35]

의식의 출현으로서 원초적 행동

네 번째 이해 방식도 원초적 행동이 무엇이었는가에 초점을 맞추지만, 그것은 "**하나님처럼 되어서 선과 악을 알게 될 것이다**"라는 뱀의 유혹의 후반부를 강조한다. '선과 악을 아는 것'은 넓은 의미로 보면 다른 것에 대한 지식을 가지는 것을 의미하는데, 그것은 의식의 출현에 내재하는(intrinsic) 능력을 말한다. 의식은 하나를 다른 하나와 구

---

35 나의 이러한 이해는 Harvey Cox, *On Not Leaving It to the Snake* (New York: Macmillan, 1967)의 제목과 내용 덕분이다. 20세기 두 명의 가장 중요한 개신교 신학자 중의 한 사람인 폴 틸리히(Paul Tillich)는 자신의 삶을 사는 세 가지 방법 중 하나로 '타율성'을 말할 때 같은 주장을 한다. '타율성'은 다른 것들(사람들, 문화, 국가 등)의 의도대로 사는 것을 의미한다. '자율성'은 자신의 자아를 중심으로 사는 것을 의미한다(따라서 휴브리스이다). '신율'(Theonomy)은 하나님을 중심으로 사는 것을 의미하고 바람직한 상황이며 그것에서 우리가 타율성 혹은 자율성으로 '떨어지게 된' 그것이다.

별하는 것을 수반하고, 무엇보다도 그것은 자아-세상(self-world)의 구별, 즉 세상이 자기 자신이 아닌 '다른 것'이라는 인식을 수반한다.

의식의 출현은 우리 모두 경험하는 어떤 것인데, 우리는 모두 삶의 매우 이른 시기에 자아-세상의 구별을 인식하게 된다. 이처럼 우리는 원초적 행동을 피할 수 없다. 실제로 이러한 이해 방식은 '타락'의 불순종과 죄성이 아니라 그것의 불가피성을 강조한다. 우리는 모두 분화되지 않은 개체의 경험적 감각을 지닌 채 자궁에서 삶을 시작한다. 즉, 우리의 삶은 낙원에서 시작된다. 그러나 성장과 그것에 내재적인 의식의 출현이라는 바로 그 과정이 우리를 분열, 불안 그리고 고통의 세계로 몰고 간다. '에덴의 동쪽'에서 산다는 것은 인간의 경험에 내재한 것이다. 우리 모두 '타락'을 경험하고 추방과 소외 상태에서 살아가는데, 그것을 피할 수는 없다.[36]

이 다양한 이해 방식은 또한 결합할 수도 있다. 예를 들면, 의식의 출현은 일반적으로 자신의 자아에 중심을 두는 것으로 이해되는 **휴브리스**로 이어진다. 게다가 자신의 자아에 중심을 두는 것은 세상으로부터의 분리 의식을 강화하고 추방의 경험을 심화시킨다. 사회화 과정은 타율성으로 이해되는 태만으로 이어져서, 우리는 그것을 내면화하고 부모, 문화 그리고 종교를 포함하여 타인의 의도대로 살아갔다.

이미 언급한 것처럼, 히브리 이야기꾼이 이런 이해 방식 중에서 다른 것보다 어떤 하나를 의미했는지 아니면 그것 중 어느 것이든 혹은 모든 것을 의미했는지를 말하기는 불가능하다. 그러나 창조 이야기는 종교적 고전의 탁월한 예로서 의미의 잉여를 가진 이야기이다.

---

36 융의 심리학 체계 안에서 이러한 이해의 설명에 관해서는 Edward F. Edinger, *Ego and Archetype* (New York: Penguin, 1973), 특별히 16-36을 보라.

더욱이 낙원에서 무엇이 잘못되었는가에 대한 그 이야기꾼의 이해가 무엇이었든 간에, 결과에 대한 그 이야기의 묘사는 설득력이 있고, 주목하지 않을 수 없다. 우리 대부분은 일반적으로 '에덴의 동쪽'에서 살고 있다. 이것이 의미하는 것은 15세기 이탈리아의 화가 마사치오(Masaccio)가 그린 아담과 하와의 추방이라는 그림 속에 생생하게 그려져 있다. 아담과 하와가 에덴에서 쫓겨날 때, 아담은 양손으로 눈을 가린 채 머리를 숙이고 있다. 하와의 얼굴은 위로 향했지만, 입은 고통으로 울부짖으며 벌리고 있고, 그녀의 모습은 비탄과 슬픔으로 가득 차 있다. 적어도 가끔은 에덴 밖에서의 삶이 그와 같다.

창조 이야기와 비판적 이후의 소박함

창세기의 역사-은유적 읽기가 드러내는 의미의 풍부함을 고려할 때, 창조 이야기는 내게 아주 진실하다는 느낌을 준다. 비판적 사고는 왜 창세기의 상세한 묘사가 있는 그대로의 모습인지에 대한 이해로 이어지고, 그 묘사의 진실성은 문자적이고 사실적인 말로 이해돼서는 안 된다는 것을 분명하게 한다. 오히려 그 묘사의 진실성은 신화와 은유의 비개념적 언어로 표현되고, 어떤 특정한 읽기도 그 의미를 철저히 다룰 수는 없다.

그러나 나는 그 이야기들의 중심 되는 주장의 진실을 들을 수 있다. '이것'—우주와 우리—은 스스로 생겨난 것이 아니지만 신성에 근거한다. '이것'은 완전히 놀랄 만하고 경이롭다. 즉, '이것'은 경이감, 경외감 그리고 찬미를 자아내는 형언할 수 없는 신비이다. 우리의 삶은

'낙원에서' 시작되지만, 우리 모두 유배, 불안, 자기 몰두(self-pre-occupation), 구속 그리고 갈등의 세상으로 쫓겨남을 경험한다. 물론 그것은 하나님의 창조물인 선과 미의 세상이다. 그러나 그것은 중요한 것이 일그러진 세상이다.

성서의 나머지는 대체로 이런 상황, 즉 인간의 곤경과 그것의 해결에 관한 이야기(와 이야기들)이다. 에덴의 동쪽에서의 우리 삶은 유배로 특징지어지고, 우리는 되돌아가서 다시 연결되어야 한다. 다시 말해 속박되었기 때문에 해방이 필요하고, 눈과 귀가 멀었기 때문에 다시 보고 들어야 한다. 분열되었기 때문에 온전함이 필요하고, 폭력과 갈등이 있기에 정의와 평화를 습득해야 한다. 자기중심과 타자중심으로 살았기 때문에 우리는 하나님을 중심에 두어야 한다. 이러한 것들이 이스라엘의 인간 시작 이야기의 중심 되는 주장들이다.

5 장

오경

창세기 1-11장에 나오는 세상의 시작에 대한 이스라엘의 이야기는 이스라엘의 시작에 대한 이스라엘의 이야기로 곧바로 이어진다. 그 이야기가 오경 다섯 권 전체를 가득 채우고 있다. 창조 이야기에서처럼 하나님은 중심되는 실재이자 행위자이다. 하늘과 땅을 만든 그분이 이제는 이스라엘을 창조했다.

이스라엘의 기원에 관한 이스라엘의 이야기는 그들의 유목민 조상인 아브라함과 사라를 하나님이 부르는 것과 함께 창세기 12장에서 시작되고 3대를 거쳐 그들의 증손들까지 계속된다. 그 증손들이 바로 창세기가 끝날 때 이집트에서 살고 있었던 이스라엘 12지파의 '아버지들'이다. 그 뒤에 이어지는 오경의 네 권은 하나의 민족과 국가로서 이스라엘의 탄생 이야기를 들려주고 있다. 그 이야기에는 모세의 지도 아래 이집트로부터의 탈출, 시내산에서의 계약과 율법 수여 그리고 광야를 거쳐 약속된 땅의 경계로까지의 여정이 있다.

오경 이야기에는 하나님이 시내산에서 모세에게 계시한 613개의 율법 규정이 포함되어 있다. 물론 그 중의 가장 유명한 것이 십계명이다. 그러나 오경의 율법은 그 열 가지 사안보다 훨씬 더 많은 것을 다룬다. 그것은 우리가 윤리적이고 제의적 문제로 간주하는 것뿐 아니라 민법과 형법의 문제까지도 포함한다. 포괄적인 의미로 그것은 고대 이스라엘의 헌법과 법률의 역할을 하였다. 오경의 율법을 이스라엘의 신성한 기원 이야기의 근거가 되게 함으로써, 이스라엘은 그것에 신성한 법이라는 지위를 부여하였다.

신성한 이야기와 신성한 법의 결합은 오경을 고대 이스라엘을 위한 삶의 토대가 되게 하였다. 그것은 이스라엘의 창조 이야기를 할 뿐만 아니라 이스라엘이 사는 세계도 형성해주었다.

이야기의 결정체

이스라엘의 기원 이야기의 아주 간결한 형태는 수확한 첫 열매를 하나님에게 바치는 의식 일부로 그들의 성서에 포함되어 있다.

내 조상은 떠돌아다니면서 사는 아람 사람으로서 몇 안 되는 사람을 거느리고 이집트로 내려가서, 거기에서 몸 붙여 살면서, 거기에서 번성하여, 크고 강대한 민족이 되었습니다. 그러자 이집트 사람이 우리를 학대하며 괴롭게 하여, 우리에게 강제노동을 시켰습니다. 그래서 우리가 주 우리 조상의 하나님께 살려 달라고 부르짖었더니, 주님께서 우리의 울부짖음을 들으시고, 우리가 비참하게 사는 것과 고역에 시달리는 것과 억압에 짓눌려 있는 것을 보시고, 강한 손과 편 팔과 큰 위엄과 이적과 기사로, 우리를 이집트에서 인도하여 내셨습니다. 주님께서 우리를 이곳으로 인도하셔서 이 땅 곧 젖과 꿀이 흐르는 땅을 우리에게 주셨습니다.[1]

한 세대 전에 많은 히브리 성서학자는 이 본문을 최초의 문자로 된 이스라엘의 이야기에 관한 기술보다 훨씬 더 오래된 아주 초기에 속한 하나의 전승 단위로 보았다. 현세대의 학자들은 이것에 대한 확신이 덜하기에, 사실상 많은 학자는 이제 그것을 후기의 요약으로 본다. 그러나 초기 전승이든 후기 요약이든 간에, 그것은 오경 전체에서 발견되는 이스라엘 이야기의 결정체를 이뤘다.[2] 실제로 오경은 이 기본적인 이야기의 확장된 형태이고, 그것은 다음과 같은 내용을 포함하고 있다.

① 우리는 유목민, 즉 집 없는 땅 위의 떠돌이로 시작하였다.
② 우리는 이집트 군주의 노예로 전락했다.
③ 하나님은 우리의 신음을 들으시고 우리를 속박에서 해방해 주

---

1 신명기 26:5-9.
2 이전 세대의 학자들에 의해 초기 전승으로 인용된 또 하나의 간결한 요약은 신명기 6:20-24에 나온다. 여기서는 그 맥락이 자녀들에 대한 가르침이다. "나중에 당신들의 자녀가, 주 당신들의 하나님이 당신들에게 명하신 훈령과 규례와 법도가 무엇이냐고 물으면, 당신들은 자녀에게 이렇게 일러 주십시오. '옛적에 우리는 이집트에서 바로의 노예로 이었으나, 주님께서 강한 손으로 우리를 이집트에서 이끌어내셨다. 그때에 주님께서는 우리가 보는 데에서, 놀라운 기적과 기이한 일로 이집트의 바로와 그의 온 집안을 치셨다. 주님께서는 우리를 거기에서 이끌어내시고, 우리의 조상에게 맹세하신 대로, 이 땅으로 우리를 데려오시고, 이 땅을 우리에게 주셨다. 주님께서 우리에게 이 모든 규례를 명하여 지키게 하시고, 주 우리의 하나님을 경외하게 하셨다. 우리가 그렇게만 하면, 오늘처럼 주님께서 언제나 우리를 지키시고, 우리가 잘 살게 하여 주실 것이다.'"

셨다.

④ 그리고 하나님은 우리에게 우리가 살아갈 수 있는 아름다운 땅을 주셨다.

역사적 조명

모세의 지도하에 이집트로부터의 탈출은 아마도 기원전 13세기에 일어났을 것이다. 이스라엘의 유목민 조상인 아브라함과 사라의 이야기는 몇백 년 이전을 배경으로 한다. 수 세기 동안 유대인들과 그리스도인들은 관례대로 오경을 '모세의 다섯 권의 책들'이라고 불렀고 (하나님의 도움을 받은) 모세가 저자라는 것을 당연하게 여겼다. 그래서 오경은 그것이 묘사하는 사건들과 거의 동시대의 것으로 간주되었다.

그러나 17세기가 시작될 무렵 현대 역사학은 정당한 이유로 모세의 저작이라는 개념을 거부하였다. 그 대신에 현대 역사학은 이스라엘의 시작에 관한 가장 초기의 기술을 훨씬 늦게 기록한 것으로 본다. 이전 장에서 언급했듯이, 어떤 학자들은 오경의 가장 이른 시기에, 즉 확대된 이야기가 일찍이 기원전 900년(J 자료)에 기록되었을지도 모른다고 생각한다. 다른 학자들은 그 이야기가 상당히 더 늦게 기록되었다고 생각한다. 어쨌든 이야기들과 율법들이 결합함으로써 현재의 형태로 완성된 이야기는 상당히 늦게, 즉 기원전 500년대 유대인들의 바빌론 포로 생활 동안이거나 혹은 그 후에 기록되었고, 아마도 기원전 400년대 에스라의 시대만큼 늦게 완료되었을 것이다.[3]

이 장에서 나의 주된 관심은 현재의 형태로 된 이스라엘의 기원 이야기이지 그 배후에 있는 역사의 재구성은 아니다. 그렇지만 그 이야기의 배후에 있는 가능한 역사에 대해 몇 가지 관찰을 하는 것이 이해에 도움이 되는 것처럼 보일 때, 나는 그렇게 할 것이다. 역설적이지만, 그러한 관찰의 주된 효과는 역사적 재구성으로부터 이 이야기들의 은유적 읽기로 관심을 전환하는 것이다.

이스라엘의 아버지들과 어머니들

아브라함과 사라, 이삭과 리브가, 야곱과 레아 및 라헬 그리고 그들의 열두 아들(이스라엘 열두 지파의 아버지)에 대한 이야기는 창세기 12-50장에 나온다.

역사성 문제

나는 약 35년 전 히브리 성서에 관한 나의 첫 신학교 과정 때의 추억으로 시작하겠다. 나는 한 FM 라디오 방송을 들으며(먼 중서부 북부 출신의 젊은이에게는 새로운 경험) 다음 날 수업의 읽기 과제를 하면서 뉴욕시에 있는 내 기숙사 방의 책상에 앉아 있던 것이 생각난다.

그때 나는 창세기의 첫 부분이 오경의 신화적 서문이라는 것과 이스라엘의 역사가 '이스라엘의 아버지들', 즉 당시 '족장들'이라고 불렸

---

3 느헤미야 8-9장에서 에스라가 회중에게 "모세의 율법책"을 읽어주는 이야기를 보라. 분명히 오경의 일부 이야기는 수 세기 전에 들려졌을 것이다. 기원전 8세기의 이스라엘과 유다의 예언자들은 출애굽과 조상들을 언급한다(아모스 2:10; 3:1; 9:7; 미가 6:4).

던 아브라함, 이삭, 야곱 그리고 그의 열두 아들에 관한 이야기들로 시작된다는 것을 알게 되었다. 사람들은 아브라함의 시대가 일반적으로 대략 기원전 1700년대라고 생각하였다.

그 과제물은 족장들이 역사적 인물인지 혹은 전설적인 인물인지에 관한 상충하는 에세이로 구성되어 있었다. 아브라함, 이삭, 야곱 그리고 그의 열두 아들은 실제로 존재했는가? 아니면 그들은 부족 집단들의 전설적으로 인격화된 인물들이었는가? 그것에는 또 낙타가 언제 사육되었는지에 대한 짧은 에세이가 포함되어 있었다. 나귀는 아브라함의 시대에 사육되었다고 주장되지만, 낙타는 그렇지 않았다는 것이 그 에세이의 결론이다. 그 과제의 효과는 강한 느낌의 현기증이었다. 그래서 나는 내가 이것을 올바르게 이해했는지를 살펴보기로 생각했다. 우리의 전승은 아브라함과 함께 시작되지만, 그는 결코 존재하지 않았을지도 모른다. 그리고 실존했더라도, 그는 나귀를 타는 유목민이었지 낙타를 타는 유목민이 아니었을 것이다. 다소 불손하게도(두려움과 떨림이 없지는 않지만), 그가 정말로 실존했을지라도, 기원전 1700년대의 나귀를 타는 유목민인 그에게 무슨 일이 일어났는지를 내가 왜 진지하게 받아들여야 하는지 궁금했다. 그는 어떤 것에 대해서 그리고 무엇을 알았을까? 그 전승의 기초가 허물어지는 것과 유사한 느낌이었다.

나는 그날 저녁 현기증에서 회복되었지만, 여전히 아브라함과 사라와 그들의 직계 후손들 이야기의 역사성에 대한 어떤 의견을 가지고 있지는 않았다. 그렇지만 나는 그들의 역사성이 중요하지 않다는 것을 깨닫게 되었다. 정말로 중요한 것은 이전 장에서 제기된 두 가지 질문이다. 왜 이스라엘은 이러한 이야기들을 했는가? 그리고 왜 이스라엘은 이런 식으로 이야기를 했는가?

약속과 성취

약속과 성취라는 주제는 오경의 대단히 중요한 구조와 서사적 흐름을 제공한다. 약속은 창세기 12:1-2의 아브라함과 사라 이야기의 극적인 시작에 나온다. 하나님은 그 둘을 불러 집과 가족을 떠나 그들이 알지 못하는 땅으로 여행을 떠나라고 명령한다. "너는 네가 살고 있는 땅과 네가 난 곳과 너의 아버지의 집을 떠나서, 내가 보여주는 땅으로 가거라. 내가 너로 큰 민족이 되게 하겠다." 그 약속은 두 가지인데, 그것은 가나안 땅과 많은 후손이다.[4]

오경의 나머지는 이 약속의 성취에 관한 이야기이다. 오경은 수백 년 후 요단강에 있는 아브라함의 후손들로 끝나는데, 그들은 약속의 땅 가나안으로 넘어갈 준비가 되어 있었다.

약속과 성취의 주제는 오경 전체뿐만 아니라 많은 개별적 이야기들에도 중심이 된다. 이러한 이야기들은 종종 세 번째 요소가 더해짐으로써 약속과 성취의 주제를 극적이고 강렬하게 만든다. 그 세 번째 요소는 약속에 대한 위협, 즉 약속의 성취에 대한 무시무시한 장애물이다. 종교적인 멜로드라마에서처럼 이스라엘의 조상들은 잇따른 곤경에 처했다. 절망적인 상황처럼 보이는 것에도 불구하고 하나님은

---

4 그 약속은 다음 장들에서 반복되고 확대된다. 창세기 15:5에서 하나님은 아브라함에게 하늘의 별과 같이 많은 수의 후손을 약속한다. 그리고 창세기 17:1-8에서 하나님은 아브라함과 그 후손에게 영원한 계약과 "가나안의 모든 땅"을 약속한다(가나안은 결국 이스라엘이 되었던 지리상의 지역 이름이다).

약속을 지킬 수 있을까?

족장 아내들(Matriarchs)의 불임

예로 들 수 있는 약속의 위협에 관한 많은 이야기 중에서 나는 이스라엘의 어머니들에 관해 반복되는 하나의 주제에 집중하는데, 그 주제는 족장 아내들이 불임이라는 것이다. 그 주제에서 아브라함과 사라의 역할은 잘 알려져 있다. 많은 후손에 대한 약속에도 불구하고 사라는 불임이고 나이도 많았다. 그래서 그 부부는 대리 부모(surrogate parenthood)를 시도한다. 다시 말해서 사라는 아브라함에게 그녀의 하녀인 하갈을 주고, 하갈은 그녀의 아들인 이스마엘을 낳는다. 그러나 창세기의 해설자에게는 이것이 성취가 아니다. 성취는 인간의 기발한 재주로 초래되지 않을 것이다.

사라가 아흔 살이고 아브라함이 아흔아홉 살일 때—인간적으로 말해서 불가능할 때— 사라는 임신을 하고 이삭을 낳는다. 이스라엘의 아버지와 어머니는 마침내 후손을 얻는다. 그리고 그들이 후손을 얻었다는 것은 해설자가 전혀 말할 필요도 없이 오직 하나님 때문이었다.[5]

다음 두 세대에서는 이 반복된 주제가 그렇게 많이 알려지지 않는다. 아브라함과 사라의 아들인 이삭은 사라처럼 불임인 리브가와 결혼한다. 20년 결혼생활에도 불구하고 그들은 자식이 없다. 그때 하나님은 이삭의 기도에 응답하고, 리브가는 에서와 야곱을 낳는다.[6]

야곱은 이제 약속의 자식이다. 그는 라헬과의 사랑에 빠지지만, 속

---

5 아브라함과 사라가 아이를 가질 수 없다는 것은 창세기 12-21장의 주요한 주제이다.
6 창세기 25:19-26.

아서 그녀의 언니 레아와 결혼하게 된다. (야곱이 사랑하지 않았다는) 레아는 놀랄 만큼 자식을 많이 낳는다. 그러나 야곱이 정말로 사랑한 라헬은 불임이다. 여러 해가 지난 후에, 우리가 들은 바에 의하면, 하나님은 라헬의 자궁을 열고 요셉을 낳는다. 요셉은 나중에 이스라엘의 열두 지파의 조상인 그의 형제들을 기근에서 구했다.[7]

우리는 족장 아내들의 불임이라는 주제를 어떻게 이해해야 할까? 왜 이스라엘의 이야기꾼들은 이런 식으로 이야기를 했을까? 이러한 약속에 대한 위협 이야기를 들려줌으로써 그들은 약속과 성취라는 주제를 강화했다. 이스라엘이 말하는 바에 의하면 그 이야기는 이렇다. 출산이 불가능한 것처럼 보일 때조차도, 희망이 없는 것처럼 보일 때, 미래가 없어 두려워할 때, 하나님의 약속이 공상처럼 보일 때 그때조차도 하나님은 이스라엘의 조상들에게 한 약속을 실현할 방법을 찾아낸다는 것이다.

요셉과 그의 형제들

약속과 성취의 주제는 (덧붙여진 위협의 드라마와 함께) 창세기를 결론짓는 풍성한 이야기들의 모음집에서도 중심이 된다. 하나의 중편소설처럼 창세기 37-47장은 우리에게 야곱의 아들이자 이스라엘 열두 지파의 조상인 요셉과 그의 형제들에 관해 말해준다. 멋지게 기록된, 흔히 모험적인 이 이야기들을 하나의 요약으로 압축한다는 것은 좀 창피스러운 일이지만, 나는 약속·위협·성취의 주제와 그것들의

---

7 창세기 29:21-30:24.

관련을 보여주기 위해서 그렇게 하겠다.

야곱과 라헬이 사랑하는 아들 요셉은 꿈꾸는 사람이자 꿈을 해석하는 사람이다. 그의 형제들은 요셉을 죽이고 싶을 정도로 시기한다. 처음에 요셉을 죽일 계획을 세웠지만, 그 형제들은 대신에 그를 노예로 팔아 버리고 나서, 그들의 아버지에게 요셉이 죽었다고 말했다.

요셉은 결국 이집트에서 노예가 된다. 일련의 모험을 통해 그는 권위와 권력에 있어서 파라오 다음 두 번째인 총리의 직위에 오른다. 그는 꿈 해석을 통해 그에게 계시된 7년 동안의 기근을 예상하고 곡식을 저장하는 책임을 맡는 자리에 배치됐다.

마침내 기근이 닥치고 가나안 땅의 집으로 돌아갔던 요셉의 가족은 굶주림 때문에 식량을 구하러 이집트로 간다. 그들은 요셉을 이집트의 권력자로 상상하기는커녕, 그가 여전히 살아있다는 사실조차 알아채지 못한다. 그러나 그들은 만난다. 요셉은 그들을 알아봤지만, 형제들은 그를 알아보지 못했다.

결국 요셉은 그들에게 자기가 누구인가를 말한다. "내가 형님들이 이집트로 팔아넘긴 그 아우입니다." 그러고 나서 그는 다음과 같이 놀랄 만한 말을 했다.

> 걱정하지 마십시오. 자책하지도 마십시오. 형님들이 나를 이곳에 팔아넘기긴 하였습니다만, 그것은 하나님이, 형님들보다 앞서서 나를 여기에 보내셔서, 우리의 목숨을 살려 주시려고 그렇게 하신 것입니다. … 하나님이 나를 형님들보다 앞서서 보내신 것은, 하나님이 크나큰 구원을 베푸셔서 형님들의 목숨 지켜 주시려는 것이고, 또 형님들의 자손을 이 세상에 살아남게 하시려는 것입니다. 그러므로 실제로 나를 이리로 보낸 것은 형님들이 아니라 하나

님이십니다.[8]

이것은 놀랄 만한 주장이다. 요셉은 지난 일을 되돌아보면서 그를 고향과 가족으로부터 떼어 내어 노예로 보낸 사건조차도 하나님에 의해 섭리 의도로 바뀌었다고 단언했다.

요셉의 이야기들 속에서 약속에 대한 위협은 이중적이었다. 첫째, 요셉의 형들이 그를 노예로 팔았다는 것이다. 다시 말해 자신의 시대에 이스라엘의 구원자가 될 사람이 그의 형제들에게 배신을 당했다는 것이다. 둘째, 기근으로 인해 이스라엘의 조상들이 절망적인 상황이 되었다는 것이다. 그러나 창세기의 해설자는 이러한 약속의 위협에도 불구하고 그 이야기를 하나의 성취로 바꾸는데, 도발적이고 환기하는 방식으로 그렇게 한다. 자신의 형제를 노예로 파는 것은 결코 하나님의 뜻이 아니다. 그런 종류의 배신은 늘 끔찍하고 잘못된 일이기 때문이다. 그렇지만 하나님은 그렇게 엄청난 잔혹 행위조차도 가져다가 그것을 하나님 섭리의 목적에 부합하도록 만든다. 하나님은 이스라엘, 즉 하나님의 백성에게 한 약속을 지킬 만큼 의존할 수 있는 분이다.

약속과 성취의 주제는 창세기가 시작되는 창조의 주제와 밀접하게 연관되어 있다. 세상이 하나님을 통해 생겨나고 하나님에 의해 유지되듯이, 그렇게 하나님의 백성도 하나님의 부름과 약속을 통해 생겨나고, 하나님의 신실함 때문에 계속 존재하게 된다는 것이다. 조상들의 이야기들에서 하나님은 무의 심연(abyss)으로부터 이스라엘을

---

8 창세기 45:4-5, 7-8.

거듭해서 구원했다.

그러나 약속에 대한 최악의 위협은 아직 오지 않았다. 창세기는 요셉의 가족, 즉 그의 아버지 야곱, 그의 형제들 그리고 그의 온 집안이 이집트에 정착하는 것으로 끝난다. 그들은 번성하며 살아나간다. 야곱은 죽고, 요셉과 그의 형제들도 죽는다. 그들의 후손들은 남는다. 이스라엘은 이제 이집트에 있게 됐다.

출애굽: 이스라엘의 원시적 내러티브

이제 이스라엘의 출애굽 이야기로 눈을 돌려 보자. 출애굽은 오경 전체를 형성하는 나머지 핵심 이야기에 대한 축약어이다. 출애굽 이야기는 이스라엘의 이집트 노예 시절, 출애굽 자체, 시내산에서의 계약과 율법 수여 그리고 광야를 거쳐 약속의 땅에 이르기까지 40년의 여정을 포함했다.

이 이야기에서 우리는 이스라엘의 '원시적 내러티브'[9]를 접한다. 출애굽 이야기는 그 단어의 세 가지 의미에서 원시적이다. 첫째, '원시적'은 '가장 중요한'을 의미한다. 이스라엘의 역사상 출애굽 이야기는 이스라엘이 알았던 가장 중요한 이야기였다. 둘째, '원시적'은 '시원적'(originary) 혹은 발원적(originating)을 의미하는데, 그 이야기에서 서술되는 사건들이 이스라엘을 낳았다는 것이다. 다시 말해 그것은

---

9 나는 '원시적 내러티브'라는 표현을 Walter Brueggemann, *The Bible Makes Sense* (Atlanta: Knox, 1977), 특히 3장에서 빌려왔다. 그는 첫 번째 의미, 즉 '제일 중요한'을 강조한다.

탁월한 이스라엘의 기원 이야기라는 것이다. 셋째, '원시적'은 '원형적'을 의미하는데, 이 이야기는 제국의 세계와 하나님의 해방 의지 사이에서 파라오의 주권과 하나님의 주권 사이의 영속적인 투쟁을 들려줬다.[10]

일반적인 성서의 이야기들처럼, 이스라엘의 원시적 내러티브도 역사적 기억에 은유적 이야기를 결합했다. 출애굽 이야기에는 기억된 역사가 어느 정도 담겨 있지만, 그것은 우리가 역사적 보도라고 간주하는 그런 것이 아니라 차라리 은유의 역사이다.

이스라엘의 이야기꾼들은 출애굽 이야기를 할 때, 뛰어난 문학적 기교, 극적인 과장법 그리고 기이한 수들을 이용한다. 그 장면 중 다수는 이례적일 정도로 인상적인데, 그것들은 신학적 및 심리학적인 통찰들로 가득 차 있다. 열 가지 재앙과 바다를 횡단하는 이야기들은 (하나님의 _ 옮긴이) 거대하고 기적적인 개입에 대해 말해준다. 출애굽기에 의하면 이집트를 탈출한 이스라엘 사람들의 수는 여성들과 아이들 외에 성인 남성이 60만이고, 아마도 전체 수는 200만에서 300만 명에 이를 것이다.[11]

두서너 세대의 미국인들은 세실 B. 드밀(Cecil B. DeMille)의 1950

---

10 'primal'과 'archetypal' 사이의 관련은 후자의 어근에 의해 암시된다. Arche는 '시작'을 의미하고, typos는 '날인'(왁스로 직인이 찍힌 혹은 한 장의 종이에 하나의 활자가 인쇄된 자국에서처럼)을 의미한다. 따라서 'Archetypal'은 거듭해서 반복되는 '맨 처음에' 각인된 어떤 것을 의미한다. 즉 하나의 원형은 반복해서 자신을 찍어냈다.

11 출애굽기 12:37. 이 수가 불가능할 정도로 많다는 것은 많은 요인에 의해 암시된다. 이 수는 당시 이집트의 인구보다 많은 수였을지도 모른다. 더욱이 그렇게 큰 집단이 도저히 (주로 사막이었던) 광야에서 오랜 시간 동안 지낼 수는 없었을 것이다. 마지막으로 그 수는 약 300년 후인 기원전 900년대, 즉 다윗과 솔로몬의 통일 왕국 시대 동안 이스라엘의 인구보다 아마 많을 것이다. 그 수는 역사적 사실을 반영했다기보다는 이야기꾼의 극적 파격 어법(dramatic license)의 산물이다.

년대 장편 서사 영화 〈십계〉에 의해 형성된 출애굽에 대한 자신들의 인상이 있을 것인데, 이 영화는 매년 부활절 가까이에 여전히 방송총국에서 방영된다. 그 영화는 할리우드 상표를 허용하지만, 기본적으로 성서 이야기를 문자적으로 받아들인다. 예를 들어, 하나님이 불타는 떨기나무를 통해 모세에게 말하고, 이집트에 열 가지 재앙을 보내고, 바다를 두 개의 우뚝 솟은 물의 장벽으로 갈라, 그사이에 마른 땅의 협곡을 드러나게 하고, 섬광이 번쩍이는 손가락으로 두 개의 돌판 위에 십계명을 쓰는 등등의 장면이 그렇다. 은유적 이야기들의 모든 문자주의 해석처럼, 이 영화도 그 이야기를 솔직히 믿을 수 없게 만들었다.

그렇지만 출애굽은 고대 이스라엘의 역사적 경험에 근거한다. 이집트의 왕 파라오의 노예였던 기억은 히브리 성서 지면에 지워지지 않게 인쇄되어 있고 고대 이스라엘의 삶 속에 아로새겨져 있다. 그것은 오경 자체뿐 아니라 이스라엘의 의식과 전례는 물론 시편과 예언자들의 글들에도 그려져 있다. 그러나 출애굽은 아마도 몇백만 명이라기보다는 몇천 명이 참여했을 것이다. 그리고 열 가지 재앙과 바다 횡단 이야기들의 배후에 어떤 역사적 사건이 있든 간에, 그 본문들은 단순히 '발생한 일'을 보도하는 것만은 아니다.

그러나 나의 현재 목적을 위해서는 이 중의 어느 것도 중요하지 않다. 오히려 이번 장의 첫 번째 부분에서처럼, 나의 주된 초점은 발생한 일에 대한 역사적 재구성에 있는 것이 아니라 그 현재적 형태로서 이야기에 있다. 이번 장이 끝날 때쯤 나는 그 본문의 배후에 있는 역사에 대한 관찰을 좀 더 하겠지만, 현재로서는 그 이야기 자체에 집중하고자 한다. 전반적으로 나의 강조점은 "이것이 이스라엘이 그 이야기를 한 방식이다"라는 말이 될 것이다.

이집트와 속박

조상들에게 한 약속에 가장 심각한 위협은 이집트에서 새로운 파라오가 집권했을 때 시작된다. 출애굽기 1장은 그 변화를 엄숙하게 선언한다. "요셉을 알지 못하는 새 왕이 일어나서 이집트를 다스리게 되었다."[12] 그 결과는 이스라엘이 제국주의 권력의 하수인이 되었다는 것이다. 이제 파라오의 지배권에 속박됨으로써 이스라엘은 끊임없는 노역을 하는 운명이 됐다.

> 그들을 더욱 혹독하게 부렸다. 이집트 사람들이, 흙을 이겨 벽돌을 만드는 일이나, 밭일과 같은 온갖 고된 일로 이스라엘 자손을 괴롭히므로 그들의 일은 매우 힘들었다.[13]

그리고 더욱 심한 것은 이스라엘의 세계를 책임지고 있는 제국주의 권력이 히브리인으로 태어날 모든 사내아이를 죽이라고 명령한 것이다. 제국의 억압은 이제 대학살과 결합했다. 제국주의 권력 하에서 이스라엘은 미래가 없다.

모세

이러한 세계 속에서 모세는 태어났다. 오경이 오랫동안 모세와 연관되어 온 것은 우연이 아니다. 그의 이야기는 출애굽기의 첫머리에서 이

---

12 출애굽기 1:8.
13 출애굽기 1:13-14.

야기되고 그의 죽음은 오경의 마지막 책인 신명기의 마지막 장에서 이야기된다. 그 사이에 해방자, 율법 전수자, 이스라엘의 지도자로서 그의 삶에 관한 이야기가 있다. 모세는 오경보다 훨씬 더 높다. 하나님을 제외하고 그는 이스라엘의 원시적 내러티브에서 중심되는 인물이다.

모세의 유아 시절 이야기는 잘 알려져 있다.[14]

파라오의 사형 선고로부터 그 아기를 구하고자 아기의 어머니는 아기를 나일 강 둑을 따라가는 갈대숲 속 떠 있는 바구니에 숨긴다. 거기서 파라오의 딸은 그를 발견한다. 그녀는 그를 입양할 뿐만 아니라 알지 못한 채 그의 어머니를 유모로 고용한다. 그러고 나서 미래의 이스라엘의 해방자는 제국의 가정에서 자란다.

이제 성인이 된 모세는 어느 날 한 이집트인이 히브리 노예를 때리는 것을 본다. 모세는 그 일에 개입하고, 그 이집트인을 죽이게 되고, 시신을 모래 속에 숨기고, 이집트에서 도망간다. 이집트로부터 도망자가 된 그는 미디안에서 도피처를 발견하고, 그 지역의 한 여성과 결혼해서 아들 하나를 얻고, 양치기가 된다.

여러 해가 지나간다. 이집트에서 히브리 노예들의 상황은 악화된다.

이스라엘 자손이 고된 일 때문에 탄식하며 부르짖으니, 고된 일 때문에 부르짖는 소리가 하나님께 이르렀다. 하나님이 그들의 탄식하는 소리를 들으시고, 아브라함과 이삭과 야곱에게 세우신 언약을 기억하시고, 이스라엘 자손의 종살이를 보시고, 그들의 처지를 생각하셨다.[15]

---

14 다음 몇 단락(모세의 소명을 거쳐)은 출애굽기 2-3장에 근거한다.
15 출애굽기 2:23-25.

탄식, 부르짖음과 노예 생활의 이중적 반복은 이스라엘 사람들이 처한 곤경의 절망감을 분명히 보여준다. 하나님은 그들의 탄식을 듣고, 계약을 기억하고, 그들을 지켜보고 그들을 주목했다.

그 이후 즉시 하나님은 모세를 이스라엘의 해방자로 부른다. '하나님의 산'인 호렙산에서 그의 양 떼를 돌보던 중 모세는 신령한 체험, 즉 신성의 체험을 하는데, 그 체험은 그와 이스라엘의 삶을 영원히 변화시킨다. 그것은 그 유명한 불타는 떨기나무 이야기이다:

> 거기에서 주님의 천사가 떨기 가운데서 이는 불꽃으로 그에게 나타났다. 그가 보니, 떨기에 불이 붙는데도, 그 떨기가 타서 없어지지 않았다.[16]

모세는 신성한 광채로 가득한 채 불빛으로 타오르고 있는 떨기나무를 본다. 이것은 모세에 대해 보도된 수차례의 직접적인 하나님 체험 중의 첫 번째 체험이다. 그 이전의 아브라함과 야곱처럼 그도 신성의 직접 체험을 한 것으로 묘사됐다.[17]

그때 하나님은 떨기나무에서 모세에게 말하고 그에게 이집트로 돌아가라고 명령했다.

> 나는 이집트에 있는 나의 백성이 고통 받는 것을 똑똑히 보았고, 또 억압 때문에 피로워서 부르짖는 소리를 들었다. 그러므로 나는 그들의 고난을 분명히 안다. 이제 내가 내려가서 이집트 사람의 손아귀에서 그들을 구하여… 이제

---

16 출애굽기 3:2.
17 아브라함은 환상을 보았고(창 15:1-17; 17:1-22; 18:1-15), 야곱은 타는 듯한 사다리가 하늘과 땅에 연결되는 것을 보았고 "여기가 바로 하늘로 들어가는 문이다"(창 28:10-17)라고 소리쳤다.

나는 너를 바로에게 보내어, 나의 백성 이스라엘 자손을 이집트에서 이끌어내게 하겠다.[18]

모세는 주저하고 저항한다. "만일 내가 이 일을 하게 되어 이스라엘 사람들이 나를 보낸 그 하나님의 이름을 나에게 묻는다면, 나는 무엇이라고 말해야 합니까?"라고 묻는다. 하나님이 그에게 준 대답은 여전히 그를 혼란스럽게 만든다. "나는 곧 나다."[19] 모세는 결국 동의하고, 그의 형 아론과 함께 이집트로 돌아간다.

파라오와의 대결: 재앙

모세와 아론은 파라오 앞에 나타나 그들의 세계를 지배하는 제국주의 권력에 대한 신의 명령을 선언한다. "주 이스라엘의 하나님이 말씀하시기를, '나의 백성을 보내라.'" 탄원이 아니고 명령인 **나의 백성을 보내라**는 말은 바로 다음의 몇 장에서 반복되는 후렴이다. 파라오의 반응은 건방지고 오만하다. "그 주가 누구인데, 나더러 그의 말을 듣고서, 이스라엘을 보내라는 것이냐?" 게다가 파라오는 "너희들은 게으르다, 게으르다"라고 말하면서 히브리 노예들의 작업량을 늘렸다.[20]

---

18 출애굽기 3:7-8, 10.

19 출애굽기 3:14. 이 대답은 무슨 의미인가? 형식적으로 그 진술은 어떤 추가의 정보를 제공하지 않은 채 후반부가 전반부를 반복하는 동어 반복이다. 그러나 그것은 아무 말도 하지 않는 대답을 의미하는가? 혹은 하나님은 형언할 수 없는, 즉 말로 표현할 수 없다는 것을 의미하는가? 아니면 일부 학자가 말하는 것처럼, 그 구절은 "나는 내가 현존하게 될 것처럼 현존할 것이다"라고 번역되어야 하고, 따라서 신적인 현존과 신적인 자유를 단언하고 있는 것인가?

20 출애굽기 5:1, 17.

바로 다음에 하나님이 제국에 계속되는 재앙을 보내는 일련의 극적인 일화들이 시작된다. 재앙은 이스라엘 사람들이 아니라 이집트 사람들에게 피해를 입힌다.

— 이집트의 나일강과 다른 모든 강물이 피로 변한다.

— 개구리들이 땅을 채운다.

— 이(Gnats)가 사람들과 동물들 모두에게 피해를 입힌다.

— 파리들이 땅을 황폐하게 만든다.

— 이집트 사람들의 모든 가축이 죽는다.

— 종기가 이집트 사람들과 그들의 동물들을 공격한다.

— 우박이 그것에 노출된 모든 이집트 사람들과 동물들을 죽이고 농작물의 절반을 엉망으로 만든다.

— 메뚜기들이 나머지 농작물을 먹어 버린다.

— 짙은 어둠이 사흘 동안 땅을 덮는다.[21]

---

21 첫 아홉 가지 재앙은 출 7:14-10:29에 서술되어 있다. 그것들은 스토리텔링의 극화를 반영한다. 예를 들어 다섯 번째 재앙은 이집트의 모든 가축을 죽이지만, 바로 다음의 재앙인 종기와 우박으로 죽임을 당할 가축들이 여전히 살아있다. 우리는 또 하나님이 파라오의 마음을 완고히 했다는 것을 반복해서 듣는다. 한편으로 이것은 왜 파라오가 이스라엘을 보내라는 재앙을 충분히 이해하지 못했는가에 대한 하나의 설명이다. 다른 한편으로 그것은 또 파라오조차도 이스라엘 하나님의 통치 아래 있다는 것을 단언한다. 그러나 하나님은 누구의 마음도 결코 완고히 하지 않는다. 그 재앙들은 시편 78:42-51에서도 언급되고 있다. 거기에서는 일곱 가지 재앙의 목록이 나오는데, 피로 변한 물, 파리, 개구리, 해충과 메뚜기, 우박과 서리, (사람들 혹은 동물들에 내린?) 재앙 그리고 첫 아이의 죽음이 그것이다. 이, 종기 그리고 짙은 어둠은 언급되지 않는다. 장르의 차이(이야기가 아니라 시편)를 고려해 볼 때, 그러한 불일치에 큰 중요성을 두지 말아야 한다. 그렇지만 그 두 가지의 목록이 10과 7이라는 흔한 성서의 수를 이용하고 있다는 것은 흥미로운 일이다.

19세기 말과 20세기 초에 (그리고 여전히 오늘날에도 가끔) 역사학자들이 그 재앙들과 이집트에서 발생한 것으로 알려진 현상들을 관련시키려고 노력하는 것은 흔한 일이었다. 그러나 그러한 상관관계는 논점에서 벗어난다. 자연 현상적 설명으로 재앙 이야기의 역사성을 지키려고 애씀으로써, 역사학자들은 이스라엘 이야기꾼들의 가장 중요한 주장을 제거하였다. 그 주장은 **하나님이 이 일을 행하셨고**, 재앙을 보내고 "크고 강하신 손으로 우리를 이집트로부터 데리고 나오신" 분은 **하나님**이었다는 것이다.

아홉 가지 재앙 후에도 파라오는 여전히 "내 백성을 보내라"는 명령을 거부한다. 그래서 가장 파괴적인 재앙이 닥친다. 그것은 파라오의 아들을 포함한 모든 이집트 사람들의 장자들의 죽음이다. 이스라엘 사람들은 하나님이 그들의 집을 '넘어가게' 하기 위하여 그들 집의 문설주와 상인방에 피를 바름으로써 해를 입지 않는다. 이렇게 하여 열 번째 재앙의 한가운데에서 유월절이 확립된다.[22] 그러나 제국은 이 재앙을 면하지 못했다.

해방과 바다

모든 장자의 죽음은 효과가 있었다. 파라오는 마침내 마음이 누그러지고 이스라엘 사람들이 이집트를 떠나도록 허락한다. 그러나 그는 거의 즉시 마음을 바꾼다. 그의 군대는 도망치는 노예들을 추격하여 바다에서 그들을 따라잡는다. 이스라엘 사람들 앞에는 바다가 있고 뒤

---

22 열 번째 재앙은 11:1-9과 12:29-32에 묘사되어 있다. 유월절의 규정들은 12:1-28에 주어져 있다.

에는 제국의 군대가 있는 상황에서 하나님의 약속에 대한 위협은 다시 심각해진다. 다시 말해 이스라엘은 전멸에 직면한다. 그때 유대교 및 그리스도교의 전례에서 이후로 줄곧 기억하고 기념하였던 사건이 일어난다. 하나님이 바닷물을 물러나게 하고, 이스라엘 사람들이 건너가고, 파라오의 군대와 전차들은 진흙탕에 박히고, 바다가 원래의 상태로 돌아오고 그들은 물에 빠져 죽는다. 하나님이 이스라엘을 구했다.[23]

바다에서 일어난 이스라엘의 구원은 하나님께 바치는 장엄한 찬양시로 성서에 근거하여 찬미된다. 흔히 '모세의 노래'라고 불리고 출애굽기 15장 모두를 채우고 있는 그 노래는 분명히 훨씬 후기에 생겨난 것이다. 그것은 이집트에 대한 승리뿐만 아니라 가나안 정복에 대해서도 하나님을 찬양한다. 이 노래의 마지막 행은 하나님이 거하기로 선택한 '그 산'과 '그 처소'와 '그 성소'를 언급하는데, 이것은 분명히 기원전 900년대 솔로몬 왕이 시온 산에 지은 성전에 대한 언급일 것이다.[24]

이것의 배후에는 훨씬 더 많은 고대의 찬양시가 있을지도 모른다. 많은 학자는 모세의 노래가 15장의 끝에 나오는 모세의 누이인 '미리암의 노래'로 알려진 훨씬 더 짧은 찬양시를 근거로 하고 있다고 생각했다.[25] 그 찬양시에서 예언자로 불리는 미리암은 소구를 들고 노래

---

23 출애굽기 14장. 수역의 지점은 알려지지 않았다. 옛 번역에는 그것이 홍해로 되어있지만, 히브리 말은 '갈대바다'를 의미하고, 아마도 어떤 수역의 해안 근처에 있는 얕은 늪지대를 가리키는 것 같다. 더욱이 그 이야기는, 어떤 수역의 얕은 끝에서 일어날지도 모르는 것처럼, 밤새도록 바닷물을 뒤로 밀어내는 강한 바람과 가운데가 갈라지는 바다를 언급한다. 14:21-22를 보라.

24 이것은 언어의 가장 자연스러운 의미인 것 같다. 일부 학자들은 그것이 가리키는 것은 하나님이 거주하는 곳과 성소로서 성전이 아니라 하나님이 거주하는 것으로서 전체 '거룩한 땅'을 말하는 것이라고 말한다. 어쨌든 그 찬양시는 그것이 묘사하고 있는 사건보다 상당히 늦은 시기를 반영했다.

와 춤으로 여성들을 선도한다.

> 주님을 찬송하여라,
> 하나님께서는 자비롭게 승리를 거두셨기 때문이다.
> 말과 기병을 바다에 던져 넣으셨다.

많은 학자의 판단에 의하면, 이 2행시는 히브리 성서의 가장 오래된 부분일지도 모른다.

바다로부터 해방된 노예들은 사막을 지나 시내산을 향한 여행을 계속했고, 하나님에 의해 인도되고, 영양분을 공급받는다. 하나님은 낮에는 구름 기둥으로 밤에는 불기둥으로 그들을 인도한다. 하나님은 바위의 물로 그들의 갈증을 풀어준다. 하나님은 매일 아침 하늘에서 떨어지는 빵처럼 생긴 물질, 즉 만나와 매일 저녁 지면을 덮은 메추라기로 그들을 먹인다.[26]

시내산과 계약

시내산에서 일어난 일은 오경의 주요 부분을 차지한다. 출애굽기

---

25 미리암은 출애굽기에서 아론의 누이로 명명된다. 민수기 26:59에서 그녀는 또 모세의 누이로 전해진다. 미가 6:4에서 그녀, 모세 그리고 아론은 출애굽의 세 지도자로 언급된다.
26 시내산으로의 여행과 사막에서 하나님의 인도, 식량과 음료수의 공급은 출애굽기 16-18장에 묘사되어 있다. 민수기 11:31에서 우리는 메추라기가 2큐비트(약 3피트) 깊이까지 지면을 덮었다는 말을 듣는다.

의 해설자는 이집트에서의 속박, 모세의 소명, 파라오와의 대결과 재앙, 이집트 탈출, 바다 횡단 그리고 시내산으로 여행 이야기를 하는데 출애굽기 18개 장을 소요했다. 시내산에서 일어난 사건들을 서술하는 데에 남아있는 출애굽기 22개 장, 레위기 27개 장 모두 그리고 민수기의 처음 10개 장 등 모두 59개의 장이 소요됐다.

하나님의 현현(Theophany)과 계약

시내산 사건들은 거대한 하나님의 현현(하나님의 현시) 혹은 신성의 현현(신성의 현시)과 더불어 출애굽기 19장에서 시작된다. 천둥과 번개가 터져 나오고 빽빽한 구름이 거룩한 산을 덮고 있을 때, 고막을 찢는 듯한 나팔 소리가 들린다. 하나님이 불 속에서 산으로 내려올 때, 그 산은 격렬하게 진동한다. 모세는 그 산에 오르고 거기서, 즉 하늘과 땅이 맞닿는 그곳에서 하나님을 만나러 간다. 계약의 중개자이자 신적인 법의 수여자로서 모세의 역할이 시작되었다. 시내산에서 일어난 일은 이스라엘이 하나의 백성, 즉 하나의 민족이 된다는 것이다. 오경의 해설자는 그 이야기의 앞에서 '이스라엘 사람들'과 '이스라엘'이라는 말을 종종 사용했지만, 이스라엘이 존재하게 된 것은 여기서부터다. 여기서 하나님은 그 백성에게 계약을 제안한다.

너희는 내가 이집트 사람에게 한 일을 보았고, 또 어미 독수리가 그 날개로 새끼를 업어 나르듯이, 내가 너희를 인도하여 나에게로 데려온 것도 보았다. 이제 너희가 정말로 나의 말을 듣고, 내가 세워 준 언약을 지키면, 너희는 모든 민족 가운데서 나의 보물이 될 것이다. 온 세상이 다 나의 것이다. 그러므

로 너희는 내가 선택한 백성이 되고, 너희의 나라는 나를 섬기는 제사장 나라
가 되고, 너희는 거룩한 민족이 될 것이다.[27]

하나님과의 계약 제안과 그들의 수용으로 그들은 하나님의 '보물'
과 '제사장 나라와 거룩한 민족'이 된다.

율법의 수여

시내산에서 일어난 일을 다루고 있는 대부분 장은 하나님이 모세
를 통해 이스라엘에게 준 율법들로 구성되어 있다. 그것들에는 십계
명(두 개의 약간 다른 형태로), 언약서(the Book of the Covenant) 그리고
출애굽기, 레위기, 신명기의 나머지 율법들이 포함된다.[28] 이스라엘
의 역사의 많은 다른 시기에서 견인된 이 율법들은 수 세기의 기간에
걸쳐 축적되어 왔다는 것이 분명하다.[29] 그러나 모든 율법은 거룩한
산에서 모세에게 준 하나님의 계시로서 수여되고, 그것들은 모두 신
성한 시작의 시기로 거슬러 올라갔다.

이 장의 도입부에서 언급했듯이 그것들은 민법과 형법뿐만 아니
라 윤리적이고 의식적인 법들도 포함하고 있다. 그것 중 일부는 "너는
너의 이웃을 네 몸처럼 사랑하여라"는 말처럼 광범위하게 적용 가능
한 폭넓은 윤리적 원칙들을 드러낸다. 대다수는 매우 구체적인 규례

---

27 출애굽기 19:4-6.
28 십계명은 출애굽기 20:1-17과 신명기 5:6-21에 나온다. 언약서는 출애굽기 20:22-
   23:33에 나온다.
29 그것 중의 상당수는 또 다른 고대 근동의 법전에 나오는 유사한 법들을 가지고 있다.
   Joseph Blenkinsopp, *The Pentateuch* (New York: Doubleday, 1992), 200-204.

들인데, 그것들은 먹어도 되는 음식과 안 되는 음식, 자신의 부모를 저주한 것에 대해 처해 지는 형벌(죽음), 소가 사람이나 다른 소를 들이받을 때 해야 할 일, 정액 배출 후에 해야 할 일 등등과 같은 쟁점들을 다뤘다.[30]

이러한 율법들은 인간 역사상 가장 급진적인 일부 사회경제적 법령들도 포함한다. 예를 들어, 동료 이스라엘 사람들에게는 빌려준 돈에 대해 어떤 이자도 청구해서는 안 된다. 특별히 눈에 띄는 것은 안식년과 희년에 관한 법령이다. 안식년(7년째)마다 이스라엘 사람들이 다른 이스라엘 사람들에게 진 빚은 탕감되고 모든 히브리 노예들은 방면되어야 했다.[31] 희년(50년째)마다 모든 농지는 원래 소유주 가족에게 무상으로 반환되어야 했다.[32] 이러한 율법들은 철저히 억압되고 소외된 민족으로서 이집트 태생의 이스라엘을 반영한다. 그 율법의 목적은 이스라엘에서 영구적으로 빈곤한 계층의 발생을 막는 것이다.

이스라엘의 불신

시내산 이야기와 그다음의 광야를 거쳐 약속의 땅으로 가는 여정에 아직 또 하나의 주제가 있다. 즉, 이제는 이스라엘 자신의 내부에서

---

30 각각의 것은 레위기 19:18, 출애굽기 21:17, 레위기 11:1-47, 출애굽기 21:28-36, 레위기 15:16-18에 나온다.

31 신명기 15:1-18.

32 레위기 25장. 약간의 배경 이해: 이스라엘 사람들이 가나안 땅에 정착했을 때, 모든 가정에는 일구획(一區劃) 경작지가 주어진다. 시간이 지나면서 곤경에 봉착한 이스라엘 사람들은 때로도 빚 때문에 그들의 땅을 잃는다. 희년에 땅은 이스라엘의 원래 소유주에게 반환되어야 한다. 오경의 이 법은 너무도 급진적이어서 결코 지켜지지 못했을지도 모른다(느헤미야 당시 기원전 400년대의 가능성을 제외하고).

나오는 하나님의 약속에 대한 위협이다. 몇몇 일화에서, 모세가 산에서 하나님과 함께 있는 동안 이스라엘 사람들이 금송아지를 세운 가장 유명한 이야기에서, 이스라엘 사람들은 하나님에게 신실하지 못하게 된다.[33] 그때 이스라엘의 해방자인 하나님은 이스라엘의 파괴자가 되겠다고 위협한다. 그러나 모세가 중재에 나서고, 하나님이 받아들이고, 또 하나의 하나님의 현현 속에서 그 민족과의 계약이 갱신된다. 이 일화의 중반 무렵에 모세는 다시 시내산에서 하나님을 만난다. 하나님은 모세 앞을 지나면서 다음과 같이 선포했다.

주, 나 주는 자비롭게 은혜로우며, 노하기를 더디하고, 한결같은 사랑과 진실이 풍성한 하나님이다. 수천 대에 이르기까지, 한결같은 사랑을 베풀며, 악과 허물과 죄를 용서하는 하나님이다. 그러나 나는 죄를 벌하지 않은 채 그냥 넘기지는 아니한다. 아버지가 죄를 지으면, 본인에게뿐만 아니라 삼사 대 자손에게까지 벌을 내린다.[34]

이 담화는 히브리 성서에 나오는 하나님에 관한 전형적인 성격 묘사 중의 하나이다.

시내산에서 약속의 땅으로

불신 때문에 출애굽 세대는 하나님이 조상들에게 약속했던 그 땅으로 들어가는 것이 허락되지 않는다. 대신에 시내산을 떠난 후 그들은

---

33 출애굽기 32장.
34 출애굽기 34:6-7.

거의 40년을 광야에서 보냈다.[35] 민수기가 끝날 때 출애굽 세대의 후손들은 약속된 땅의 경계인 요단강 동쪽 모압평지에서 야영을 했다.

그다음에 오경은 신명기에서 결론을 맺는데, 신명기는 이스라엘이 요단강을 건너가기 직전에 모세가 이스라엘 백성들에게 행한 일련의 연설로 구성되어 있다.[36] '신명기'는 '두 번째 율법'을 의미하는데, 그 책의 많은 부분이 율법의 두 번째 수여 혹은 요약이기 때문에 적절한 제목이다. 탁월한 언어가 풍부한 이 책의 마지막 장은 모세가 40년 동안 이끌었던 그 백성들에게 행한 모세의 '고별연설'로 이루어져 있다.

신명기 34장(마지막 장)은 모세의 죽음을 묘사하고 있는데, 그는 120세의 나이에 요단강 동편에 있는 느보산 정상에 오른다. 그 정상에서 하나님은 모세에게 그가 들어가지 못할 약속의 땅 전체를 보여준다. 모세의 눈앞에 드러난 땅에 대해 하나님은 "이것은 내가 아브라함과 이삭과 야곱에게 맹세한 땅이고, '내가 그것을 너의 자손에게 주겠다'"[37]라고 말한다. 그리고 나서 오경을 아치 모양으로 그려주는 약속이 막 성취되려는 시점에 모세는 죽는다.

해설자는 우리에게 모세가 어디에 묻혔는지 아무도 모른다고 말한다. 유대교 전승에 의하면 하나님이 그의 묘지를 파고 그를 그 안에 두었다고 한다. 신명기를 끝맺는 간결한 부고 기사는 "그 뒤에 이스라

---

35 민수기 10:11은 그들의 떠남을 보도하고, 민수기의 나머지 부분은 광야에서 보낸 그들의 오랜 세월을 이야기한다.

36 신명기의 연대는 일반적으로 기원전 600년대로 추정된다. 신명기(혹은 그것의 일부)는 흔히 기원전 621년에 예루살렘 성전에서 '발견된' 책으로 확인되고, 그 후에 그것은 요시야 왕 통치하에서 이스라엘의 삶과 예배를 개혁하는 토대로서 역할을 했다(열왕기하 22-23장을 보라).

37 신명기 34:4.

엘에는 모세와 같은 예언자가 다시는 나지 않았다"라고 단언한다. 그
이후로 줄곧 신명기 해설자와 유대교 전승에서 모세는 예언자 중의
가장 위대한 예언자이다.

이스라엘의 원시적 내러티브의 중심 의미

나는 출애굽 이야기와 그 후의 사건 중 얼마나 많은 부분이 "실제
로 발생했는가"에 관한 문제, 즉 역사성의 문제로 잠시 돌아가 보겠다.
그 문제에 중대한 것이 있기에, 나는 그렇게 한다. 그것은 단순히 '현
대인'은 이러한 이야기들의 가장 극적인 요소들을 받아들이는 데 어려
움이 있고, 그래서 그것들을 문자적으로 받아들일 필요가 없다는 안
도감을 필요로 한다는 것은 아니다. 오히려 그것은 역사성의 문제를
다루는 우리의 방식이 우리가 하나님을 이해하는 방식과 하나님이 세
상과 소통하는 방식에 어떻게 영향을 미치는가(그리고 영향을 받는가)
에 관한 문제다.

하나의 예로 바다 횡단 이야기를 이용해 보자. 바다에서 무슨 일이
일어났다. 그러나 그것은 바닷물이 양쪽의 평행한 벽으로 갈라지고
그 사이에 마른 땅의 협곡이 드러나는 그런 바다가 아니다. 하나님이
과거에 그 일을 일으키기 위해 행동을 취했다고 상상하는 것은 '신의
일관성'(divine consistency)의 원리를 침해하는 것이다.[38] 신의 일관성

---

38 나는 이 유용한 문구를 존 도미니크 크로산(John Dominic Crossan)에게서 빌려왔
다. 나는 그가 그의 책 중의 어느 책에서 그것을 사용했는지를 기억할 수는 없지만,
강연에서 그가 그것을 사용하는 것을 들었다.

은 하나님이 자신이 과거에 행동했던 것과 똑같은 방식으로 지금도 행한다고 단언한다. 어떤 사람들은 이 주장에 반박할지도 모르고, 또 어떤 사람들은 실제로 반박한다. 그러나 하나님이 지금 행하는 방식과 비교해서 과거에는 근본적으로 다른 방식으로 행했다는 개념에는 심각한 어려움이 있음이 드러난다. 왜 하나님은 자신의 행동 방식을 바꾸었는가? 어떤 가능한 이유를 상상할 수 있을까? 만약 하나님이 그렇게 극적인 방식으로 개입했다면, 왜 지금은 그렇게 하지 않는가?

나에게는 문제의 핵심이, 어떤 합리적인 환원주의적 설명도 하지 못하는 초자연적 사건들이 지금도 일어나는지에 관한 것이 아니다. 그런 사건들은 발생한다. 그리고 문제의 핵심은, 하나님이 권능을 부여한 인간 해방 운동들이 지금도 있는지에 관한 것이 아니다. 그러한 운동들은 있다. 오히려 문제의 핵심은, 재앙과 바다 횡단의 이야기에서 묘사된 것처럼 하나님이 지금까지 언제 어디서든 행해왔는지에 관한 것이다. 하나님이 모세 당시 정말로 그렇게 행동하였다고 말하는 것은 그 후 수 세기에 걸쳐 있었던 극심한 인간의 고통의 상황들에 대한 (하나님의 _ 옮긴이) 불개입을 설명할 수 없는 상태로 만들어 버렸다.

그것은 또한 출애굽의 이야기를 그 이후의 세대들과 무관하게 만드는 위험을 무릅쓰는 것이다. 만일 그렇다면 이집트로부터의 이스라엘의 구원 내러티브는 하나님이 옛날에 한 번 행하였지만 **더는 행하지 않는** 이야기가 된다. 어떻게 하나님이 처음에는 이스라엘을 '활성화시켰지만'(jump-started) 바로 다음에는 이상하게도 활동하지 않게 되었는지에 관한 이야기가 된다는 것이다.

그런 이야기와는 달리, 이스라엘의 원시적 내러티브로서 출애굽 이야기는 하나님의 성격과 의지에 관한 전형적인 이야기이다. 나는 이제 이스라엘의 원시적 내러티브와 전형적인 이야기로서 출애굽 이야기가 지닌 몇 가지 의미로 이야기를 전환하겠다.

출애굽 이야기는 이스라엘의 결정적이고 본질적인 '정체성 이야기'이다. 오늘날 북미에서 가장 유명한 히브리 성서학자인 브루그만 (Walter Brueggemann)의 말을 인용하면, 그것은 성서적 신앙의 한가운데에 놓여 있는 가장 단순하고 기초적이며 협상의 여지가 있을 수 없는 줄거리이다.… 그것은 이야기 형식의 확언인데, "이것은 우리가 아는 제일 중요한 이야기이고 우리는 그것이 결정적으로 우리에 관한 것이라고 믿게 되었다."39

고대 이스라엘 사람들에게 그리고 그 이후 유대인들에게 출애굽 이야기는 그들이 알고 있던 이야기 중에서 가장 중요한 이야기였다. 그것은 신-인 관계에 대한 그들의 이해, 그들의 정체성, 하나의 공동체로 함께하는 그들의 삶 그리고 하나님의 성격에 대한 그들의 비전을 형성해주는 가장 중요한 이야기였다.

이 이야기에서 이집트와 파라오는 인간 사회를 조직하는 일반적인 방식의 한 유형, 즉 원형이다. 출애굽 이야기에 나오는 이집트는 물론 실제 이집트이다. 이스라엘의 조상들은 기원전 13세기에 이집트의 파라오들에게 속박되어 있었다. 그러나 이집트는 또 '고대 지배 체제' 혹은 '산업화 이전 농경 제국'의 완벽한 유형이다.

기원전 3000년대 초기 농경 제국들의 출현으로부터 중세기를 거치는 시간 속에서 일반적인 사회 형태인 이들 사회에는 두 개의 주요

---

39 Brueggemann, *The Bible Makes Sense*, 45-46. The New Interpreter's Bible (Nashville: Abingdon, 1994), 675-981에 있는 그의 출애굽기 주석은 대단히 훌륭하다.

한 사회계층이 있었다. 도시의 지배 엘리트들—권력, 부 그리고 지위의 통제력을 가지고 있는 엘리트들—은 그 중심에 군주제가 있는 전통적인 귀족 계층으로 구성되어 있었다. 그들의 대가족과 더불어 이 엘리트들은 전체 인구의 약 1%에서 2%를 차지하였다. 일반적으로 전체 인구의 90%를 약간 넘게 차지하고 있는 다른 주요한 사회계층은 농촌의 소작농들(주로 농업 노동자뿐 아니라 어부, 장인 등등)로 구성되어 있었다.[40]

이러한 사회들의 중심이 되는 동력에 대한 이해에 필요한 핵심적인 경제적 사실은 다음과 같다. 연간 부(주로 농업으로부터 따라서 영세 농민들에 의해 생산된)의 생산 중 약 2/3가 결국 지배 엘리트들의 수중으로 들어간다는 것이다. 그들이 자신들의 부를 획득하는 수단은 주로 이중적인데, 그것은 농업 생산물에 대한 세금 부과와 (소작농, 일용 노동자, 혹은 노예로 일하는 영세 농민들과 더불어) 농지의 직접 소유이다. 영세 농민이 된다는 것의 결과는 끔찍했는데, 그 결과는 끊임없는 노동, 기준에 못 미치는 영양 상태, 높은 유아 사망률 그리고 엄청나게 낮은 기대수명이다.

그러한 사회를 세 개의 문구로 기술하자면, 그것들은 (방금 기술한) **경제적 착취, 정치적 억압**(보통 사람은 사회의 구성에 있어서 아무런 발언권이 없다) 그리고 **종교적 정당화**(엘리트들의 종교는 사회구조가 하나님

---

40 또 하나의 5% 집단은 '가신들'로 불리는데, 이들은 기본적으로 엘리트들에게 부속된 중간 계층으로 군대, 정부 관리들, 고위 공무원들, 서기관들, 상급 사제들 등으로 구성되어 있었다. 나는 이 용어와 그런 사회들의 전형적인 형태에 관한 정보를 주로 Gerhard Lenski, *Power and Privilege: A Theory of Social Stratification* (New York: McGraw-Hill, 1996)에서 얻었다. 나는 이런 유형의 사회를 다른 곳에서도 요약하였다. 예를 들어 *The God We never meet*, 134-136을 보라.

에 의해 정해졌다고 단언했다)가 그 특징이다.[41]

이것이 이집트의 세계이자 제국의 세계, 즉 모세가 알았던 세계이
다. 이스라엘의 '원시적 내러티브'는 그러한 세계에 대한 급진적 저항
과 그 세계부터의 해방의 이야기이고, 그 내러티브는 그러한 사회에
대한 철저한 비판과 그 사회로부터의 해방이 하나님의 뜻이라고 확언
한다. 더욱이 오경의 급진적인 경제 법률은 그러한 세계가 다시 출현
하는 것을 막기 위해 고안되었다. 사실 초기 이스라엘(약속의 땅을 얻은
후 처음 약 200년 동안)은 상당히 평등주의적인 사회, 즉 군주제가 아니
고 보편적인 토지 소유권을 유지한 사회였다. 오경의 메시지는 "하나
님의 백성은 이집트와 제국의 세계를 영원히 떠나야 한다"는 것이다.

그러므로 이스라엘의 원시적 내러티브는 그 단어의 가장 넓은 의
미에서 보면 완전히 정치적이다. 정치는 사회의 형태와 형성에 관한
것이다. 출애굽 이야기는 자유, 사회정의 그리고 **샬롬**으로 특징지어
지는 세계의 창조에 관한 것이다. **샬롬**은 '복지, 평화, 온전함'의 풍부
한 의미를 지닌 히브리어이다. 출애굽 이야기는 '출애굽의 세계관'과
'군주적 세계관'을 대조시킨다.

그러나 그것은 단지 정치적이지만은 않다. 이스라엘의 원시적 내
러티브의 중심에는 하나님이 있다. 하나님이 그 이야기의 중심 실재
이고, 하나님과 이스라엘의 계약은 다음과 같이 시작된다. "나는 너희
를 이집트 땅 종살이하던 집에서 이끈 주 너희의 하나님이다. 너희는

---

41 나는 처음 두 문구를 Walter Brueggemann, *The Prophetic Imagination* (Phila-
　delphia: Fortress, 1978), 1장에서 빌려왔다. 그는 이집트 세계 파라오의 통치하에
　서의 삶을 묘사하기 위해 그 문구들을 사용하고, 종종 이 같은 사회 구성 방식을 '왕권
　의식'이라고 부른다.

내 앞에서 다른 신들을 섬기지 못한다."[42] 출애굽 이야기는 하나님 없는 사회정의에 관한 것이 아니고, 마찬가지로 사회정의 없는 하나님에 관한 것도 아니다.

고대 이스라엘의 원시적 내러티브는 이렇게 우리에 의해 분리되는 경향이 있는 삶의 두 영역을 묶는다. 그 두 영역은 종교적 열정과 사회정의, 하나님과 이 세상의 해방이다. 신명기의 끝에 나오는 모세의 죽음 이야기조차도 대조적인 이 두 가지를 결합한다. 그것은 출애굽에서 모세의 중심 역할을 말할 뿐만 아니라 그를 하나님이 "얼굴과 얼굴을 마주 대고 안" 사람으로 묘사한다.

> 그 뒤에 이스라엘에는 모세와 같은 예언자가 다시는 나지 않았다. 주님께서는 얼굴과 얼굴을 마주 대고 모세와 말씀 하셨다. 주님께서는 그를 이집트의 바로와 그의 모든 신하와 그의 온 땅에 보내셔서, 놀라운 기적과 기이한 일을 하게 하셨다. 온 이스라엘 백성이 보는 앞에서, 모세가 한 것처럼, 큰 권능을 보이면서 놀라운 일을 한 사람은 다시 없다.[43]

모세는 하나님을 알았고, 그는 이스라엘의 해방자였다. 출애굽 전체 이야기 속에서처럼, 모세 안에서도 하나님 체험과 제국으로부터의 해방은 군주적 세계관에 반대해서 묶였다.

마침내 출애굽 이야기는 오경 전체의 주제, 즉 약속과 성취에 의해 틀이 잡혔다. 출애굽 이야기와 약속과 성취의 주제는 모두 포로기와 포로기 이후 기간의 유대인들의 상황과 놀라울 정도로 연관이 있었는

---

42 출애굽기 20:2-3.
43 신명기 34:10-12.

데, 그 기간은 오경이 최종적인 현재의 형태로 구성되었던 시대였다.

유대인들은 한 제국의 권력에 의해 정복되었고, 수적으로 엄청나게 줄었으며, 유배생활을 하게 되었다. 이제 그들은 또 다른 제국의 권력 하에 살게 되었다. 그들이 '큰 민족'이 될 거라는 하나님의 약속은, 그들의 현 존재가 그러한 것처럼, 대단한 위협에 직면한 것처럼 보였다. 이러한 환경에서 그들은 그들의 조상들에게 주어졌던 약속, 이전의 제국의 권력으로부터의 이스라엘의 해방 이야기 그리고 새로운 땅과 새로운 삶이라는 선물을 기억하고 기념하였다.

실제로 약속과 성취의 주제는 모든 시대의 사람들과 놀라울 정도로 연관이 있다. 출생과 재생이 불가능한 것처럼 보일 때, 파라오와 제국의 권력들이 세계를 지배하고 있는 것 같을 때, 약속에 대한 위협과 외견상 극복할 수 없어 보이는 장애물에도 불구하고 우리는 하나님의 신실함에 의지할 수 있다.

6 장

예언서

고대 이스라엘의 문서 예언자들은 이제까지 살았던 가장 주목할 만한 사람들 가운데 속한다. 그것이 바로 그들의 말이 주는 지울 수 없는 인상이다. 그들의 언어는 기억할 만하고 시적이며 강력하다. 그들의 열정과 용기는 비범하다. 그들의 메시지는 현재의 형세에 대한 철저한 비판과 다른 존재 방식에 대한 긴급한 지지를 결합시켰다. 그들은 여러 가지 방식으로, 즉 사회적으로, 개인적으로 그리고 영적으로 우리의 정상성을 깨뜨린다. 그리고 그들 자신의 언어로 하나님을 대변했다.

서론

오경 혹은 율법서에서 히브리 성서의 두 번째 주요 부분인 예언서로 이동해 보자. 예언서에 들어있는 책들은 '전기 예언서'와 '후기 예언서'의 두 그룹으로 나누어진다. **전기** 예언서는 여호수아서를 시작으로 해서 사사기, 사무엘상·하, 열왕기상·하를 포함하는 역사적 책들의 모음집이다. 그것은 약속된 땅의 점유로부터 기원전 586년 바빌로니아에 의한 예루살렘 함락까지의 이스라엘의 역사를 서술했다.

후기 예언서는 문서 예언자들의 이름으로 된 책들이다. 이 하나님의 설득력 있는 메신저들은 일반적으로 두 집단으로 나누어지는데, 즉 '대예언자들'과 '소예언자들'이다. 그 명칭은 예언자들의 상대적 중요성을 말하는 것이라기보다는 오히려 그 예언자들의 이름으로 된 책들의 길이를 나타낸다. 세 권의 대예언서는 이사야(66장), 예레미야(52장) 그리고 에스겔(48장)이다. 열두 소예언자들의 책은 호세아와 스가랴(각각 14장)에서 오바댜(1장, 히브리 성서에서 가장 짧은 책)에 이른다. 몇몇은 두 장 혹은 세 장에 불과하다.[1]

이제 우리는 오경에서 예언서로 이동할 뿐만 아니라 기원전 13세기의 출애굽을 뒤로 한 채 시간적으로도 약 500년 앞으로 이동할 것이다. 이스라엘 사람들은 약속의 땅에 정착한 후 약 두 세기 동안 중앙 집권화된 정부 없이 '지파 동맹'(tribal confederacy)으로 살았다. 그러고 나서 기원전 약 100년에 지파 동맹은 군주제(monarchy)로 대체되었다. 첫 번째 왕은 불운한 사울이었고, 새 왕국을 통일하고 예루살렘

---

1 요엘과 학개는 두 장이고 나훔, 하박국 그리고 스바냐는 세 장이다.

을 그 수도로 정한 다윗 왕이 뒤를 이었다. 다윗의 아들 솔로몬 왕은 예루살렘의 시온 산 위에 성전을 짓고 이룰 수 있는 최대의 크기로 왕국을 확장하였다.

기원전 922년경 솔로몬이 죽자 통일 왕국은 북 왕국 이스라엘과 남 왕국 유다의 두 부분으로 분단되었다. 북 왕국은 기원전 722년까지 지속되었고, 그 해에 아시리아 제국에 의해 정복되고 멸망하였으며 결국 역사에서 사라지게 되었다. 남 왕국은 기원전 586년에 바빌로니아제국에 의해 정복되고 멸망하였으며, 생존자들의 일부는 바빌론으로 유배되었다. 유배 생활은 약 50년 동안 계속되었고, 기원전 539년에 끝이 났는데, 그때 유배된 사람들은 유다로 돌아가서 그들의 파괴된 고국을 재건하는 것이 허락되었다.

문서 예언자들은 분단된 왕국, 왕국들의 멸망, 유배생활 그리고 귀환의 시기에 속한다. 이들 예언자 중의 가장 이른 시기의 예언자(아모스)는 북 왕국이 멸망하기 약 30년 전, 즉 기원전 750년경에 예언 활동을 시작했다. 가장 늦은 예언자는 포로로부터 귀환에 뒤이은 한두 세기에 예언 활동을 했다. 그들에게는 전임자들(11세기의 사무엘, 10세기의 나단, 9세기의 엘리야와 엘리사)이 있었지만, 나는 주로 문서 예언자들에게 초점을 맞출 것이다.

예언서 처음 듣기

나는 그리스도인으로서 나 자신의 종교적 여정에서 세 번의 아주 다른 방식으로 예언자들의 목소리를 들었다. 예언자들에 대한 나의 첫인상은 어린 시절 교회 안에서 성장할 때 형성되었다. 나의 세대(그리고 이전 세대)의 많은 그리스도인과 마찬가지로, 나는 예언자들이 주로 메시아—물론 예수였다—의 예고자들로 일컬어지는 것을 들었다. 이것은, 그들이 예수가 온다는 것을 미리 말하도록 하나님에 의해 보내졌다는 말이다. 더욱이 그들이 수백 년 후 미래의 사건들(시간의 관점에서 볼 때)을 예언했다는 것을 고려하면, 그들이 하나님의 영감을 받아야만 했다는 것은 분명하다.

나는 신약성서 자체, 특히 마태복음이 이런 식으로 예언자들에 대해 말하는 것을 들었다.[2] 첫 장 이후 마태는 '예언-성취'의 공식을 사용한다. 마리아가 성령으로 잉태했다고 꿈속에서 요셉에게 말하는 천사의 이야기를 한 후, 마태는 기원전 8세기의 예언자 이사야의 한 구절을 인용했다.

> 이 모든 일이 일어난 것은 주님께서 예언자를 시켜서 이르시기를, "보아라, 동정녀가 잉태하여 아들을 낳을 것이니, 그의 이름을 임마누엘이라고 할 것이다" 하신 말씀을 이루려고 하신 것이다(임마누엘은 번역하면 '하나님이 우리와 함께 계시다'는 뜻이다).[3]

---

2 언어의 효율적 사용(economy of language)을 위해서 나는 마태복음의 저자를 마태라고 부르겠다(요한이 그의 이름으로 된 복음서를 기록하지 않았다는 것이 아주 확실한 것처럼). 비록 마태(예수의 열두 제자 중의 하나)가 마태복음을 쓰지 않았다는 것을 전적으로 확신하지만 말이다. 사실 우리는 복음서 저자들의 어떤 이름도 확신하지 못한다. 마가와 누가가 그들의 이름을 가진 복음서를 썼다는 것은 상당한 가능성이 있지만, 이에 대한 의견의 일치는 없다.

3 이사야 7:14을 인용한 마태복음 1:22-23. 나는 지나가는 말로 마태가 히브리어 본문이 아니라 구약성서의 그리스어 번역본(칠십인역으로 알려졌고, 종종 LXX로 줄여 쓴다)을 인용하고 있다는 것을 언급하겠다. 그리고 이사야 7:14의 히브리어는 '처녀'가 아니라 '젊은 여자'를 의미한다는 것을 특별히 말하겠다. 물론 나는 이것을 어렸을 때는 알

그러므로 동정녀 탄생은 예언됐었다.

처음 두 장에서 마태는 예언-성취의 공식을 다섯 번 사용하는데, 이것들은 모두 예수의 탄생과 유아기와 관련된다. 나는 두 개의 예를 더 인용하겠다. 예수가 베들레헴에서 탄생한 후 마태는 "예언자가 이렇게 기록하여 놓았습니다"라고 기록하고 주로 미가에서 유래된 말들을 인용했다.

> 너 유대 땅에 있는 베들레헴아, 너는 유대 고을 가운데서 아주 작지가 않다. 너에게서 통치자가 나올 것이니, 그가 내 백성 이스라엘을 다스릴 것이다.[4]

나는 어렸을 때 예수의 출생지가 수 세기 전에 예언되었다는 마태의 주장을 당연하게 여겼다.

마태는 또한 마리아, 요셉 그리고 아기 예수가 헤롯 1세의 살해 음모를 피해 이집트로 피신한 것을 우리에게 알려준다(수 세기 전의 파라오처럼, 헤롯도 남자아이를 모두 죽이라고 명령했다). 헤롯 1세가 죽은 후에 그들은 이집트에서 돌아오고, 마태는 다음과 같이 기록했다.

> 이것은 주님께서 예언자를 시켜서 말씀하신바, "내가 이집트에서 내 아들을 불러냈다"하신 말씀을 이루시려는 것이었다.

이 인용 구절은 예언자 호세아부터 온 것이다.[5] 마태의 이야기와

지 못했다.

4 미가 5:2을 인용한 마태복음 2:5-6.

5 호세아 11:1을 인용한 마태복음 2:13-15.

함께 사용된 그것은 예수가 이집트에 머문 시간과 거기에서 돌아오는 것조차도 예언되었다는 인상을 강하게 줬다.

마태 전체에서 예언-성취의 공식은 열세 번 사용된다. 비록 신약성서의 다른 저자들이 그 공식을 그렇게 명시적으로 사용하고 있지는 않지만, 그들 중 상당수는 예수 생애의 사건들을 히브리 성서의 구절들과 서로 관련시키고 있다. 특별히 예수의 죽음을 말하는 수난 이야기에서 그렇다. 비판적 사고 이전의 소박함 상태에서 성서의 이야기를 들었을 때 나는 그것이 불가피하다는 결론에 이르렀다. 다시 말해 예언자들은 초자연적 영감을 받은 예수의 예고자들이었다.

이러한 예언서 읽기는 우리 집에 있던 『헬리의 성서 핸드북』(*Halley's Bible Handbook*)에 의해 강화되었다. 1924년에 처음 출판된 이 책은 곧 베스트셀러가 되었다. 내가 어린 시절에 알았던 이 책을 기억해 볼 때, 거기에는 백 개가 넘는 구약성서의 메시아 예언들과 신약성서의 예수 안에서의 그 성취에 관한 두 쪽의 지면이 있었다.6 이 책의 주장은 "우리가 구약성서의 끝에 이를 때쯤 그리스도의 전체 이야기는 이미 기록되었고 그 형태가 드러났다"는 것이다.

그다음에 이 책은 그 대답이 뻔한 질문을 한다.

어떻게 예수가 오기 전 세대인 서로 다른 세기의 서로 다른 저자들에 의해 조합된 예수의 삶과 사역에 관한 이 놀라운 복합물을 『한

---

6 나는 이 책을 집필하는 동안 헬리의 성서 핸드북의 1940년대 판을 찾아내서 이것을 확인하려고 노력했지만, 내가 찾을 수 있는 가장 오래된 판은 1959년에 출판된 제22판 (Grand Rapids: Zondervan)이었다. 그 책에는 메시아로서 예수에 대한 56개의 구체적인 "예시와 예언"이 히브리 성서에서 인용되고 있다. 또 히브리 성서에서 '예언된' 복음서들의 사건들을 인용한 것은 386-387을 보라.

초인적인 정신의 소유자』(*One Superhuman Mind*)가 그 글을 지도했다는 것 이외의 다른 어떤 근거로 설명할 수 있을까? 그것은 그 시기의 기적이다.[7]

이처럼 예언자들은 예수를 예고했다. 더욱이 그들의 예언은 예수가 메시아임을 입증할 뿐만 아니라 성서가 진리이며 초자연적인 기원을 가졌음을 입증했다.

예언자들을 미래의 예고자로 보는 것은 우리 문화 속에서 '예언자'와 '예언'이라는 말들이 가지고 있는 가장 일반적인 의미에 의해 강화되었다. 그리스도인이나 비그리스도인에게 있어서 그 단어는 매우 자주 미래의 초자연적인(자연 이상의) 지식을 나타낸다. 각 집단 내의 일부 사람은 예언이 가능하다고 믿지만, 다른 사람은 그렇지 않다고 믿는다. 그러나 두 집단은 모두 이것이 예언의 정의라는 것에는 동의했다.

요컨대, 내가 처음에 예언서를 들었던 방식은 예언자들이 예수의 초림을 확실히 예언했고, 그의 재림은 예언했을지도 모른다는 것이다. 예언서를 이렇게 읽고 이해하는 방식은 여전히 주변에 있다. 핼리의 책은 여전히 인쇄되고 있고, 미국 역사상 가장 많이 팔리는 성서 핸드북이며, 지금은 25판이 발행 중이다. 개인적으로 혹은 편지를 통해 나는 역사적 예수 연구에 대해 당혹해하는 그리스도인들로부터 계속해서 "예언으로부터 나오는 증거는 어떻게 되는 거죠?"라는 질문을 받는다.

나는 더는 예언자들을 예수의 예고자로 보지 않는다. 대신에 신약

---

7 제22판 354-357에서 인용한 것이다(각주 6을 보라).

성서와 히브리 성서의 구절들 사이의 관련성에 대한 다른 (그리고 꽤 분명한) 설명이 있다.

그러한 관련성이 있다는 것은 신약성서의 저자들이 모두 유대인 (가능성 있는 한 사람은 예외로 하고)이었고, (히브리어든 혹은 그리스어든) 히브리 성서를 매우 잘 알고 있었다는 것 때문이다. 이처럼 그들은 예수 이야기를 하고 그의 의미에 대해 깊이 생각할 때, 종종 유대교 성서의 언어를 반향했다. 그렇게 하는 것은 완전히 자연스럽고 정당했다. 예언자들은 그들의 신성한 전통의 일부분이었고, 그들은 예수와 그들에게서 나온 전통과 예수 사이의 연속성을 보여주려고 했다.

요약하면, 그 관련성은 예언과 성취의 산물이 아니라 역사화된 예언의 산물이다. 다시 말해서, 신약성서의 저자들은 역사적 이야기를 만들어 내기 위하여 히브리 성서의 구절을 사용했다는 것이다. 그들은 적어도 두 가지 다른 방식으로 그렇게 했다.

때때로 그들은 실제로 일어났던 어떤 일을 설명하는 방식으로 예언서의 구절들을 사용했다. 예를 들어 복음서 저자들은 (실제 역사적 사건인) 예수의 십자가 처형의 의미에 대해 설명하기 위하여 히브리 성서의 문구나 절들을 사용했다.[8]

다른 경우에 그들은 히브리 성서의 본문들에서 끌어낸 세부적인 것들로 그들의 예수 이야기를 각색했다.

---

8 예를 들어 N. T. Wright와 함께 쓴 나의 책, *The Meaning of Jesus: Two Visions* (San Francisco: HarperSanFrancisco, 1999), 84-85.

신약성서의 저자들은 이러한 방식으로 예언을 역사화하면서, 종종 그 고대의 맥락에서 어떤 구절을 취하여 예언자가 의도했던 것과는 매우 다른 의미를 그것에 부여했다. 이미 마태에 의해 인용된 세 구절을 가지고 설명해 보겠다.

마태는 예수의 동정녀 수태에 대한 예언으로 이사야 7:14을 사용한다. 그러나 그 초기의 본문은 원래 동정녀 탄생도 혹은 먼 미래의 사건을 가리키는 것도 아니다. 오히려 이사야 7:10-17의 전체 맥락이 명료하게 보여주듯이, 이사야는 기원전 8세기의 남 왕국 유다의 왕 아하스에게 말하고 있었다. 당시는 위기의 시기로 유다는 군사적 침략의 위협을 받았다. 그러한 역사적 맥락에서 이사야는 아하스 왕에게 하나님이 그에게 하나의 징표를 보여 줄 것이라고 말한다. 즉, 이미 임신한 한 젊은 여인이 그녀의 아기에게 임마누엘이라는 상징적 이름을 붙여 주리라는 것이다(임마누엘은 적절한 이름은 아니지만, "하나님이 우리와 함께 한다"는 의미의 문구이다). 그리고 나서 이사야는 아하스 왕에게 이 아이가 옳고 그름의 차이를 알 수 있을 만큼 충분히 나이 들기 전에 위기가 끝날 것이라고 말한다. 기원전 8세기의 그 맥락에서 이 구절은 아하스와 유다에게 구원을 약속한다. 그들은 안전하게 될 것이다.

이집트에서 돌아오는 마리아, 요셉과 예수의 이야기에서 마태가 사용한 호세아 11:1도 동일한 점을 분명히 보여줬다. 마태는 호세아 구절의 후반부만을 인용한다. "… 이집트에서 내 아들을 불러냈다." 그러나 전체 구절을 보면, 그 예언자가 미래의 일이 아니라 시간상 이전의 출애굽을 가리키고 있음이 분명해진다. "이스라엘이 어린아이일 때에, 내가 그를 사랑하여 내 아들을 이집트에서 불러냈다." 이 구절은 출애굽을 가리킬 뿐만 아니라 하나님의 아들이라 불리는 사람도 (예수가 아닌) 이스라엘이다.

마지막으로 예수의 베들레헴 출생 이야기도 역사적 이야기를 만들어 내는 예언의 한 예일 수 있다. 대다수 주류 학자들은 예수가 베들레헴이 아니라 아마도 나사렛에서 태어났을 것이라고 생각한다.9 그렇다면 왜 마태와 누가는 예수를 베들레헴에서 태어나게 했을까? 그것은 아마도 메시아가 "다윗의 아들", 즉 이스라엘의 가장 위대한 왕 다윗의 후손이어야 한다는 전통 때문일 것이다. 다윗의 고향 베들레헴은 "다윗의 도시"였다. 실제로 마태가 인용한 미가의 구절은 이런 연관성을 나타낸다. 다윗과 같은 미래의 이상적인 왕은 다윗의 도시인 베들레헴에서 태어날 것이라는 말이다. 따라서 예수의 베들레헴 탄생 이야기는 역사를 반영하는 것이 아니라, 그 대신에 예수가 메시아, 다윗의 아들 그리고 이상적인 왕이었다는 초기 그리스도교 운동의 확신을 표현한 것이다.

그러나 나는 내 이야기보다 앞서나가고 있다. 나는 뒤에 가서야 비로소 내가 방금 보고한 것을 알게 되었다. 그렇지만 예언서들의 주된 목적은 몇 세기를 앞서서 예수를 예언하는 것이었다는 개념을 고려하지 않는 것이 예언서를 읽고 이해하는 데에 있어서 하나의 필수적인 단계이다.

---

9 이 결론의 이유에 대해서는 John Meier, *A Marginal Jew: Re-thinking the Historical Jesus*, vol. 1 (New York: Doubleday, 1991), 214-216을 보라.

예언서 두 번째 듣기

나는 대학의 정치철학 강좌에서 예언서를 두 번째로 듣기 시작했다. 그 강좌에는 예언자 아모스가 포함되어 있었다.[10] 나는 아모스와 이스라엘의 다른 예언자들은 (마치 그들이 미래의 예언을 기록하고 있는 것처럼) 책을 쓴 것이 아니라 구두 연설의 대가였다는 것을 알았다. 대부분 경우 그들은 짧고 기억할 만한 신탁을 말했고, 그들 시대의 사람들에게 연설했다. 그리고 나는 그들이 한 말들이 불온했다는 것을 알았다.

사회정의를 위한 예언자적 열정

아모스는 더할 수 없이 충격적이었다. 나는 그의 이름으로 된 책의 처음 두 장에 나오는 그의 '취임 연설'(inaugural address)의 수사학적 우아함과 내용에 깜짝 놀랐다. 기원전 8세기의 북 왕국을 향해 말하면서 그는 이스라엘의 전통적인 적들, 즉 다마스쿠스, 가자, 두로, 에돔, 암몬, 모압과 같은 이스라엘의 경계에 있는 왕국을 거명하며 고발했다.

이웃 왕국들 각각에 대한 신탁은 다음과 같은 엄숙한 말로 시작한다. "나 주가

---

10 그 수업은 로드 그루브(Rod Grubb)가 가르쳤는데, 그때 그는 미네소타주의 무어헤드에 있는 콩코르디아신학대학교의 젊은 교수였다. 그루브는 주목할 만한 지성인, 정치학 교수, 루터교 목사, 전 미식축구 선수이자 미식축구 보조 코치였다. 그는 후에 세인트올라프대학교(St. Olaf College)에서 가르쳤다. 나는 그의 기독교 윤리 강좌를 수강한 적이 있었는데, 내가 아모스를 접했던 것은 정치철학 강좌가 아니라 그 강좌였을지도 모른다.

선고한다. 서너 가지 죄를, 내가 용서하지 않겠다." 그는 전쟁에서의 야만적인 잔인함 때문에 그들을 고발한다. 그들은 공동체 전체를 추방했고, 아무런 연민 없이 검으로 밀고 나갔고 그리고 임산부를 해쳤는데, 이것은 모두 그들의 국경을 확장하기 위함이었다. 그것은 마치 아모스가 말로 된 잔학 행위 포스터를 핀으로 꽂고 있는 듯하다. 그는 각 왕국에 하나님의 심판을 선언한다. 즉, 그들은 정복되고 포로로 보내질 것이다. 그러고 나서 이스라엘의 적인 남왕국 유다를 고발한다.

수사학적 전략이 빛난다. 이스라엘의 적들을 고발하고 그들에 대해 하나님의 심판을 선언함으로써, 그는 청중을 그의 편으로 끌어당겼다. 그러고 나서 그는 나사를 돌려 이스라엘 하나님의 이름으로 이스라엘 자체를 고발한다. 이제 범죄는 전쟁의 잔인함이 아니라 사회 내에 있는 사회적 불의이다.

나 주가 선고한다. 이스라엘이 지은 서너 가지 죄를, 내가 용서하지 않겠다. 그들이 돈을 받고 의로운 사람을 팔고, 신 한 켤레 값에 빈민을 팔았기 때문이다. 그들은 힘없는 사람들의 머리를 흙먼지 속에 처넣어서 짓밟고, 힘 약한 사람들의 길을 굽게 하였다.[11]

아모스서에서 나는 처음으로 사회정의를 위한 예언자적 열정을 들었다. 취임 연설에서뿐만 아니라 반복해서 그는 부자들이 가난한 사람들을 착취한다고 고발한다.

---

11 아모스 2:6-7. 그의 '취임 연설'(본문의 호칭이 아닌 현대적 호칭)은 1:3에서 시작해서 2:8 혹은 2:16에서 끝난다.

너희는 가난한 사람들을 억압하고, 빈궁한 사람들을 짓밟는 자들이다.
너희는 가난한 사람들을 짓밟고, 그들에게서 곡물세를 착취하는 자들이다.
너희는 빈궁한 사람들을 짓밟고, 이 땅의 가난한 사람을 망하게 하는 자들이다.[12]

그는 호화로운 생활을 하면서도 그들 가운데 고통당하는 사람들에게 무관심한 사람들의 생생하고 파멸적인 모습을 그린다.

너희는 망한다!
상아 침상에 누우며 안락의자에서 기지개 켜며
양 떼에서 골라잡은 어린 양 요리를 먹고,
우리에게 송아지를 골라 잡아먹는 자들,
거문고 소리에 맞추어서 헛된 노래를 흥얼대며,
다윗이나 된 것처럼 악기들을 만들어 내는 자들,
대접으로 포도주를 퍼마시며, 가장 좋은 향유를 몸에 바르면서도
요셉(가난한 자들)의 집이 망하는 것은 걱정도 하지 않는 자들,
이제는 그들이 맨 먼저 사로잡혀서 끌려갈 것이다.[13]

숫돌에 잘 갈린 칼처럼 날카로운 말들로 아모스는 하나님께 드리는 이스라엘의 제사를 비난한다. 하나님의 이름으로 그는 하나님이 '성회'(solemn assemblies)를 경멸한다고 말한다.

---

12 아모스 4:1; 5:11; 8:4.
13 아모스 6:4-7.

나는 너희가 벌이는 절기 행사들이 싫다. 역겹다.

너희가 성회로 모여도 도무지 기쁘지 않다.

너희가 나에게 번제물이나 곡식 제물을 바친다 해도, 내가 그 제물을 받지 않겠다.

너희가 화목제로 바치는 살찐 짐승도 거들떠보지 않겠다.

시끄러운 너의 노랫소리를 나의 앞에서 집어치워라!

너의 거문고 소리도 나는 듣지 않겠다.

그러면 하나님은 무엇을 원하는가? 아모스는 계속해서 말한다.

너희는, 다만 공의가 물처럼 흐르게 하고, 정의가 마르지 않는 강처럼 흐르게 하여라.[14]

아모스는 또한 하나님의 심판에 대해서도 말한다. 그러나 그것은 개인들이 천국 혹은 지옥에서 직면하게 될 최후의 심판이나 마지막 심판이 아니다. 그것은 **역사 안에서** 이루어지는 하나님의 심판이다. 다시 말해서, 만연한 불의로 가득 찬 사회들이 파멸에 직면한다는 것이다.

대학에서 그것을 접했을 때 이 모든 것은 나에게 아주 새로운 것이었다. 아모스는 사회정의에 대해 열정적이었다. 사실 그에게 죄란 본래 불의였다. 아모스는 먼 미래—종말의 시간이든 아니면 개인이 죽을 때이든—가 아니라 역사 안에서의 하나님의 심판을 말했다. 나는 예언자들이 이와 같다는 것을 그리고 성서에 이 같은 구절들이 있다

---

14 아모스 5:21-24.

는 것을 전혀 몰랐었다. 처음으로 나는 어린 시절에 길들여진 신앙의 렌즈 없이 성서를 보고 들었다. 나에게는 아모스와의 만남이 성서, 그리스도교 그리고 세상에 대한 내 인식의 새로운 단계의 시작을 나타내는 표시였다.

고발—위협 신탁

나는 어느 정도는 아모스 때문에 신학대학에 갔다. 내가 거기서 배운 예언서는 아모스로부터 받았던 인상을 분명히 드러내주었다. 나는 예언자적 연설의 가장 일반적인 양식이 고발-위협 신탁임을 배웠다. 그 양식은 두 개의 주요 요소를 지니고 있고, 때때로 세 번째 것이 추가된다.

> **고발**: 비난 혹은 범죄의 목록.
>
> **위협** (혹은 선고): 범죄 때문에 발생할 일.
>
> **피고인 소환**: 범죄자 지명. 이 세 번째 요소는, 때때로 명시적이기는 하지만, 종종 함축적이다. 명시적일 때 그것은 아주 많은 경우 고발-위협 신탁의 첫 번째 신탁이다.

그 양식을 이해하는 것은 매우 계몽적이었고 지금도 여전히 그렇다. 예언자적 연설의 가장 일반적인 형태에 대한 인식은 예언서를 읽을 때 도움이 된다. 왜냐하면 그 형태는 예언자들이 가장 중점적으로 하는 일을 드러내기 때문이다. 사실상 예언자들은 하나님을 대신해서 이스라엘에 대해 계약 소송을 제기하고 있었다.

나는 두 가지 예를 들어서 고발-위협 신탁을 설명하겠다. 첫 번째는 기원전 8세기 남 왕국에서 활동한 미가로부터 온 것이다. 예루살렘은 남 왕국의 수도였고 시온은 성전이 그 위에서 있던 산이었으며 신탁의 마지막 줄에 나오는 '그 집'(the house)은 성전을 가리켰다.

피고인 소환: 야곱 집의 지도자들아, 이스라엘 집의 지도자들아, 나의 말을 들어라.

고발: 너희는 정의를 미워하고, 올바른 것을 모두 그릇되게 하는 자들이다. 너희는 백성을 죽이고서, 그 위에 시온을 세우고, 죄악으로 터를 닦고서, 그 위에 예루살렘을 세웠다. 이 도성의 지도자들은 뇌물을 받고서야 다스리며, 제사장들은 삯을 받고서야 율법을 가르치며, 예언자들은 돈을 받고서야 계시를 밝힌다. 그러면서도, 이런 자들은 하나같이 주님께서 자기들과 함께 계신다고 큰소리를 친다. "주님께서 우리와 함께 계시니, 우리에게 재앙이 닥치지 않는다"고 말한다.

위협: 그러므로 바로 너희 때문에 시온이 밭 갈 듯 뒤엎어질 것이며, 예루살렘은 폐허더미가 되고, 집(성전)이 서 있는 이 산은 수풀만이 무성한 언덕이 되고 말 것이다.[15]

고발은 불의를 뜻하고 위협은 폐허가 된 예루살렘과 성전을 말한다. 두 번째 예는 아모스로부터 온 것이다. 첫째 줄을 분명하게 말하자면, 바산은 그곳의 좋은 가축으로 유명하다. 고발이 분명하게 말하듯

---

15 미가 3:9-12.

이, '바산의 암소들'이라는 표현은 북 왕국의 수도 사마리아에 사는 부자들의 아내들을 가리켰다.

> **피고인 소환**: 사마리아에 사는 너희 바산의 암소들아, 이 말을 들어라.
>
> **고발**: 가난한 사람들을 억압하고, 빈궁한 사람들을 짓밟는 자들아, 저희 남편에게 "술을 가져오라"고 조르는 자들아,
>
> **위협**: 주 하나님이 당신의 거룩하심을 두고 맹세하신다. 두고 보아라, 너희에게 때가 온다. 사람들이 너희를 갈고리로 꿰어 끌고 갈 날, 너희 남은 사람들까지도 낚시로 꿰어 잡아갈 때가 온다. 너희는 무너진 성 틈으로 하나씩 끌려나가서 하르몬에 내동댕이쳐질 것이다.[16]

고발은 또다시 가난한 사람들의 억압에 대한 것이다. 위협은 군사적 정복 후의 사마리아, 포위당하고 있는 동안 구멍이 뚫린 그 성벽 그리고 '전리품'(booty)으로 정복자들에 의해 끌려간 생존자들을 마음속에 그리고 있다.

예언자적 행동의 극적인 힘

신학대학 시절 나는 '예언자적 행동'에 관해서도 배웠다. 때때로 예언자들은 그들의 메시지를 극적으로 표현하기 위하여 관심을 끄는 상징적 행동을 하였다. 이런 것들에는 아이들의 상징적 이름 짓기가 포함

---

16 아모스 4:1-3.

6장 _ 예언서 | 181

되었다. 예를 들어 호세아는 자기 자식 둘의 이름을 **로루하마**와 **로암미**로 지었는데, 그것들은 히브리어로 각각 "불쌍히 여김을 받지 못하는"(not pitied) 그리고 "내 백성이 아닌"(not my people)이란 뜻이다.17 그 이름들은 하나의 위협이다. 이스라엘이 "불쌍히 여김을 받지 못하는" 그리고 "내(하나님의) 백성이 아닌 때가 올 것이라고 호세아는 말했다.

이사야는 자기 자식 둘의 이름을 **마헬살랄하스바스**(Maher-sha-lal-hash-baz)와 **스알야숩**(shear-jashub)으로 지었다.18 전자는 "전리품이 빨리 오다와 노획물이 서두르다"를 의미하는 히브리어이고, 유다에 대한 구원의 약속이다. 즉, 유다를 위협하는 두 왕국이 곧 아시리아를 위한 전쟁의 노획물과 전리품이 될 것이었다. 후자는 "남은 자가 돌아올 것이다"라는 의미의 히브리어이다. 비록 그것은 약속의 요소를 지니고 있지만, 또 하나의 위협이기도 하다. 즉 파멸에 대해 말하는 유일한 한 명의 남은 자가 있을 것이라는 말이다.

더욱 극적인 것은 길거리 공연에 해당하는 공개적인 행동들이다. 이사야는 유다가 아시리아에 대항해서 이집트와 군사 동맹을 맺어서는 안 된다는 것을 상징하기 위하여 3년 동안 벌거벗고 맨발로 예루살렘 거리를 걸어 다녔다. 이는 아시리아가 이집트를 정복하고 그들을 전쟁 포로로 벌거벗기고 맨발로 끌고 갈 것이기 때문이다.19

---

17 호세아 1:6-8. Lo-ruhamah의 어원은 '동정'(compassion)에 해당하는 히브리어인데, 이것이 '자궁'을 의미하는 히브리어와 관련되고, 때때로 성서에서 하나님 성격의 중심되는 특성을 말한다. 따라서 "불쌍히 여김을 받지 못하는" 것이라는 말은 "동정을 못 받는" 혹은 "어머니가 태내의 아기에게 느끼는, 함께 아파하는 마음으로 대우받지 못하는" 것이라는 의미이다. 그러나 이 말들은 그 의미가 영어로 잘 드러나지 않거나 몹시 길기에, "불쌍히 여김을 받지 못하는"(not pitied)이라는 말이 사용된다.

18 이사야 8:1-4, 7:3. 이사야와 관련된 또 다른 상징적 이름인 임마누엘은 이미 언급했었다.

예레미야도 몇 가지 예언자적 행동을 실행했다. 예루살렘의 일부 지도자들이 있는 데서 예레미야는 "주 하나님이 이렇게 말씀하신다. '나는 이 백성과 이 도시를 그렇게 깨뜨려 버리겠다'"[20]라는 말로 그렇게 몸짓을 함께 하면서, 점토 항아리를 산산조각냈다. 또 한 번은 예레미야가 나무 멍에를 그의 목에 메라는 하나님의 명령을 듣는데, 이것은 예루살렘과 유다가 바빌로니아의 멍에를 메게 될 것이니 바빌로니아에 대항하는 작은 왕국들의 군사 동맹에 합류하지 말라는 것을 상징하기 위함이다. 그의 행동은 히브리 예언의 전형적인 장면 중 하나를 확립하는데, 즉 서로 반대되는 메시지를 선포하는 두 예언자 사이의 대립이 그것이다. 하나냐라는 이름의 예언자는 예레미야에게 도전하고, 예레미야가 메고 있는 나무 멍에를 부수고, "주 하나님이 이렇게 말씀하신다. '나는 바빌론 왕 느부갓네살(네부카드네자르 2세)의 멍에를 이렇게 부수겠다'"라고 선포했다. 그 후 곧바로 예레미야는 하나님의 이름으로 이런 취지의 선언을 했다. 너는 나무 멍에를 부수었지만 하나님은 네가 메게 될 쇠 멍에를 만드셨다.[21] 그 시대의 사람들에게는 하나님의 이름으로 말하고 반대되는 선포를 하는 두 예언자를 보는 것이 당혹스러웠을 것이다.

에스겔은 예언자적 길거리 공연의 최고였다. 바빌로니아의 예루살렘 정복과 파괴 직전에 그는 포위 공격용 높은 사다리, 진 그리고 성벽을 부수는 무기로 에워싸인 예루살렘의 모형을 만들라는 하나님

---

19 이사야 20. 대중 앞에서 벌거벗는다는 것은 당시 문화에서는 충격적이다. 아마 이사야는 3년 동안 계속해서 이런 식으로 걸어 다녔던 것이 아니라 3년의 기간 동안 가끔 벌거벗고 다녔을 것이다.

20 예레미야 19. 인용된 구절은 19:10이다.

21 예레미야 27-28. 하나냐는 아마도 왕이 고용한 '궁중 예언자'였을 것이다.

의 말을 듣는다. 공공장소에서 그는 390일을 왼편으로 누워 자고, 그러고 나서 40일을 오른편으로 누워 자야 하는데, 이것은 이스라엘과 유다가 포로 생활로 보내게 될 연수(年數)를 상징하기 위함이다. 이 모든 시간 동안 그는 장기적인 포위 상태의 도시에서 이용할 수 있는 식사량과 같은 궁핍한 식사를 해야 하고, 인분을 연료로 해서 빵을 구워야 한다. 이 모든 것은 예루살렘에서 곧 일어나게 될 것을 상징했다.

예언서를 두 번째로 들었던 방식은 나를 매료시켰다. 나는 사회정의를 위한 그들의 열정, 그들의 반체제적인 메시지 그리고 평화와 정의를 진지하게 생각하지 않는 사회가 직면하는 결과에 대한 그들의 경고에 끌렸다. 그들의 예언자적 비판과 길거리 공연의 결합은 1960년대 후반의 당시로는 완벽했다. 특별히 이상주의적 대학생인 나에게 예언자들은 인종 차별, 가난 그리고 베트남 전쟁에 반대하는 운동의 강력한 동맹자들처럼 보였다.

예언서 세 번째 듣기

그러나 나는 예언서를 세 번째로 듣게 되었다. 그것은 나의 두 번째 듣기가 잘못되었기 때문이 아니라 그 듣기가 단지 불완전하기 때문이다. 그때 이후로 내가 예언자들의 글을 읽는 방식에는 세 가지 중요한 관점이 추가되었다.

예언자들과 하나님

나는 이제 하나님이 예언자들의 완전한 중심이었다는 것을 안다. 더 구체적으로 말하자면, 나는 신성 체험이 그들의 사명감, 정의를 위한 그들의 열정 그리고 지배체제의 확립된 권력에 도전하는 그들의 용기의 원천이었다는 것을 확신하게 되었다.

내가 의미하는 것을 설명하기 위해 내가 두 번째로 예언서를 들었던 방식으로 잠시 돌아가 보자. 그 듣기 방식은 1960년대의 사회적 행동주의를 위해 '완벽'했을 뿐만 아니라 나 자신의 종교적 삶에서 내가 개인적으로 있었던 자리에도 적합했다. 그 기간 동안 나는 하나님의 실재에 대해 점차 확신하지 못하게 되었다. 20대 후반쯤에 하나님에 대한 나의 사춘기적 의심은 사실상 '숨은 무신론자'(closet atheist)였을 정도까지 깊어졌다.[22] 어쨌든 나는 '실제적 무신론자' 혹은 '실용적 무신론자'—마치 하나님이 없는 것처럼 사는 사람—였다.[23] 그렇다 하더라도 성서와 그리스도교는 나에게 여전히 매우 중요했다.

이처럼 예언자들은 특히 매력적이었다. 그들의 초점은 또 하나의 세상이 아니라 **이 세상**에 있었기 때문에, 그들은 하나님이 실재하는지에 관계없이 성서 전통의 주요한 가닥을 진지하게 받아들이는 하나의 방식을 제공하는 것 같았다. 나는 그들이 아주 철저하게 정치적이고 단지 부수적으로만 종교적이었다고 들었다. 즉, 그들은 **이 세상의**

---

22 나는 이것을 나의 저서 *The God We Never Knew* (San Francisco: Harper-SanFrancisco, 1977), 19-26에서 좀 더 자세하게 논했다.
23 그것은 내가 제멋대로이고 자유로운 사고방식의 자유사상가였다는 것은 아니다. 오히려 나는 너무 진지하고 너무 '착한' 사람이었다.

정의에 대해 그리고 **역사 안에서의** 사회의 운명과 숙명에 대해 열정적이었다고 들었다. 비록 하나님이 실재하지 않더라도, 이런 것들은 결정적으로 중요한 문제들이었다.

물론 나는 예언자들이 하나님의 존재를 믿었다고 알고 있었다. 그들의 말을 통해 볼 때 그것은 분명했기 때문이다. 어쨌든 그들 시대의 대부분 사람은 하나님의 존재를 믿었다. 그러나 나는 하나님에 대한 예언자들의 확신이 체험에 의해 만들어진 것이 아니라 전통으로부터 물려받은 것이었다는 것을 당연하게 여겼다.

대부분 예언서에 비전들과 하나님에 의해 위임받았다고 보도하는 '소명 이야기들'(call stories)이 포함되었다는 것을 알았지만, 나는 그러한 이야기를 거의 중요시하지 않았다. 나는 그 이야기들을 예언자들의 사명과 메시지의 정당화로 보았다. "당신은 무슨 권한으로 그렇게 말을 합니까?"라고 물음으로써, 나는 예언자들의 급진적인 비판에 도전하는 사람들에 대한 대응으로 그러한 이야기들이 필요하다고 상상했다. 예언자들은, 아모스가 그랬듯이, "주님께서 나를 양 떼를 몰던 곳에서 붙잡아 내셔서, 나에게 말씀하시기를, '가서 내 백성 이스라엘에게 예언하라'"[24]라고 말하곤 했다. 나는 심지어 환상들과 소명 이야기들이 예언자들의 말들을 수집해서 책으로 만든 예언자들의 추종자들에 의한 문학적 창작이 아닐까, 하고 궁금해하기도 했다.[25]

간단히 말하자면, 나는 하나님이 예언자들의 체험적 실재라는 것

---

24 아모스 7:15.

25 내가 그때 배우고 있었던 성서연구 분야도 이 이야기들을 진지하게 받아들이지 않았다. 성서학자들이 문서 예언자들을 이스라엘 바깥쪽의 예언자들과 구별하는 것은 일반적이었는데, 그들은 황홀경의 종교 체험이 문서 예언자들의 특징도 혹은 그들에게 중요하지도 않았다고 말함으로써 그렇게 했다.

을 상상하지 못했다. 나는 예언자들을 신성의 체험을 한 사람들로 간주하지 않았다. 그 이유는 그러한 체험이 일어났다고 생각하지 않았기 때문이다. 나는 하나님의 존재를 믿는 것에 대해서는 알았지만, 사람들이 하나님을 알 수 있다고는 상상하지 못했다.

그러나 신성에 대한 체험이 정말로 일어났고, 예언자들은 그런 체험을 했고 그리고 그런 체험이 그들의 존재와 말과 행동의 토대였다는 것을, 나는 이제 확신한다. 이 주장은 특별히 예언자들에 대한 좀 더 세부적인 연구에서 쏟아져 나온 것이 아니라, 그런 체험이 고대로부터 현재로 이어지는 인류의 역사와 문화 전반에 걸쳐 발생해 왔다는 나의 확신에서 나온 것이다.

신성에 대한 체험이 정말로 발생한다는 것을 인정한다면, 예언자들이 그런 체험을 했다는 것은 분명한 것 같다.[26] 비록 그들의 환상, 황홀경적 상태 그리고 소명에 관한 이야기가 문학적인 기능을 한다는 것을 인정하지만, 나는 더는 그것들을 **단순히** 문학적 창작물로만 보지 않는다. 비록 우리가 예언자의 황홀경적 체험에 대한 정확한 기록을 가지고 있다는 것을 확신할 수는 없지만, 나는 예언자들이 그런 체험을 했다는 것을 확신했다.

그런 체험을 진지하게 받아들이면, 그 체험은 우리가 예언자들 속에서 보는 것의 많은 부분을 설명해 준다. 그것은 그들의 말을 진지하게 받아들인다. 그들은 규칙적으로 "주님께서 이렇게 말씀하신다"라

---

26 그런 체험들에는 성전에서 이사야의 극적이고 신비한 하나님 체험(이사야 6), 아모스의 환상(아모스 7:1-9; 9:1), 예레미야의 소명과 환상(예레미야 1:4-13; 4:23-26) 그리고 에스겔의 환상, 하나님의 영에 '사로잡힘'과 영 안에서 '돌아다님'(에스겔 1-3)이 포함된다.

고 말하고, 하나님을 대신하여 일인칭으로 말한다. 나는 그들이 사용하는 말들이 하나님에게서 왔다고 생각하지 않는다. 아브라함 헤셸(Abraham Heschel)이 말했듯이,27 예언자들은 "사람이지 확성기가 아니다." 다시 말해 예언자들은 단순히 신의 음성을 위한 확성기가 아니라 자신의 인격과 체험에서 나오는 말을 한다. 그러나 예언자들의 말은, 그들이 하나님을 아는 그들의 지식으로부터(from their knowledge of God) 말한다는 것을 암시한다. 즉, 하나님에 관한 그들의 지식으로부터(from their knowledge about God)가 아니라 하나님을 아는 그들의 앎으로부터(from their knowing God) 말한다는 것이다.

예언자들의 신성 체험은 그들이 용기를 가지게 된 이유가 된다. 그들은 종종 곤경에 처한다. 왕으로부터 아모스는 북 왕국에서 떠나라는 명령을 받는다.28 예레미야는 구타당하고, 차꼬가 채워지고, 죽음의 위협을 당하고, 연금(軟禁)되고, 투옥되고, 굶어 죽도록 진흙 구덩이에 던져졌다.29 예언자들은 모두 부자들과 권력자들에게 도전하여 그들이 싫어하는 메시지를 전했고, 대부분(모두는 아니지만)은 군주 일가에 복무하는 궁중 예언자에 반대하여 논쟁해야만 했다. 그들의 용기의 원천은 하나님이었다.

또 예언자들의 신성 체험은 사회 질서와 동일시되지는 않지만, 그

---

27 Abraham Heschel, *The Prophets*, 2nd ed. (New York: Harper& Row, 1969), vol. 1, X.

28 아모스 7:10-17. 이것은 예언자와 지배체제 사이의 가장 극적인 대결 장면 중의 하나이다. 제사장 아마샤는 7:12-13에서 왕의 명령을 전달했다.

29 예레미야 20:1-6; 26:1-24 (예레미야와 동시대의 한 예언자가 왕에 의해 처형된 기록), 예레미야 36; 37:11-21; 38:1-13 (이것은 또 그가 웅덩이에서 구조된 것을 보도했다).

것의 '배후'와 '너머'에 있는 하나의 신에 대한 확언을 설명해 준다. 불붙는 떨기나무 속에서 모세에게 나타난 하나님처럼, 그러한 신은 사회 질서를 정당화하기보다는 그것을 전복시켰다.

마지막으로 예언자들은 이스라엘의 전통 안에서, 특별히 출애굽과 계약 전통 안에서 살았다. 따라서 그들은 그들의 하나님 체험을 출애굽과 계약의 얼개(framework) 안에서 해석을 했다. 그들은 그들 당시의 사회를 바라볼 때, 출애굽 이야기와 그것에 연관된 율법에 의해 그려진 그런 종류의 공동체를 보지 못했다. 이야기를 조합해 보면, 다음과 같다. 예언자들은 하나님 체험을 했다. 그들은 이스라엘의 전통 안에서 살았고, 사회정의에 대해 열정적이었다. 세 가지가 연결되어 있다는 것은 분명한 것 같다.

이 주장은 헤셸의 책 『예언자들』(The Prophets)의 중심 주제이기도 하다. 헤셸은 20세기 영어권에서 두 명의 가장 영향력 있는 유대인 신학자 중의 하나이고, 이 책은 (그의 모든 책처럼) 경이로운 통찰력과 언어를 지니고 있다. 그는 똑같은 조합을 강조한다. 예언자들은 사회정의에 대해 열정적이었고, 하나님을 알았던 사람들이었다는 것이다. 헤셸은 "불의에 대해 숨 막힐 듯한 예언자들의 조바심"에 대해 말하고, 예언자들은 "우리가 이해하기 불가능한 순간들"을 체험했다고 단언한다. 이 순간이 바로 하나님을 아는 순간이다. 그들이 그러한 앎의 순간에 체험한 것은 "하나님의 감정과 함께 하기, 즉 **하나님의 정념**(情念, pathos)**과의 공감**"[30]이었다.

'공감'이라는 단어는 그것이 흔히 현대의 용법에서 지닌 것보다 훨

---

30 Heschel, *The Prophets*, vol. 1. 4, 10, 26.

씬 풍부한 의미를 갖는다. 현대의 용법에서 그것은 일반적으로 "유감
이군요"와 같은 것을 의미한다. 그것의 어근은 더 풍부한 의미를 가리
키는데, 즉 pathos는 '강한 느낌'(보통 고통이지만, 분노, 동정, 사랑, 기
쁨 등과 같은 다른 강한 감정도)을 뜻한다. 접두사 sym은 '함께'를 의미
한다. 따라서 'sympathy'는 '함께 느낌' 혹은 다른 사람의 감정을 느끼
는 것을 의미한다. 헤셸에게 "하나님의 정념과의 공감"(sympathy with
the divine pathos)이라는 표현은 예언자들이 하나님의 감정을 느꼈다
는 것을 의미한다. 그들의 열정은 이처럼 하나님의 열정이었다. 그것
은 하나님을 앎에서 나오기 때문이다.

그러므로 나는 이제 예언자들을 사회정의를 위한 열정을 지닌 급
진적인 문화 비평가들 그 이상으로 (그 이하가 아니라) 본다. 나는 이제
그들을 하나님의 열정으로 가득한 "하나님에게 중독된"(God-in-
toxicated) 사람들로 본다. 그래서 나는 그들을 급진적인 사회 비판을
하는 하나님에게 중독된 목소리들로 그리고 대안적인 사회 비전을 제
시하는 하나님에게 중독된 옹호자들로 간주한다. 그들의 꿈은 하나님
의 꿈이다.

예언자들, 소작농들 그리고 엘리트들

예언서를 듣는 나의 현재 방식을 형성해준 두 번째 주요 요인은 예
언자들이 전한 세상의 사회체제를 더 정확하게 이해하는 것이다. 그
러한 이해 때문에, 나는 예언자적 비판의 대상과 내용을 훨씬 더 명료
하게 볼 수 있었다.

더 풍부한 그러한 이해의 핵심에는 이전 장에서 개괄한 산업화 이

전의 농경 사회 모델이 있다. 이러한 사회체제들(경제적, 정치적, 종교적 그리고 사회적 구조들)은 자기 이익에 복무하기 위해 권력과 부를 가진 엘리트에 의해 통제되고 형성되었다. 엘리트의 통제는 너무도 철저해서 자기 이익을 도모하는 그 체제의 조작에 대항할 방법이 없었다.[31]

이런 유형의 사회는 기원전 1,000년경 이스라엘 내에서 군주제의 출현과 함께 발달하기 시작했다. 이스라엘의 제3대 왕 솔로몬 시기에 고대 지배체제의 주요한 특징들은 제자리를 잡고 있었다. 그 주요 특징들은 단일 군주적 권위에 중심이 되는 억압의 정치, 군주제와 귀족 정치에 중심이 되는 착취의 경제 그리고 솔로몬이 예루살렘에 건축한 성전에 중심이 되는 종교의 정당성 확보다.

그래서 기원전 8세기 문서 예언자들이 활동을 시작할 때쯤 이스라엘과 유다는 이집트에서 그들의 조상들을 노예로 만들었던 고대 지배체제의 축소판이 되었다. 물론 피해자들(인구의 대다수)은 이스라엘 사람들이었지만, 이제는 상층부에 있는 엘리트들도 이스라엘 사람들이다! 이집트가 이스라엘 속에 자리 잡게 되었다.[32]

이러한 사회체제를 예언자들이 전한 세계로 보는 것은 예언자 이해에 상당한 도움이 되었다. 이것을 알기 전에 나는 '이스라엘'에 대한 예언자적 고발들을 획일적인 방식으로 들었다. 마치 이스라엘 백성

---

31 고대 세계에서 소작농에 대한 엘리트들의 경제적 착취를 제한하는 방법은 두 가지밖에 없었다. 그것은 굶어 죽지 않을 정도의 최저 생활과 절망감이 반란을 선동할 만큼 그렇게 크게 되지 않도록 하는 것이었다. 그렇지 않을 경우, 엘리트들은 자유 재량권을 가지고 있었다.

32 이러한 표현 방식은 브루그만의 덕분이다. Walter Brueggemann, *Prophetic Imagination* (Philadelphia: Fortress, 1978), 2. 브루그만은 또 솔로몬은 사실상 새로운 파라오가 되었다고 말한다. 이것은 솔로몬의 개인적 도덕성 혹은 비도덕성에 대한 논평이 아니라, 그의 통치 하에서 출현한 체제에 대한 논평이라는 것을 주목하라.

전체가 불의로 인해 고발되고 있었던 것처럼 말이다. 그것은 마치 모두가 죄를 범한 것처럼 들렸다. 이로 인해 나는 혼란스러웠다. 나는 혹시 이스라엘과 유다가 특별히 불의한 사회가 아닐까, 혹은 예언자들(그리고 하나님)의 기준이 본질적으로 비현실적일 만큼 너무 높지 않을까 궁금해했다.

그 혼란은 상당한 명료성으로 대체되었다. 이제 나는 대부분의 예언자적 고발들이 지배와 착취의 구조를 만들고 유지하는데 책임이 있는 엘리트들을 향한 것임을 안다. 예언서들을 주의 깊게 읽어 보면, 엘리트들의 이름이 분명하게 밝혀지거나 혹은 거명된 범죄들이 엘리트의 범죄들이라는 것이 드러난다. 예언자들은 엘리트들을 고발한다. 그들은 피해자들을 비난하지 않고 피해자들을 그들 사회의 불의에 책임이 있다고 여기지도 않는다.

엘리트들을 향해 선포된 이유는 그들이 상황을 변화시킬 권력을 가지고 있기 때문이다. (혹은 정말로 주로 이 때문이다.)그뿐 아니라 이스라엘이 이집트와 거의 다르지 않고 철저하게 불의한 지배체제가 된 것에 대한 일차적인 책임이 바로 그들에게 있기 때문이기도 하다. 그들은 이스라엘을 변형시켰다. 즉, 이스라엘을 하나님의 주권 하에서 살아가는 대안 공동체라는 출애굽의 비전에서 토착민 파라오의 통치 하에서 살아가는 단지 또 하나의 왕국으로 바꾼 것이다.

따라서 예언자들은, 마치 그 체제의 피해자들도 가해자들만큼 책임이 있는 것처럼, 모든 혹은 대다수의 이스라엘 사람들이 똑같이 사회 불의에 대해 죄가 있다고 말하지 않는다. 오히려 그들은 피해자들을 대신하여 그리고 하나님의 이름으로 그 체제의 맨 위에서 권력과 부를 가진 엘리트들을 고발한다. 하나님에게 중독된 이러한 인물들은 그들이 본 그들 한가운데에서 일어난 일이 이집트의 속박에서 이스라엘을 해방시켰던 하나님의 뜻일 수 없다고 완전히 확신했다.

나는 또한 지배체제들과 하나님의 뜻 사이의 갈등이 전체 히브리 성서를 관통하여 흐르고 있다는 것을 깨달았다. 사무엘상에 의하면, 그 갈등은 예언자들의 시대에 시작된 것이 아니라 기원전 11세기 말 이스라엘의 군주제의 시작까지 거슬러 올라간다. 사무엘상에는 왕권의 출현에 대한 두 가지 매우 다른 전승이 있다. 하나는 반군주제 전승이고, 다른 하나는 친군주제 전승이다.

반군주제 전승에 의하면 백성들은 사무엘에게 자신들을 다스릴 왕을 임명해 달라고 요청했다.[33] 그들의 요구는 사무엘과 하나님을 불쾌하게 만든다. 사실 그들이 왕을 바라는 것은 하나님의 왕권에 대한 거부로 여겨진다. 그렇지만 하나님은 그들의 요구를 들어준다. 그러나 하나님은 왕이 그들에게 행할 일들에 대해 엄중하고 매우 명확한 경고와 함께 요구를 들어준다. 즉, 왕이 그들의 아들들을 데려다가 전사로 만들고, 그들을 노역부대로 징집하여 그의 밭을 갈고 무기를 만들게 할 것이고, 그들의 딸들을 데려다가 향유 제조자와 요리사와 제빵기사로 만들고, 그들의 밭과 포도원과 과수원에서 가장 좋은 것을 가져다가 자신의 친구들에게 줄 것이며, 그들의 곡식과 양 떼 가운데서 십 분의 일을 거두고, 그들의 남종과 여종과 동물 중의 가장 좋은 것을 끌어다가 자기 일을 시킬 것이라는 경고이다. 그리고 하나님은 그들에게 말한다. "너희는 그의 노예가 될 것이다."[34]

두 번째 전승이자 친군주제 전승에 의하면, 하나님의 개입으로 사

---

33 사무엘상 8:4-22; 10:17-19.
34 사무엘상 8:11-18.

울을 초대 왕으로 하는 군주제가 확립된다. 잃어버린 나귀들로 시작하는 재미있는 민간 설화에서 하나님은 사무엘에게 하나님이 왕으로 선택한 어떤 사람(사울)이 그에게 올 것이고, 사무엘은 그를 왕으로 기름 부어야 한다고 계시했다. 이를 확인해주는 하나님의 표징이 뒤따랐다.[35]

친군주제 전승은 하나님이 다윗 왕에게 한 약속이 나오는 사무엘하서에서 다시 나타난다. 다윗은 하나님이 그를 위해 영원한 왕조를 설립하고 그의 후손의 왕위는 영원히 지속할 것이라는 말을 하나님에게서 듣는다. 실제로 왕은 하나님의 아들이나 다름없다. "나는 그에게 아버지가 되고, 그는 나에게 아들이 될 것이다."[36] 이스라엘의 왕권은 하나님의 선물일 뿐 아니라 영원히 지속될 것이라고 하나님에 의해 보장받는다. 사회 질서, 즉 지배체제는 하나님에 의해 정해진 것이다.

친군주제 전승은 엘리트들의 유리한 지위와 자기-이익을 분명하게 반영한다. 때때로 '왕조 신학'이라 불리는 그것은 엘리트들이 세상을 바라보는 방식을 보여준다. 반군주제 전승은 예언자 신학을 반영한다. 그 신학에 의하면, 지배체제는 하나님의 뜻이 아니라 하나님에 대한 배신이다. 지배체제는 하나님의 왕권에 대한 거부이다.

두 관점이 모두 성서에 있고, 그것들은 출애굽 시대까지 거슬러 올라간다. 출애굽의 중심 갈등-파라오의 지배체제와 하나님의 성격에 근거한 대안적이고 훨씬 더 평등주의적인 사회 비전 사이의 갈등-은

---

35 사무엘상 9:1-10:16.

36 사무엘하 7:1-17. 특히 12-16절. '왕조시편' 중의 하나인 시편 2편을 보라 (그것은 아마 새로운 왕의 대관식을 위한 전례로 사용되었기 때문에 그렇게 이름 붙여졌을 것이다). "하나님의 아들"과 "기름 부음을 받은 자"(메시아)로 불리는 왕은 하나님이 그의 왕위를 영원히 확고히 해줄 것이라는 약속을 받는다.

이스라엘 자체 내에서 왕조 신학과 예언자 신학 사이의 갈등으로 되풀이되었다.

초기 세대의 학자들이 때때로 이해했듯이, 마치 그것이 '율법서' 대(對) '예언서'인 것처럼, 그 갈등은 율법과 예언자들 사이의 갈등이 아니라는 것을 주목하는 것이 중요하다. 그 초기의 관점에서 보면, 예언자들은 좋고 율법은 나쁘다. 그러나 오히려 그 갈등은 지배체제의 왕조 신학에 함께 반대하는 율법과 예언자들 사이의 갈등이다.

예언자적 활성화: 희망의 언어

내가 지금 예언서를 듣고 있는 방식의 세 번째 주요 특징은 예언자적 활성화를 위한 더 중요한 이해이다. 브루그만은 예언자적 활동의 두 가지 주된 차원을 예언자적 **비판**과 예언자적 **활성화**[37]로 명명한다. 이번 장에서 지금까지 우리는 많은 예언자적 비판을 보았다. 예언자적 활성화는 다른 음조로 들린다. 즉, 그것은 희망을 일으키고 정체성을 확인해주며 새로운 미래를 창조하는 언어를 사용했다.

멸망 이전의 예언자들(predestruction prophets)—이스라엘과 유다 멸망 이전에 예언을 선포했던 사람들—은 주로 예언자적 비판에 몰두했는데, 엘리트들이 그들의 특권을 포기하지 않고 정의를 추구하지 않는다면 곧 일어나게 될 일들에 대해 엘리트들에게 경고하고 고발했다. 반면에 멸망 이후의 예언자들(postdestruction prophets)—포로기 동안과 그 이후에 예언 선포를 했던 사람들—은 주로 예언자적 활성화에

---

37 Brueggemann, *The Prophetic Imagination*, 1.

몰두했다. 그렇지만, 그 구분은 절대적이 아니라 상대적이다. 멸망 이전의 예언자들도 활성화의 언어를 사용했고, 멸망 이후의 예언자들도 비판의 언어를 사용했다. 그렇지만, 일반적으로 멸망 이전의 예언자들은 피해자들을 대신해서 자국 지배체제의 가해자들에 반대하는 발언을 했다. 멸망 이후의 예언자들은 이제 유대 백성을 지배하는 새로운 제국의 지배체제의 피해자들에게 발언했다.

예언서를 두 번째로 들은 단계에서 대부분의 내 관심은 예언자적 비판에 이끌렸다. 이는 주로 우리 사회의 역사적인 시기 때문이었다. 비록 나는 계속해서 그 메시지를 지극히 중요한 것으로 간주하지만, 지금은 예언자적 활성화에 아주 많이 끌린다.

제2 이사야와 포로 경험

우리는 일반적으로 '제2 이사야'[38](Second Isaiah 혹은 Deutero-Isaiah)로 불리는 이사야서 후반부에서 엄청나게 강력하고 아름답게 사용된 예언자적 활성화의 언어를 본다. 이사야의 처음 39개 장은 주로 기원전 8세기 유다에서 발언을 한 멸망 이전의 예언자 이사야에게서 온 것이다. 40장에서 55장까지는 제2 이사야의 말이 들어있는데, 그는 이름이 알려져 있지 않았고 기원전 539년경을 시작으로 유배 중인 유다 백성들에게 발언한 유다의 예언자이다.

제2 이사야 언어의 활성화시키는 힘을 올바르게 인식하기 위해서는 그것을 유다의 유배 경험이라는 역사적 맥락 속에 배치하는 것이 이해에 도움이 된다. 고고학적 및 문학적 증거에 의해 입증되듯이, 기

---

38 이사야 40-55. 'Deutero'는 '두 번째'란 의미의 그리스어이다. 물론 성서 자체에는 (사무엘상과 사무엘하가 있는 것처럼) 제1 이사야와 제2 이사야는 없다.

원전 586년 바빌로니아의 유다와 예루살렘 정복은 대규모 죽음과 파괴를 초래했다. 그뿐 아니라 그것은 생존자들 사이의 광범위한 자포자기와 절망도 초래했고, 그들 중 많은 사람이 바빌론에 포로로 잡혀갔었다.

그 경험은 유다 백성의 기억 속에 각인되었고 히브리 성서에 그 흔적을 남겼다. 많은 시편이 그 유배 경험을 반영한다. 시편 137편은 특히 가슴이 저민다. 시온이 이제는 파괴되었지만, 성전이 한때 서 있었던 예루살렘의 산이라는 것을 회상해보라.

> 우리가 **바빌론의 강변** 곳곳에 앉아서, 시온을 생각하면서 울었다.
> 그 강변 버드나무 가지에 우리의 수금을 걸어 두었더니,
> 우리를 사로잡아 온 자들이 거기에서 우리에게 노래를 청하고,
> 우리를 짓밟아 끌고 온 자들이 저희들 흥을 돋우어 주기를 요구하며,
> 시온의 노래 한 가락을 저희들을 위해 불러 보라고 하는구나.
> 우리가 어찌 이방 땅에서 주님의 노래를 부를 수 있으랴.[39]

예레미야 애가는 슬픔과 고통의 지속적 표현이다. 그 저자는 예루살렘을 여성으로 의인화하고 그녀의 비참함을 애도하고 있다.

> 아, 슬프다.
> **예전에는 사람들로 그렇게 붐비더니, 이제는 이 도성이 어찌 이리 적막한가!**

---

39 시편 137:1-4. 이 시편의 마지막 세 절은 포로의 분노를 표현하고 있는데, 하나님에게 이스라엘의 원수를 갚아 달라고 간청하고 적의 아이들을 바위에 내려치는 사람들을 축복한다. 시편은 전통적으로 다윗 왕의 작품으로 여겨졌다. 이는 오경이 모세의 저작으로 여겨지는 것과 같다. 그러나 시편은 찬양, 기도문 그리고 예배문의 수집물로서 포로기 이후를 포함하여 여러 세기에 걸쳐 기록되었다. 아마 유배 경험을 반영하는 다른 시편은 42-44, 74, 77, 80, 85, 126편이다.

예전에는 뭇 나라 가운데 으뜸이더니 이제는 과부의 신세가 되고,

예전에는 모든 나라 가운데 여왕이더니 이제는 종의 신세가 되었구나.

이 도성이 여인처럼 밤새도록 서러워 통곡하니, 뺨에 눈물 마를 날 없고,

예전에 이 여인을 사랑하던 남자 가운데 그를 위로하여 주는 남자 하나도 없으
니…

온 백성이 탄식하며, 먹거리를 찾습니다.

목숨을 이으려고 패물을 주고서 먹거리를 바꿉니다…

길 가는 모든 나그네들이여 이 일이 그대들과는 관계가 없는가?

내가 겪은 이러한 슬픔이, 어디에 또 있단 말인가![40]

이 책의 많은 부분은 생존자들의 삶을 정확하고 비통하게 기술한
다. 그 결론 장은 다음과 같이 시작했다.

주님, 우리가 겪은 일을 기억해 주십시오.

우리가 받은 치욕을 살펴 주십시오.

유산으로 받은 우리 땅이 남에게 넘어가고, 우리 집이 이방인들에게 넘어갔습
니다.

우리는 아버지 없는 고아가 되고, 어머니는 홀어미가 되었습니다.

우리 물인데도 돈을 내야 마시고, 우리 나무인데도 값을 치러야 가져 옵니다.

우리의 목에 멍에가 메여 있어서, 지쳤으나 쉬지도 못 합니다…

시온에서는 여인들이 짓밟히고, 유다 성읍에서는 처녀들이 짓밟힙니다.

지도자들은 매달려서 죽고, 장로들은 천대를 받습니다.

젊은이들은 맷돌을 돌리며, 아이들은 나뭇짐을 지고 비틀거립니다.

---

40 예레미야 애가 1:1-2; 11-12.

노인들은 마을회관을 떠나고, 젊은이들은 노래를 부르지 않습니다.

우리의 마음에서 즐거움이 사라지고, 춤이 통곡으로 바뀌었습니다…

시온 산이 거칠어져서 여우들만 득실거립니다.[41]

예레미야 애가의 마지막 세 절은 유배 생활에서 느낀 벌집 같은 감
정을 매우 강력하게 표현한다. 그 감정은 버려졌다는 느낌의 쓰라
린 고통, 회복에 대한 필사적인 바람, 영원히 버려지고 잊혔다고 괴
롭히는 불안, 언제나 똑같을 것 같고 나아지지 않을 것이라는 불안
한 두려움이다.

어찌하여 주님께서는 우리를 전혀 생각하지 않으시며,

어찌하여 우리를 이렇게 오래 버려두십니까?

주님, 우리를 주님께로 돌이켜 주십시오.

우리가 주님께로 돌아가겠습니다.

우리의 날을 다시 새롭게 하셔서, 옛날과 같게 하여 주십시오.

주님께서 우리를 아주 버리셨습니까?

우리에게 진노를 풀지 않으시렵니까?

제2 이사야와 포로에서의 귀환

이러한 역사적 배경 속에서 제2 이사야는 예언자적 활성화의 메시
지를 전했다. 그는 포로 귀환 시기의 예언자이다.

포로 귀환은 기원전 539년 페르시아 제국이 바빌로니아제국을 정
복하면서 정치적으로 가능하게 되었다. 페르시아 제국의 정책은 포로

---

41 예레미야 애가 5:1-5, 11-15, 18.

민족들의 고국 귀환을 허락한다는 것이었다. 그러나 포로 귀환은 당연하게 여겨질 수 없었다.

유대인 포로들은 권력, 부, 정체성 그리고 정신이 쇠약한 공동체였다. 그들 대부분은 바빌론 포로기에 태어났다. 예루살렘과 시온을 기억하는 단지 소수의 사람만이 여전히 살아있었다. 대부분에게는 약속된 땅의 삶이 그저 전해 들은 희미한 기억에 불과했다. 그들은 자리를 잡고 살았다. 비록 그 자리가 바빌론이었지만 말이다. 게다가 귀환 여정은 길고도 힘들었을 것이다. 거의 사람이 살지 않는 반(半)사막 풍경을 통과하는 약 1천 마일의 여정이었을 것이다. 그것도 걸어서 가야 했을 것이다. 이 여행을 시작해야 하나? 그것은 결코 사소한 일이 아니었다.

제2 이사야의 과업은 유배에서의 귀환을 선포하고 격려하며, 선언하고 힘을 실어 주는 것이다. 그의 활성화 언어는 성서에서 가장 장엄한 것 중의 하나이다. 그것의 많은 부분이 헨델의 메시아 때문에 우리에게 친숙하다는 것은 우연이 아니다.

그가 전한 메시지의 주된 내용은 아마도 그의 예언자적 소명을 반영하는 것 같은 한 구절에서 선포된다. 그 어조와 내용은 멸망 이전의 예언자들과 매우 다르다.

"너희는 위로하여라! 나의 백성을 위로하여라!"
너희의 하나님께서 말씀하신다.
"예루살렘 주민을 격려하고, 그들에게 일러 주어라.
이제 복역 기간이 끝나고, 죄에 대한 형벌도 다 받고,
지은 죄에 비하여 갑절의 벌을 주님에게서 받았다고 외쳐라."[42]

제2 이사야의 메시지는 하나님이 귀환 길을 준비하고 있다는 것이다. 사막에 건설 중인 초고속도로의 은유를 사용하여, 그는 바빌로니아의 지배체제에 의해 피해당한 포로들에게 선언했다.

광야에 주님께서 오실 길을 닦아라.
사막에 우리의 하나님께서 오실 큰 길을 곧게 내어라.
모든 계곡은 메우고, 산과 언덕을 깎아내리고,
거친 길은 평탄하게 하고, 험한 곳은 평지로 만들어라.[43]

제2 이사야는 하나님에게서 잊어 버려졌다는 포로들의 절망감을 인식하고 그들의 탄식을 인용했다.

야곱아, 네가 어찌하여 불평하며, 이스라엘아, 네가 어찌하여 불만을 토로하느냐?
어찌하여 "주님께서는 나의 사정을 모르시고,
하나님께서는 나의 정당한 권리를 지켜주시지 않느냐" 하느냐?[44]

그는 그들의 정체성을 활성화하는 확언으로 그들의 낙담을 반박했다. 그는 그들에게 하나님의 시야에서 그들이 누구인지를 상기시킨다. 그들은 소중하고, 존귀하고, 사랑받고, 기억되는 존재이다.

---

42 이사야 40:1-2, 제2 이사야의 시작 절.
43 이사야 40:3-4.
44 이사야 40:27.

그러나, 이제 야곱아

너를 창조하신 주님께서 말씀하신다.

이스라엘아

너를 지으신 주님께서 말씀하신다.

내가 너를 속량하였으니, 두려워하지 말아라.

내가 너를 지명하여 불렀으니, 너는 나의 것이다…

내가 너를 보배롭고 존귀하게 여겨 너를 사랑하였으므로…

내가 너와 함께 있으니 두려워하지 말아라.[45]

그는 하나님이 그들 중 단 한 사람조차도 잊지 않을 것이라고 그들을 안심시킨다. 왜냐하면 그들과 그들의 자손이 하나님의 아들들과 딸들이기 때문이다.

내가 동쪽에서 너의 자손을 오게 하며, 서쪽에서 너희를 모으겠다.

북쪽에다가 이르기를 '그들을 놓아 보내라' 하고,

남쪽에다가도 '그들을 붙들어 두지 말아라.

나의 아들들을 먼 곳에서 오게 하고, 나의 딸들을 땅끝에서 오게 하여라.

나의 이름을 부르는 나의 백성.'[46]

부모로서 하나님과 하나님의 아들들과 딸들로서 이스라엘의 이미지는 대담하게도 하나님을 자기 자식을 양육하는 어머니로 비유하는 구절에서 계속된다. 포로들을 괴롭히는 두려움이 다시 나타난다. "주

---

45 이사야 43:1, 4-5.
46 이사야 43:5-6.

님은 나를 버리셨고, 나의 주님은 나를 잊으셨다." 하나님의 이름으로 이사야는 말한다.

> 어머니가 어찌 제 젖먹이를 잊겠으며,
> 제 태에서 낳은 아들을 어찌 긍휼히 여기지 않겠느냐!
> 비록, 어머니가 자식을 잊는다 하여도,
> 나는 절대로 너를 잊지 않겠다.[47]

그는 포로들에게 하나님이 그들을 기억한다고 안심시킬 뿐만 아니라 힘든 귀환 길에서 하나님의 힘을 부여하는 하나님의 현존도 약속한다.

> 너는 알지 못하였느냐? 너는 듣지 못하였느냐?
> 주님은 영원하신 하나님이시다.
> 땅끝까지 창조하신 분이시다.
> 그는 피곤을 느끼지 않으시며, 지칠 줄을 모르신다.
>
> 피곤한 사람에게 힘을 주시며,
> 기운을 잃은 사람에게 기력을 주시는 분이시다.
> 비록 젊은이들이 피곤하여 지치고,
> 장정들이 맥없이 비틀거려도,
> 오직 주님을 소망으로 삼는 사람은 새 힘을 얻으리니,
> 독수리가 날개를 치며 솟아오르듯 올라갈 것이요,

---

47 이사야 49:14-15.

뛰어도 지치지 않으며,

걸어도 피곤하지 않을 것이다.[48]

하나님은 이스라엘의 목자이시다.

그는 목자와 같이 그의 양 떼를 먹이시며,

어린 양들을 팔로 모으시고, 품에 안으시며,

젖을 먹이는 어미 양들을 조심스럽게 이끄신다.[49]

포로들의 공동체에 새로움은 불가능해 보였다. 그러나 제2 이사야는 하나님이 새 일을 행할 것이라고 선언했다.

전에 예고한 일들이 다 이루어졌다.

이제 내가 새로 일어날 일들을 예고한다.[50]

새 일은 다름 아닌 바로 새 출애굽이다. 이집트로부터의 탈출을 회상하는 언어로 다음과 같이 말했다.

나는 주, 너희의 거룩한 하나님이며, 이스라엘의 창조주요, 너희의 왕이다.

내가 바다 가운데 길을 내고, 거센 물결 위에 통로를 냈다.

내가 병거와 말과 병력과 용사들을 모두 이끌어내어 쓰러뜨려서,

다시는 일어나지 못하게 하고, 그들을 마치 꺼져가는 등잔의 심지같이 꺼버렸다.

---

48 이사야 40:27-31.

49 이사야 40:11.

50 이사야 42:9.

나 주가 말한다.

너희는 지나간 일을 기억하려고 하지 말며, 옛일을 생각하지 말아라.

내가 이제 새 일을 하려고 한다.

이 일이 이미 드러나고 있는데, 너희가 그것을 알지 못하겠느냐?

내가 광야에 길을 내겠으며, 사막에 강을 내겠다.[51]

제2 이사야의 활성화 언어는 효과가 있었다. 그의 입에서 나온 말들은 빈손으로 돌아오지 않고, 하나님이 의도한 것을 성취했다.

참으로 너희는 기뻐하면서 바빌론을 떠날 것이며, 평안히 인도받아 나아올 것이다.

산과 언덕이 너희 앞에서 소리 높여 노래하며, 들의 모든 나무가 손뼉을 칠 것이다.[52]

비록 일부가 바빌론에 남아있었지만, 상당히 많은 수의 유대인 포로들은 고국으로 돌아왔다. 한 세대 이내에 귀환하고 있는 남은 자들은 예루살렘에 성전을 재건하였다. 이 성전은 상대적으로 가난한 포로들의 지위 때문에 규모와 화려함에 있어서 솔로몬 왕이 지은 (그리고 바빌론 사람들에 의해 파괴된) 이전의 성전보다 훨씬 더 초라했다.

비록 포로들은 수 세기 동안 잇따른 이방 제국들의 정치적 통제 아래 계속 있게 되었지만, 그들은 약속의 땅에 돌아왔다. 그들은 **고향**에 왔다.

---

51 이사야 43:15-19.

52 이사야 55:11을 반향하고 55:12를 인용함.

우리가 제2 이사야에서 접하는 예언자적 활성화는 멸망 이전 예언자들의 예언자적 비판과 똑같은 곳에서 왔다. 제2 이사야는 자기 자신의 체험에서 하나님의 활성화의 힘을 확실히 알았다. 그렇게 하여 비로소 그는 귀환 여행길에 오르도록 그의 공동체를 활성화하고 능력을 부여할 수 있었을 것이다.

끝맺는 성찰

예언자들을 그들의 시대와 분리하고 그들이 먼 미래를 예언하고 있다고 상상할 때가 아니라, 예언자들이 **그들의** 시대 속에서 말했던 것을 듣는 우리 시대에 예언자적 비판과 활성화는 가장 많이 관련되어 있다. 시적 언어가 늘 그렇듯이 그들의 언어는 은유로 가득 차 있지만, 그들의 말을 가장 역사적으로 들을 때 우리는 그들의 말을 가장 명확하게 듣게 된다.

그리스도교 역사의 많은 부분에서 그들의 목소리는 분명하게 들리지 않았다. 그들의 목소리는 보통 길들여졌는데, 그들을 메시아로서 예수의 예고자로 보기를 바라는 사람들에 의해 매우 자주 길들여졌다. 그 길들임은 대체로 그리스도교와 서구 문화의 결합(서기 4세기 콘스탄티누스와 함께 시작해서 최근에서야 끝난 연합)인 그리스도교 왕국(Christendom)의 산물이다. 그리스도교가 지배 문화와 동침했던 수 세기 동안, 그리스도교는 예언자들을 지배체제에 대항하는 급진적인 사회적 저항의 목소리로 보지 않았다(그리고 어떤 의미에서는 볼 수 없었다). 그래서 그리스도교는 예언자들을 무시하거나 혹은 그들을 상관

없게 만듦으로써, 그들을 "위험하지 않은" 인물들로 만들었다.

우리 시대에서 그리스도교 왕국의 종말은 "하나님의 꿈"[53]을 분명히 말하고 있는 하나님에게 중독된 목소리로서 예언서를 다시 듣고 읽는 가능성을 만들어 낸다. 하나님의 꿈은 정의와 평화의 세상이다.

> 나라마다 칼을 쳐서 보습을 만들고 창을 쳐서 낫을 만들 것이며,
> 나라와 나라가 칼을 들고 서로를 치지 않을 것이며
> 다시는 군사 훈련도 하지 않을 것이다.
> 사람마다 자기 포도나무와 무화과나무 아래 앉아서, 평화롭게 살 것이다.
> 사람마다 아무런 위협을 받지 않으면서 살 것이다.[54]

여러 가지 이유로 오늘날 북미의 교회에서 사회정의를 위한 예언자적 열정을 전하는 것은 어렵다. 우리 중 일부는 예언과 성취라는 눈가리개 때문에 계속해서 눈이 멀어지고 있다. 예언자들이 풍요로운 사회의 거주자들로서 우리를 쉽사리 불편하게 만들기 때문에, 우리는 또한 그들의 말을 듣는 것에 저항한다. 또 다른 이유는 '정의'라는 말이 우리 문화 속에서 다양한 의미를 가지고 있고, 그것 중의 가장 일반적인 의미는 정의의 예언자적 의미와 거의 관련이 없다는 것이다.

나는 대학생들에게 예언서를 가르치는 동안에 이것을 알게 되었다. 대학 시절 예언서를 가장 흥미진진한 부분으로 여겼음에도 불구하고, 내가 정의에 대한 예언자들의 열정을 열정적으로 상세히 설명

---

53 나는 이 아주 멋진 표현을 Verna Dozier, The dream of God (Cambridge, MA: Cowley, 1999)에서 빌려왔다.

54 미가 4:1-4의 완전한 신탁은 이사야 2:2-4에서 거의 정확하게 병행된다. 이는 그것이 예언자 사회에서 널리 알려졌음을 시사한다.

하는 동안 학생들이 매우 흥분하지 않아서 나는 당황스러웠다. 학생들은 충실하게 필기는 했지만, 주목할 만한 일은 전혀 일어나지 않은 것 같았다.

그래서 나는 강의를 멈추고 그들에게 "내가 '정의'라는 말을 할 때, 어떤 생각이 떠오르나요?"라고 물었다. 잠깐의 침묵 후에 한 학생이 "형사사법제도를 생각합니다"라고 말했다. 나는 그의 대답이 일리가 있다고 인식했다. 어쨌든 미국 법무부는 **형사** 사법과 관계가 있고, 그 수장은 '국가 최고 법집행기관'으로 간주된다. 그러나 정의에 대한 예언자들의 열정을 범죄자들에게 유죄 선고를 하고 처벌하는 행위에 관한 것으로 듣는다면, 이는 예언자들의 말을 전혀 알아듣지 못하는 것이다.

정의의 또 다른 일반적인 의미는 '절차적 정의'다. 절차적 정의는 '공정한 경기'와 관계가 있는데, '절차들'(법률과 법적 절차들)이 모든 사람에게 똑같고, 모든 사람에게 똑같이 집행됨을 보장한다는 것이다. 그런 종류의 정의는 개인과 개인적 권리에 관심을 두기 때문에, 개인주의라는 핵심적인 미국의 문화적 가치에 잘 들어맞는다. 절차적 정의는 개인주의라는 시대정신(ethos)에 도전하기보다는 오히려 그것을 지지해준다. 물론 절차적 정의는 정말로 중요하고, 특히 형사사법과 인권 분야에서 대단히 중요하다. 그러나 그것은 예언자들이 의미한 것이 아니다.

정의의 세 번째 의미는 '사회정의'다. 형사 정의와 절차적 정의 보다 더 포괄적인 사회정의는 사회구조들과 그것들의 결과와 관계가 있다. 사회정의는 결과 지향적이기 때문에, 그것은 사회구조—전체 사회체제—가 그 결과에 있어서 정당한지를 판별한다. 사회구조의 결과들이 광범위한 빈곤층을 양산하는가? 아니면 더 공평한 자원 분배를 낳는가? 그것들은 갈등을 초래하는가? 아니면 평화를 만들어내는가? 그것들은 미래를 파괴하는가? 아니면 미래에 자양분을 공급하는가?

매우 훌륭한 절차적 정의가 있지만, 사회적 불의로 가득한 사회를 상상해볼 수 있다. 파라오의 이집트나 혹은 제3 제국(Third Reich, 1933-1945년 히틀러 치하의 독일 _ 옮긴이)이 완벽한 절차적 정의를 가졌다고(물론 그들은 그렇지 않았지만, 그렇다고 상상할 수는 있다) 상상할 수 있다. 그리고 완벽하게 집행되었던 법도 갖고 있었다고 상상할 수 있지만, 그렇다 하더라도 이런 사회를 정의로운 사회라고 결론을 내린다는 것은 상상할 수가 없다. 사회정의는 법과 절차의 공정한 집행 그 이상에 관한 것이다. 그것은 **사회체제**의 정의와 관계가 있다. 그것의 반대는 구조적 불의다.

사회정의는 예언자들이 선포하는 그런 종류의 정의다. 그들의 예언자적 비판의 열정은 우리를 자극한다. 하나님의 꿈과 이 세상의 지배체제 사이의 갈등은 끊임없이 지속되기 때문이다. 그 갈등은 고대 이스라엘의 역사를 통해 흘러내릴 뿐만 아니라 예수의 시대에도 다시 나타나는데, 이는 하나님 나라와 이 세상의 헤롯들 및 카이사르들의 나라 사이의 갈등이다. 분명하게 말하자면, 이 갈등은 오늘에 이르기까지 우리와 함께 있다. 엘리트들은 계속해서 자신들의 사적 이익에 도움이 되도록 사회를 조직하기 때문이다.[55]

---

55 현대 미국에서 우리는 높은 세금을 하나의 (그리고 아마도 으뜸가는) 주된 정치적 쟁점으로 명명하는 것에서 이것을 본다. 우리 사회의 납세 거부 정서는 주로 부자들이 부추기고 자금을 조달한다. 납세 거부 운동이 단순히 부자들의 편협한 사적 이익이 아니라 전체 사회의 이익에 기여한다고 어느 누가 진지하게 믿을 수 있겠는가? 불행히도 많은 사람이 그렇게 믿는다. 엘리트들은 여론을 형성하는 방법(과 따라서 체제 전체)을 알고 있다.

예언자적 활성화의 메시지는 오늘날에도, 즉 우리 시대의 지배체제에 의한 피해자들과 유배자들에게도 관련이 있다. 그것은 그들의 정체성, 가치관 그리고 가치가 문화에 근거하는 것이 아니라 하나님의 배려에 근거한다고 선언한다. 그것은 하나님의 성격, 의지 그리고 정의가 억압적인 사회체제의 정의와 다르다고 단언했다.

그 메시지는 또 다른 사회를 갈망하는 파라오의 집안의 우리와도 관련이 있다.[56] 새로움은 가능하다. 미래는 과거를 복제할 필요가 없다. 하나님의 꿈은 살아있기 때문이다.

예언자적 활성화는 우리에게 하나님의 실재를 예언자적 비판보다 더 많이 상기시켜준다. 어쨌든 하나님 없이 사회정의에 대해 열정적일 수 있다. 그러나 예언자들은 하나님과 정의 **둘 다**에 대해 열정적이었다. 그들은 우리가 출애굽 이야기에서 들은 것과 똑같은 두 강조점, 즉 영적인 것과 사회적인 것, 하나님과 정의, 신성과 이 세상을 함께 묶는다. 영적인 삶, 즉 하나님과 함께 하는 삶의 한가운데에는 이중적 관계가 있는데, 이는 하나님과의 관계와 (일상세계가 구성되는 방식을 포함하여) 일상세계와의 관계이다.

우리는 이것을 제2 이사야에서 분명하게 본다. 그의 말이 기원전 6세기의 유대인 포로들을 위해 지닌 역사적 의미 이외에도, 그는 우리에게 강력한 종교적 은유로서 '유배'와 '귀환'이라는 언어도 물려주었다. 그것의 모든 은유적 공명(resonances) 때문에, '유배'는 인간의 상황과 우리가 종종 우리의 삶을 경험하는 방식에 관한 풍부한 은유이다. 우리는 슬픔, 비통함, 열망, 연약함, 집 없음과 같은 고대 이스라엘

---

56 "파라오의 집안"은 지배체제에 가장 중요한 책임을 지지 않거나 혹은 심지어는 그것을 찬성하지도 않으면서 그것으로부터 이익을 얻는 사람들에 대한 은유이다.

이 유배생활 중에 느꼈던 것의 많은 부분을 느꼈다.

포로들을 위한 해결책은 물론 귀환 여정, 광야를 지나는 길 혹은 행로다. 종교 생활을 '길'(way) 혹은 '행로'(path) 혹은 '여정'(journey)으로 상상하는 것은 제2 이사야에서 뿐만 아니라 유대교와 그리스도교 그리고 다른 종교적 전통에서도 중심이 된다.

유대교와 그리스도교는 '길'에 관한 종교이다. 사실 그리스도교 전통에서 매우 중심적인 말인 "회개하다"는 포로기의 유대인 이야기에 그 뿌리를 두고 있다. 회개한다는 것은 죄를 정말로 후회한다는 의미가 아니라, 오히려 귀환의 길로 나선다는 것을 의미한다. 그 여정은 유배 생활에서 시작되고, 그 목적지는 하나님의 현존 안에서의 삶으로 귀환하는 것이다.

이 귀환 여정은 우리가 시작된 곳, 즉 낙원과 예루살렘과 시온으로 인도하는데, 이 셋은 모두 하나님의 현존 장소를 상징한다. 물론 우리는, 우리가 그것을 믿지 못하거나 혹은 알지 못할 때조차도, 결코 하나님의 현존 바깥에 있지 않다. 그 '길', 그 '행로'는 우리가 아는 곳으로 이어진다. 제2 이사야가 말하는 귀환 여정은 하나님의 현존 속에서의 삶으로 이어진다. 그것은 우리가 그 안에서 살고 이동하고 우리의 존재를 가지는 하나님에게로 이어졌다.

7 장

이스라엘의 지혜서

이스라엘의 지혜문학에서 우리는 고대 이스라엘의 일상적 삶을 접한다. 이 문학은 우리가 출애굽과 예언자 전승들에서 접하는 것보다 일상 속의 개인과 세상에 더 중점을 두고 있다. 그것의 중심 되는 관심은 "어떻게 살 것인가?"와 "삶이란 무엇인가?"와 같은 매우 실제적인 질문들이다.

이스라엘의 지혜는 대단히 풍부하다. 그것은 잠언의 실용적이고 간결하나 함축적인 지혜의 격언들에서 전도서의 삶의 신비에 관한 우울한 성찰을 거쳐 욥기의 고뇌에 차고 장엄한 책에까지 이른다. 그것은 자녀 양육에 관한 현인의 충고에서 현실의 본질과 삶의 의미에 관한 대단히 성찰적인 사고까지 모든 것을 포함한다. 표현은 다양하고 도발적이다.[1]

---

1 이스라엘의 지혜문학에 대한 가장 이해하기 쉬운 입문서는 Kathleen M. O'Conner,

서론

이스라엘의 지혜서는 히브리 성서의 세 번째이자 마지막 부분인 성문서(the Writings)에 나온다. 이것은 주로 포로기 이후부터 시작된 다양한 종류의 모음집이다. 잠언, 전도서 그리고 욥기와 같은 지혜서 이외에, 성서의 성문서에는 (이스라엘의 기도서와 찬송가인) 시편, 묵시 문학적 책인 다니엘서, 영웅적인 왕비 에스더와 착한 이방인 여성 룻에 관한 이야기들, (때때로 솔로몬의 노래 혹은 찬가로 불리는) 연애 시인 아가서, 역사서인 역대기상·하, 에스라 그리고 느헤미야가 포함된다.

지혜서는 정확하게 연대를 추정하기가 어렵다. 대체로 지혜서에는 그것들의 연대를 추정할 수 있는 동시대의 역사적 사건들에 대한 언급이 전혀 없기 때문이다. 사실, 율법서와 예언서와는 눈에 띄게 대조적으로, 지혜서는 이스라엘의 과거의 역사적 사건들조차도 언급하지 않는다. 역사는, 세속적이든 신성하든, 지혜서의 관심 중의 하나가 아니다.[2]

고대로부터 이스라엘의 지혜는 기원전 10세기에 통치했던 솔로몬 왕과 연관되어왔다. 잠언의 많은 부분은 그의 작품으로 여겨지고, 전

The Wisdom Literature (Wilmington: Michael Glazier, 1988)이다. 내게 특히 도움이 된 다른 책들은 James Crenshaw, *Old Testament Wisdom: An Introduction*, rev. ed. (Louisville: Westminster John Knox, 1988); Ronald Murphy, *The Tree of Life: An Exploration of Biblical Wisdom Literature*, 2nd ed. (grand Rapids: Eerdmans, 1996); Ronald Murphy and Elizabeth Huwiler, *New International Biblical Commentary: Proverbs, Ecclesiates, Song of Songs* (Peabody, MA: Hendrickson, 1999); Leo Perdue, *Wisdom and Creation: The Theology of Wisdom Literature* (Nashville: Abingdon, 1994)이다.

2 이스라엘의 지혜전승은 창조주 하나님에 중심을 두고 있다는 설득력 있는 주장에 대해서는 Leo Perdue, *Wisdom and Creation* (Nashville: Abingdon, 1994)를 보라.

도서는 그를 저자로 주장하며, 외경인 솔로몬의 지혜는 그의 이름을 따서 명명되었다. 그러나 이러한 책들이 솔로몬의 시대로부터 오지 않았다는 것이 학자들의 일치된 의견이다. 따라서 솔로몬과의 관련성은 전승에 따른 것이고 (오경과 모세, 시편과 다윗 사이의 관련성처럼) 역사적 의미가 없다.

그렇다면 우리는 지혜문학을 솔로몬의 시대가 아니라 기원전 539년에 시작된 포로기 이후 시대에서 찾아야 한다. 비록 격언집으로서 잠언에는 더 이른 시기의 일부 자료가 들어있다는 것이 틀림없지만, 현재 형태로서 그것은 기원전 500년경에 조합된 포로기 이후의 구성물이다. 비록 소수의 학자가 욥기의 연대를 기원전 7세기로 추정하지만, 가장 일반적으로는 포로기 혹은 포로기 이후 문헌으로 여겨진다. 전도서는 가장 늦은 시기의 것으로, 그것의 연대는 보통 기원전 3세기로 추정된다.

이 몇백 년 동안 유대인들은 계속해서 이방 제국들의 정치적 통제 아래 살았다. 그들은 페르시아 제국 아래 있었고, 그 후 기원전 333년에 알렉산드로스 대왕에 의해 정복당하고 나서 알렉산드로스의 후손인 헬레니즘 제국들의 통치 아래 놓이게 되었다. 유대인들은 기원전 164년 마카베오 시대에 이르러서야 비로소 그들의 정치적 독립을 되찾았다.

이 시기가 시작될 무렵 우리는 이스라엘 땅의 유대 공동체를 크기가 그리 크지 않고 주로 예루살렘 주위에 밀집된 것으로 상상해야 할 것이다. 예루살렘 성전은 그 공동체의 종교적 중심일 뿐만 아니라 정치적 중심이기도 했다. 그들의 땅은 이방 제국의 속주였기 때문에, 물론 유대인들은 왕이 없었다. 따라서 민족-종교적 정체성뿐만 아니라 공동체 내의 정치적 권위도 성전과 성전의 대제사장에 집중되었다. 시간이 지나면서 선출된 대제사장 가문으로 주로 구성된 토착 귀족 계급이 성전 주위에 출현하였다. 유대인들은 '성전 국가'와 '신정 국가'가 되는 과정에 있었다. 그것은 하나님의 제사장들과 율법학자들을 통해 하나님에 의해 다스려지는 사회였다.

우리는 또한 공동체의 정체성을 공고히 하고 그 전통을 보존하고자 하는 하나의 종교적 공동체를 상상할 필요가 있다. 이러한 이례적인 활동 시기 동안 오경은 (율법 전승들의 통합과 일부 창작을 포함하여) 현재의 형태로 만들어지고, 책들의 모음집으로서 예언서가 형태를 갖추게 되며, 성문서의 대부분 혹은 전체가 구성되었다. 그것은 소집단의 사람들에게 있어서는 굉장한 문학적이고 종교적인 성취이다.

이스라엘의 지혜전승에는 히브리 성서에는 없지만 그리스도교 외경에 있는 두 권도 포함되어 있다. 첫 번째는 시락(Sirach) 혹은 벤시라의 지혜(the Wisdom of Ben Sira) 혹은 집회서(Ecclesiasticus)[3]와 같은 몇몇 이름으로 알려져 있다. 이 책은 포로기 이후 상당히 늦게, 아마도 기원전 200년과 180년 사이에 쓰였을 것이고, 그 저자는 예수 벤시라 혹은 '시락의 아들 예수'라는 이름의 예루살렘의 유대인 지혜 교사였다. 두 번째 외경 지혜서인 솔로몬의 지혜는 훨씬 늦게 쓰였는데, 일반적으로 연대는 기원전 1세기로 (그리고 아마도 서기 1세기 초까지도) 추정된다. 저자는 알려지지 않았다. 그리스도교 외경의 일부로서 이 두 책은 가톨릭, 동방정교회, 성공회에서는 경전으로 여겨지나 대다수 개신교에서는 그렇지 않다. 이 두 책은 매우 흥미로운 자료를 담고 있

---

3 보통 'Sir'나 'Ecclus'로 줄여 쓴다. 후자가 전도서의 일반적인 축약형인 'Eccles'와 얼마나 비슷한지에 주목하라.

지만, 우리는 히브리 성서에 들어있는 세 개의 지혜 문헌인 잠언, 전도서 그리고 욥기에 집중할 것이다.

이스라엘의 지혜문학은 내용과 어조와 형식에 있어서 오경과 예언서와는 매우 다르다. 그것의 주제는, 이전에 언급했듯이, 개인에 더 관심이 있다. 그렇지만 이스라엘의 지혜문학은 **가족과 친족체제 및 사회 안에 깊이 박힌 존재로서** 개인을 생각하기 때문에, 그 용어의 현대 미국적인 의미로서 '개인주의적'은 아니다. 그러나 히브리 성서의 나머지 부분과는 달리, 이스라엘의 지혜문학은 하나의 민족으로서 이스라엘의 신성한 이야기나 혹은 사회 질서의 비판과 개혁에는 관심이 없다.

그것의 어조와 형식 역시 다르다. 그것은 신적 계시의 산물임을 주장하는 것이 아니라 인간 경험에 대한 관찰과 성찰에 기초한다. 하나님으로부터 왔다고 하는 오경의 율법들과는 달리 그리고 하나님을 대신해서 "주님의 말씀"을 전한다는 예언자들과는 달리, 이스라엘의 지혜는 계시된 진리라고 주장하지 않는다.

지혜는 경험에 근거한 통찰이다. 때때로, 잠언의 짧은 격언들에서처럼, 지혜는 결정성(結晶性) 경험, 곧 오랜 세상의 경험에서 생성된 삶의 방식에 관한 압축된 통찰이다. 따라서 수 세기에 걸친 공동체적 경험의 산물로서 잠언은 대체로 '**공동체적 지혜**'이다. 반면에 전도서와 욥기는 특정한 저자들이 유리한 지위에서 바라보는 경험에 대한 지속적인 성찰이다. 세 권의 책은 모두 삶에 대한 관찰에 근거하고 있고, '사실 이것이 삶이다'라고 말한다.

이 책들을 탐구해 가면서 우리는 이스라엘의 지혜전승의 풍부함을 맛볼 뿐만 아니라 그 안에 있는 강렬하고 면밀한 대화—심지어 갈등—도 깨닫게 될 것이다. 삶은 해야 할 옳은 일을 알고 그것을 행하는 것만큼 단순한가? 올바르게 살면, 만사가 잘 해결되는가? 그리고 삶이 그렇게 단순한 것이 아니라 훨씬 더 신비로운 것이라면, 하나님의 본성, 삶의 목적 그리고 어떻게 살아야 하는가에 관해 그것은 무슨 말을 하는가?

잠언

잠언은 31장으로 되어있고, 두 개의 주요 부분으로 나뉜다. 첫 번째 부분(처음 아홉 장으로 구성된)은 "지혜를 찬양하여"라는 표제를 붙일 수 있는 일련의 '지혜시'이다. 나머지 대부분은 개별적 격언들의 모음집, 간단히 말해서 이 책에 제목을 제공하는 기억할 만한 격언들이다. 두 번째 부분의 간결하고 함축적인 격언들은 한 사람의 작품이 아니라 여러 세대에 걸친 지혜 교사들의 축적된 격언들이다.

잠언 1-9장의 지혜시

이 책 첫 부분의 시들은 우리에게 이스라엘 지혜전승의 핵심적인 은유를 소개하는데, 그 은유는 '길' 혹은 '행로'로서 삶이다. 이 시들은 행로를 따라 이동하는 것과 관련된 이미지들, 즉 걷고, 달리고, 따라가고, 비틀거리고, 넘어지는 것으로 가득하다. 이 시들은 지혜로운 길과 어리석은 길, 지혜의 행로와 어리석음의 행로와 같은 두 길을 대조함으로써 그 은유를 발전시킨다. 다른 대조 쌍들도 사용되는데, 의의 길과 악의 길, 생명의 길과 죽음의 길이 그것이다. 이 책 전체는 두 길 사이의 선택을 전개해 나간다.

지혜로운 길의 기초와 출발점은 첫 장에서 선언된다. "주님을 경외하는 것이 지식의 근본이거늘, 어리석은 사람은 지혜와 훈계를 멸시한다."4 "주님을 경외하는 것"이라는 표현은 전제 군주나 부모를 두려워하는 것 같은 '공포'를 의미하는 것은 아니다. 오히려 그것은 하늘과 땅을 만들고 삶과 죽음의 주님인 유일하신 분의 현존 속에서 느끼는 경외, 경이 그리고 경의를 나타낸다. 지혜의 시작은 우리가 일상세계를 초월하는 실재를 대하고 있다는 것을 진지하게 받아들이는 데에 있다. 그 실재가 일상세계 속에 **알려진** 바로 그 순간이다.

이 장들은 우리에게 일반적으로 '지혜의 여인' 즉 '소피아'로 불리는 인격화된 여성형의 '지혜'를 소개한다. '소피아'는 **지혜**에 해당하는 그리스어일 뿐만 아니라 여성의 이름으로서, 그것은 더 추상적이고 중성적으로 들리는 '지혜'보다 인격화를 더 잘 표현해주기도 한다.

지혜/소피아는 헤아릴 수 없는 가치가 있다. 그녀를 따르는 것은 지혜로운 길이고, 그 길은 생명, 부, 명예, 평화 그리고 행복으로 이어진다.

> 지혜를 찾는 사람은 복이 있고, 명철을 얻는 사람은 복이 있다.
> 참으로 지혜를 얻는 것이 은을 얻는 것보다 낫고, 황금을 얻는 것보다 더 유익하다.
> 지혜는 진주보다 더 값지고, 네가 갖고 싶어 하는 그 어떤 것도 이것과 비교할 수 없다.

---

4 잠언 1:7.

그 오른손에는 장수가 있고, 그 왼손에는 부귀영화가 있다.

지혜의 길은 즐거운 길이요, 그 모든 길에는 평안이 있다.

지혜, 그것을 얻는 사람에게는 생명의 나무이니, 그것을 붙드는 사람은 복이 있다.[5]

지혜/소피아는 너무도 중요해서 그녀는 세상이 창조될 때 하나님과 함께 있었던 것으로 언급된다.

주님께서 일을 하시던 그 태초에,

주님께서 모든 것을 지으시기 전에,

이미 주님께서는 나를 데리고 계셨다.

영원 전, 아득한 그 옛날, 땅도 생기기 전에 나는 이미 세움을 받았다.[6]

지혜/소피아는 음식과 음료를 제공한다. 그녀는 올 만한 사람 모두를 초대하는 빵과 포도주의 잔치를 주최한다.

"어수룩한 사람은 누구나 이리로 발길을 돌려라."

"와서 내가 차린 음식을 먹고, 내가 잘 빚은 포도주를 마셔라.

어수룩한 길을 버려라, 생명을 얻어라.

---

5 잠언 3:13-18. 그녀는 1:20-33에서 처음 소개되고, 거기서 그녀는 예언자처럼 말한다. (저자가 인용한 영어 성서에서는 3:14에서부터 지혜가 그녀라는 3인칭 여성 대명사로 사용되고 있다 _ 옮긴이).

6 잠언 8:22-23. 31절까지 계속되는 이 시는 소피아/지혜가 창조 때 하나님과 함께 있었음을 강조한다. "아직 깊은 바다가 생기기도 전에, 나는 이미 태어났다.… 아직 산의 기초가 생기기 전에 … 주님께서 하늘을 제자리에 두실 때에, 내가 거기에 있었다," 등등.

명철의 길을 따라가거라" 하였다.[7]

이러한 의인화는 유대 지혜문학에서 지혜/소피아가 하나님에 대한 여성적 이미지로 변하는 과정의 첫 단계이다.[8] 이러한 발전이 바로 소피아의 예언자와 소피아의 화육(incarnation)으로서 예수에 대해 말하기 위해 신약성서가 사용하는 소피아의 이미지를 위한 배경이다. 그것은 또 최근의 그리스도교 신학에서 소피아에 기울여지는 증가하는 관심을 위한 근거이기도 하다.[9]

이 시들에는 두 번째 인격화가 있다. 다시 말해서 어리석음의 길은 '낯선 여인' 혹은 '이방 여인'으로 인격화된다. 종종 간통한 여인 (adulteress)과 유혹하는 여인(seductress)으로 그려지는 그녀는 뛰어난 문학적 우아함과 심리적인 예리함으로 묘사되는 매력을 가지고 있다.[10] 그녀는 사람들에게 어떤 길을 따라가라고 유혹할 뿐 아니라 소피아를 흉내 내기도 한다. 똑같은 말로 그녀 역시 사람들에게 그녀의 집과 잔치에 오라고 한다. "어수룩한 사람은 누구나 다 이리로 발길을 돌려라."[11] 그러나 그녀의 길은 어리석음, 사악함 그리고 죽음으로 이어졌다.

이 두 인격화는 잠언 전체가 말하는 두 길을 상징한다. 소피아와

---

7 잠언 9:4-6. 잔치에 대한 구절은 9:1에서 시작된다.

8 유대 지혜전승의 다른 주요 본문들은 집회서 24; 솔로몬의 지혜서 7:7-8:16, 특히 7:22-8:1과 10장이다.

9 소피아 이미지와 예수에 대한 그것의 적용을 한 장에 걸쳐 다룬 책, *Meeting Jesus Again for the First Time* (San Francisco: HarperSanFrancisco, 1994), 5.

10 잠언 7:6-23의 유혹 시나리오를 보라. 다른 관련 본문은 2:16-19, 5:3-14.

11 그녀의 잔치에 관해서는 잠언 9:13-18을 보라. 초대는 9:16.

지혜의 길을 따르는 것은 생명으로 이어진다.

> 나를 얻은 사람은 생명을 얻고, 주님께로부터 은총을 받을 것이다.
> 그러나 나를 놓치는 사람은 자기 생명을 해치는 사람이며,
> 나를 미워하는 사람은 죽음을 사랑하는 사람이다.[12]

반면에 '이방 여인'을 따르는 것은 죽음으로 이어진다.

> 네 마음이 그 여자가 가는 길로 기울지 않게 하고,
> 그 여자가 가는 길로 빠져들지 않게 하여라.
> 그 여자에게 상처를 입고 쓰러진 사람이 많고,
> 그 여자 때문에 죽은 남자도 헤아릴 수 없이 많다.
> 그런 여자의 집은 스올로 트인 길이며,
> 죽음의 안방으로 내려가는 길이다.[13]

있을 수 있는 오해를 피하려고 이 유대 전승이 아직 내세를 단언하지 않고 있었다는 것을 강조하는 것은 중요하다. 사후의 천국과 지옥에 대한 믿음은 2, 3세기 미래의 일이었다.[14] 따라서 그 두 길—하나는 생명에 이르는 길이고 나머지 하나는 죽음에 이르는 길—은 (천국과 지옥에 관한) 영원에 관한 것이 아니라 육체의 죽음이 있는 이 세상을 살아가는 두 가지 다른 길에 관한 것이다.

---

12 잠언 8:35-36.
13 잠언 7:25-27. 또 2:16-19; 5:3-14; 9:18도 보라.
14 내세에 대한 최초의 모호하지 않고 명료한 확언은 다니엘서에 있다(12장을 보라). 다니엘서의 연대는 일반적으로 기원전 165년경으로 추정된다.

잠언 10-30장

이제 우리는 잠언의 나머지를 채우고 있는 개별적인 격언들의 모음집으로 방향을 바꿀 것이다. 일반적으로 말해서 잠언은 기억할 만한 것이 되도록 고안된 간결하고 지혜로운 격언들이다. 스페인 작가 세르반테스(Cervantes)의 정의를 이용해서 말하자면, 잠언은 오랜 경험에 기반을 두고 진리를 담고 있는 짧은 문장이다. 삶에 대한 관찰로서 잠언은, 비록 명령법이 함축되어 있지만, 일반적으로 명령법 문장보다는 오히려 직설법 문장이다.

하나의 격언에 대한 성서 외의 최고의 예 중 하나는 "제때 한 바늘이 아홉 바늘 아낀다"라는 속담이다. 짧고, 운율이 있고 소리 반복을 이용하기 때문에, 이것은 기억하기가 쉽다.15 더욱이 그것은 바느질에서 그 이미지를 이용하고 있지만, 분명히 바느질 그 이상을 나타낸다. 결국 그 문장은 직설법이지만, 명령법이 확실하다. 제 때에 꿰매라는 것이다.

잠언의 이 두 번째 부분 속에 함께 수집된 격언들의 기원에 관해서는 추측만 할 수 있을 뿐이다. 일부는 아마도 가족과 마을 생활에서 비롯됐을 것이고, 다른 일부는 현인들(지혜의 교사들)의 산물이었으며, 또 다른 일부는 다른 문화권에서 차용되었다.16 포로기 이후에 완성된 모음집으로서 그것들은 상류층의 어린 남자아이들을 대상으로

---

15 이 속담이 어떻게 영향을 미치는지에 대한 거장다운 설명에 대해서는 John Dominic Crossan, *In Fragments: The Aphorisms of Jesus* (San Francisco: Harper and Row, 1983), 12-13을 보라.

16 특히 잠언 22:17-24:22. 이것은 아멘엠오피의 교훈(Instruction of Amenemope)으로 알려진 한 이집트의 지혜서 본문에서 자유롭게 차용한 모음집이다.

하는 학교에서 가르쳤던 것일지도 모른다. 가르치는 방법은 물론 구두를 통한 전달이었을 것이고, 우리는 잠언의 첫째 줄을 읽는 교사와 일제히 둘째 줄로 답하는 학생들을 상상할 수 있다.

이 격언들은 처음 아홉 장의 지혜시에서 선언된 지혜로운 길과 어리석은 길을 묘사하는 스냅 사진과 같다. 그것들이 무엇이고 어떻게 작용하는지를 이해하는 최상의 방법은 많은 수의 이 격언들을 살펴보는 것이다.

우아함과 유머가 특징인 격언들

나는 중심 주제와 언어의 우아함과 가끔 있는 유머로 다른 주제들을 분명히 보여주는 몇 개의 격언을 선택했다. 후자의 범주에 속하는 다양한 주제들에 관한 격언들은 다음과 같다.

> 헐뜯기를 잘하는 사람의 말은 맛있는 음식과 같아서, 뱃속 깊은 데로 내려간다(18:8; 26:22에서 반복됨).
>
> 마음이 상한 사람 앞에서 즐거운 노래를 부르는 것은 상처에 초를 붓는 것과 같다(25:20).
>
> 미련한 사람이 입에 담는 잠언은, 저는 사람의 다리처럼 힘이 없다(26:7).
>
> 개가 토한 것을 도로 먹듯이, 미련한 사람은 어리석은 일을 되풀이 한다(26:11).
>
> 문짝이 돌쩌귀에 붙어서 돌아가듯이, 게으른 사람은 침대에서만 붙어서 뒹군다(26:14).
>
> 이른 아침에 큰 소리로 이웃에게 축복의 인사를 하면, 그것을 오히려 저주로 여길 것이다(27:14).
>
> 자기와 관계없는 싸움에 끼어드는 것은, 사람이 개의 귀를 붙잡는 것과 같다

(26:17).

아이들과 가정을 다루는 격언들

이 격언들에 나오는 하나의 반복되는 메시지는 지혜의 길에서 아이들을 훈련시키는 것의 중요성에 관한 것이다. 예를 들면,

마땅히 걸어야 할 길을 아이에게 가르쳐라.
그러면 늙어서도 그 길을 떠나지 않는다(22:6).

체벌은 이 훈련의 일부였다. 가장 잘 알려진 속담 중 하나는 "매를 아끼면 자식을 망친다"라는 것이다. 그것의 완전한 형태는 다음과 같다.

매를 아끼는 것은 자식을 사랑하지 않는 것이다.
자식을 사랑하는 사람은 훈계를 게을리 하지 않는다(13:24).

같은 주제가 몇 개의 구절에서 들린다.

아이 꾸짖는 것을 삼가지 말라. 매질을 한다고 해서 죽지는 않는다(23:13).
아이의 마음에는 미련한 것이 얽혀 있으나, 훈계의 매가 그것을 멀리 쫓아낸다(22:15).
상처가 나도록 때려야 악이 없어진다. 매는 사람의 속 깊은 곳까지 들어간다(20:30).

잠언에는 또 까다로운 아내와 착한 아내에 관한 많은 격언이 들어

있다. 이러한 격언들은 이 책의 남성 중심적인 관점을 드러내지만(그 점에 대해서는 성서 전체가 그렇다), 까다로운 남편과 착한 남편에 관한 격언은 전혀 없다. 다투기를 좋아하고 다투기를 잘하는 아내는 자주 언급된다.

> 다투기를 잘하는 아내는 새는 천장에서 떨어지는 물과 같다(19:13).
> 다투기를 좋아하는 여자는, 비 오는 날 지붕에서 끊임없이 비가 새는 것과 같 다(27:15).
> 다투기를 좋아하는 여자와 넓은 집에서 함께 사는 것보다, 차라리 다락 한 구 석에서 혼자 사는 것이 더 낫다(21:9; 25:24에서 반복됨).
> 다투며 성내는 아내와 함께 사는 것보다, 광야에서 혼자 사는 것이 더 낫다 (21:19).

현인들은 착한 아내에 관해서도 알았다.

> 어진 아내는 남편의 면류관이다(12:4).
> 아내를 맞이한 사람은 복을 찾은 사람이요, 주님으로부터 은총을 받은 사람이 다(18:22).
> 집과 재물은 조상에게서 물려받은 유산이지만, 슬기로운 아내는 주님께서 주 신다(19:14).

이상적인 아내는 잠언 전체를 끝맺는 이합체시(acrostic poem)의 주제이다. 그녀는 1장에서 9장까지 나오는 "지혜의 여인"과 눈에 띄게 닮았다.[17]

부와 가난을 다루는 격언들

잠언은 부와 가난에 관해 많은 것을 말한다. 일반적으로 번영은 지혜로운 길을 따른 결과로 여겨진다. 가난에 대한 태도는 더 복잡하다. 물론 가난은 가능하다면 피해야만 하는 것이다. 가난한 사람들에게 관대하라고 부자들에게 강력하게 권고되지만, 때때로 가난한 사람들은 사실 자신들의 가난으로 인해 비난받는다.

일부 격언들은, 동정 이외의 아무런 가치 판단도 함축하지 않은 채, 가난한 사람들을 위한 세상의 이치에 대한 단순한 관찰이다.

가난한 사람은 이웃에게 미움을 받지만, 부자에게는 많은 친구가 따른다 (14:20).
재물은 친구를 많이 모으나, 궁핍하면 친구가 떠난다(19:4).
가난하면 친척도 그를 싫어하는데, 하물며 친구가 그를 멀리하지 않겠느냐 (19:7).

일부 격언들은 부가 본질로 당연히 좋은 것이 아니고 어떤 상황에서는 가난이 더 좋은 것이라고 인정한다.

서로 사랑하며 채소를 먹고 사는 것이, 서로 미워하며 기름진 쇠고기를 먹고 사는 것보다 낫다(15:17).
의롭게 살며 적게 버는 것이, 불의하게 살며 많이 버는 것보다 낫다(16:8).
부유하나 구부러진 길을 가는 사람보다는, 가난해도 흠 없이 사는 사람이 낫

---

17 잠언 31:10-31. 이합체시는 각 행이 알파벳의 연속하는 글자로 시작하는 시다(물론 이 경우에는 히브리어의 알파벳을 말한다).

다(28:6).

자기의 재산만을 믿는 사람은 넘어지지만, 의인은 푸른 나뭇잎처럼 번성한다 (11:28).

한 격언은 부와 가난이 둘 다 위험한 올가미가 될 수 있다고 단언한다.

저를 가난하게도 부유하게도 하지 마시고, 오직 저에게 필요한 양식만을 주십시오. 제가 배가 불러서 주님을 부인하면서 '주가 누구냐'고 말하지 않게 하시고, 제가 가난해서, 도둑질을 하거나 하나님의 이름을 욕되게 하거나, 하지 않도록 하여 주십시오(30:8-9).

가난한 사람들은 긍휼히 여김을 받아야 한다. 예수의 양과 염소의 비유를 예견하는 언어로 말하자면, 가난한 사람에게 혹은 그들을 위해 하는 일은 하나님에게 하는 것이다.[18]

가난한 사람을 억압하는 것은 그를 지으신 분을 모욕하는 것이지만, 궁핍한 사람에게 은혜를 베푸는 것은 그를 지으신 분을 공경하는 것이다(14:31).

가난한 사람을 조롱하는 것은 그를 지으신 분을 모욕하는 것이다(17:5).

가난한 사람에게 은혜를 베푸는 것은 주님께 꾸어드리는 것이니, 주님께서 그 선행을 넉넉하게 갚아 주신다(19:17).

따라서 지혜로운 사람이라면 가난한 사람을 잘 보살펴 줄 것이다.

---

18 마태복음 25:31-46. 이 비유의 요지는 "이들 가운데서 지극히 보잘 것 없는 사람 하나에게"(주린 자, 목마른 자, 낯선 자, 헐벗은 자, 병든 자, 감옥에 갇힌 자) 한 것이 예수에게 한 것이다.

남을 잘 보살펴주는 사람이 복을 받는 것은, 그가 자기의 음식을 가난한 사람에게 나누어주기 때문이다(22:9).

가난한 사람을 도와주는 사람은 모자라는 것이 없지만, 그를 못 본 체하는 사람은 많은 저주를 받는다(28:27).

비록 이 격언 중 어느 것도 가난 때문에 가난한 사람들을 직접 비난하지는 않지만, 번영과 지혜, 성실, 근면 그리고 검약의 빈번한 연결과 가난과 어리석음, 나태 그리고 술 취함의 빈번한 연결이 긴밀해진다. 게으른 사람(옛 번역으로는 '게으름뱅이')은 잠언에 나오는 악인 중 하나이다. 잠언의 첫 번째 부분에서 게으른 사람은 개미들로부터 교훈을 얻으라는 말을 듣는다.

게으른 사람아, 개미에게 가서, 그들이 사는 것을 살펴보고 지혜를 얻어라.

개미는 우두머리도 없고 지휘관도 없고 통치자도 없지만,

여름 동안 양식을 마련하고 추수 때에 먹이를 모아 둔다.

게으른 사람아, 언제까지 누워 있으려느냐?

언제 잠에서 깨어 일어나려느냐?

"조금만 더 자야지, 조금만 더 눈을 붙여야지,

조금만 더 팔을 베고 누워 있어야지" 하면,

네게 가난이 강도처럼 들이닥치고, 빈곤이 방패로 무장한 용사처럼 달려들 것이다(6:6-11; 마지막 절은 24:34에도 나옴).

다른 격언들은 나태와 가난 사이를 연결시켰다.

손이 게으른 사람은 가난하게 되고 손이 부지런한 사람은 부유하게 된다

(10:4).

가난하지 않으려면 잠을 좋아하지 말고, 먹거리를 풍족히 얻으려면 깨어 있으라(20:13).

나태한 사람은 굶주릴 것이다(19:15).

술 취함도 가난으로 이어진다.

늘 술에 취에 있으면서 먹기만을 탐하는 사람은 재산을 탕진하게 되고, 늘 잠에 빠져있는 사람은 누더기를 걸치게 된다(23:21).

더 광범위하게 말하자면, 지혜의 길을 따르지 못하는 것이 가난을 초래한다.

주님은 의로운 생명은 주리지 않게 하신다(10:3).

밭을 가는 사람은 먹을 것이 넉넉하지만, 헛된 꿈을 꾸는 사람은 찌들게 가난하다(28:19).

죄인에게는 재앙이 따르지만, 의인에게는 좋은 보상이 따른다(13:21).

부지런한 사람의 계획은 반드시 이득을 얻지만, 성급한 사람은 가난해질 뿐이다(21:5).

물론 이러한 관찰에는 어느 정도 진실이 있다. 게으름과 어리석음과 술 취함은 종종 가난과 결핍을 낳는다. 그러나 가난이 이러한 것들의 산물이라는 필연적인 귀결은 사실이 아니다. 비록 잠언이 거의 그러한 추론을 이끌게 될지라도 말이다.

의로운 삶에 대한 보상을 다루는 잠언

잠언은, 지혜의 길을 따르는 것은 보상을 가져 줄 것이라고 매우 빈번하고 자신 있게 단언한다. 이것은 이 책의 아주 중심 되는 주제이고, 이스라엘의 지혜전승 내의 지속적인 긴장을 이해하기 위해서도 너무도 중요하다. 그래서 나는 지루한 반복의 위험을 무릅쓰고 선행에 대한 보상을 극찬하는 격언들의 선집(選集)을 전한다. 상기해야 할 것은 이 격언들이 내세를 염두에 두고 있지 않고, 이승에 대해 말하고 있다는 것이다.

> 주님은 악한 사람의 집에는 저주를 내리시지만, 의로운 사람이 사는 곳에는 복을 내려 주신다(3:33).
>
> 주님께서 복을 주셔서 부유하게 되는 것인데(10:22)…
>
> 악인에게는 두려워하는 일이 닥쳐오지만, 의인에게는 바라는 일이 이루어진다.
>
> 회오리바람이 지나가면, 악인은 없어져도, 의인은 영원한 기초처럼 꼼짝하지 않는다(10:24-25).
>
> 주님을 경외하면 장수를 누리지만, 악인의 수명은 짧아진다(10:27).
>
> 의인은 영원히 흔들리지 않지만, 악인은 땅에서 배겨나지 못한다(10:30).
>
> 의리는 죽은 사람도 건져낸다(11:4).
>
> 의인은 재난에 빠져도 구원을 받지만, 악인은 오히려 재난 속으로 빠져들어 간다(11:8).
>
> 정의에 굳게 서는 사람은 생명에 이르지만, 악을 따르는 사람은 죽음에 이른다(11:19).
>
> 악인은 틀림없이 벌을 받지만, 의인의 자손은 반드시 구원을 받는다(11:21).
>
> 선한 사람은 주님으로부터 은총을 받지만, 악을 꾀하는 사람은 정죄를 받는다

(12:2).

악인은 쓰러져서 사라지지만, 의인의 집은 든든히 서 있다(12:7).

의인은 아무런 해도 입지 않지만, 악인은 재난에 파묻혀 산다(12:21).

말씀을 멸시하는 사람은 스스로 망하지만, 계명을 두려워하는 사람은 상을 받는다(13:13).

악한 사람의 집은 망하고, 정직한 사람의 장막은 흥한다(14:11).

마음이 삐뚤어진 사람은 자기가 한 만큼 보응을 받고, 선한 사람도 자기가 한 만큼 보응을 받는다(14:14).

의인의 집에는 많은 재물이 쌓이나, 악인의 소득은 고통을 가져온다(15:6).

주님은 악인을 멀리하지만, 의인의 기도는 들어주신다(15:29).

네가 하는 일을 주님께 맡기면, 계획하는 일이 이루어질 것이다(16:3).

계명을 지키는 사람은 제 목숨을 지키지만, 자기 행실을 주의하지 않는 사람은 죽는다(19:16).

겸손한 사람과 주님을 경외하는 사람이 받을 보상은 재산과 명예와 장수다(22:4).

행악자 때문에 분개하지도 말고, 악인을 시기하지도 말아라. 행악자에게는 장래가 없고, 악인의 등불은 꺼지고 만다(24:19-20).

흠 없이 사는 사람은 구원을 받을 것이지만, 그릇된 길을 따라가는 사람은 언제가는 한 번 넘어지고야 만다(28:18).

신실한 사람은 많은 복을 받을 것이다(28:20).

인습적 지혜로서 잠언

이 주제의 반복은 물론 하나의 수사학적 기능을 가진다. 잠언의 목적은 지혜의 길의 중요성을 극찬하는 것이고, 그것은 "이 길을 따라가면, 너의 삶이 잘 될 것이다"라고 반복해서 단언함으로써 이 목적을 이룬다. 반복의 축적 효과는 잠언이 인습적 지혜의 책이 되는 것이다(혹은 적어도 잠언을 읽는 가장 일반적인 방법은 그것을 인습적 지혜로 바꾼다).

인습적 지혜는 모든 문화와 하위문화의 핵심이다. 내가 그 용어를 사용하듯이, 그것은 늘 두 가지 규정적인 의미를 지니고 있다. 한편으로 인습적 지혜는 '문화적 지혜' 혹은 '공동체 지혜' 혹은 '민간 지혜'인데, 그것은 "모든 사람이 아는 것"(혹은 알아야 하는 것)이다. 그것은 집단 지혜, 즉 어떻게 살아야 하는가에 대한 문화 혹은 공동체의 의견 일치이다. 그것의 주제는 광대한데, 예절에서부터 중심 가치와 선한 삶의 이미지까지의 모든 것을 보도한다.

"모든 사람이 아는 것" 안에는 인습적 지혜의 규정적인 특징이 포함되어 있는데, 그것은 삶을 올바르게 사는 것에 대한 보상의 개념이다. 선행이 보상받을 것이라는 이러한 주장은 잠언의 중심이 될 뿐만 아니라 종교적이고 세속적인 모든 형태의 인습적 지혜의 핵심이기도 하다. 이는 이 길을 따라가면 삶이 너를 위해 잘 해결될 것이라는 말이다. 다음의 간결한 표본이 보여주듯, 그것의 변형들은 친숙한 것이다.

> 뿌린 대로 거둔다.
> 열심히 일하라. 그러면 성공할 것이다.
> 이런저런 그리고 아무것이나 해라(혹은 믿으라). 그러면 천국에 갈 것이다.
> (Do [or believe] X, Y, and Z and you'll go to heaven)
> 나쁜 짓을 하면 천벌을 받게 된다.
> 남에게 한 대로 되받게 되는 법.

주님을 따르라. 그러면 행복해질 것이다.

미국 생활 방식을 따르라. 그러면 아메리칸 드림의 열매를 거둘 것이다.

체중 50 파운드를 줄여라. 그러면 행복해질 것이다.

이처럼 인습적 지혜는 성과와 보상의 인생관으로 이어진다. 우리 삶의 질은 우리가 일을 올바르게 하는 것에 의해 좌우된다. 이러한 연결을 통해, 인습적 지혜는 또 삶을 정돈되고 그 정도로 우리의 통제 하에 있는 것으로 그린다. 그것은 이 길을 따라가면 우리는 결국 막다른 길에 처하지 않게 될 것이라는 말이다.

물론 인습적 지혜에는 진실이 담겨 있다. 정말로 막다른 길로 이어지는 생활 방식들이 있다. 교만은 보통 **정말로** 실패의 선봉이다. 성실, 근면, 정직, 겸손, 관대 그리고 진실은 미덕이다. 불의. 분쟁, 기만 그리고 폭력은 피해야 한다. 예절은 식사를 더 즐겁게 만들 수 있다.

인습적 지혜에는 종종 진실이 들어있을 뿐만 아니라 우리는 그것 없이 살 수 없다. 우리는 인간 행위에 대해 당연하게 받아들이는 기대 없이 집단으로 함께 살 수 없다. 그 기대는 식인 행위에 관한 금기에서 사람들이 빨간 신호등에 멈출 것이라는 확신에 이르기까지 다양하다.

게다가 어떤 형태의 인습적 지혜는 다른 형태의 그것보다 더 좋다. 단지 제3 제국의 인습적 지혜 대(對) 인권 보호가 강력한 사회의 인습적 지혜 혹은 오십 년 전의 인종에 대한 미국의 인습적 지혜와 비교해서, 현재 미국의 인습적 지혜만을 생각할 필요가 있다. 그래서 인습적 지혜와 그것의 내용은 중요하다.

그러나 인습적 지혜는 잔인한 필연적 결과를 가지고 온다. 만약 당신의 삶이 좋게 진행되지 않는다면, 그것은 당신이 잘못된 일을 한 것이 확실하다. 고통은 **당신의 잘못**이다. 규율 바른 노동의 중요성에 관한 인습적 지혜가 흔히 자신들의 가난 때문에 비난받는 가난한 사람들에게 이어질 수 있는 것처럼, 삶이 힘든 사람들도 종종 (그들 자신의 마음속에서 혹은 다른 사람들의 마음속에서) 자신들의 어려움에 책임이 있는 것으로 여겨졌다.

인습적 지혜의 필연적 결과로 제기된 문제는 잠언의 중심 되는 주장에 의문을 갖게 한다. 올바르게 산다면, 모든 일이 좋게 진행되는가(항상 혹은 단지 때때로)? 의인은 보상을 받고 악인은 벌을 받는가(항상 혹은 단지 때때로)? 삶은 공평한가(항상, 대개, 때때로 혹은 간혹)?

이 장의 앞에서 언급했듯이 히브리 성서의 지혜문학은 이러한 쟁점들에 대해 한목소리로 말하지는 않는다. 잠언은 꽤 분명하지만 다른 두 지혜서는 임의성과 우연성을 암시한다. 그리고 만약 삶이 잠언이 말하듯이 그렇게 질서 정연한 것이 아니라면, 어떻게 살아야 하는가에 대해 히브리 성서의 지혜문학은 무슨 말을 하는가? 삶의 목적에 대해 그것은 무슨 말을 하는가? 하나님의 본성에 대해 그것은 무슨 말을 하는가?

이러한 것들이 전도서와 욥기의 저자가 씨름하고 있는 문제이다.

전도서

많은 현대인에게 전도서는 히브리 성서 중에서 (아마도 성서 전체 중에서) 가장 '독자 친화적인' 책이다. 전도서는 그것의 독자들에게 이스라엘의 역사에 대한 지식을 요구하지 않는다. 전도서의 언어는 사람들에게 삶에 대해 즉시 말한다는 인상을 주고, 그것의 우울한 어조는 현대인의 정신에 어울리는 것 같다. 내가 가르치는 학생들은 거의 획일적으로 전도서를 좋아한다고 말한다.

전도서의 저자는 '코헬렛'(Qoheleth)인데, 이것은 히브리어 이름이 아니라 직함 혹은 직책이다. 아마 그 단어는 '교사'- 더 구체적으로는 '지혜교사'-를 의미하는 것 같고, 이 경우 아마도 예루살렘에 살았던 교사인 것 같다. 전도서(Ecclesiastes)라는 이 책의 제목은 코헬렛에 해당하는 그리스어이다. 비록 이 두 단어가 이처럼 교체 사용이 가능할지라도, 나는 저자를 코헬렛으로, 그 책을 전도서로 여기는 관례를 따르겠다.

비록 처음 두 장에서 코헬렛은 솔로몬 왕처럼 말하고 있지만, 이것은 솔로몬이 실제 저자임을 반영하기보다는 오히려 분명히 수사학적 효과를 위한 것이다. 이 책은 히브리 성서에서 가장 늦은 시기에 쓰인 것 중의 하나이고, 그 연대는 일반적으로 기원전 300년에서 250년경으로 추정된다.

전도서에 대한 학문적 평가는 대단히 다양하다. 어떤 학자들은 그것이 너무도 단조롭게 비관주의적이라고 생각해서 그것이 어떻게 성서에 들어가게 되었는지를 의아하게 여긴다. 그들은 일반적으로 인정된 종교적 확신에 관한 저자의 회의주의가 너무도 완전해서, 그가 무신론자였으면 더 좋았을 것이라고 말한다. 다른 학자들은 코헬렛의 정직함뿐만 아니라 종교적 통찰 때문에 코헬렛을 대단히 높게 평가한다. 코헬렛을 타락한(아마도 "기력을 소진한") 지혜의 교사로 간주하느냐 아니면 현인들 속에서 가장 지혜로운 사람 중 한 명으로 간주하느냐가 이 책에 대한 해석에서 핵심 쟁점이다. 그러나 그 문제로 넘어가기 전에, 나는 코헬렛의 두 가지 중심 은유를 밝히고, 전도서의 핵심 구절들에서 제기된 주제들을 살펴볼 것이다.

중심 은유들

첫 번째 중심 은유는 "헛되고 헛되다. 모든 것이 헛되다"이다. 코헬렛은 이 주제적 은유와 함께 이 책을 시작하고 끝맺을 뿐만 아니라 그 은유는 처음부터 끝까지 반복되는 후렴이다.[19] '헛됨'으로 번역된 그 히브리어는 **헤벨**(hebel)이다. 때때로 '공허', '무의미', 혹은 '불합리'와 같은 상당히 추상적인 말들로 번역되지만, 헤벨은 숨, 수증기, 옅은 안개 혹은 짙은 안개와 같은 더 구체적인 문자적 의미들을 지니고 있다. 이러한 의미들은 전도서에서 헤벨의 은유적 의미를 위한 근거가 된다. 모든 것이 숨이고, 모든 것이 수증기이고, 모든 것이 옅은 안개이고, 모든 것이 짙은 안개이다. 함축된 의미는 **비실체성**(숨, 수증기, 옅은 안개, 혹은 짙은 안개는 움켜잡을 수 없다), **덧없음**(공기와 같은 비실체적인 물질은 오고 간다)과 흐릿한 시아(특별히 옅은 안개와 짙은 안개가 강조될 때)이다.

두 번째 중심 은유는 '바람을 좇음'인데, 이것도 역시 자주 발견된다. 이 표현은 때때로 바람을 '모으는 것' 혹은 바람을 '지키는 것'으로 번역된다. 그것은 물론 무익함에 대한 이미지이다.

---

19 이 책의 표제어 바로 뒤에 나오는 전도서 1:2; 코헬렛의 말을 끝내고 편집자에 의해 추가된 에필로그 앞에 나오는 12:8.

왕의 연설

앞에서 말한 두 가지 은유는 이 책을 시작하는 연설에 중심이 된다. 1장의 중간부터 2장 끝까지 코헬렛은 솔로몬 왕처럼 말했다.[20]

이스라엘의 전통적인 지혜의 아버지로서 솔로몬은 현명함에 관한 한 경쟁자가 없는 명성을 지니고 있다. 더욱이 그는 인간이 욕망할 수 있는 모든 것, 즉 지혜뿐만 아니라 권력, 명예, 부, 명성, 안전, 재산, 육체적 쾌락을 가졌다고 전해졌다. 솔로몬은 대부분 문화의 인습적 지혜가 요구하는 모든 것을 가지고 있었다.

코헬렛은 솔로몬이 만족스러운 삶을 추구하는 과정에서 이것들 모두에 의지하고 있다고 그리고 있다. 그러나 그것들은 만족시키지 못한다. 인습적 지혜가 소중히 여기는 모든 것에 관한 평결은 똑같다. 그것들은 '헛됨'과 '바람을 좇음'이다. 이 연설에서 그 은유 중의 하나 혹은 둘 다가 열 번 발견된다. 솔로몬이 가진 모든 것은 비실체적이고 덧없고 불만족스러운 수증기 혹은 안개로 선언된다. 이 연설의 마지막 행은 그 두 개의 은유를 묶는다. "모든 것이 헛되고 바람을 좇는 것이다."[21]

의인도 때때로 번영하지 못 한다

솔로몬의 연설은 인습적 지혜에 대한 코헬렛의 비난의 첫 번째 단계이다. 다음 단계는 인습적 지혜의 중심 주장, 즉 '의의 길-지혜로운 길-

---

20 전도서 1:12-2:26.
21 전도서 1:14, 17; 2:1, 11, 15, 17, 19, 21, 23, 26.

을 따르면 너는 성공할 것이고 보상을 받을 것이다'에 대한 거부이다.

> 헛된 세월을 사는 동안에, 나는 두 가지를 다 보았다. 의롭게 살다가 망하는
> 의인이 있는가 하면, 악한 채로 오래 사는 악인도 있더라.
> 이 세상에서 헛된 일이 벌어지고 있다. 악한 사람이 받아야 할 벌을 의인이
> 받는가 하면, 의인이 받아야 할 보상을 악인이 받는다.
> 나는 세상에서(저자가 인용한 영어 성서로는 '해 아래서'이다 _ 옮긴이)
> 또 다른 것을 보았다. 빠르다고 해서 달리기에서 이기는 것은 아니며, 용사라
> 고 해서 전쟁에서 이기는 것도 아니더라. 지혜가 있다고 해서 먹을 것이 생기
> 는 것도 아니며, 총명하다고 해서 재물을 모으는 것도 아니며, 배웠다고 해서
> 늘 잘되는 것도 아니더라. 불행한 때와 재난은 누구에게나 닥친다.[22]

코헬렛은 사람들이 종종 아무런 자기 자신의 잘못 없이 억압당하
는 것을 안다. 그들은 단순히 권력의 피해자일 뿐이다.

> 나는 또 세상에서(해 아래서) 벌어지는 온갖 억압을 보았다. 억눌리는 사람
> 들이 눈물을 흘려도, 그들을 위로하는 사람이 없다. 억누르는 사람들은 폭력
> 을 휘두르는데, 억눌리는 사람들을 위로하는 사람이 없다.[23]

삶의 불공평에 대한 코헬렛의 인식은 삶이 도대체 가치가 있는지
에 관한 절망적인 진술로 이어졌다.

---

22 전도서 7:15, 8:14, 9:11.
23 전도서 4:1.

그래서 나는, 아직 살아 숨 쉬는 사람보다는, 이미 숨이 넘어가 죽은 사람이 더 복되다고 말하였다. 그리고 이 둘보다는, 아직 태어나지 않아서 세상에서 (해 아래서) 저질러지는 온갖 못된 일을 못 본 사람이 더 낫다고 하였다.[24]

죽음의 유령

전도서는 죽음에 늘 사로잡혀 있다. 저자는 되풀이해서 그 주제로 되돌아간다. 그는 단순히 우리가 언젠가는 반드시 죽는다는 것을 말하기만 하는 것이 아니다. 그뿐만 아니라 그는 그 사실을 곰곰이 생각하고, 그것을 **강조한다**.

코헬렛은 죽음의 절대적 불가피성을 강조한다. 우리는 동물과 전혀 다르지 않다. 똑같은 운명이 우리 모두를 기다리고 있기 때문이다.

사람에게 닥치는 운명이나 짐승에게 닥치는 운명이 같다. 같은 운명이 둘 다 기다리고 있다. 하나가 죽듯이 다른 하나도 죽는다. 둘 다 숨을 쉬지 않고는 못 사니, 사람이라고 해서 짐승보다 나을 것이 무엇이냐? 모든 것이 헛되다. 둘 다 같은 곳으로 간다. 모두 흙에서 나와서, 흙으로 돌아간다.[25]

그는 또 죽음의 임의성을 강조한다. 우리는 죽을 운명일 뿐만 아니라, 죽음의 시기도 물고기와 새에게 일어나는 일처럼 임의적이다.

사람은, 그런 때가 언제 자기에게 닥칠지 알지 못한다. 물고기가 잔인한 그물

---

24 전도서 4:2-3.
25 전도서 3:19-20.

에 걸리고, 새가 덫에 걸리는 것처럼, 사람들도 갑자기 덮치는 악한 때를 피하지 못한다.[26]

죽음의 불가피성과 임의성은 우리가 인습적으로 추구하는 것들을 무의미하게 만든다. 죽음은 개의치 않고 오기 때문이다.

> 똑같은 운명이 똑같이 닥친다는 것도 알고 있다. 그래서 나는 스스로 물었다. "어리석은 사람이 겪을 운명을 나도 겪을 터인데, 무엇을 더 바라고, 왜 내가 지혜를 더 얻으려고 애썼는가?" 그리고 나 스스로 대답하였다. "지혜를 얻으려는 일도 헛되다." 사람이 지혜가 있다고 해서 오래 기억되는 것도 아니다. 지혜가 있다고 해도 어리석은 사람과 함께 사람들의 기억에서 영원히 사라져 버린다. 슬기로운 사람도 죽고 어리석은 사람도 죽는다. 그러니 산다는 것이 다 덧없는 것이다. 인생살이에 얽힌 일들이 나에게는 피로움일 뿐이다, 모든 것이 바람을 잡으려는 것처럼 헛될 뿐이다.[27]

고헬렛에게 죽음의 확실성과 임의성은 인습적 지혜의 심장에 화살을 쏘아 박는 것이다. 우리가 하고 있거나 가지고 있는 그 어떤 것도 —우리가 성취하고, 소유하고 통제하려고 애쓰면서 일생을 보내는 그 어떤 것도—죽음을 미리 막을 수 없고, 죽음의 불가피성이나 시기를 바꿀 수 없다. 더욱이 죽음이 올 때, 그것은 우리가 획득한 모든 것, 즉 지혜, 부, 명예, 명성, 가족, 재산을 가져가 버린다.

어떤 것도 이것에 영향을 미칠 수 없다고 코헬렛은 말한다. 지혜나

---

26 전도서 9:12. 8:8의 "자기가 죽는 날을 피하거나 연기시킬 수 있는 사람도 없다"라는 표현도 보라.

27 전도서 2:14-17.

의나 선함이나 예배도 죽음의 불가피성이나 임의성을 바꿀 수 없다.

> 의로운 사람들과 지혜로운 사람들이 하는 일을 하나님이 조종하신다는 것, 그
> 들의 사랑과 미움까지도 하나님이 조종하신다는 것이다. 사람은 아무도 자기
> 앞에 놓여 있는 일을 알지 못한다. 모두가 같은 운명을 타고 났다. 의인이나
> 악인이나, 착한 사람이나 나쁜 사람이나, 깨끗한 사람이나 더러운 사람이나,
> 제사를 드리는 사람이나 드리지 않는 사람이나, 다 같은 운명을 타고 났다.
> 착한 사람이라고 해서 죄인보다 나을 것이 없고, 맹세한 사람이라고 해서 맹
> 세하기를 두려워하는 사람보다 나을 것이 없다. 모두가 다 같은 운명을 타고
> 났다는 것, 이것이 바로 세상에서(해 아래서) 벌어지는 모든 잘못된 일 가운
> 데 하나다.[28]

인습적 지혜를 반대하는 코헬렛의 주장은 완벽하다. 인습적 지혜의
보상은 만족을 주지 못한다. 그것들 모두를 최상급으로 가졌던 솔로몬
조차도 부족함을 느꼈다. 현실은, 의인이 보상받고 악인이 벌을 받는
그러한 방식으로 조직되지 않는다. 죽음은 모두에게 오고, 임의로 온
다. 인습적 지혜는, 잠언에 있는 것이든 그 밖에 다른 것에 있는 것이든,
현실을 정연한 것으로 확언한다. 그러나 코헬렛의 관점에서 볼 때, 하
나님은 세상을 정연하고 곧게 만들지 않고 구부러지게 만들었다.[29]

---

28 전도서 9:1-3.

29 전도서 1:15의 반향. *New International Biblical Commentary: Proverbs, Ecc-
lesiastes, Song of Songs* (Peabody, MA: Hendrickson, 1999), 159에서 Elizabeth
Huwiler는 코헬렛에게 인간의 경험은 "의미 있고, 통제가 가능하거나 예측 가능한"
것이 아니라고 말한다. 그녀는, 나 또한 그러하겠지만, 코헬렛에게 인간의 행복과 즐거
움은 그래도 가능한 것이라고 덧붙여 말했다.

그러면 어떻게 살 것인가?

이것이 세상의 이치라면, 삶은 무엇인가? 우리는 무엇에 관심을 가져야 하는가? 코헬렛의 대답은 놀랍게도 단순하고 간단한데, 그것을 강조하기 위해 여러 번 반복한다. 그것이 처음 두 번 반복된 구절은 다음과 같다.

사람에게는 먹고 마시는 것, 자기가 하는 수고에서 스스로 보람을 느끼는 것, 이보다 더 좋은 것은 없다. 알고 보니, 이것도 하나님이 주시는 것이다. … 이제 나는 깨닫는다. 기쁘게 사는 것, 살면서 좋은 일 하는 것, 사람에게 이보다 더 좋은 것은 없다. 사람이 먹을 수 있고, 마실 수 있고, 하는 일에 만족을 누릴 수 있다면, 이것이야말로 하나님이 주신 은총이다.

그것의 가장 긴 형태는 다음과 같다:

지금은 하나님이 네가 하는 일을 좋게 보아 주시니, 너는 가서 즐거이 음식을 먹고, 기쁜 마음으로 포도주를 마셔라. 너는 언제나 옷을 깨끗하게 입고, 머리에는 기름을 발라라. 너의 헛된 모든 날, 하나님이 세상에서(해 아래서) 너에게 주신 덧없는 모든 날에 너는 너의 사랑하는 아내와 더불어 즐거움을 누려라. 그것은 네가 사는 동안에, 세상에서(해 아래서) 애쓴 수고로 받은 몫이다. 네가 어떤 일을 하든지, 네 힘을 다해서 하여라.[30]

---

30 전도서 2:24; 3:12-13; 9:7-10. 흰옷과 자신의 머리에 기름을 붓는 행위는 축제 때의 식사와 관련된다. 3:22; 5:18-20; 8:15도 보라.

그러나 이 단순하고 세상에 대한 긍정적인 충고마저도 곧바로 죽음의 유령이 뒤따른다.

네가 들어갈 스올(Sheol) 속에는 일도 계획도 지식도 지혜도 없다.[31]

스올은 **일부 사람**이 가는 처벌의 장소로서 '지옥'을 의미하지 않는다. 스올은 **모두**가 가는, 죽은 자의 세계이다.

전도서 읽기와 코헬렛 듣기

우리는 이것을 무엇이라고 이해해야 하는가? 앞에서 언급한 바와 같이, 코헬렛의 메시지를 듣는 방법에 관해서는 학자들 사이에서 의견의 일치가 없다. 어떤 학자들에게는 그의 비관주의와 침울한 분위기가 하나님이 부재한 세상에 대해 말하는 것처럼 보인다. 삶의 공동 목표에 대한 그의 경멸은 목표 없음을 넌지시 말한다. 그의 긍정적인 충고는 "내일 죽을지도 모르니 먹고 마시고 즐겨라"고 하는 친숙한 표현과 구별하기 어렵게 들린다. 이것이 정말 지혜인가? 아니면 이것은 어떤 사람이 삶을 포기했을 때 가지게 되는 세계관인가?

코헬렛을 듣는 방법에 대해 골똘히 생각할 때, 나는 맥락과 어형변화(inflection)가 많은 변화를 가져온다는 것을 제안해 보겠다. 전도서에서 가장 잘 알려진 구절에 대한 세 가지 다른 말하기 (따라서 듣기) 방식을 상상해보자. 그것은 길기에 그것 모두를 인용하지는 않겠다.

---

31 전도서 9:10.

모든 일에는 다 때가 있다. 세상에서 일어나는 일마다 알맞은 때가 있다.

태어날 때가 있고, 죽을 때가 있다.

심을 때가 있고, 뽑을 때가 있다.

죽일 때가 있고, 살릴 때가 있다.

허물 때가 있고, 세울 때가 있다.

울 때가 있고, 웃을 때가 있다.

통곡할 때가 있고, 기뻐 춤출 때가 있다. …

껴안을 때가 있고, 껴안는 것을 삼갈 때가 있다. …

사랑할 때가 있고, 미워할 때가 있다.

전쟁을 치를 때가 있고, 평화를 누릴 때가 있다.[32]

첫 번째 시나리오

이 구절의 단어들은 인기 있는 포크송의 가사가 되었기 때문에, 대부분 우리는 그것들이 불리는 것을 들어본 적이 있다. 이것이지 저것은 아니라는 방식으로 각각 반대되는 절의 절반에 대한 선호를 표현하면서, 나는 그 본문에 도덕적 의미를 부여하는 몇몇 공연을 기억할 수 있다. 이러한 어형변화는 **이 시대**(우리 시대)가 전쟁이 아닌 평화의 때, 증오가 아닌 사랑의 때, 죽임이 아닌 치유의 때, 통곡이 아니라 춤출 때라는 것을 밝혀주었다. 그렇지만, 나는 코헬렛이 이것을 의미했다고는 상상하지 않는다.

두 번째 시나리오

베리만(Ingmar Bergman)의 한 영화에 나오는 우울한 어떤 스웨덴

---

32 전도서 3:1-8.

인 루터교 목사에 의해 읽히는 이 구절을 상상해보라. 교회는 거의 텅 비어있고, 음침한 겨울 아침의 차가운 빛은 모든 것을 창백한 무색으로 만들어 버리며, 그 목소리는 절망에 빠져 생기가 없고, 사실상 그 목소리를 듣는 사람이 아무도 없다. 삶은 절망적이고-참을 수 없을 정도로 절망적이어서-무의미한 반복의 끝없는 순환이다. 이것은 전도서를 읽는 일부 학문적인 방식들의 과장된 형태이다.

세 번째 시나리오

달라이 라마(Dalai Lama)가 읽은 것과 똑같은 말들을 상상해보라. 그 의미는 매우 다를 것이다. "**이것** 대 **저것**"도 아니고 "모든 것이 무의미하다"도 아니다. 오히려 그 의미는 어떤 때이든 온전히 살라는 것이다. 스스로 그러함(自然)에 거하라(Be present to what is).

내가 코헬렛을 듣는 방식은 이 세 번째 시나리오이다. 인습적 지혜에 대한 그의 비판은 노자의 글에서 우리가 듣는 것과 유사하다. 노자는 기원전 6세기 중국의 지혜 교사인데, 그의 가르침은 도덕경에 보존되어 있다. 노자의 사상은 불교, 특별히 선불교의 사상과 유사하다. 코헬렛처럼 노자는 인습적 지혜에 대해 철저히 비판했다.

'다오'로 발음되는 도(道, Tao)는 궁극적 실재와 그것에 일치하는 삶의 '길' 둘 다에 해당하는 노자의 말이다. 도덕경의 처음 행에서 "도라고 말할 수 있는 도는 영원한 도가 아니다"라고 밝히고 있듯이, 언어로는 궁극적 실재로서 도를 포착하거나 제어할 수가 없다. 따라서 도는 본질로 형언할 수 없는 '진리'(대문자 M이 들어간 Mystery)이다. 도에 일치하는 삶의 길은 '움켜잡지 않기'이다. 우리들 대부분의 생활 방식

―인습적 지혜의 방식―은 움켜잡음의 방식이다. 우리는 현실을 제어하려고 애씀으로써 그리고 인습이 우리에게 추구하도록 촉구하는 그러한 만족을 추구함으로써 움켜잡는다. 그러나 움켜잡음은 헛된 것이다. 실제로 불교에서 그것은 고통의 주요한 근원이다.

코헬렛과의 유사성은 주목할 만하다. 하나님이 구부러지게 만든 것을 우리가 곧게 할 수 없다는 코헬렛의 주장은 신성의 신비를 가리킨다. 코헬렛에게 하나님은 부재하지 않는다. 하나님은 단지 신적인 존재를 길들이려고 하는 우리의 모든 시도를 넘어서 존재한다.

"모든 것이 헛되다"(수증기, 옅은 안개, 짙은 안개)와 "바람을 좇음"이라는 코헬렛의 두 중심 은유는 움켜잡음의 헛됨을 가리킨다. 우리는 비실체적이고 덧없는 것을 잡을 수 없다. 게다가 우리가 **잠시 동안** 소유할 수 있는 것은 궁극적으로 만족을 주지 못한다.

죽음에 대한 코헬렛의 강조도 전도서를 읽는 이러한 방식에 잘 들어맞는다. 코헬렛에게 죽음은 움켜잡음의 헛됨을 가리키며 인습적 지혜에 끊임없이 붙어 다니는 유령일 뿐만 아니라 우리에게 생활방식을 가르쳐주는 위대한 교사이기도 하다.

> 초상집에 가는 것이 잔칫집에 가는 것보다 더 낫다.
> 살아있는 사람은 누구나 죽는다는 것을 명심하여야 한다.
> 지혜로운 사람의 마음은 초상집에 가 있고, 어리석은 사람의 마음은 잔칫집에 가 있다.[33]

코헬렛이 그것으로 이 책을 끝내는 주목할 만한 시는 똑같은 점을

---

33 전도서 7:2, 4.

말한다. 노화와 쇠약의 이미지로 가득한 그 시는 "젊을 때에 너의 무덤을 기억하라"는 행을 포함하고 있다.34 이 명령은 젊음의 기쁨마저도 빼앗는 우울하고 비관적인 태도가 아니라 죽음에 대한 의식이 우리에게 인생에서 중요한 것에 관해 가르쳐준다는 믿음을 반영한다. 죽음은 참 지혜의 교사이다.

이러한 맥락에서 단순한 삶을 살라는 코헬렛의 훈계는 "내일 죽을지도 모르니 먹고 마시고 즐겨라"라는 냉소적이거나 소진된 말처럼 들리지 않는다. 오히려 그것은 진정한 지혜로 이해된다.

> 너는 가서 즐거이 음식을 먹고, 기쁜 마음으로 포도주를 마셔라. … 너의 사랑하는 아내와 더불어 즐거움을 누려라. … 네가 어떤 일을 하든지 네 힘을 다해서 하라.35

어떤 일을 하든지 '네 힘을 다해서' 한다는 것은 망설이지 않고 열심히 사는 것, 주저하지 않고 온전히 사는 것을 말한다. 따라서 전도서에서 삶은 인습적 지혜(종교적인 혹은 세속적인)의 길에 의해 약속된 보상을 추구하는 것에 관한 것이 아니라 현재의 삶에 관한 것이다. 움켜잡음의 헛됨과 죽음의 불가피성 및 예측 불가능성을 보게 되면, 그것은 우리를 현재 속으로 밀어 넣는다.36 참 지혜는 **카르페 디엠**(carpe

---

34 전도서 12:1-8. 첫 번째 절은 흔히 "젊을 때에 너의 창조주를 기억하라"로 번역되지만, 몇몇 주석가는 '창조주'로 번역된 그 히브리어는 '무덤' 혹은 (무덤에 대한 은유로서) '웅덩이'를 의미할 가능성이 더 많다고 주해한다.

35 전도서 9:7-10.

36 따라서 나는 코헬렛의 지혜를 완화되지 않는 비관주의가 아니라 긍정적 비관주의로 이해한다. 나와 똑같은 긍정적 읽기에 관해서는 Kathleen O'Conner, *The Wisdom Literature* (Wilmington: Michael Glazier, 1998), 114-133을 보라. 부정적 읽기의

diem), 즉 "현재를 잡아라"(seize the day)를 의미한다. 오늘을 놓치지 마라. 인식도 못한 채 오늘을 흘려보내지 마라. 오늘을 안개 속에서 살지 마라. 바람을 좇아서 오늘을 낭비하지 마라.

그래서 나는 코헬렛을 세상에서 가장 위대한 지혜 교사 중의 하나로 본다. 너무 대담한 주장일지 모르지만, 나는 그를 유대의 노자로 본다. 나는 코헬렛의 사고와 노자의 사고 사이의 유사성을 동양 종교와의 문화적 접촉 때문이라고 생각하지는 않는다. 나는 코헬렛이 도덕경이나 불교의 가르침을 조금이라도 알고 있었다고 믿지 않는다. 오히려 나는 이러한 유사성이 인간 경험에 대한 유사한 성찰에서, 아마도 심지어 유사한 신성 체험에서 흘러나온다고 생각했다.

따라서 코헬렛의 지혜는 전복적인 지혜다. 그의 가르침은 인습적 지혜가 가르친 '길'의 기반을 약화시키고 뒤엎는다. 그것은 또한 대안적 지혜다. 왜냐하면 그것은 인습 너머로 이끄는 또 다른 길을 가리키기 때문이다. 프로스트(Robert Frost)의 친숙한 시구를 사용해서 말하자면, 코헬렛의 전복적이고 대안적인 지혜는 "가지 않은 길"이다.

욥기

이스라엘의 지혜전승 내부의 대화와 갈등은 욥기에서 계속된다. 인습적 지혜에 대한 철저한 이의제기가 욥기의 중심 되는 특징이다. 그것의 웅장한 언어, 도발적인 내용과 굉장히 충격적인 절정으로 인

인용에 관해서는 앞의 책 123쪽의 각주 6을 보라.

해, 이 문헌은 성서 안에서 가장 주목할 만한 책 중의 하나가 된다.

욥기는 이례적인 찬사를 받아왔다. 마르틴 루터는 성서의 어떤 다른 작품도 욥기만큼 웅장하고 탁월한 것은 없다고 말했다. 19세기의 유명한 시인 테니슨(Alfred Lord Tennyson)은 욥기를 고대와 현대를 통틀어 가장 위대한 시라고 평가했다. 또 다른 영국인 역사가 칼라일(Thomas Carlyle)은 성서 안팎에서 이제까지 쓰인 그 어떤 것도 욥기와 똑같이 훌륭한 작품은 없었다고 말했다.37

앞서 언급한 바와 같이, 욥기는 아마도 기원전 6세기 바빌론 포로기 중 혹은 그 직후에 기록되었을 것이다. 그것은 1-2장의 짧은 산문체 프롤로그(prose prologue)로 시작해서 42:7-17의 훨씬 더 짧은 산문체 에필로그(prose epilogue)로 끝맺는다. 그 사이에 길이가 거의 40장에 육박하고 시 형태로 제시된 이 책의 본론(3:1-42:6)이 있다. 산문체 프롤로그는 시 형태의 본론의 저자가 그의 작품의 얼개로 각색한 오래된 민담일지도 모른다.

산문체 프롤로그와 시 형태로 된 본론의 관계 혹은 이 책 전체의 문학적 통일성에 관해 학자들의 일치된 의견은 없다. 일부 학자들은 프롤로그와 시 형태의 본문 사이의 상당한 긴장을 살피고, 또 일부 학자들은 시 형태의 본문 자체에 두 명 이상 저자의 작품이 들어있는 것으로 본다. 이러한 문제들을 해결하려고 하지 않은 채, 나는 현재 형태로의 욥기 전체를 다룰 것이다.

욥기를 무고한 고통의 문제와 씨름하는 것으로 보는 것은 일반적이다. 이러한 일반적 견해는 부분적으로만 맞다. 한편으로 주인공 욥

---

37 Samuel Terrien, *The Interpreter's Bible* (New York: Abingdon, 1954), vol. 3, 877에서 인용됨.

이 극심한 고통을 당하고 그 이유를 모른다는 것은 사실이다. 그는 자신이 극심한 고통과 손실을 당할 만한 어떤 일을 했다는 것을 이해할 수 없다. 다른 한편으로 나는 저자가 그 질문에 대한 어떤 답을 제공한다고 생각하지 않는다. 내가 확신하는바, 그는 그렇게 할 의도도 없다. 나는 그의 목적은 전혀 다른 것이라고 말할 것이다.

산문체 프롤로그: 1-2장

프롤로그는 욥이라는 인물과 그를 곤경에 처하게 한 상황을 소개한다. 처음 절은 우리에게 먼 옛날에 관한 민담의 "아주 먼 옛날"을 상기시켜준다. "우스(Uz)라는 곳에 욥이라는 사람이 살고 있었다." 그다음 두 절은 그가 매우 선하고 부유한 사람이고 지혜의 삶을 살았던 사람이라고 말해준다. 그는 "흠이 없고 정직하였으며, 하나님을 경외하며 악을 멀리한 사람"이었다. 그의 삶은 잘 풀려가고 있었다. 지혜와 미덕의 모범이었을 뿐만 아니라 그는 열 명의 자녀와 엄청난 부의 축복을 받았다. "양이 7천 마리, 낙타가 삼천 마리, 겨릿소가 오백 쌍, 암나귀가 오백 마리나 있고 종도 아주 많이 있었다." 정말 그는 "동방에서 으뜸가는 부자였다."

그러한 토대를 마련하고 나서, 욥기의 프롤로그는 땅에서 하늘로 바뀐다. 그리고 거기에서 이 책의 극적인 액션이 시행된다. 거기에서 천상의 존재들과 하나님 사이의 회의가 열린다고 우리는 듣는다. 그중 '사탄'이라 불리는 인물이 있는데, 그는 아직 후기 유대교 및 그리스도교 전통에서 볼 수 있는 하나님에게 적대적인 악한 세력이 아니라 그 임무가 일종의 첩보원으로서 땅을 순찰하고 있는 하나님의 종이다. 하나님은 사탄에게 그의 의로운 종 욥에 관해 자랑했다.

이 세상에는 그 사람만큼 흠이 없고 정직한 사람, 그렇게 하나님을 경외하며 악을 멀리하는 사람은 없다.[38]

사탄은 감명을 받지 않는다. "어쨌든 하나님이 욥에게 모든 것을 주었으니, 그가 왜 신실하지 않겠는가"라고 사탄은 하나님에게 말했다.

욥이, 아무것도 바라는 것이 없이 하나님을 경외하겠습니까? 주님께서, 그와 그의 집과 그가 가진 모든 것을 울타리로 감싸 주시고, 그가 하는 일이면 무엇에나 복을 주셔서, 그의 소유를 온 땅에 넘치게 하지 않으셨습니까?[39]

그러고 나서 사탄은 하나님에게 내기를 건다. 그가 가진 모든 것을 치고 나서 욥이 얼마나 신실한지를 보자고 사탄은 말한다. 하나님은 동의하고, 내기는 진행된다.[40]

그때 욥의 축복의 삶은 끝난다. 두 단계에서 사탄은 그것을 없애 버린다. 첫 단계에서 욥의 가축들이 모두 도난당하거나 폐사되고, 그의 종들 대부분은 살해되고 그의 자식들은 집이 그들 위에 무너져서 모두 죽는다. 그러나 욥의 반응은 흠잡을 데가 없다.

모태에서 빈손으로 태어났으니, 죽을 때에도 빈손으로 돌아갈 것입니다. 주

---

38 욥기 1:6-12. 인용된 구절은 8절이다.
39 욥기 1:9-10.
40 욥기 1:11.

신 분도 주님이시오, 가져가신 분도 주님이시니, 주님의 이름을 찬양할 뿐입니다.[41]

두 번째 단계에서 사탄은 "발바닥에서부터 정수리에까지 악성 종기가 나"는 고통을 가하고 (하나님의 허락으로) 그의 몸을 얻으려고 한다. 그의 재산은 사라지고, 그의 자식들은 죽고, 그는 그릇 조각으로 그의 상처를 긁으면서 잿더미에 앉아 있는 신세가 되었다. 그러나 그는 하나님에게 여전히 신실하다. "우리가 누리는 복도 하나님께로부터 받았는데, 어찌 재앙이라고 해서 못 받는다 하겠소?" 해설가가 "욥은 이 모든 어려움을 당하고서도, 말로 죄를 짓지 않았다"라고 덧붙일 필요가 전혀 없었는데 말이다.[42] 하나님이 내기에서 이겼다.

만약 우리가 욥기를 "왜 의로운 사람이 고통을 당하는가?"라는 질문의 얼개 내에서 해석한다면, 프롤로그에 제시된 대답은 매우 낯설 것이다. 욥의 고통은 전적으로 '이해하기 힘든' 상황에서 일어난 어떤 것에 의해 초래되었다. 그것은 하나님과 하나님의 종들 중 하나 사이의 천상회의에서 나온 내기이다. 나는 욥이 이러한 설명에 감명받았을 것이라고 믿지 않는다. 우리 또한 마찬가지다.

오히려 프롤로그와 그 책은 다른 목적을 가졌다. 그 목적은 "욥이 아무것도 바라는 것이 없이 하나님을 경외하겠습니까?"라고 사탄이 하나님에게 한 질문에 표현되어 있다. 그 질문은 도발적이고 의미심장하며, 그것은 저자가 인습적 지혜를 면밀하게 살피는 것을 암시한다. 왜 신앙심이 깊은가? 왜 하나님을 진지하게 받아들이는가? 그것

---

41 첫 번째 재난은 욥기 1:13-22에 서술되어 있다. 인용된 말들은 1:21에서 온 것이다.
42 두 번째 단계는 2:1-10에 기술되어 있다. 인용된 말들은 7:10에서 온 것이다.

은 '나를 위해 그 안에 중요한 것이 있기' 때문인가?

그것은 고대와 현대, 유대교와 그리스도교 그리고 다른 종교들에서 발견되는 것처럼, 전통적인 종교적 지혜의 대답이다. 이 길을 따르라. 그러면, 내적이든 외적이든 간에, 이생이든 다음 생이든 간에, 너를 좋은 곳으로 인도할 것이다. 그것의 그리스도교적 형태는 허다하다. 하나님과 예수를 믿으라. 그러면 천국에 가거나, 번창하거나, 마음의 평화를 얻거나, 만족을 얻게 될 것이다. 이 모든 것들은 하나님을 진지하게 받아들이는 것을 어떤 다른 목적에 이르기 위한 수단으로 바꾸어 버린다. 그러나 사탄의 질문은 우리를 프롤로그에서 제기된 중심 쟁점에 대해 심사숙고하도록 유도한다. 개인 이익에 의해 동기 부여되지 않은 종교와 같은 그런 것이 있는가? 하나님을 **수단**이 아니라 궁극적 **목적**으로 진지하게 받아들인다는 것은 무슨 의미인가?

프롤로그는 또 다른 목적을 가지고 있다. 그것은 시 형태의 본론 대부분을 채우고 있는 욥과 그의 친구들 사이의 대화를 설정한다.

엘리바스, 빌닷과 소발은 2장 끝에 등장하는데, 그들의 목적은 욥을 위로하는 것이다. 그들은 욥의 비참한 모습에 너무도 충격을 받아서 그와 함께 7일 동안 아무 말 없이 땅바닥에 앉아 있다.

욥과 그의 위로자들 사이의 시적 대화

저자는 이 책의 시적 본론을 욥과 그 친구들 사이의 일련의 의견 교환으로 구성한다. 욥이 말하고 다음에 엘리바스, 욥이 말하고 다음에 빌닷, 욥이 말하고 다음에 소발이 말하는 그러한 순환이 세 번 반복된다. 그 언어는 장엄하지만, 내용은 꽤 반복적이다. 나는 세 번의 순환을 모두 상세히 설명하기보다는 오히려 욥의 고통 및 질문의 깊이와 친구들 대답의 핵심을 분명히 보여주는 구절을 제공할 것이다.

욥의 고통

프롤로그에 나오는 욥에 대한 묘사는 신약의 야고보서에서 처음 사용된 표현, 즉 "욥의 인내"라는 경구적 표현의 원인이 됐다.[43] 이제 시 형태의 본론에 나오는 욥으로 돌아갈 때, 우리는 욥이 결코 인내심 있는 사람이 아니라는 것을 보게 될 것이다.

욥이 먼저 말한다. 그의 고통은 너무도 커서 그는 자신이 태어난 날을 저주했다.

> 내가 태어나던 날이 차라리 사라져 버렸더라면,
>
> '남자아이를 배었다'고 좋아하던 그 밤도 망해 버렸더라면,
>
> 그날이 어둠에 덮여서…
>
> 그 밤도 흑암에 사로잡혔더라면,
>
> 그 밤이 아예 날 수와 달 수에도 들지 않았더라면…
>
> 아, 그 밤이 아무도 잉태하지 못하는 밤이었더라면,
>
> 아무도 기쁨의 소리를 낼 수 없는 밤이었더라면…
>
> 어찌하여 내가 모태에서 죽지 않았던가? 어찌하여 어머니 배에서 나오는 그
>
> 순간에 숨이 끊어지지 않았던가?…
>
> 낙태된 핏덩이처럼 살아있지도 않았을 텐데.…
>
> 밥을 앞에 놓고서도 나오느니 탄식이요, 신음 소리 그칠 날이 없다.[44]

---

43 야고보서 5:11.

44 그의 첫 번째 발언은 3장에 있다. 인용된 구절은 3-4, 6-7, 11, 16, 24절에서 온 것이다.

욥의 고통은 수그러들지 않는다. 잠조차 전혀 그를 안심시키지 못한다. "눕기만 하면, 언제 깰까, 언제 날이 샐까 마음 졸이며, 새벽까지 내내 뒤척거렸구나." 그는 하나님이 그에게 휴식을 주지 않았다고 비난했다.

잠자리에라도 들면 편해지겠지, 깊이 잠이라면 들면 고통이 덜하겠지 하고 생각합니다만, 주님께서는 악몽으로 나를 놀라게 하시고, 무서운 환상으로 저를 떨게 하십니다.
차라리 숨이라도 막혀 버리면 좋겠습니다. 뼈만 앙상하게 살아있기보다는 차라리 죽는 것이 낫겠습니다.
나는 이제 사는 것이 지겹습니다. …
언제까지 내게서 눈을 떼지 않으시렵니까?
침 꼴깍 삼키는 동안만이라도, 나를 좀 내버려 두실 수 없습니까?
어찌하여 나를 주님의 과녁으로 삼으십니까?[45]

욥은 왜 그가 고통을 당하고 있는지를 이해할 수 없다. 그는 자신이 이런 정도의 고통을 받을만한 아무런 일도 하지 않았다는 것을 알고 있고, 그래서 하나님이 악인뿐만 아니라 의인도 파멸시킨다고 비난했다.

비록 내가 흠이 없다고 하더라도, 나도 나 자신을 잘 모르겠고,
다만, 산다는 것이 싫을 뿐이다.
나에게는 모든 것이 한 가지로만 여겨진다. 그러므로 나는

---

45 욥의 두 번째 발언, 6-7장부터. 인용된 구절은 7:4, 13-16, 19-20절에서 온 것이다.

"그분께서는 흠이 없는 사람이나, 악한 사람이나 다 한 가지로 심판하신다"하고 말할 수밖에 없다.

갑작스러운 재앙으로 다들 죽게 되었을 때에도, 죄 없는 자마저, 재앙을 받는 것을 보시고 비웃으실 것이다.

그다음에 욥은 하나님에게 직접 말을 한다.

내게 죄가 없다는 것과 주님의 손에서 나를 빼낼 사람이 없다는 것은, 주님께서도 아시지 않습니까?

주님께서 손수 나를 빚으시고 지으셨는데, 어찌하여 이제 와서, 나에게 등을 돌리시고, 나를 멸망시키려고 하십니까?[46]

욥의 친구들의 대답

엘리바스, 빌닷과 소발은 똑같은 후렴구로 일관되게 대답한다. "너는 잘못된 어떤 일을 했음에 확실하다." 그들은 하나님이 의인에게는 보상하고 악인은 처벌한다는 주장을 재차 확인함으로써 하나님의 영광을 옹호한다. 엘리바스는 욥에게 다음과 같이 말했다.

잘 생각해 보아라. 죄 없는 사람이 망한 일이 있더냐? 정직한 사람이 멸망한 일이 있더냐?

내가 본 대로는, 악을 갈아 재난을 뿌리는 자는 그대로 거두더라.

욥에게 일어나고 있는 일을 하나님의 훈계로 보는 엘리바스는 충

---

46 욥의 세 번째 발언, 9-10장으로부터. 인용된 구절은 9:21-23, 10:7-8에서 온 것이다.

고를 한다. '내가 너라면', 그는 말하기를:

> 나 같으면 하나님을 찾아서, 내 사정을 하나님께 털어놓겠다. …
> 하나님께서는 낮은 사람을 높이시고, 슬퍼하는 사람에게 구원을 보장해 주시며, …
> 하나님께 징계를 받는 사람은, 그래도 복된 사람이다. 그러니 전능하신 분의 훈계를 거절하지 말아라. …
> 이것은 우리가 지금까지 살펴본 것이니 틀림없는 사실이다.
> 부디 잘 듣고, 너 스스로를 생각해서라도 명심하기 바란다.[47]

빌닷도 똑같은 주장을 한다.

> 네가 하나님을 간절히 찾으며 전능하신 뿐께 자비를 구하면, 또 네가 정말 깨끗하고 정직하기만 하면, 주님께서는 너를 살리시려고 떨치고 일어나셔서, 네 경건한 가정을 회복시켜 주실 것이다. … 정말 하나님께서는 온전한 사람을 물리치지 않으신다.[48]

세 번째로 말하는 친구인 소발은 화를 내기 시작한다. 소발은 "말이 많고"(full of talk), '헛소리'(babble)를 한다고 욥을 비난하면서, 그를 비웃으며 그가 지금보다 더 많은 고통을 당해야 한다고 말한다.

> 너는 네 생각이 옳다고 주장하고 주님 보시기에 내가 흠이 없다고 우기지만,

---

47 엘리바스의 첫 번째 발언, 4-5장으로부터. 인용된 구절은 4:7-8; 5:8, 11, 17, 27절에서 온 것이다.
48 빌닷의 첫 번째 발언, 8장으로부터. 인용된 구절은 5-6, 20절에서 온 것이다.

이제 하나님이 입을 여셔서 네게 말씀하시고, 지혜의 비밀을 네게 드러내어 주시기를 바란다.

너는, 하나님이 네게 내리시는 벌이 네 죄보다 가볍다는 것을 알아야 한다.[49]

엘리바스와 빌닷처럼, 소발 또한 뉘우침은 하나님의 선한 편으로 돌아가서 욥 불행의 역전을 가져오는 길이라고 권했다.

당연히 욥은 이 모든 말에서 많은 위로를 찾지 못한다. 그는 친구들을 '돌팔이 의사들'과 "비참하게 만드는 위로자들"이라고 부른다. 그들의 지혜와 조언에 대해 그는 이렇게 말한다. "너희의 격언은 재 같은 속담이다."[50]

욥과 친구들 사이의 대화를 보도하는 이 책의 긴 부분에서 중심 쟁점은 인습적 지혜의 부적절성이다. 친구들은 물론 이스라엘의 인습적 지혜의 목소리이다. 그들의 관점은, 아마도 완고한 형태로, 의인은 번성하고 악인은 쇠퇴한다는 잠언의 인습적 지혜이다. 친구들은 분명한 추론을 도출해낸다. 욥이 번성하지 않고 쇠퇴한다면, 욥은 잘못된 일을 하고 있음이 확실하다는 것이다. 정말 그들은 또 다른 시대와 다른 장소의 인습적 지혜의 목소리다. 삶이 잘 풀리고 있지 않다면, 그것은 욥 자신의 잘못이다. 삶이 잘 풀리고 있지 않다면, 그것을 조정하라.

욥의 친구들은 또한 마치 그들이 하나님의 관점을 반영하는 것처럼 성서의 모든 부분을 인용하는 것의 위험을 입증해준다. 욥기에 따르면, 욥의 친구들이 상당히 장황하게 말한 것은 욥이라는 인물과 저

---

49 소발의 첫 번째 발언, 11장으로부터. 인용된 말들은 11:2-6에서 온 것이고, 뉘우침과 그것이 가져다줄 운명의 역전에 관한 뒤이은 부분은 13-21절에 나온다.
50 욥기 13:4; 16:2; 13:12.

자가 거부할 뿐만 아니라 하나님도 거부하는 관점을 반영하고 있다.[51] 인습적 지혜는, 성서적이든 혹은 세속적이든, 고통에 대한 부적절한 설명을 제공한다. 그것은 세상이 질서 정연하게 돌아가는 방식을 설명할 수 없다.

욥과 하나님의 만남과 대화

길고 중심되는 부분 전반에 걸쳐 욥은 그의 친구들의 지혜를 거부할 뿐만 아니라 하나님과 대면하겠다는 강한 바람을 표현하는데, 이는 그가 당한 고통의 불공정함을 가지고 하나님과 맞서는 것이다.

욥의 바람은 허락되지만, 그 만남은 그가 상상했던 것과 다르게 나타난다. 마지막 다섯 장에는 욥에 대한 하나님의 대답이 들어있는데, 이는 히브리 성서에서 가장 주목할 만한 자연시의 형태로 표현되어 있다. 하나님은 "폭풍 가운데서" 욥에게 대답한다. 일련의 수사학적인 질문을 통해 하나님은 욥에게 창조의 경이로움을 보여준다. 땅의 토대, 바다, 빛의 처소, 눈과 우박의 창고, 별자리, 구름과 비와 번개, 사자, 산양, 사슴, 야생 나귀와 들소, 타조, 군마, 매와 독수리 그리고 마침내 베헤못과 레비아탄과 같은 신화적인 바다 괴물들.[52]

그 언어는 경탄할 만하고, 그것이 드러내는 것은 장엄하다. 후자의 효과는 이중적이다. 한편으로 그것이 드러내는 것은 창조주와 피조물 사이의 (거리는 아니지만) 절대적인 차이를 말한다. 다른 한편으로 그것은 길들이지 않은 자연의 세계—문화 너머의 인간적이지 않은 창조

---

51 명확하게 욥기 42:7에 있다.

52 욥기 38:1-41:34. 이 드러냄은 40:1-5에 나오는 하나님과 욥의 짧은 대화로 중단된 후 다시 시작한다.

의 세계―를 하나님의 현현 혹은 드러냄으로 말한다.

욥은 그 드러냄에 깜짝 놀라서 한없이 작아지고 할 말을 잃게 된다.

> 저는 비천한 사람입니다. 제가 무엇이라고 감히 주님께 대답할 수 있겠습니까?
> 다만 손으로 입을 막을 뿐입니다. 이미 말을 너무 많이 했습니다. 더 할 말이 없습니다.[53]

그러고 나서 욥은 하나님에게 한 번 더 말한다. 그의 말은 이 책의 절정이다.

> 주님이 어떤 분이시라는 것을 지금까지는 제가 귀로만 들었습니다.
> 그러나 이제는 제가 제 눈으로 주님을 뵙습니다.[54]

하나님을 **본다는 말**은 신비 체험, 즉 신성에 대한 강렬하고 직접적인 체험에 대한 전형적인 언어이다. 많은 종교적 전통에서 '하나님을 눈으로 봄'은 종교적 탐구의 절정에 이르는 체험이다. 이 책의 절정 부분에서 욥기의 저자는 욥이라는 인물을 신성에 대한 직접적인 체험을 한 사람으로 제시한다. 저자가 자신의 삶에서 이런 종류의 체험을 알고 있었다고 확신한다. 만약 저자가 알지 못했다면, 나는 그가 이 절정 부분을 어떻게 쓸 수 있었는지를 상상하는 게 어렵다.

듣는 것과 **보는 것**의 대조는 이 책의 절정을 이해하기 위한 열쇠다.

---

53 욥기 40:4-5.
54 욥기 42:5.

욥이 들었던 것은 전통에 의해 전달된 인습적인 하나님 이해다. 확실히 그는 자신의 재난이 시작되기 전까지 그것을 받아들였을 것이다.[55] 그다음에 비록 선한 의도를 가진 그의 친구들이 그것을 열렬하게 반복했지만, 그것은 더는 그에게 이해가 되지 않는다. 그것은 그의 경험에 들어맞지 않고, 그는 그것을 제기하는 사람들에게 동의하지 않을 만큼 매우 단호하다. 그러나 그는 인습적 지혜를 거부함으로써, 한때 그가 믿었던 모든 것에 의문을 제기했다. 이제 이 책의 끝에서 그는 하나님을 본다. 즉, 그는 신성을 체험한다. 더 오래된 번역의 말로 하자면, "그러나 이제 **나의 눈이 당신을 봅니다**."

욥의 하나님 체험은 그에게 고통의 문제에 대한 아무런 새로운 해답과 설명을 주지 못했다. 그러나 자신의 체험을 통해 욥은 세상의 공평함을 보지 못하는 인간의 무능력에도 불구하고 하나님이 실재한다는 것을 확신하게 되었다.

그의 하나님 체험은 그를 변화시켰다. "그러므로 저는 제 주장을 거두어들이고, 티끌과 잿더미 위에 앉아서 회개합니다"라고 그는 말한다. 그의 옛 세계(와 자기)의 구조가 차츰 사라지면서, 그는 "회개했다." 그는 변했다.[56]

한 세기 이전 윌리엄 제임스(William James)는 욥기의 절정을 완벽

---

55 29장, 특히 18-20절에서 명확하게 확인된다.

56 욥기 42:6. 영어 번역본은 흔히 "나는 아무것도 아닌 것이 되었다"(I melt into nothingness) 대신에 "나는 나 자신을 혐오한다"(I despise myself)로 번역한다. 그러나 후자가 그 의미를 더 잘 표현해주고 있다. "티끌과 잿더미 위에 앉아서 회개합니다"라는 마지막 행의 의미는 표현하기가 어렵다. 그것은 욥이 결국 자신이 큰 죄를 지었음을 깨달았다는 것을 의미하지는 않는다. 오히려 최소한 그것은 욥의 체험이 그를 변화시켰다는 것을 의미한다.

하게 설명하는 구별을 했다. 그 당시 가장 훌륭하고 영향력 있는 미국의 심리학자이자 철학자(와 소설가 헨리 제임스의 형)인 그는 간접 체험의 종교(secondhand religion)와 직접 체험의 종교(firsthand religion)를 구별했다. 간접 체험의 종교는 다른 사람들로부터 학습된 종교다. 그것은 믿고 따라야 할 일련의 가르침과 전례로서 종교다. 다시 말해서, 그것은 종교적인 인습적 지혜다. 직접 체험의 종교는 하나님에 대한 직접 체험에서 흘러나오는 종교다. 욥기의 끝에서 주인공은 간접 체험의 종교로부터―그가 학습해온 것으로부터―직접 체험의 종교로 이동한다. "지금까지는 제가 귀로만 들었습니다. 그러나 이제는 제가 제 눈으로 주님을 뵙습니다."

종교적인 인습적 지혜로서 간접 체험의 종교가 나쁜 것은 아니다. 그것은 좋은 것을 만들어 낼 수도 있고 실제로 좋은 것을 만들어 낸다. 하나님의 영은 그것을 통해 역사할 수도 있고 실제로 그렇게 한다. 실제로 간접 체험의 종교는 신성의 성례전일 수 있다. 그러나 그것은 직접 체험의 종교와 똑같은 것은 아니다. 신성 **체험**은 간접 체험의 종교를 산산조각내고 변형시켰다.

이러한 구별은 또 우리가 고대 이스라엘의 지혜전승 내의 대화와 갈등을 이해하는 데 도움을 준다. 잠언의 누적효과에서 보이는 것처럼, 이스라엘의 인습적 지혜는 간접 체험의 종교다. 즉, 세상의 이치와 세상의 상황에 관한 가르침의 정연한 조합으로서 종교다. 이스라엘의 지혜에 대한 대안적 목소리―욥과 코헬렛의 지혜―는 하나님 체험에 근거를 두고 있다.

이스라엘의 지혜전승 내의 갈등은 히브리 성서 내의 두 가지 주요한 갈등 중 하나이다. 우리가 이미 살펴본 다른 하나는 이집트의 제국

신학과 출애굽 신학, 이스라엘 군주제의 왕조 신학과 이스라엘 예언자의 메시지 사이의 갈등이다. 우리가 이제 살펴볼 신약성서에는 이러한 갈등 이야기가 계속된다. 그렇지만 신약성서는 이 갈등을 해결하지 않는다. 오히려 신약성서는 이 갈등을 심화시킨다. 그것은 또한 이후의 그리스도교 역사 속으로 퍼져나가는 주요한 긴장과 갈등을 호명한다.

제3부

신약성서
제대로 다시 읽기

8 장

복음서

이제 히브리 성서에서 신약성서로 넘어가 보자. 히브리 성서와 신약성서는 이후에 이루어진 유대교와 그리스도교 사이의 구분이 암시하는 것보다 훨씬 많은 연속성이 있다. 히브리 성서는 그리스도교 성서의 일부일 뿐만 아니라 예수, 그의 추종자들, 초기 그리스도교 운동 그리고 신약성서의 저자들을 위한 신성한 경전이었다.

예수와 그를 따르고 그에 관해 기록했던 사람들 모두에게 히브리 성서는 하나님의 형상, 하나님과 세상의 관계 그리고 하나님과 인간의 관계가 자리 잡는 정신 안의 그 자리, 즉 신성한 상상력의 언어를 제공했다. 그들은 히브리 성서를 자주 거론했는데, 때때로 그것을 인용했지만 대체로 이스라엘의 과거를 다루는 이야기나 본문을 넌지시 암시함으로써 그렇게 했다. 그들은 히브리 성서와 함께 자랐고, 생애 전반에 걸쳐 히브리 성서의 언어, 이미지와 이야기로 인해 구성된 상징적 우주 속에서 살았다. 히브리 성서는 그들의 정체성과 비전, 개인과 공동체로서 그들이 누구인가에 대한 의식과 그들의 세계관을 형성하였다.

　비록 나는 통례를 따라 '초기 그리스도교'와 '초기 그리스도교 운동'이라는 표현을 사용하지만, '그리스도인'과 '그리스도교'라는 말들을 어느 시점부터 사용하기 시작해야 하는지가 역사적으로 분명치 않다. 우리가 그 표현으로 유대교와는 완전히 다른 종교를 의미한다면 말이다. 예수와 그의 초기 추종자들은 모두 유대인이었고, 그들은 스스로 유대교에서 분리된 하나의 종교를 창립하기보다는 유대교 내에서 무엇인가를 하고 있다고 여겼다. 바울은 자신이 새로운 종교로 개종했다고 여기지 않았고, 일생을 통하여 자신을 유대인으로 여겼다. 신약성서의 저자들 대부분은 (그리고 아마도 모두) 유대인이었다. '그리스도교'라는 말은 신약성서에서 발견되지 않는다.[1]

　그렇지만 두 집단의 '갈림길'은 1세기 말경에 가시화되기 시작했다.[2] 몇 가지 요인이 그 분리의 이유가 되었다. 유대교인이 되지 못했던 이방인 개종자들, 유대교 내에서 예수를 메시아로 여기는 유대인

---

1 '그리스도인'이라는 말은 단지 세 번 밖에 나오지 않는다. 베드로전서 4.16, 사도행전 11:26과 26:28. '메시아'라는 말에 해당하는 그리스어 혹은 라틴어에서 만들어진 것으로, 초기 용법에서 그리스도인은 유대인의 메시아로서 예수를 따르는 자를 의미했다. 따라서 그것은 아직 새로운 종교의 구성원을 의미하지는 않았다. Michael J. Wilkins, *Following the Master: A Biblical Theology of Discipleship*와 David Noel Freedman (ed.), *The Anchor Bible Dictionary*, vol. 1 (New York: Doubleday, 1992), 925-926을 보라.

2 '갈림길'이라는 표현은 James D. G. Dunn의 책 제목을 그대로 되풀이한 것이다. *The Partings of the Ways Between Christianity and Judaism and Their Significance for the Character of Christianity* (Philadelphia: Trinity Press International, 1991).

들을 배제하는 일에 대한 관심의 증가 그리고 그리스도교 운동을 유대교에서 분리된 새로운 종교로 간주하는 로마인들의 인식이 그 요인들이다. 그러나 우리는 최근에 발생한 분리를 완전한 분리로 간주하거나 이방인들이 곧 그 운동을 지배했다고 상상하지 말아야 한다. 최근의 한 연구에 따르면, 대다수 그리스도인은 3세기 중엽까지 태생에 있어서 여전히 유대인이었다고 한다.3

유대인 학자 앨런 시걸(Alan Segal)의 적절한 표현을 이용해서 말하자면, 유대교와 초기 그리스도교는 이스라엘의 조상 이삭과 리브가의 쌍둥이 자식, 즉 "리브가의 아이들"이었다.4 비록 리브가의 쌍둥이 자식들은 일란성이 아니고 이란성이었지만, 그들은 같은 어머니의 자식들이었다. 그러므로 히브리 성서가 세계를 형성하는 방식을 포함하여 1세기 유대교의 세계 안에서 신약성서를 볼 때, 그것을 가장 잘 이해할 수 있다. 그리고 신약성서를 유대인됨(being Jewish)의 방식으로 볼 때, 초기 그리스도교를 가장 잘 이해하게 된다.

역사적 변천

히브리 성서의 지혜서 중에서 가장 나중의 것인 전도서로부터 우리는 이윽고 약 3세기 앞으로 이동한다. 유대인들은 안티오코스 에피

---

3 Rodney Stark, *The Rise of Christianity* (San Francisco: HarperSanFrancisco, 1997), 3.

4 Alan Segal, *Rebecca's Children: Judaism and Christianity in the Roman World* (Cambridge: Harvard University Press, 1986).

파네스(Antiochus Epiphanes)의 셀레우코스 왕국에 대항한 영웅적인 반란 전쟁 후, 기원전 164년에 민족의 독립을 되찾았다. 히브리 성서에서 가장 늦은 시기의 책, 즉 다니엘서는 그 반란 직후에 쓰였다. 히브리 성서에는 포함되지 않지만 그리스도교 외경의 유대교 문헌인 마카베오서(books of the Maccabees)는 그 반란과 그것의 영향에 관해 이야기하고 있다.

그렇지만 독립은 단지 1세기밖에 지속하지 못했다. 기원전 63년 그들의 조국은 로마제국에 합병되었다. 로마제국의 지배는 한동안 로마가 임명한 '속국 왕들'에 의해 관리되었다. 이들 중 가장 유명한 인물은 기원전 37년에 왕이 된 헤롯 1세였다. 기원전 4년 헤롯 1세가 죽었을 때 그의 왕국은 세 부분으로 나누어지고, 그의 아들들이 통치하였다. 기원전 6년에 그 왕국 중 한 지역인 유다는 로마에 의해 파견된 지방 행정관, 즉 총독을 통한 로마의 직접 통치 아래 들어갔다. 이들 중 가장 유명한 인물은 서기 26년부터 36년까지의 총독 본디오 빌라도(Pontius Pilate)였다.

이 세기들 동안 대다수 유대인은 유대인의 고국 자체에서 살지 못하고, 팔레스타인 바깥의 유대인 공동체를 일컫는 용어, 즉 '디아스포라'로 살았다. 다양한 추산이 있지만, 아마도 80% 이상의 유대인들이 디아스포라로 살았을 것이다. 그 당시 고국에서 살고 있던 유대인의 수는 흔히 약 백만 명으로 추산되는 반면에, 4백만에서 6백만 명은 디아스포라로 살았다.5 일부는 포로에서 귀환하지 못한 유대인들의 후손이었고, 나머지 일부는 더 최근에 이주한 사람들이었다. 디아스

---

5 Stark, *The Rise of Christianity*, 57.

포라로 살고 있던 대다수 유대인은 도시에 있었고, 그들과 그들의 회당은 줄곧 3세기까지 그리스도인의 성장을 위한 주요 네트워크를 제공했다.

유대인 고국 자체에서 1세기는 반항과 폭력의 시대였다. 폭력은 여러 형태를 취했다. 헤롯 왕과 로마의 통치하에서 제도적이고 구조적인 폭력이 있었는데, 이러한 폭력에는 점점 더 많은 유대인 농부들에게서 그들 조상의 토지를 빼앗고 그들을 심각한 가난으로 내몰았으며 많은 사람을 토지를 소유하지 못한 장인, 소작농(tenant farmers), 혹은 날품팔이로 그리고 일부 사람들을 거지로 전락시킨 경제 및 조세 정책이 포함된다. 로마인들과 동족 유대인 부자들을 공격하고 강탈했던 유대인 집단들, 즉 사회적 비적들(social bandits)의 폭력도 있었다(이 사회적 비적들은 단지 비적들의 **패거리** 그 이상이었다. 후자는 단지 무법자들이었던 반면에, 전자는 여러 세기 후에 있었던 로빈 후드에 더 가까웠다).

그뿐 아니라 무장 혁명 운동의 폭력도 있었다. 기원전 4년에 헤롯 1세가 죽었을 때, 갈릴리를 포함한 그의 왕국의 대부분 지역에서 무장 반란이 발생했다. 로마의 보복은 빠르고 잔혹했다. 갈릴리의 수도(이고 나사렛에서 불과 4마일 떨어진 곳) 세포리스는 완전히 타버렸고, 생존자 중 많은 사람이 노예로 팔려갔다. 혁명적 폭력은 서기 1세기의 대부분에 걸쳐 금방이라도 폭발할 듯했고, 66년 로마에 대항하는 파멸적인 반란 전쟁으로 최고조에 달했다. 로마인들은 유대인의 고국을 잔혹하게 재정복했고 70년에 예루살렘과 성전을 파괴하였다. 성전 파괴로 인해 유대인의 희생 제사는 중단되었다. 성전은 결코 재건되지 못했고, 유대교는 끊임없이 변화했다.

신약성서 개론

마침내 신약성서가 된 27권의 문서 중 몇 권은 2세기 초에서 중엽에 쓰였으나 대부분은 서기 50년과 1세기 말 사이에 기록되었다.6 히브리 성서는 약 8백 년쯤의 기간에 걸쳐 기록된 한 국가의 문헌이지만, 신약성서는 백 년도 채 못 걸려 기록되었고, 모두 몇 천 명에 불과한 한 종파 운동(a sectarian movement)의 문헌이다. 최근의 추정에 의하면, 순수 바울의 편지가 기록되었던 60년대에 그리스도인들의 수는 약 2천 명에 불과했다고 한다. 신약성서의 대부분 책이 기록되었던 100년쯤에는 불과 7천 5백 명의 그리스도인들이 있었다.7 신약성서는 그렇게 작은 집단에서 나온 인상적인 저작물이다.

이 문헌들을 신약성서의 27권의 '책들'로 부르는 것이 일반적이어서, 나는 때때로 이 관례를 따를 것이다. 그러나 그것들을 '책들'로 부르는 것은 다소 오해의 소지가 있다. 그것 중 다수는 매우 짧다(예를 들어 두 권은 그 길이가 한쪽에 불과하고, 가장 긴 것도 대부분의 영어 번역본으로 볼 때 약 40쪽에 불과하다).8 게다가 그 용어의 현대적 의미로서 '책'은 저자가 개인적으로 알지 못하는 일반 대중을 위해 쓰였다.9 그러나 신약성서의 모든 문헌은 저자가 개인적으로 알고 있는 사람들이나 공동체에 써서 보낸 것들이다.

이 문헌들은 네 가지 범주로 나뉜다. 가장 큰 범주는 편지 혹은 서

---

6 보통 그 연대가 2세기 초로 추정되는 책들은 디모데전·후서, 디도서, 베드로후서인데, 베드로후서는 일반적으로 신약성서 중에서 가장 늦은 시기의 책으로 여겨진다.

7 Stark, *The Rise of Christianity*, 1.

8 가장 짧은 두 권은 빌레몬서와 유다서이다.

9 계몽적인 논평을 위해서는 Eugene Boring, *Revelation* (louisville: Knox, 1989), 6.

신이다(편지는 모두 스물한 개인데, 이 중에서 열세 개는 바울의 것으로 본다). 그다음 큰 범주는 네 권의 복음서이다. 마지막 두 범주는 각각 한 권의 책으로 대표된다. 즉, 묵시문학(계시록 혹은 요한계시록)과 그리스도교 운동의 역사(사도행전 혹은 간단히 행전)이다.

복음서 개론[10]

비록 네 개의 복음서가 신약성서 중에서 가장 초기의 문헌들은 아니지만, 이 가장 초기의 문헌 중에서 네 권의 복음서는 토대가 된다. 순수 바울 편지는 모두 더 일찍 기록되었고, 신약성서의 나머지 대부분은 대략 복음서들과 같은 시기에 기록되었다.

복음서들은 예수 이야기에 토대가 된다. 출애굽 이야기가 고대 이스라엘의 원시적 내러티브인 것처럼, 복음서들은 '토대가 되는' 그리고 '제일 중요한'이라는 그 말의 두 가지 의미에서 초기 그리스도교 운동의 원시적 내러티브이다.

예수는 1세기의 첫 삼 분의 일에 해당하는 때에 살았다. 기원전 4년경에 태어난 그는 30년경에 로마인들에 의해 처형당했다. 복음서들은 1세기의 마지막 삼 분의 일에 해당하는 서기 65년과 100년 사이에 기록되었다. 가장 먼저 기록된 것은 거의 확실히 마가복음일 것이고, 가장 마지막에 기록된 것은 아마도 요한복음일 것이다. 비록 우리

---

10 이해하기 쉬운 훌륭한 복음서 개론서에는 Mark Allan Powell, *Introduction to the Gospels* (Minneapolis: Fortress, 1998)와 W. Barnes Tatum, *In Search of Jesus*, rev. ed. (Nashville: Abingdon, 1999)가 포함된다.

가 그 복음서들을 마태복음, 마가복음, 누가복음 그리고 요한복음이라 부르지만, 누가 그것들 중 어떤 것을 기록했는지는 확신할 수 없다. 마가복음의 저자는 맨 위에 "마가의 복음서"라고 씀으로써 그의 복음서를 시작하지 않았다. 이름은 2세기의 어느 때에서야 비로소 이 글들에 할당되었다. 우리에게 그것들은 익명의 문헌들이지만, 짐작건대 그 저자들은 자신들의 복음서를 기록한 공동체 안에서는 알려져 있었을 것이다.[11]

복음서라는 매우 특별한 문학 양식에 관해서는 학자들 사이의 논쟁이 계속되고 있지만, 그것은 매우 일반적인 수준에서 볼 때 '공적 전기', 즉 예수의 공생애—메시지와 활동—에 관한 이야기이다. 복음서는 예수의 공적 활동이 시작되기 이전의 개인 생활에 대해서는 전혀 관심을 보여주지 않고 있다. 마가복음과 요한복음은 예수의 어릴 때를 언급조차 하지 않는다. 마태복음과 누가복음에는 탄생 이야기가 있고, 누가복음에는 열두 살 때의 예수 이야기가 있지만, 그러나 그것이 전부다.[12]

일반적으로 성서의 역사적 이야기들처럼, 복음서도 초기와 후기

---

11 우리는 열두 제자나 다른 목격자 중 누구도 복음서를 쓰지 않았다는 것을 거의 확신한다. 마태복음과 요한복음이 마태와 요한이라는 이름의 제자들에 의해 기록되지 않았다는 것에 대해서 학자들 사이의 강한 의견의 일치가 있다. 마가복음과 누가복음에 관해서는 그것들이 마가와 누가라는 이름의 사람에 의해 기록되었다는 주장의 (결정적은 아니지만) 합리성이 입증될 수 있다. 어느 정도는, 그들이 저자가 아니라면, 2세기의 그리스도인들이 특별히 이들의 이름을 따서 그 복음서들에 이름을 붙일 타당한 이유가 전혀 없기 때문이다. 마가나 누가도 열두 제자 중 하나가 아니었고, 둘 중 어느 하나도 예수의 공적 활동의 목격자가 아니었다.

12 게다가 대부분의 주류 학자들은 예수의 탄생 이야기와 열두 살 때의 이야기를 은유적 이야기로 본다. 따라서 역사적으로 말하자면, 그것들은 전설적인 이야기들이다. 비록 은유적 이야기로서 그것들이 예수에 대한 중요한 증언을 하고 있지만 말이다.

의 자료 층들을 담아 기억된 역사와 은유화된 역사를 결합한, 발전하는 전승의 산물이다. 복음서에는 예수에 대한 예수운동의 기억이 보존되어 있고, 예수 사후 수십 년 동안 예수가 그들의 체험, 사상과 헌신 속에서 무엇이 되었는가에 관해서 말하기 위해 복음서는 은유와 은유적 이야기의 언어를 이용하고 있다.

역사적 기억과 은유적 이야기를 결합하는, 발전하는 전승들로서 복음서는 두 가지 서로 다른 방식으로 읽힐 수 있다. 한편으로 사실상 역사적 예수에 관한 우리의 유일한 정보원(情報源)으로서 복음서를 역사적 한 인물로서 나사렛 예수가 어떤 사람이었는가에 관한 개요를 재구성하기 위해서 읽을 수 있다. 다른 한편으로 예수 사후 약 40년에서 70년 사이에 예수에 관한 그리스도인들의 인식과 확신을 우리에게 말해주는 1세기 말엽의 문헌으로 복음서를 읽을 수 있다.

첫 번째 읽기 방식은 '역사적 예수'(historical Jesus)에 초점을 맞추고 있다. 이는 복음서의 표면 배후 혹은 아래에 있는 발전하는 전승의 초기 층에 그려진 예수이다. 두 번째 방식은 '정경(正經)의 예수'(the canonical Jesus)인데, 이는 현재의 형태로서 복음서들의 표면에서 우리가 맞닥뜨리는 예수를 말한다. 우리는 이 두 가지의 복음서 읽기 방식 중에서 하나를 선택할 필요가 없다. 둘 다가 타당하고 유용하다.[13]

그러나 우리는 둘 중에서 하나의 방식으로 읽고 있는 때와 나머지

---

13 따라서 나는 예수와 복음서에 관한 상당한 연구의 특징을 이루는 양자택일의 선택을 거부한다. 이것은 역사적 예수만이 중요하거나 아니면 정경의 예수만이 중요하다는 주장 사이에서 하나를 선택하는 것이다. 둘 다 중요하다. 정경의 예수가 최고라는 주장의 옹호론에 대한 활발한 설명을 위해서는 Luke Timothy Johnson, *The Real Jesus* (San Francisco: HarperSanFrancisco, 1995)를 보라. 연구사에서 두 가지 입장에 대한 나의 요약을 위해서는 *Jesus in Contemporary Scholarship* (Valley Forge, PA: Trinity Press International, 1994), 9를 보라.

하나의 방식으로 읽고 있는 때에 관해 정말 분명히 할 필요가 있다. 역사적 예수와 정경의 예수를 구별하지 않을 때 혼동이 발생하고, 우리는 두 가지 모두를 잃게 될 위험을 무릅쓰게 된다. 천부적 문자주의와 의식적 문자주의가 그러하듯이, 복음서가 정경의 예수에 관해 말하는 것을 나사렛 예수에 관한 역사적 보도로 간주할 때, 예수는 비현실적인 인간이 되고, 또 그가 아주 주목할 만한 사람이었다는 것을 놓치게 된다. 빵 덩이를 배가시키고, 물 위를 걷고, 폭풍을 잠잠하게 하고, 물을 포도주로 만들고, 죽은 자들을 (나흘이나 죽어 있던 사람을 포함하여) 일으킬 수 있고 열두 사단의 천사들을 하늘에서 불러 내릴 수 있는 자는 누구든지 확실히 사람은 아니다. 그런 사람은 우리와 같은 사람 중 하나는 아니다.

더욱이 정경의 예수에 관해 말해진 것을 문자 그대로 그리고 역사적으로 받아들일 때 우리는 복음서 본문의 풍부한 은유적 의미를 놓치게 된다. 복음서는 현재의 의미를 지닌 은유적 이야기라기보다는 오히려 과거의 우발적 사건에 대한 사실적 보도가 된다. 그러나 역사적 예수와 정경의 예수 사이의 구별을 분명히 할 때, 우리는 둘 다 이해하게 된다. 그리고 둘 다가 중요하다.

예수에 관한 나의 이전 책 중 대부분은 역사적 예수에 초점을 맞추어왔다.[14] 철저한 줄여 쓰기로 말하자면, 나는 부활절 이전의 예수

---

14 역사적 예수에 관한 나의 이해는 다음의 책들에서 아주 충분하게 기술되어 있다: *Conflict, Holiness, and Politics in the Teaching of Jesus* (Harrisburg, PA: Trinity Press International, 1998; 초판은 1984년에 발행됨); 그리고 다음의 책들은 모두 HarperSanFrancisco에서 발행됨: *Jesus: A New Vision* (1987), *Meeting Jesus Again for the First Time* (1994) 그리고 N. T. Wright와 함께한 *The Meaning of Jesus: Two Visions* (1998). 마지막 책도 특별히 부활절 이후의 예수에 대한 인식을 초기 그리스도교 운동 내에서 다뤘다.

(pre-Easter Jesus)를 유대교 신비가(Jewish mystic), 치유자(healer), 비인습적인 지혜의 교사(teacher of unconventional wisdom), 사회적 예언자와 갱신운동의 선구자(renewal-movement initiator)로 본다. 따라서 나는 예수를 히브리 성서의 다음과 같은 요소들과의 연속성에 서 있는 것으로 봤다.

— 신성에 대한 직접 체험을 강조하는 전통의 경험에 바탕을 둔 흐름
— 사회 정의에 대한 강조와 지배체제에 대한 비판 및 지배체제로부터의 해방이 있는 출애굽과 전통적인 예언자적 요소
— 전도서와 욥기에 의해 대표되는 이스라엘의 전복적인 지혜 속에서 인습적 지혜에 대한 비판
— 위의 전통에서 흘러나오는 대안 사회의 비전과 공동체의 비전에 대한 확언

나는 또한 예수를, 철저한 줄여 쓰기로 말하자면, 그리스도교의 메시아로 본다. 메시아(와 하나님의 아들 등)로서 예수에 대한 인식은 아마 부활절 이후와 부활절 때문에 생겨났을 거라고 나는 생각한다. 나는 '부활절'이라는 말을 예수 사후 예수 추종자들 사이에서 생겨난 살아있는 실재로서 예수 체험과 하나님이 그를 메시아와 주님으로 높여주었다는 확신의 뜻으로 말한다. 이 예수, 즉 정경의 예수는 우리가 신약성서의 글들에서 접하는 예수이다

이 장에서 나는 정경의 예수에 초점을 맞춘다. 나의 목적은 현재 형태의 복음서들을 초기 그리스도교 운동의 원시적 내러티브로서 읽는 방법을 분명히 보여주는 것이다. 나는 각각의 복음서들을 소개하

고 나서 선택된 본문들에 대해 더 광범위하게 설명을 할 것이다. 은유적 이야기로서 복음서 읽기를 강조하고, 1세기 후반의 배경 속에서 복음서 본문들의 은유적 의미를 증가시키는 역사적 접근을 포함했다.

주제 구성으로서 복음서

1세기의 마지막 삼 분의 일 기간에 서로 다른 그리스도인 공동체들 안에서 기록된 문헌들로서 복음서는 각각 자신의 독특한 주제, 목적과 강조점을 지닌 주제 구성이다. 각 복음서를 소개할 때, 나는 포괄적으로 다루지는 않을 것이다. 오히려 나는 각 복음서의 주제 구성을 간단히 강조할 것이다.

그렇게 하면서 나는 각 복음서에 있는 예수의 공적 활동의 시작 장면(inaugural scene of Jesus' public activity)을 통합시킬 것이다. 이는, 예수에 관한 내용이 가장 핵심적으로 무엇인가에 대한 복음서 저자의 통찰을 명확히 하기 위해 복음서 저자가 그것을 구성해왔던 방법을 보여주기 위함이다. 나는 '취임 장면'(inaugural scene)이라는 말을 예수가 한 것으로 생각되는 첫 공적인 말 혹은 공적인 행위의 뜻으로 말한다. 각각의 경우에서 취임 연설 혹은 행위는 주제의 서론으로 기능을 한다. 따라서 그것은 카메라의 조리개인데, 그것을 통해 우리는 예수와 그의 의미에 대한 복음서 저자의 인식을 미리 힐끗 들여다볼 수 있게 된다.

나는 공관복음서(synoptic gospels)인 마태복음, 마가복음 그리고 누가복음으로부터 시작하려고 한다. 그것들은 ('synoptic'이란 단어의 어근이 암시하듯이) 함께 묶어 볼 수 있을 만큼 매우 유사하기에, '공관복음'(the synoptics)으로 알려져 있다. 그것들이 유사한 이유는 공통의 자료를 가지고 기록되었기 때문이다. 마태와 누가는 둘 다 마가복음을 이용했고, 예수의 공적 활동에 대한 마가 이야기의 구조뿐만 아니라 마가 자료의 대부분을 포함했다. 예수의 공적 활동은 북부 지역인 갈릴리에서의 가르침과 치유 활동으로부터 남부 지역인 예루살렘으로의 여정과 죽음에 이르는 기간인데, 이는 모두 일 년 이내에 일어났다. 마태와 누가는 또 'Q'로 알려진 예수 가르침의 초기 모음집도 이용했다. 마태와 누가가 마가와 Q를 이용했다는 것은 공관복음서의 가족 유사성을 설명해줬다. 그러나 요한복음은, 나중에 보게 되겠지만, 매우 다르다.

마가복음

마가복음은 서기 70년경에 쓰였는데, 그 해는 유대인의 저항 전쟁이 거의 불가피하게 절정으로 이어지게 되면서 예루살렘과 성전이 로마제국에 의해 재점령되고 파괴되었던 때였다. 그 사건은 마가복음에 어두운 그림자를 드리우고 있는데, 이는 그것이 최근에 발생했었기 때문이거나 곧 일어날 일이기 때문이다. 사실 마가복음이 '전시 복음서'(wartime gospel)로 불린 것은 적절하다.15

묵시문학적 종말론(Apocalyptic Eschatology)

---

15 마가복음의 연대를 60년대 후반이나 70년대 초로 추정하는 것은 널리 받아들여지고 있다. 나는 '전시 복음서'라는 표현을 Daryl Schmidt, *The Gospel of Mark* (Sonoma, CA: Polebridge, 1990)에서 빌려왔다.

우리는 전쟁과 그것의 절정이 끼친 영향을 특별히 '작은 묵시록'(little apocalypse)이라고 불리는 13장에서 본다(묵시록은 일반적으로 '종말'[the end]을 다루고, 물론 '큰 묵시록'은 요한계시록을 말한다). 마가복음 13장은 성전 파괴의 경고로 시작된다. 제자들이 성전을 바라볼 때, 한 제자가 "선생님, 보십시오! 얼마나 굉장한 돌입니까! 얼마나 굉장한 건물입니까?"라고 말한다. 그때 마가의 예수는 그에게 "너는 이 큰 건물들을 보고 있느냐? 여기에 돌 하나도 돌 위에 남지 않고 다 무너질 것이다"라고 말했다.[16]

제자들은 언제 이 일이 일어날 것이고, 또한 그때가 가까워질 때 무슨 징조가 있을 것인지를 묻는다. 작은 묵시록이 계속 이어지면서 마가의 예수는 거짓 메시아, 전쟁과 전쟁에 대한 소문, 민족에 맞서 일어나는 민족, 박해와 배반에 대해 말하고 마침내 "황폐하게 하는 가증스러운 물건이 서지 못할 곳에 선 것을 보거든, (읽는 사람은 깨달아라) 그때에는 유대에 있는 사람들은 산으로 도망하여라"라고 말한다. "황폐하게 하는 가증스런 물건"이라는 표현은 다니엘서를 반향하고 있는데, 다니엘서에서 그 표현은 성전을 넘겨받은 이전의 이방 제국과 그 성전에서 이방의 신에게 바쳐지는 희생제물을 말한다.[17] 마가

---

16 마가복음 13:1-2. 역사적 설명: 나는 역사적 예수가 정말로 고국의 지배체제 중심으로서 성전과 예루살렘에 대해 위협을 했을 가능성이 있다고 생각한다. 꼭 히브리 성서의 많은 문서 예언자들이 왕국 파괴에 대해 경고했던 것처럼 말이다. 따라서 내 입장은 마가가 이런 경고들을 만들어 냈다는 것이 아니라 유대 전쟁이라는 사건을 염두에 두고 13장을 구성했다는 것이다. 간단히 말해서, 마가는 그것을 자신의 시대에 적용하는 바로 그 순간에 당시의 역사적 자료를 이용했을지도 모른다.

17 마가복음 13:4 이하. 인용된 구절은 13:14인데, 다니엘서 9:27; 11:31과 12:11을 반향하고 있다. 다니엘서에서 이방 제국은 안티오코스 에피파네스 4세의 셀레우코스 왕국인데, 기원전 165년경 그의 성전 모독은 마카베오 반란의 도화선이 되었다. 유명한 독일 학자 타이센(Gerd Theissen)을 포함한 일부 학자들은 마가복음 13장의 사건들

복음에서 그 표현은 성전에서 방금 일어났던 사건 (혹은 곧 일어날 사건), 즉 마가가 "하나님께서 세상을 창조하신 이래로 지금까지 없었던" 수난이 뒤따를 것이라고 말한 사건을 나타낸다.

그러고 나서 예수의 재림을 나타내는 것으로 마가가 거의 확실하게 이해했던 말로 마가의 예수는 "인자가 큰 권능과 영광에 싸여 구름을 타고 오는 것"에 대해 말한다.

> "그러나 그 환란이 지난 뒤에,
> '그날에는 해가 어두워지고,
> 달이 빛을 내지 않고,
> 별들이 하늘에서 떨어지고,
> 하늘의 세력들이 흔들릴 것이다.'
> 그때에 사람들이, 인자가 큰 권능과 영광에 싸여 구름을 타고 오는 것을 볼 것이다.
> 그때에 그는 천사들을 보내어, 땅끝에서 하늘 끝까지, 사방에서 선택된 사람들을 모을 것이다."

이 모든 일이 언제 일어날 것인가? 곧 일어날 것이다. 몇 절 뒤에 마가의 예수는 "내가 진정으로 너희에게 말한다. 이 세대가 끝나기 전에, 이 모든 일이 다 일어날 것이다"라고 말한다.[18] 따라서 마가

이 서기 40년의 위기와 관련해서 비롯되었다고 주장했다. 그때 로마의 칼리굴라 황제 (Roman emperor Caligula)는 자신의 동상을 예루살렘 성전에 세울 계획이었다. Theissen, *The Gospels in Context, trans. Linda Maloney* (Minneapolis: Fortress, 1991), 125-165를 보라. 마가가 이 언어를 70년의 사건에 적용하고 있는 것이 분명하다고 생각하는 바로 그 순간에도, 나는 이 설명이 가능하다고 (아마 심지어 그럴듯하다고) 생각한다.

는 70년의 사건-전쟁의 마지막 단계의 수난, 즉 예루살렘과 성전의 파괴-을 '종말'이 가까이 왔다는 징조로 보았다.

요컨대, 마가복음에는 묵시문학적 종말론이 들어있다.[19] 묵시문학적 종말론은 마가의 복음서의 처음 부분에, 즉 "하나님의 나라"라는 말에서 나타난다. 마가복음의 중간에서, 즉 천사들과 더불어 영광 중에 오는 인자에 대한 구절 바로 다음에, 마가는 그 나라의 임박성에 대해 말한다. "내가 진정으로 너희에게 말한다. 여기에 서 있는 사람들 가운데, 죽기 전에 하나님의 나라가 권능을 떨치며 와 있는 것을 볼 사람들도 있다."[20] 다시 말해 아직 살아있는 사람들 중 일부가 이것을 볼 것이라는 것이다.

예수의 공적 활동의 시작 장면

하나님 나라의 임박성은 마가복음에서 예수가 공적 활동을 시작할 때 행한 짧은 첫 연설의 주제이다.

---

18 처음에 인용된 긴 구절은 마가복음 13:24-27이고, 그 속에 인용된 구절은 다니엘서 7.13-14에서 온 것이다. 두 번째 인용된 구절은 마가복음 13:30이다.

19 '묵시문학적'과 '종말론'에 대해 말할 때, 용어상의 문제들이 넘겨난다. 여기서 나는 '종말론'을 "모든 것의 종말"을 나타내기 위하여 상당히 포괄적 용어로 사용한다. '묵시문학적'이라는 형용사를 덧붙인 것은 '종말'을 신적인 개입에 의해 초래된 임박하고 극적인 것으로 보는 종말론을 말하기 위해서 그런 것이다.

20 마가복음 9:1. 이것은 8:38에서 말하는 인자 바로 뒤에 온다. 마가복음 9:1은 마가복음에서 전략적 위치를 차지하고 있는데, 이는 전반부의 끝부분으로서 혹은 후반부의 첫 부분으로서 위치이다. 그것 뒤에 예수의 변모에 관한 이야기 바로 이어진다는 것에 주목하라. 마가복음의 시작 부분에 나 오는 예수의 세례 이야기에서(마가복음 1:11) 예수를 하나님의 사랑하는 아들이라고 선언했던 것과 같은 목소리가 예수의 변모에 관한 이야기에서도 다시 들린다. "이는 내 사랑하는 아들이다"(마가복음 9:7, 맥락 속에서). 마가복음의 전반부가 예수가 세례받을 때 그의 정체성 선언으로 시작하듯 이, 후반부도 그가 영광스러운 모습으로 변모할 때 그의 정체성 선언으로 시작했다.

때가 찼다. 하나님의 나라가 가까이 왔다. 회개하여라. 복음을 믿어라.

예수는 하나님 나라에 대해 자주 이야기하지만, 이 구절은 그의 복음에 대한 중요한 강조를 선언하는 마가의 주제 구성이다. "때가 찼다." 예수가 말한 나라가 이제 "가까이 왔다."

70년의 사건은 그 나라의 임박에 대한 마가의 강조를 설명하지만, 그 사건은 놀랍게도 그의 복음서의 내용을 거의 설명하지 않는다. 마가복음의 나머지 부분에서는 "하나님의 나라"라는 표현이 자주 사용되지 않는다.[21] 대신에 그의 복음서의 대부분은 또 하나의 주제인 길, 즉 예수를 따르는 '길' 혹은 '행로' 혹은 '진로'에 대해 말한다.[22]

사실상 마가복음의 주제가 되는 말에서 마가는 이사야 40장에서 인용한 한 구절로 시작한다. "광야에서 주님의 **길**을 예비하라."[23] 이 표현은 우리를 예전의 유배 생활로 인도한다. 마가복음이 유배 생활에서 돌아오는 길에 관한 것이기 때문이다. 마가복음서의 중요한 중심 부분이 강조하듯이, 귀환 길은 예수의 길이다. 갈릴리에서 예루살렘에 이르는 예수의 여행 이야기는 제자도의 '길'에 관한 가르침으로 가득 차 있는데, 그것은 '길'에서 예수 '따름'을 의미한다. 그 길은 지배 체제와의 대결, 죽음과 부활의 장소인 예루살렘으로 이어진다. 예수

---

21 마가복음 1:15과 9:1 이외에, 마가복음에서는 예수가 한 말로 단지 열한 번 더 나온다. 그것은 4:10-12 (그 나라의 '비밀'), 4:26-29과 30-32 (하나님의 나라에 대한 두 개의 짧은 비유), 9장과 10장의 여섯 번 (9:37; 10:14, 15, 23, 24, 25) 그리고 12:34과 14:25이다. 그에 비해 마태복음에는 예수가 한 말로 "하나님의 나라"가 36회 나오고, 누가복음에는 32회 나온다.
22 이 영어 단어 세 개의 배후에는 마가복음에서 자주 사용되는 hodos라는 그리스어가 있다.
23 마가복음 1:3.

는 자신의 길을 가는 도중에 그에게 곧 닥칠 죽음과 부활에 대해 세 번 말하고, 매번 이야기 후에 그의 제자들에게 그를 따르라고 요청했다.24 마가에게는 예수의 '길'이 죽음과 부활의 길이다.

귀환 길에 대한 강조는 마가복음에 나오는 예수의 첫 연설의 마지막 부분인 "회개하라"와 연결된다. 여기서 회개는 후에 그리스도교 신학이 흔히 말하는 것처럼 죄에 대한 뉘우침을 의미하지 않는다. 오히려 그것의 의미는 유배 이야기에 뿌리박고 있기에 회개한다는 말은 유배로부터의 귀환을 의미한다. 그 개념을 다시 하나님 나라라는 말에 관련시키면, 회개하다—귀환 여행에 착수하다—는 하나님 나라에 들어가는 것이다.25

이처럼 마가에 의하면 정경의 예수는 그의 추종자들을 십자가의 길, 죽음과 부활의 길로 부른다. 예수의 길-회개와 유배로부터의 귀환 길-은 낡은 존재 방식을 버리고 새로운 존재 방식으로 태어나는 것을 수반한다. 문자 그대로 이해하자면, 그것은 순교의 길인데, 이는 마가복음이 기록되었던 당시의 중요한 문제였을지도 모른다. 은유적으로 이해하자면, 그것은 예수의 길과 제자도의 삶의 한가운데서 일어나는 내적인 과정을 나타낸다.26

---

24 마가복음의 중심 부분은 8:27-10:45 (혹은 눈먼 사람이 시력을 되찾은 두 개의 이야기—중심 부분에 테를 두르는 이야기—가 포함된다면, 8:22-10:52)이다. John Donahue는, Harper's Bible Commentary (San Francisco: Harper& Row, 1988), 984에서, 마가복음의 구성과 로마 개선문의 설계와의 비교를 통해 그 부분의 중심적 역할을 강조한다. 양 측면의 판은 가장 중심에 있는 것, 즉 그 개선문의 가운데에 있는 판을 향하고 있다고 말한다. 세 번에 걸친 예수의 죽음과 부활에 관한 예고는 8:31, 9:31 그리고 10:33-34이다.

25 하나님 나라에 들어감 혹은 그 나라에 거함에 대한 마가의 말은 모두 중심 부분에 나오는데, 9:47; 10:14, 15, 23, 24, 25에 나온다.

마태복음

마태복음은 마가복음보다 약 10년에서 20년 후에 쓰였다. 그 내용은 1세기 말엽 다른 유대인들과의 갈등 관계에 있는 크리스천 유대인(Christian Jews)의 공동체를 가리키고 있다. 공관복음서 중에서 마태복음은 가장 유대교에 가까우면서도 유대교에 가장 적대적이다.

유대교에 대한 적대감

유대인들은 마치 마태공동체에서 분리된 것처럼 언급된다. 예를 들면, 유대교 회당(Synagogues)은 "그들의" 회당이다.[27] 마태는 율법학자들과 바리새파 사람들에 대한 예수의 비판을 독설로 바꿈으로써 그것을 심화시킨다. 이들에 대한 비난을 길게 하는 장에서, "너희에게 화가 있다! 율법학자들과 바리새파 사람들아! 위선자들아!"라는 정형화된 문구가 여섯 번 사용되고, 율법학자들과 바리새파 사람들은 "눈먼 인도자들", "어리석고 눈먼 자들", "뱀들" 그리고 "독사의 새끼들"로 불렸다.[28]

---

26 마가복음이 기록되기 직전에, 로마제국에 의한 그리스도인의 첫 번째 박해가 발생했다. 64년 네로 황제에 의해 실행된 박해는 분명히 다른 곳이 아니라 로마 자체 내에서 일어났다. 비록 우리는 로마에 대항한 유대인의 반란 전쟁과 관련해서 그리스도인들의 박해와 순교에 대한 구체적인 증거를 가지고 있지는 않지만, 그러한 일이 일어났다고 생각하는 것은 타당한 것 같다.

27 마태복음 4:23, 9:35; 7:29에서 마태는 "그들의" 율법학자에 대해 말한다. 마태복음 6:2과 6:5을 보라. 여기에서 회당에 있는 사람들은 '위선자'로 불렸다.

28 마태복음 23장. 정형화된 문구는 13, 15, 23, 25, 27, 29절에 나온다. "눈먼 인도자들", "어리석고 눈먼 자들", "눈먼 자들" 그리고 "눈먼 바리새파 사람들"은 16, 17, 19, 24, 26절에, "뱀들"과 "독사의 새끼들"은 33절에 그리고 "지옥의 자식"은 15절에 나온다. 누가복음 11:37-52에도 일부 같은 자료들이 들어있고, 따라서 마태복음 23장은 Q에

마태는 사악한 소작인의 비유에 관한 마가의 판본의 "너희에게서 하나님의 나라를 빼앗아서, 그 나라의 열매를 맺는 민족에게 주실 것이다"라고 유대인들의 지도자들에게 말한 하나의 절을 덧붙였다.29 마태는 예수의 재판에 대한 마가의 이야기에 빌라도가 자신의 손에서 예수의 피를 씻어내는 장면을 덧붙여 빌라도가 예수의 죽음에 죄가 없다는 것을 선언한다. 대신에 마태는 예수의 유죄 판결에 대한 책임을 유대인 무리와 그들의 자손들에게 돌린다. "그러자 온 백성이 대답하였다. '그 사람의 피를 우리와 우리 자손에게 돌리시오.'"30 그리스도교가 서구 문화의 지배적인 종교가 된 이후로 줄곧 이 말은 유대인들에 대한 테러를 위한 본문이 되어왔다.

마태복음에서 유대교와의 격렬한 갈등은 마태공동체의 상황을 반영하고 있다. 유대인의 조국에 대한 로마의 재정복 후에, 생존자들은 성전의 손실에도 불구하고 유대인의 정체성을 강화하고 보존하려고 노력하였다. 토라와 더불어 성전은 유대인의 예배와 정체성의 두 중심축 중 하나였다. 성전이 파괴된 직후 유대인 공동체는 예수를 메시아로 따르는 유대인들을 배척하기 시작했고, 그들은 더는 참 유대인이 아니라고 주장했다. 마태의 중심 관심사 중의 하나는 그와 반대되는 주장인데, 그 주장은 마태의 크리스천 유대인 공동체가 이스라엘의 전통에 충실하다는 것이다.

근거하고 있다. 그러나 누가복음(과 Q)에서는 그 비판이 구체적인 비난이지 공격적인 독설은 아니다.

29 마태복음 21:43.

30 마태복음 27:24-25. 이 구절은 재판에 관한 마가의 이야기에 덧붙인 마태의 편집적인 추가이다. 27:19에 나오는 빌라도 아내의 꿈 이야기도 마찬가지인데, 그것은 예수가 의로운 사람임을 선언한다.

유대교와의 연속성

마태는 유대교 전통과의 연속성을 강조함으로써 자신의 공동체가 이스라엘의 전통에 충실하다는 주장을 한다. 그는 어떤 다른 복음서 저자보다 더 많이 히브리 성서를 인용한다. 간접적 인용(allusions) 혹은 반향(echoes)을 포함하지 않고도, 마태는 "기록된바"와 같은 분명한 표현과 함께 40회 인용하고, 또 그러한 표현 없이 21회 인용한다.31 그는 예수의 족보를 유대인들의 조상인 아브라함까지 거슬러 추적한다. 그는 예수가 일생 동안 그의 선교를 유대인들에게 국한시켰고 제자들에게 다음과 같은 일을 하도록 명령했다고 보도한다. "이방 사람의 길로도 가지 말고, 또 사마리아 사람의 고을에도 들어가지 말아라. 오히려 길 잃은 양 떼인 이스라엘 백성에게로 가거라."32

마태복음에서만 발견되는 말에서, 예수는 1세기 당시의 유대인들에 의해 신성한 것으로 간주된 히브리 성서의 두 부분, 즉 율법과 예언서의 영구적인 타당성을 단언한 것으로 전해졌다.

> 내가 율법이나 예언자들의 말을 폐하러 온 줄로 생각하지 말아라. 폐하러 온 것이 아니라, 완성하러 왔다. 천지가 없어지기 전에는 율법은 일점일획도 없어지지 않고, 다 이루어질 것이다.33

게다가 마태는 그의 복음서를 구성하기 위하여 모세 유형론을 사

---

31 *The New Interpreter's Bible* (Nashville: Abingdon, 1995), 8, 151-154의 Eugene Boring의 마태복음 주석에 나오는 성서 해석자로서 마태에 관한 훌륭한 부록을 보라.
32 마태복음 10:5, 15:24도 보라. 마태는 이방인들에 대한 선교를 반대하지 않았지만, 그와 같은 선교 명령을 부활절 이후의 배경으로 돌린다(마태복음 28:18-20).
33 마태복음 5:17-18.

용한다. 마태는 그의 복음서를 쓸 때 마가복음의 90%를 이용하고, 마가의 이야기에 마가복음이나 Q에서 발견되지 않는 일부 자료(마태의 특수 자료 M _ 옮긴이)뿐만 아니라 Q 속에 수집된 예수의 가르침을 첨가한다. 그러나 그는 독특한 방법으로 그렇게 한다. 다시 말해, 마태는 예수의 가르침을 다섯 개의 주요 자료 단위로 모으고, "예수께서 이 말씀을 마치시니…"처럼 유사한 정형화된 문구로 각각을 끝맺는다.[34] 예수의 가르침을 다섯 개의 단위로 배열한 것은 오경의 다섯 권의 책을 상기시켰다.

예수의 출생 이야기를 묘사할 때, 마태는 모세의 출생 이야기를 모방한다. 히브리 남자 아기들을 모두 죽이라는 파라오의 명령으로 모세의 생명이 위협받았던 것처럼, 베들레헴 지역의 모든 남자 유아들을 모두 죽이라는 헤롯 1세의 명령으로 어린 예수의 생명도 위협을 받는다. 마태가 전하려는 의미는 분명하다. 예수는 모세와 같고, 헤롯 1세는 파라오와 같으며, 예수 안에서 그리고 예수를 통해서 일어나고 있는 것은 새로운 출애굽과 같다는 것이다.

예수의 공적 활동의 시작 장면

모세 유형론은 예수의 첫 연설에도 반영되어 있다. 표면적 수준에서 볼 때, 마태복음에서 예수의 첫 공적인 말은 마가복음의 그것과 거의 같다. 마태는 예수의 메시지에 대한 마가의 앞선 요약을 "회개하여라. 하늘나라가 가까이 왔다"로 압축하여 바꿨다.[35]

---

34 다섯 개의 가르침 자료 단위는 마태복음 5:1-7:27; 10:5-42; 13:1-52; 18:1-35 그리고 24:3-25:46이다. 정형화된 문구는 7:28; 11:1; 13:53; 19:1; 26:1에 나온다.
35 마태복음 4:17. 여기서 그리고 그의 복음서의 다른 곳에서 마태가 "하나님의 나라" 대

그러나 우리는 다음 장면에서 마태복음에 나오는 예수의 첫 연설에 관한 독특한 것, 즉 '산상설교'를 접하게 된다. 세 장 길이의 그것은 마태복음에서 다섯 단위의 예수의 가르침 중 첫 번째의 것이다. 그것은 지복(beatitudes)으로 시작하여 ("… 한 사람은 복이 있다") 두 길을 대조시키는 비유로 끝맺는다. 두 길 중의 하나는 집을 반석 위에 짓는 지혜이고, 다른 하나는 모래 위에 집을 짓는 어리석음이다.[36] 그 사이에서 산상설교는 마태공동체의 '길'을 설명하는데, 때때로 그것을 "옛 사람들에게 말하기를"이라는 표현과 대조시켰다.[37] 이 세 장에는 예수의 가장 두드러지고 급진적인 가르침 중의 일부가 들어있다.

이 세 장은 '산상설교'라고 불렸다. "예수께서 무리를 보시고, 산에 올라가 그들을 가르치셨다"라는 마태 이야기의 서론 때문이다.[38] 마태는 이 설교의 위치를 산 위로 정한 장본인이다. 이 설교의 일부는 누가복음에도 있는데, 거기서 그것은 "평지에서" 말해지고, 그래서 흔히 '평지설교'(the Sermon on the Plain)라고 불렸다.[39] 왜 마태는 이 설

신에 "하늘나라"를 사용한 것에 대한 간단한 설명은 다음과 같다. 마가와 누가는 일관되게 "하나님의 나라"라는 표현을 사용하지만, 마태는 '하나님' 대신에 '하늘'을 사용한다. 그러나 마태는 죽음 이후 다른 세상의 나라나 내세로서 하늘을 의미하지 않는다. 오히려 그 대체는 그와 유대교적 전통과의 연속성에 대한 또 하나의 반영이다. 즉, 하나님을 경외함으로 그는 '하나님'이라는 명칭의 사용을 피하려고 애썼고, 그래서 하나의 대안으로 '하늘'을 대신 사용한 것이다(그런데 그는 하늘을 복수형으로 사용한다: kingdom of the heavens). 불행하게도 마태의 경건함은 수 세기의 그리스도인으로 하여 예수 메시지의 핵심이 내세로 이해되는 하늘나라로 생각하도록 이끌었다. 그러나 예수의 초점은 하나님 나라에 있었고, 그것은 전혀 하늘과 같은 것이 아니다.

36 마태복음의 아홉 가지 지복은 5:3-12에 있고, 누가복음의 네 가지 지복은 6:20-23에 들어있다. 산상수훈의 끝에 나오는 지혜로운 건축자와 어리석은 건축자의 비유는 마태복음 7:24-27에 있다.

37 그 대조는 산상설교의 '반제들'(antitheses)로 불리고, 그것은 5:21-48에 있다.

38 마태복음 5:1-2. 산상설교 전체는 마태복음 5-7장에 있다.

교의 배경을 산 위로 설정했을까? 그렇게 하는 것이 마태의 모세 유형론에 들어맞기 때문이다. 모세가 시내산에 올라가서 토라를 받았던 것처럼, 예수도 산에 올라가서 가르쳤다는 것이다.

이처럼 마태는 예수의 공적 활동의 시작 장면을 구성하여 그의 예수상(portrait of Jesus)의 중심 주제 중 하나를 드러내는데, 그것은 예수가 모세와 같은 사람이라는 것이다.[40] 마태의 빈번한 히브리 성서 인용과 그가 예수의 가르침을 모세의 다섯 권의 책과 같은 다섯 단위로 구성한 것과 더불어, 예수의 공적 활동의 시작 장면은 그의 복음서가 마태공동체에서 오경과 같은 기능을 했다는 것을 암시한다. 예수의 공적 활동의 시작 장면은 마태공동체의 원시적 내러티브(예수 이야기)와 예수를 진지하게 받아들이는 것에서 흘러나온 생활 방식에 관한 가르침을 결합하는 그들의 기초 문헌이었다. 이것이 마태와 그의 공동체가 예수 이야기를 말하고 이해하는 방식이다.

마태복음이 그 공동체에 대해서 오경과 같은 기능을 했음에도 불구하고, 그것은 오경을 대신하지는 않았다. 이미 언급했던 것처럼, 마태복음 5:17-20에 의하면, 율법과 예언서의 일점일획이 여전히 유효했다. 마태는 대체주의자(supercessionist)는 아니었다.[41] 오히려 예수

---

39 누가복음 6:17. 평지설교는 누가복음 6:20-37에 있다.

40 마태에게는 예수가 그 이상이다. 예를 들면, 예수는 메시아일 뿐만 아니라 하나님의 아들이다. 여기서 나의 관심사는 마태의 그리스도론 전체를 제시하려는 것이 아니고, 마태의 모세 유형론이 어떻게 예수의 첫 연설에 반영되었는가를 분명히 보여주려는 것뿐이다.

41 대체주의자는 이스라엘과 유대인들이 예수 시대 이전까지는 하나님의 백성이었지만, 더는 하나님의 백성이 아니며, 그리스도인들이 이제는 하나님의 백성이다(다시 말해서, 그리스도인들이 하나님의 "선택받은 백성"으로서 유대인을 대체했다)라고 생각하는 사람이다. 수 세기를 거쳐 오는 동안 전통적인 그리스도교 신앙의 대부분은 비록

를 예언의 성취로서 그리고 모세와 같은 사람으로 묘사함으로써, 마태는 그의 공동체를 위한 이스라엘의 전통을 주장했다. 마태는 예수가 메시아라는 것을 입증하려고 하지 않았다. 그와 그의 공동체는 이미 그것을 믿고 있었기 때문이다. 대신에 1세기 말엽 다른 유대인들과의 갈등의 배경 속에서, 그는 이스라엘의 전통이 "율법학자들과 바리새파 사람들"의 것이 아니라 그의 크리스천 유대인 공동체의 것이라고 주장했다. 마태복음에서 우리는 결국 유대교와 그리스도교를 서로 다른 종교로 이끌었던 '갈림길'(the parting of the ways)의 초기 단계를 본다. 그러나 마태와 그의 공동체에게 그것은 여전히 유대교 내부의 투쟁이었다.

누가-행전

마태복음과 마찬가지로 누가복음도 아마 마가복음이 기록된 후 10년 혹은 20년이 지나서 쓰였을 것이고, 마가복음과 Q 자료가 포함되어 있다. 마태복음과 달리 (그리고 다른 어떤 복음서와 달리) 누가복음은 두 권으로 된 작품의 첫 번째 책이고, 그 두 번째 책이 사도행전이다. 그 두 권은 함께 얽혀 통합된 주제를 구성했다.

누가복음은 유대 고국에서의 예수의 유대인 선교를 이야기한다. 사도행전은 유대 고국을 넘어 로마제국으로의 초기 그리스도교의 확

그 호칭을 아주 빈번하게 사용하지 않았지만, 의식적으로 혹은 무의식적으로 대체주의적이었다. 우리 시대에 와서 대체주의(supercessionism)는 가톨릭교회와 대부분 주류 그리스도교 신학자들을 포함한 많은 주류 그리스도인들에 의해 명시적으로 거부되었다.

산을 서술하고 있는데, 디아스포라 유대인들로 시작해서 곧바로 이방인 선교도 포함하게 된다. 누가복음은 예루살렘에서 시작해서 예루살렘으로 끝나지만, 사도행전은 예루살렘에서 시작해서 로마에서 끝났다.[42] 따라서 누가의 두 권의 책에서 이동 거리는 예루살렘에서 로마까지다.

성령: 약속과 성취

누가의 주제 구성의 중심에는 하나님의 성령에 대한 반복된 강조가 있다. 마태와 마가도 성령에 대해 자주 이야기했지만, 누가는 훨씬 더 자주 이야기한다. 누가복음의 처음 두 장은 성령에 의한 예수의 수태를 이야기할 뿐만 아니라 엘리사벳과 사가랴(세례요한의 부모)도, 성전에서 아기 예수를 본 후 하나님을 찬양한 늙은 시므온처럼 성령으로 가득했다고 보도했다.[43]

마태와 마가처럼 누가도 예수가 세례받을 때 성령이 그에게 강림했고 그를 광야로 인도했다고 보도한다. 그다음에 누가는 예수가 그의 공적 활동을 시작할 때 또 한 번 성령에 대한 언급을 추가한다. "예수께서 성령의 능력을 입고 갈릴리로 돌아오셨다."[44] 누가복음 거의 끝부분에서 죽어가는 예수의 마지막 말은 "아버지, 내 영혼을 아버지

---

42 사도행전에서 초기 그리스도교의 확산에 대한 '로드맵'은 사도행전 1.8에 프로그램에 따라 진술되어 있다. 부활한 그리스도는 승천 직전에 그의 추종자들에게 이렇게 말한다. "너희는 예루살렘과 온 유대와 사마리아에서 그리고 마침내 땅 끝까지 이르러 내 증인이 될 것이다."

43 누가복음 1:35, 41, 67; 2:25-27.

44 누가복음 4:14. 예수가 세례받을 때 성령이 내려오고 그를 광야로 인도했다는 이야기 (두 이야기 모두 마태복음과 누가복음에 병행되어 있는)는 3:22과 4:1에 나온다.

손에 맡깁니다"[45]라는 말이다. 누가복음은 부활한 예수가 그의 추종자들에게 성령을 보낼 것이라는 약속으로 끝맺는다. "나는 내 아버지께서 약속하신 것을 너희에게 보낸다. 그러므로 너희는 위로부터 오는 능력을 입을 때까지, 이 성(예루살렘)에 머물러 있어라."[46]

사도행전은 성령을 약속하는 예수의 말을 두 번 반복하는 것으로 시작한다.[47] 그리고 그 약속은 곧 성취된다. 오순절(유월절 후 50일 째 되는 날에 열리는 유대인의 '칠칠절')에 예루살렘에서 성령이 그 공동체에 내렸다.

그들은 모두 한곳에 모여 있었다. 그때에 갑자기 하늘에서 세찬 바람이 부는 듯한 소리가 나더니, 그들이 앉아 있는 온 집안을 가득 채웠다. 그리고 불길이 솟아오를 때 혓바닥처럼 갈라지는 것 같은 혀들이 그들에게 나타나더니, 각 사람 위에 내려앉았다. 그들은 모두 성령으로 충만하게 되어서, 성령이 시키시는 대로, 각각 방언으로 말하기 시작하였다.[48]

---

45 누가복음 23:46. 그 말을 예수의 생애 동안 예수를 인도하고 능력을 주었던 성령이 이제 하나님에게로 돌아간다는 것을 의미한다고 이해해야 할지, 아니면 그 진술은 단순히 예수가 죽으면서 하나님에 대한 그의 신뢰를 고백한 것인지가 분명치 않다. 두 가지 의미가 모두 가능하다.

46 누가복음 24:49. 누가는 계속해서 말을 이어 그의 복음서를 예수의 승천 이야기로 끝내는데, 그는 그 이야기를 부활절 다음 날 저녁에 일어났던 것으로 말한다. 그리고 나서 누가는 또 다른 예수의 승천 이야기로 사도행전을 시작한다. 이것은 약 40일 후의 승천 이야기이다. 두 개의 승천 이야기는 퍼즐의 한 조각이다. 특별히 그 두 개의 이야기가 40일 차이가 나기 때문이다. 아마도 그 모순은 누가가 승천 이야기를 문자적으로, 사실적인 사건 보도로 보지 않는다는 것을 암시하는 것 같다.

47 사도행전 1:5, 8. 성령은 3절에서도 언급된다.

48 사도행전 2:1-4.

'방언'의 은사 덕분에, 예루살렘에서 살고 있었던 여러 다른 나라 출신과 다른 나라 말을 하던 유대인들은 화자의 이야기를 이해할 수 있었다.[49]

이 본문은 풍부한 상징으로 가득하다. '바람'과 '불'은 히브리 성서에서 성령을 가리키는 전형적인 이미지들이다. 누구나 이해할 수 있는 언어의 은사는 인류가 서로 다른 언어 집단으로 분열되었던 창세기의 바벨탑 이야기를 의도적으로 반향해주고 있다. 성령의 오심은 바벨의 반전, 즉 인간 공동체의 재통합 시작이다. 그리고 나서 베드로는 성령의 강림을 말하고 그것을 '마지막 날'에 하나님의 약속이 성취되는 것이라고 해석한다. "하나님께서 말씀하신다. 마지막 날에 나는 내 영을 모든 사람에게 부어주겠다."[50]

사도행전의 나머지 부분에서 성령은 사실상 그 책의 주인공이 될 만큼 가장 중요하다. 성령은 오순절에 공동체를 탄생시킬 뿐만 아니라 그 공동체의 거대한 발전을 지휘한다. 예를 들어 빌립이 에티오피아의 내시를 개종시킨 일, 바울의 회심, 베드로가 고넬료라는 로마 백부장을 개종시킨 일, 첫 선교여행을 위한 바울과 바나바의 위임, 바울에게 유럽에 복음을 전하라고 한 지시 그리고 그 밖에도 많이 있다.[51]

성령은 또 그 운동에 참여하고 있는 이방인들에게 조건들을 부과해야 하는지에 대한 예루살렘 공의회의 결정을 지도한다. 교회 위원

---

49 따라서 이것은 바울의 교회들에서 보도된 "혀로 하는 말"(방언)과는 상당히 다르다. 바울의 교회들에서는 들려지는 말이 이해할 수 없는 언어이지만, 사도행전에서 그 은사는 누구든지 이해할 수 있는 언어이다.

50 그리스도교의 첫 번째 오순절 이야기는 사도행전 2:41까지 계속된다. 인용된 구절은 2:17인데, 이것은 요엘 2:28을 거의 정확하게 인용한 것이다.

51 사도행전 8:29; 9:17; 10:19; 13:2; 16:6-7.

회들이 부러워했던 말로 그 공의회는 "… 성령과 우리에게 좋을 것 같습니다"[52]라고 끝맺는다. 게다가 누가는 성령으로 가득한 공동체와 개인들에 대해 자주 쓰고 있다.[53] 그래서 사도행전에 의하면, 예수를 잉태하고, 권능을 주고, 인도했던 바로 그 성령이 이제 (유대인 세계의 중심지인) 예루살렘에서 (이방인 세계의 중심지인) 로마로 확산하는 그리스도인 공동체의 내부에서 똑같은 일을 하고 있다.

예수의 공적 활동의 시작 장면

성령의 중심적 역할과 이방인 선교의 전조(foreshadowing)는 누가복음에 나오는 예수의 공적 활동의 시작 장면에서 구체화된다. 누가는 마가복음의 첫 연설 본문("때가 찼다. 하나님의 나라가 가까이 왔다. 회개하여라…")을 예수의 고향인 나사렛의 회당에서의 예수 이야기로 대체했다.[54] 그 장면은 예수가 이사야의 한 구절을 읽는 데서 시작되는데, 그것이 누가복음에 나오는 예수의 공적 활동의 첫 번째 말이다.

> 주님의 영이 내게 버리셨다.
> 주님께서 내게 기름을 부으셔서,
> 가난한 사람에게
> 기쁜 소식을 전하게 하셨다.
> 주님께서 나를 보내셔서,
> 포로 된 사람들에게

---

52 사도행전 15:28.
53 이미 인용한 것들 외에 다른 예들은 사도행전 2:38; 4:8; 4:31; 6:3; 7:55; 8:15-17; 9:31; 10:44; 11:15; 11:24; 13:9; 19:2-6; 19:21; 20:22-23; 21:11이다.
54 누가복음 4:16-30.

해방을 선포하고,

눈먼 사람들에게 눈 뜸을 선포하고,

억눌린 사람을 풀어 주고,

주님의 은혜의 해를

선포하게 하셨다.[55]

이것은 누가 예수상의 매우 적절한 요약이다. 누가복음의 나머지 부분에서 예수는 성령의 기름 부음을 받은 사회적 예언자이고, 그의 활동은 특별히 가난하고 억눌린 사람들에게 향하고 있다.

공적 활동 시작 장면이 계속되면서, 예수는 이방인에게 보내진 히 브리 성서의 두 예언자에 관한 이야기를 한다. 그들은 시돈의 사렙다 에 사는 한 과부에게 보내진 엘리야와 나아만이라는 이름의 시리아 사람에게 보내진 엘리사이다. 몇 절 앞에서는 예수의 말을 기쁘게 들 었던 것으로 묘사된 회당의 무리가 이제 예수를 공격하고 그를 낭떠 러지로 떠밀어 죽이려고 한다. 그러나 예수는 "그들의 한가운데를 지 나서 떠나가셨다."

이것은 물론 역사가 아니다. 우리는 예수의 선교가 그의 최후의 처 형을 예견하는 하나의 시도로서 예수를 죽이려고 하는 나사렛에 사는 그의 이웃들에게서 시작된다고 생각해서는 안 된다. 오히려 마태복음 과 마가복음의 시작 장면에서처럼, 전체 장면은 누가에 의해서 창작 된 주제 구성이다.[56] 그것은 누가-행전 전체의 주제, 즉 누가복음서

---

55 이사야 62:1-2와 58:6을 인용한 누가복음 4:18-19.

56 가능할 수도 있는 오해를 피하기 위해 나는 그것에 덧붙여 복음서 저자들에 의해 구성 된 그 첫 연설이 아무 근거도 없이 그것들을 복음서 저자들이 만들어 냈다는 것을 의미 하지는 않는다고 말하고 싶다. 예수는 정말로 하나님의 나라를 선포했고, 산상설교에

에 나오는 예수의 이스라엘 선교와 사도행전에 나오는 초기 그리스도교 운동을 통해 이방인에게까지 확대된 그 선교의 연장을 미리 선언하고 있다. 이 모든 것이 성령의 역사다. 예수의 선교가 시작될 때 그에게 기름 부어 준 그 성령이 계속해서 그리스도인 공동체의 선교가 시작될 무렵 오순절에 그 공동체에게 기름을 붓는다. 누가에 의하면 예수 안에서 활동하는 성령은 그 공동체의 선교에서 계속 활동한다. 그렇다면 암묵적으로 그 공동체는 예수의 활동을 세상에서 계속해나가는 것이다.

요한복음

('제4복음서'로도 불리는) 요한복음이 공관복음서와 매우 다르다는 인식은 현대 복음서 연구의 토대이다. 그러나 그 인식 자체는 현대에 와서 시작된 것이 아니다. 200년경에 저작 활동을 했던 초기 그리스도교 신학자인 알렉산드리아의 클레멘스(Clement of Alexandria)는 요한복음을 다른 복음서들과 구별했고, 그것을 "영적인 복음서"라고 불렀다.

공관복음과 구별되는 요한복음
요한복음과 다른 복음서들의 차이점에는 다음과 같은 것들이 포

포함되어 있는 것 중의 많은 부분을 말했다. 그러나 "하나님의 나라가 가까이 왔다"라는 표현과 예수의 첫 연설로서 산상설교는 마가와 마태의 창작물이다. 누가복음의 이 부분에서도 역시 그렇다. 즉 역사적으로 말하자면, 예수는 가난한 사람들에게 기쁜 소식을 선포한 성령의 기름 부음을 받은 예언자 등등 이었지만, 그러나 누가복음 4:16-30은 누가의 창작물이다.

함된다.

연대기

공관복음에는 예수의 공적 활동이 1년 동안에 맞추어져 있지만, 요한복음에는 3년에서 4년에 맞추어져 있다. 공관복음에는 성전에서 환전상들의 탁자를 뒤엎는 것이 예수 생애의 마지막 주에 발생하고 그것이 예수 체포의 원인이지만, 요한복음에는 그 사건이 예수가 공적 활동을 시작할 때 일어났다.[57]

지리

공관복음에는 예수의 공적 활동의 대부분이 갈릴리에서 있었지만, 요한복음에서 예수는 유다와 예루살렘에 더 자주 있다.

예수의 메시지

공관복음에서 예수의 메시지는 예수 자신에 관한 것이 아니라 하나님 나라에 관한 것이지만, 요한복음에서는 그것의 많은 부분이 예수 자신에 관한 것이다. "나와 아버지는 하나다"와 "누구든지 나를 본 사람은 아버지를 보았다"와 같은 선언이 요한복음에 들어있다. "나는 … 이다"라는 친숙한 표현도 역시 요한복음에 들어있다. 나는 세상의 빛이다, 생명의 빵이다, 부활이요 생명이다, 길이요 진리요 생명이다 등이 그렇다.

---

57 요한복음 2:13-22; 마태복음 21:1-9과 누가복음 19:28-38의 병행구가 있는 마가복음 11:1-10.

예수 가르침의 스타일

공관복음에서 예수는 비유와 기억할 만한 짧은 말씀으로 가르치지만, 요한복음에서는 길고 매우 난해한 신학적 담론으로 가르친다. 내가 가르쳤던 학생들이 말하듯이, 요한은 매우 "말 많은" 사람이다.

그렇지만 이해하기 힘든 장황한 담론들 옆에 나란히 신약성서의 예수에 관한 가장 풍부한 상징적 언어가 있다: 육신이 된 말씀, 세상의 빛, 하나님의 어린 양, 생명의 빵, 참 포도나무, 문 그리고 선한 목자로서 예수. 요한은 또한 예수와 그의 사역의 중요성을 보여주기 위하여 일련의 이원론적 상징들을 이용한다. 그 상징들은 어둠/빛, 아래/위, 육체/영, 죽음/생명, 거짓/진리 그리고 땅/하늘 등이다. 요한은 때때로 '세상'(the world)이라는 용어를 사용하기도 한다. 세상은 창조된 질서뿐만 아니라, 요한이 종종 '유대인들'(the Jews)이라는 표현을 부정적인 상징으로 사용하는 것처럼, 부정적인 존재 방식을 말하기도 한다(이에 관해서는 이 장의 뒷부분에서 더 이야기할 것이다).[58]

공관복음과 요한복음이 모두 역사와 상징의 혼합물이지만, 요한복음에서는 은유적 이야기가 기억된 역사와 역사적 기억보다 우위를 차지한다. 물론 역사적 인물로서 나사렛 예수가 요한복음의 배후에 있지만, 나사렛 예수의 모습은 공관복음에서보다 요한복음에서 더 멀리 사라져 있다. 긍정적으로 말하자면, 요한복음은 복음서 중에서 가장 상징적이다.

---

58 요한이 사용하는 대조적인 상징들에 관해 이해하기 쉽고 이해에 도움이 되는 논의를 위해서는 Robert Kysar, *John: The Maverick Gospel*, rev. ed (Louisville: Westminster/Knox, 1993), 58-77을 보라. 요한이 '유대인들'을 다루는 것에 관한 비평을 위해서는 이 장의 뒷부분에 나오는 요한복음 9장에 대한 나의 설명을 보라.

예수의 공적 활동의 시작 장면

따라서 요한복음서에 나오는 예수의 공적 활동의 시작 장면이 대단히 상징적인 이야기라는 것은 놀랄 일이 아니다. 공관복음에서처럼 첫 연설이라기보다는 오히려 그것은 첫 행위이다. 즉, 예수는 혼인 잔치에서 물을 포도주로 변화시킨다.[59] 그것은 잘 알려진 이야기이다. 예수, 그의 어머니 그리고 그의 제자들은 갈릴리에 있는 가나라는 한 마을의 결혼 잔치에 있다. 포도주는 동이 나고, 예수는 많은 양의 물을 매우 좋은 포도주로 변화시킨다. 신랑이 포도주를 제공했다고 생각한 잔치를 맡은 이는 신랑에게 "누구든지 먼저 좋은 포도주를 내놓는데 … 그대는 이렇게 좋은 포도주를 지금까지 남겨 두었구려"라고 말한다. 이것이 "예수의 첫 번째 표징"이고, "자기의 영광을 드러내시니, 그의 제자들이 그를 믿게 되었다"라고 요한은 말했다.

물론 본문은 기적을 보도하고 있다. 즉, 많은 양의 물(120에서 180갤런)이 포도주로 바뀐 것이다. 그러나 그 사건의 '사실성'에 초점을 맞추면, 우리는 쉽게 산만해지고 핵심에서 벗어나게 된다. 그렇게 되면, 우리는 그러한 일이 실제로 일어날 수 있었는지를 궁금해하게 된다. 그리고 그것이 일어날 수도 있었을 뿐만 아니라 일어났다고 생각한다면, 우리는 예수가 과거의 특정한 날에 행한 것에 대해 경탄하게 된다. 그러나 이 이야기의 의미는 그것의 '사실성'에 의존하지 않는다. 대신에 그것은 요한이 말했듯이 하나의 '표징'(sign)이다. 표징은 표징 자체 너머를 가리킨다. 언어유희를 이용해서 말하자면, 표징은 어떤 것을 표징-화하다(sign-ify)이고 표징이 뜻하는 것(signify)은 그것의 중요성

---

59 요한복음 2:1-11. 이 이야기의 바로 앞의 1장에는 예수의 공적 활동을 위한 준비 이야기가 있다. 즉 세례요한의 증거와 예수가 그의 첫 제자들을 부르는 이야기가 그것이다.

(significance)이다.

그렇다면 하나의 '표징'으로서 이 이야기의 의미는 무엇인가? 그것의 중요성은 무엇인가? 그것의 많은 세부적인 것들이 학자들의 관심을 사로잡아왔다. 그 세부적인 것들은 예수와 그의 어머니와의 이상한 대화, 물은 "유대인의 정결 예법을 위한" 것이었다는 세부 사항 그리고 예수의 죽음에 대한 예견이다.[60] 이러한 세부적인 것들도 중요하지만, 우리는 본문의 주된 상징적 특징이 되는 혼인 잔치로부터 관심을 다른 데로 돌려서는 안 된다.

혼인 잔치는 1세기 팔레스타인의 세계에서, 특히 농민 계층에게는 최고의 축제 행사였고(가나는 농촌 마을이었다), 혼인 잔치는 보통 7일 동안 계속된다. 그것은 춤, 포도주 그리고 엄청난 양의 음식을 특징으로 한다. 평범한 농부의 식단은 빈약했고, 곡식, 채소, 과일, 올리브, 달걀 그리고 가끔 생선이 있었다. 사람들은 그들이 가지고 있던 적은 수의 동물을 죽이는 것을 꺼리기 때문에, 육류와 가금류의 고기는 드물게 먹었다. 그러나 혼인 잔치에서는 온갖 종류의 엄청난 양의 음식이 있었다.

이러한 것을 고려해 볼 때, 이 본문-요한이 예수의 공적 활동의 시작 장면으로 배치한 것-은 무엇을 말해주고 있는가? 예수에 관한 내용은 무엇인가? 예수의 복음(기쁜 소식)의 내용은 무엇인가? 이에 대한 요한의 대답은 이렇다. 그것은, 포도주는 결코 동이 나지 않고 최고의 것은 나중을 위해 남겨 두는 혼인 잔치에 관한 것이다.

혼인 잔치의 은유적 의미에 유대교와 초기 그리스도교의 전통에

---

60 요한복음 2:3-4, 6. "아직도 내 때가 오지 않았습니다"(3절)라는 구절의 '때'는 요한복음에서 예수의 죽을 때를 말한다.

서 잔치와 혼인의 이미지가 가지고 있는 역사적 의미를 더할 수 있다. 유대교에서 잔치는 메시아의 시대를 위해 흔히 사용되는 상징이었다. 혼인도 하나님과 이스라엘 사이의 관계를 위한 은유로 사용되었다.[61] 신약성서에서 예수는 때때로 신랑으로, 그의 추종자들의 공동체는 신부로 언급된다.[62] 요한계시록은 "어린 양(예수)의 혼인 잔치"를 말하고 "남편을 위하여 단장한 신부와 같이 차리고" 하늘에서 내려오는 새 예루살렘에 대한 환상으로 끝맺는다.[63] 이처럼 혼인은 신-인 관계의 친밀함과 하늘과 땅 사이의 긴밀한 결합(marriage)을 상징할 수 있었다. 그것은 흔한 신비주의적 상징이고, 그래서 요한복음은 가장 신비주의적인 복음서이다.[64] 요한은 이 모든 의미를 그의 시작 장면으로 만들어 낼 작정이었나? 알 방법이 없다. 그러나 저자가 의도했던 것보다 더 많은 의미를 전달하는 것이 은유적 언어의 본질이다. 어쨌든 요한이 **말하고 있는 것**은 분명한데, 예수 이야기는 포도주가 결코 다 떨어지지 않는 혼인 잔치에 관한 것이라는 말이다.

---

61 히브리 성서의 호세아 2:14-20, 이사야 54:5, 예레미야 2:2을 보라. 또 아가서도 보라. 에로틱한 사랑의 시인 아가서는 고대로부터 하나님-이스라엘과 신-인(divine-human) 관계의 은유로 이해하면서 왔다.

62 예를 들어, 마가복음 2:19-20, 요한복음 3:29, 고린도후서 11:2, 에베소서 5:21-32 를 보라.

63 요한계시록 19:7-9; 21:2.

64 가나의 혼인 잔치 이야기는 그리스도교 성찬식의 포도주와의 은유적 연관성도 가지고 있다. 요한복음의 뒷부분에서 빵이 없을 때 예수가 빵을 제공하듯이, 여기서 예수는 포도주를 제공한다.

선택된 본문들: 은유적 이야기들

이제 복음서를 주제 구성으로 보는 것에서 개별적인 본문들을 은유적 이야기로 이동해 보자. 개별적인 본문들을 은유적 이야기로 읽어 나가면서, 우리는 **내재적 은유**(intrinsic metaphor)와 **역사적 은유**(historical metaphor)라는 두 가지 수준 혹은 유형의 은유에 집중한다.[65]

내재적 은유는 이야기 자체에 내재하는 은유적 의미의 줄임말이다. 다시 말해서 내재적 은유는 그 언어와 구체적인 역사의 관련을 고려하기에 (혹은 심지어 알기에) 은유의 언어에 민감한 독자에게 떠오르는 의미들이다. **역사적 은유**는 그 언어와 구체적인 역사의 관련에서 흘러나오는 추가적인 은유적 의미를 줄인 말이다.

나는 잠시 가나의 혼인 이야기로 돌아가서 둘 사이의 차이점을 분명히 보여주려고 한다. 그 이야기의 내재적인 은유적 의미는, 예수는 결코 포도주가 다 떨어지지 않는 혼인 잔치와 관련된다는 것이다. 역사-은유적 의미는 유대교와 초기 그리스도교 내에서 잔치와 결혼/결혼식이 지닌 이미지의 구체적인 관련을 아는 데서 흘러나오는 그러한 추가적인 의미이다.

내가 이번 장의 이 부분을 위해 선택한 본문들은, 내 판단으로는, 모두 순수하게 은유적인 이야기들이다. 비록 나는 그것들 모두가 예수와 그의 비전의 의미에 관해 강력하고 진실하게 이야기하고 있다고 생각하지만, 예수 생애의 한 특정한 역사적 사건이 순수하게 은유적

---

65 나는 이 두 가지 유형의 은유적 의미에 해당하는 표준적인 전문용어를 알지 못하기 때문에 이것은 내가 이름 붙인 용어들이다.

인 이야기 중 어떤 것의 뒤에 숨겨져 있다고는 생각하지 않는다.

다른 언어를 사용하여 동일한 주장을 하는 존 도미니크 크로산 (John Dominic Crossan)은 이 같은 이야기들을 '비유들'(parables)이라고 부른다. 그의 말에 의하면, 예수는 하나님에 관한 비유들을 말했다. 초기 그리스도교 운동도 또한 예수에 관한 비유들을 말했다.[66] 크로산은 복음서의 이야기들에 대해 다음과 같은 질문을 해야 한다고 제안한다. "여러분이 그 이야기를 역사로 읽든 아니면 비유로 읽든 간에, 그 당시, 지금, 언제나 그것의 의미는 무엇인가?"[67]

물 위를 걷는 예수

물 위를 걷는 예수의 이야기는 요한복음과 공관복음에 모두 나오는 단 두 개의 기적 이야기 중의 하나이다.[68] 작은 변형이 있지만, 세

---

66 John Dominic Crossan, A Long Way from Tipperary (San Francisco: HarperSanFrancisco, 2000), 136, 168. 그래서 크로산(Crossan)은 '비유'라는 말을 통상적인 의미보다 더 넓은 (그러나 방어가 가능한) 의미로 사용하고 있다. 일반적으로 복음서와 예수 연구에서 '비유'라는 말은 예수에 의해 사용된 구전 형태의 말을 가리킨다. 즉 실증적인 사실은 아니지만 목적이 청자를 그 이야기의 세계로 초대해서 그 이야기에 비추어 어떤 것을 보도록 하는 기억할 만한 짧게 이야기했다. 중요한 의미로 말해서, 비유는 '창작'이다. 다시 말해서, 비유는 일어난 어떤 일을 보도하지 않는다. 그렇지만 비유는 참된 창작이다. 크로산(Crossan)의 주장은 더 극적인 '기적 이야기'도 똑같은 방식으로 생각될 수 있다는 것이다.

67 2000년 9월 오리건주 포틀랜드의 트리니티 대성당에서 예수가 군중을 먹인 이야기에 관해 그가 했던 강연의 출판물로부터 인용했다.

68 마가복음 6:45-52. 마태복음 14:22-23, 요한복음 6:15-21. 공관복음에는 (그러나 요한복음에는 없는) 또 두 번째 '바다' 이야기가 있는데, 이는 마가복음 4:35-41 = 마태복음 8:23-27 = 누가복음 8:22-25의 폭풍을 잠재우는 이야기이다. 이 이야기에서 예수는 제자들과 함께 배에 있지만, 잠들어 버린다. 폭풍이 몰아오고 배가 가라앉을 위험에 처하게 될 때, 제자들은 그에게 "우리가 죽게 되었는데도, 아무렇지도 않으십니

부적인 것은 마가복음과 요한복음에서 매우 비슷하다. 때는 밤이었고, 제자들은 스스로 배를 저어 갈릴리 바다를 건너가고 있다. 거센 바람이 있고, 바다가 사납고, 조금도 전진해 나가지 못한다. 그때 제자들은 예수가 물 위로 걸어오는 것을 본다. 그러나 그는 그들에게 "나다. 두려워하지 말라"라고 말한다. 그러고 나서 그들은 안전하게 된다.

내재적인 은유적 의미

그 이야기의 '사실성'이나 그 이미지의 구체적인 역사적 관련에 의존하지 않은 채, 그 이야기에 내재하는 은유적 의미는 무엇인가? 모든 좋은 은유적 이야기들의 경우에서처럼, 이 이야기의 의미도 단 하나의 이해로 축소될 수는 없다. 나는 가능성 있는 의미들의 짧은 목록을 제공하겠지만, 그 목록의 목적은 포괄적인 것이 아니라 은유적 사고를 분명히 보여주기 위함이다. 내가 제시하는 목록에는 특별한 것이 전혀 없고, 그것에 어떤 학문적 지식도 필요로 하지 않는다. 여러분에게 어떤 다른 내재적 의미들이 떠오르는가를 알기 위해 여러분은 그 이야기를 곰곰이 고민해야 한다.

— 예수가 없다면, 우리는 어떤 일에도 성공하지 못한다.
— 예수가 없다면, 당신은 어두운 바다에 있게 된다.
— 예수를 따르면, 당신은 어려운 상황에 처하게 될지도 모른다.
— 예수는 두려움을 없애 준다.
— 예수는 도움이 필요한 당신에게 찾아온다.

까?"라고 큰 소리로 말한다. 그때 예수는 폭풍을 잠재운다.

— 예수는 폭풍을 잠재운다.

나는 여기서 설교의 어떤 가능성을 볼 수 있다고 생각한다.

마태는 이 이야기를 들려주면서 하나의 삽화를 덧붙인다. 베드로
도 물 위를 걷는다. 예수가 "나다. 두려워하지 마라"라고 말한 후에,
마태는 다음과 같이 우리에게 말한다.

> 베드로가 예수께 말하였다. "주님, 주님이시면, 나더러 물 위로 걸어서, 주님
> 께로 오라고 명령하십시오." 예수께서 "오너라!"하고 말씀하셨다. 베드로는
> 배에서 내려, 물 위로 걸어서, 예수께로 갔다. 그러나 베드로는 [거센] 바람
> 이 불어오는 것을 보고, 무서움에 사로잡혀서, 물에 빠져들어 가게 되었다.
> 그때에 그는 "주님 살려 주십시오"하고 외쳤다. 예수께서 곧 손을 내밀어서,
> 그를 붙잡고 말씀하셨다. "믿음이 적은 사람아, 왜 의심하였느냐?"[69]

나는 마태가 말하고자 한 것이 문자 그대로의 의미라는 것을 상당
히 의심한다. 예수에 대한 부족함이 없는 믿음이 있다면, 문자 그대로
물 위를 걸을 수 있다는 의미로 생각하지 않는다. 오히려 그가 말하고
자 한 것은 은유적 의미이고, 그 내재적인 은유적 의미에는 다음과 같
은 것들이 포함될 수 있다.

— 예수에 대한 믿음이 없다면, 두려움이 이어진다.
— 예수에 대한 믿음이 없다면, 가라앉는다.
— 예수에 대한 믿음이 있다면, (은유적으로) 물 위를 걸을 수 있다.

---

69 마태복음 14:28-31. 마태복음에서 그 전체 이야기는 14:22-33에 나온다.

— 가라앉고 있을 때, "주님, 살려주십시오!"라고 외쳐라. 그러면 주
님이 살려주실 것이다.

역사-은유적 의미

히브리 성서에 나오는 바다 이미지의 구체적인 역사적 연관성을
고려한다면, 위의 것에 추가해서 의미를 덧붙일 수 있다. 바다와 구체
적인 역사에 연관된 것들은 나쁜 징조다. 바다는 하나님에 대항하는
불가사의하고 위협적인 힘이다. 그래서 고대 히브리 사람들은 하나님
의 능력과 권위를 강조하기를 원할 때, 바다에 대한 하나님의 지배를
말했다. 시편의 저자들은 "주님은 소용돌이치는 바다를 다스리시며,
뛰노는 파도도 진정시키십니다"라고 소리쳤고, "바다도 그의 것이며,
그가 지으신 것이다"라고 외쳤다.[70] 욥기에서 폭풍이 몰아치는 가운
데 들려오는 목소리는, "문을 닫아 바다를 가둔" 것과 "여기까지는 와
도 된다. 그러나 더 넘어서지는 말아라! 도도한 물결을 여기에서 멈추
어라!"라고 바다에게 명한 것이 바로 하나님이었다고 선언했다.[71]

사실 제자들의 곤경은 복음서 이야기의 모델이 되었을지도 모르
는 한 장의 시편을 반향하고 있다.

> 큰 폭풍을 일으키시고, 물결을 산더미처럼 쌓으신다.
> 배들은 하늘 높이 떠올랐다가 깊은 바다로 떨어진다.
> 그런 위기에서 그들은 얼이 빠지고 간담이 녹는다.
> 그들은 모두 술 취한 사람처럼 비틀거리며 흔들리니,

---

70 시편 89:9; 95:5.
71 욥기 38:8, 11.

그들의 지혜가 모두 쓸모없이 된다.

그러나 그들이 고난 가운데서 주님께 부르짖을 때에,

그들을 곤경에서 벗어나게 해주신다.

폭풍이 잠잠해지고 물결도 잔잔해진다.

사방이 조용해지니, 모두들 기뻐하고,

주님은 그들이 바라는 항구로 그들을 인도하여 주신다. [72]

그렇다면 그 이미지의 역사적 연관성을 인식함으로 우리가 그 복음서 이야기에서 더 보고 듣는 것은 무엇인가? 주요한 추가적 의미는 그리스도론적인 것이다. 물 위를 걷고 파도를 가라앉히는 예수상에 관한 그 이야기는 예수가 하나님의 능력과 권위에 참여하고 있다는 주장을 한다. 히브리 성서에서 하나님에 대해 말해진 것이 이제는 예수에 대해 말해진다는 것이다.

결국 예수의 제자들은 때때로 그리스도인 공동체에 대한 상징이었고, 배는 교회에 대한 초기 그리스도인의 상징이었다. 이것은 그 이야기도 또한 예수와 교회의 관계에 관한 것이라는 것을 암시한다.

따라서 그 이야기는 부활절 이후의 예수가 초기 그리스도인 공동체 속에서 무엇이 되었는가를 증언하고 있다. 부활절 이후의 예수는 하나님과 하나가 되었다는 것이다. 정경의 예수는 폭풍을 잠재우고, 우리의 두려움을 없애주며, 우리를 구원하여 준다. 왜냐하면 그는 하나님의 능력에 참여하고 있기 때문이다.

---

72 시편 107:25-29.

큰 무리를 먹이는 예수

공관복음과 요한복음 둘 다에 나오는 두 번째 기적 이야기는 빵 다섯 개와 물고기 두 마리로 오천 명을 먹인 이야기다.[73] 공관복음과 요한복음에 나오는 그 이야기는 매우 비슷하고, 그 이야기의 기본적인 윤곽은 잘 알려져 있다. 예수와 제자들과 한 무리는 시골 지역에 (공관복음은 그곳을 '외딴곳'이라고 부른다) 있는데, 그 무리는 먹을 것이 없다. 예수는 그 무리를 먹이고자 하지만, 제자들은 그 일이 가능하지 않다고 생각하여 "우리가 가서 빵 이백 데나리온 어치를 사올까요?"라고 묻는다.[74] 대신에 빵 다섯 개와 물고기 두 마리가 발견된다. 마가복음에 의하면, 예수는 그때 그 음식을 들어서 "하늘을 쳐다보고 축복하신 다음에, 빵을 떼어서 제자들에게 주시고 사람들에게 나누어 주게 하셨다." 요한복음에 의하면 "예수께서 빵을 들어서 감사를 드리신 다음에," 직접 그것을 무리에게 나누어주었다. 모두 배불리 먹었다. 그 후에 열두 광주리의 음식이 남았다.[75]

---

73 요한복음 6:1-14; 마가복음 6:30-44 = 마태복음 14:13-21 = 누가복음 9:10-17. 누가와 요한은 두 번째 빵의 기적을 이야기하지 않지만, 마가와 마태는 그 기적 이야기도 한다. 즉 마가복음 8:1-10과 마태복음 15:32-39에는 사천 명을 먹인 이야기가 나온다.

74 한 데나리온은 보통 하루 임금으로 알려진 화폐의 한 단위(하나의 동전)였다. 이런 이유로 영어 성서 NRSV는 그 표현을 "6개월분의 임금"으로 번역한다.

75 몇 개의 변형 중에서 요한복음만이 빵 다섯 개와 물고기 두 마리가 한 아이에 의해 제공된 것으로 말한다. 요한복음에서는 예수가 직접 음식을 나누어주지만, 공관복음에서는 제자들이 그 일을 한다. 두드러진 유사점은 모두 똑같은 숫자가 포함하고 있다는 것이다. 즉 빵 다섯 개, 물고기 두 마리, 오천 명, 이백 데나리온 어치의 빵, 열두 광주리의 남은 음식. 게다가 요한복음과 공관복음은 둘 다 그 이야기 뒤에 예수가 물 위를 걷는 이야기가 나온다. 이러한 유사점들 때문에 일부 학자들은 요한복음의 저자가 공관복음서 중에서 하나를 알고 있었거나, 혹은 그렇지 않으면 요한복음과 공관복

요한복음과 공관복음 사이의 유사점은 여기서 끝난다. 공관복음과 달리, 요한은 그 이야기를 예수의 긴 담론의 발판으로 이용했다.[76] 그 담론의 주제는 요한에 의한 예수의 말로 여겨지는 "나는 … 이다" 진술 중의 하나이다. 즉, "나는 생명의 빵이다"라는 진술이다. 무리를 먹이는 이야기에 대한 요한의 해석은 공관복음의 해석과 상당히 다르기에, 나는 두 가지 해석을 따로따로 다루겠다.

공관복음의 이야기: 내재적인 은유적 의미

다시 나는 여러분에게 그 이야기에 내재하는 은유적 의미를 곰곰이 생각해 보도록 요청한다. 나 자신이 그렇게 할 때, 내게는 다음과 같은 것들이 생각났다.

— 예수가 없다면, 굶주리게 된다.

— 예수가 함께하면, 충분하다.

— 예수에게는 무리를 먹이는 것이 중요하다.

— 예수는 그의 추종자들에게 무리를 먹이라고 명령한다.

— 예수의 추종자들은 무리를 먹이는 것에 저항한다. 그들은 그것이 어떻게 가능하냐고 묻는다.[77]

음이 둘 다 공통된 '표징 자료'를 알고 있었다고 생각하게 되었다. 요한과 마가에 의해 사용된 공통의 구두 전승(oral tradition)으로 유사한 세부 내용를 설명할 수 있다는 것도 역시 가능하다.

76 요한복음 6:22-59.

77 이 점에 대한 크로산(Crossan)의 영향력 있는 설명을 위해서는, *A Long Way from Tipperary*, 167-168을 보라. 그것을 압축하여 그 핵심을 정리하면, 다음과 같다. 예수는 제자들에게 "너희는 그들에게 먹을 것을 주라"고 말한다. 그러나 "그들은 그를 거의 조롱할 뻔 한다." 그들은 그 과정에서 사실상 "말하자면, 싫다고 반항하는 일"을 강요받

비록 그 이야기는 은유적이지만, 예수에게는 실제 사람들에게 실제 음식을 먹이는 것이 중요하다.

공관복음의 이야기: 역사-은유적 의미

히브리 성서와의 역사-은유적 연관성은 특별히 이 이야기에서 풍부하다. 주요한 연관은 이스라엘의 원시적 내러티브인 출애굽 이야기와의 연관이다. 이스라엘 사람들이 광야를 지나는 여행을 할 때 하나님이 하늘에서 만나를 내려 먹였듯이, 예수도 광야에서 빵을 제공한다. 출애굽 이야기가 다시 일어나는 것이다. 제2 이사야가 그의 시대에 일어나고 있는 일을 새로운 출애굽으로 간주했듯이, 이제 복음서들도 예수 안에서 일어나고 있는 일을 새로운 출애굽으로 여겼다.[78] 그리고 출애굽 이야기의 무리를 먹이는 부분이 강조되긴 하지만, 더 풍부한 이야기가 또 머리에 떠오르게 된다. 즉 예수는 이집트 신제국의 속박과 궁핍으로부터 그의 백성을 해방시켰고, 그들을 약속의 땅으로 인도했던 이스라엘의 지도자 모세와 같다는 것이다.

요한복음의 이야기: 내재적인 은유적 의미

무리를 먹이는 이야기 뒤에 이어지는 긴 담론과 대화 속에서, 요한복음의 예수는 "나는 생명의 빵이다" 그리고 "하늘에서 내려와 세상에

는다. "반드시 음식이 모두에게 공정하고 공평하게 분배되도록 하는 것은 제자들, 열두 제자, 교회의 의무이다. 그리고 교회는 그 책임을 지기를 매우 주저한다. … 그때도 주저했고, 지금도 주저한다. 이것[오천 명을 먹인 이야기]은 자선에 한 비유가 아니라 정의에 관한, 삶의 물질적 토대의 공정한 분배에 관한, 모두가 공평하게 이용할 수 있는 것의 나눔에 관한 비유이다."

78 이 책의 6장, 136을 보라.

생명을 주는 하나님의 빵이다"라고 말한다.[79]예수 자신이 그 빵이고 사람들은 그를 먹어야 한다. 요한복음의 언어는 훨씬 더 생생하다.

너희가 인자의 살을 먹지 아니하고, 또 인자의 피를 마시지 아니하면,

너희 속에는 생명이 없다.

내 살을 먹고, 내 피를 마시는 사람은 영원한 생명을 가지고 있고 … 내 살은

참 양식이요,

내 피는 참 음료이다.[80]

분명히 요한복음의 이야기는 은유의 언어를 이용한다. 만약 문자 그대로 받아들인다면, 이 구절은 식인 풍습처럼 들릴 것이다. 그렇다면 예수의 살을 먹고 피를 마시는 것의 내재적인 은유적 의미는 무엇인가?

먹고 마시는 이미지는 굶주림과 같은 우리 인간의 가장 깊은 갈망에 대한 중심 되는 종교적인 은유와 그와 밀접하게 관련된 은유인 목마름에 연결된다. 하나님에 대해, 정의에 대해, 의미에 대해, 삶에 대해 굶주리고 목말라하는 사람들이 있다. 요한에게는 예수가 그 굶주림에 대한 해답이다. 즉, 예수 자신이 우리의 굶주림을 채워주는 생명의 빵이다. 이 빵을 먹어라. 그러면 결코 굶주리지 않을 것이다. "나는 생명의 빵이다. 내게로 오는 사람은 결코 주리지 않을 것이다." 그 절의 다음 행은 목마름의 은유를 떠오르게 한다. "그리고 나를 믿는 사람은 다시는 목마르지 않을 것이다."[81]

---

79 요한복음 6:35, 48, 33.

80 요한복음 6:53, 55.

81 요한복음 6:35. 목마름의 은유는 또 요한복음 4:1-42에 있는 우물가에서의 예수와 사마리아 여인의 이야기 속에도 나온다. 거기서 예수는 야곱의 우물에서 나오는 물과

그 은유들은 물론 우리에게 그리스도교의 성찬식을 상기시킨다. 그러나 그것들의 의미를 그리스도교의 중심 되는 성례전의 빵과 포도주로 축소해서는 안 된다. 비록 요한복음의 언어가 성찬식에 의미의 공명(resonances)을 더해주지만, 이 언어를 단순히 "성찬식의 빵을 먹고 포도주를 마셔라"는 의미를 전달하는 것으로 보게 되면, 그것은 다양한 은유들을 단 하나의 평범한 의미로 단조롭게 만들게 된다.

은유들은 또한 이스라엘의 지혜문학, 특히 잠언의 지혜/소피아의 잔치에 연결된다. "와서 내가 차린 음식을 먹고, 내가 잘 빚은 포도주를 마셔라!"[82] 요한에게 예수는 하나님의 말씀의 성육신(incarnation)일 뿐만 아니라 하나님 지혜의 성육신이다. 예수를 섭취하고 예수를 소화시키는 것은 하나님의 지혜로서 예수에 참여하는 것이다.

요한복음의 이야기: 역사-은유적 의미

그 은유들은 또한 요한복음의 신비주의에 연결된다. 예수를 먹고 마시는 것은 예수와 하나가 되는 방법이다. "내 살을 먹고, 내 피를 마시는 사람은 내 안에 있고, 나도 그 사람 안에 있다."[83] 예수의 살과 피를 섭취하고 소화함으로 우리는 예수 안에 살고 예수는 우리 안에 살게 된다. 즉, 우리는 예수와 하나가 된다. 예수 안에 머물고 산다는 것은 요한복음의 또 다른 신비적 은유의 주제—참 포도나무로서 예수와 가지로서 그의 추종자들—이기도 하다. 가지는 포도나무에 연결되

대조해서 '생수'(10-11절)에 대해 말하고, "이 물(야곱의 우물에서 나오는)을 마시는 사람은 다시 목마를 것이다. 그러나 내가 주는 물을 마시는 사람은 영원히 목마르지 아니할 것이다"(13-14절)라고 말한다.

82 잠언 9:5. 이 책의 7장, 150을 보라.

83 요한복음 6:56.

어 있고 그 생명을 유지하기 위해 포도나무에 의존한다. 그 가지는 열매를 맺어야 하는데, 요한이 우리에게 말한바 그 열매는 사랑이다. 예수가 하나님의 사랑 안에 거한 것처럼, 예수의 추종자들도 예수의 사랑 안에 거해야 한다는 말이다. 따라서 예수를 내 안에 있게 하고 내가 예수 안에 있게 되는 것의 결과는 "내가 너희를 사랑한 것같이 너희도 서로 사랑하라"는 것이다.[84] 그리고 서로 사랑하는 것의 중요한 부분은 무리를 먹이는 것이다.

오천 명을 먹이는 이야기와 출애굽 이야기의 암시적 관련성은 요한복음에 분명하게 나타나 있다. 요한은 자신의 담론에서 이스라엘의 조상들이 광야에서 만나를 먹은 이야기를 분명하게 한다. 그러나 요한은 출애굽과의 **유사점**만을 가리키는 것이 아니라 차이점도 강조한다. 예수는 "생명의 빵"으로서 "세상에 생명을 준" 반면에 출애굽의 만나는 생명을 주지 못한다. "너희의 조상은 광야에서 만나를 먹었어도 죽었다." 모세가 그들에게 준 것은 하늘에서 내려온 참 빵이 아니었다.[85] 그러나 예수는 '참 빵'이고 '살아있는 빵'이며 "이 빵을 먹는 사람은 누구나 영원히 살 것이다."[86]

그러므로 요한복음의 요점은 사실 출애굽 이야기에서 하나님이 했던 것처럼 이제는 예수가 광야에서 사람들을 먹인다는 것이 아니다. 오히려 그 요점은 출애굽 당시에 제공되지 않았던 것, 즉 살아있는 빵을 예수가 준다는 것이다.

---

84 요한복음 15:1-2.
85 요한복음 6:49, 32, 58도 보라.
86 요한복음 6:32, 51.

눈먼 사람의 시력을 회복시키는 예수

나는 기억된 역사를 반영하는 은유적 이야기로서 공관복음에 나오는 눈먼 사람이 시력을 회복한 두 이야기를 이미 짧게 설명했다.[87] 여기서 나는 나면서부터 눈먼 사람의 시력을 회복시켜준 예수를 다루고 있는 요한복음서의 한 이야기에 초점을 맞출 것이다. 나는 이 특정한 치유가 일어났는지에 관한 문제는 언급하지 않은 채 남겨두겠다. 은유적 읽기에서 그 문제는 중요하지 않기 때문이다.

요한은 9장 전체를 그 이야기와 그것의 영향으로 채운다. 9장의 첫 부분은 치유 자체를 이야기한다. 예수는 진흙과 침의 반죽을 만들어 그 눈먼 사람의 눈에 발라 줌으로써 "날 때부터 눈먼" 사람의 시력을 회복시켜 준다. 두 번째 부분은 한때 눈이 멀었던 사람과 그의 부모에게 '바리새파 사람들'과 '유대 사람들'이 하는 질문에 관한 것이다. 그 질문에 대한 그 남자 부모의 반응은 조심스럽고 신중하다. "예수를 메시아로 고백하는 사람은 누구든지 회당에서 내쫓기로 유대 사람들이 이미 결의해 놓았기 때문에 그들은 유대 사람들이 무서워서" 그렇게 했다. 그리고 나서 전에 눈이 멀었던 그 사람은 다시 질문을 받고, 예수는 하나님에게서 온 사람이라고 분명하게 단언하자, 그는 회당 바깥으로 쫓겨났다.[88]

내재적인 은유적 의미

이 이야기의 내재적 은유는 '빛'과 '보는 것'이다. 종종 그러듯이,

---

87 이 책의 3장, 45-46을 보라.
88 요한복음 9:22, 34-35.

요한은 내재적 은유를 분명하게 보여준다. 그는 예수와 그 눈먼 사람이 한 말로 그렇게 했다.

예수: "나는 세상의 빛이다."
눈먼 사람: "나는 눈이 멀었다가, 지금은 보게 되었고…
예수께서 내 눈을 뜨게 해주셨다."[89]

그 은유는 요한의 예수 이야기의 주요한 주제에 연결된다. 예수는 깨달음을 가져다주는 빛이라는 것이다. 이 눈먼 사람의 치유 이야기 앞에 나오는 장에서도 일부 같은 언어가 사용된다. "나는 세상의 빛이다. 나를 따르는 사람은 어둠 속에 다니지 아니하고, 생명의 빛을 얻을 것이다."[90]

이 주제는 요한복음의 훌륭한 서막에서 뚜렷이 선언되어 있다. 예수 안에 성육신이 된 하나님의 말씀(과 지혜)은 모든 사람의 생명과 빛이라는 것이다.[91]

그 빛이 어둠 속에서 비치니
그 빛이 어둠을 이기지 못하였다. …
참 빛이 있었다.

---

89 요한복음 9:5, 25, 30.

90 요한복음 8:12.

91 요한복음의 서막은 "하나님의 지혜"가 아니라 "하나님의 말씀"만을 분명하게 말하지만, 나는 여기서 둘 다 사용한다. 많은 학자가 지적한 것처럼, 그 두 표현은 요한복음에서 아주 비슷한 동의어구이기 때문이다. 다시 말해서, 요한이 전자에 대해 말한 내용이 또 유대교 지혜전승의 후자에 대해서도 말해지기 때문이다.

그 빛이 세상에 와서 모든 사람을 밝히 비추고 있다.[92]

빛과 어둠, 봄과 눈 멈, 깨달음과 빛과 같은 것은 많은 전통에 공통된 원형적인 종교적 은유들이다. 그 이미지가 히브리 성서에도 사용되어 있지만, 그 원형적 연관성이 구체적인 역사적 연관성보다 우리의 목적에는 더 중요하다.[93] "어둠 속에 있음"과 "눈 멈"은 인간의 상황에 대한 흔한 교차문화적인 이미지이다. '빛', '봄', '깨달음'이 그런 상황으로부터의 해방을 뜻하는 이미지인 것처럼 말이다.

원형적인 종교적 은유로서의 깨달음은 신심의 신비적인 방식에 속한다. 유대교와 그리스도교 전통 밖에서 가장 잘 알려진 깨달음의 체험은 붓다의 신비적 체험이다. 그러한 체험은 모든 것을 다르게 보는 것으로 이어진다. 그것은 "오, 무슨 말인지 알겠어"라고 말할 때처럼 단순히 지적인 혹은 정신적 '이해'가 아니다. 오히려 종교적인 체험으로서 깨달음은 자연과의 친교 혹은 연합(communion or union with what is), 즉 자신의 이해 방식을 완전히 바꿔 놓는 신성에 대한 즉각적인 '앎'을 수반한다.

요한복음에서도 그렇다. 다시 말해서 깨달음은 구원을 위한 중심

---

92 요한복음 1:5, 9.

93 빛과 어둠의 이미지는 다음과 같은 구절들에서 사용된다. "어둠 속에서 헤매던 백성이 큰 빛을 보았고, 죽음의 그림자가 드리운 땅에 서는 사람들에게 빛이 비쳤다"(이사야 9:2); "일어나서 빛을 비추어라. 빛이 너에게 비쳤다"(이사야 60:1); "주님의 말씀은 내 발의 등불이요, 내 길의 빛입니다"(시편 119:105). 눈 멈(blindness)과 봄(sight)의 이미지는, 예를 들어, 다음과 같은 구절에서 사용된다. "눈먼 사람이 눈을 떠서 볼 것이다"(이사야 29:18); "그때에 눈먼 사람의 눈이 밝아지고"(이사야 35:5); "너희 눈이 먼 자들아, 환하게 보아라"(이사야 42:18); "눈이 있어도 눈이 먼 자들을 데리고 나오너라"(이사야 43:8). 이 모든 예에서 눈멈과 봄은 문자적이 아니라 은유적으로 사용되고 있다.

되는 은유라는 말이다. 자신의 눈을 뜨게 하는 것, 즉 깨닫게 되는 것은 요한이 대조시키는 음극에서 양극으로 이동하는 것이다. 어둠에서 빛으로 이동하는 것은 또한 죽음에서 생명으로, 거짓에서 진리로, 육체의 삶에서 성령의 삶으로, "아래에서의" 삶에서 "위로부터의" 삶으로 이동하는 것이다.[94]

깨닫게 되는 것은 "위로부터" 그리고 "성령으로" 태어나는 것인데, 다시 말해 "다시 태어나는" 것이다. 따라서 요한복음에서 "다시 태어나는" 체험은 깨달음의 체험이다.[95]

깨달음의 언어는 하나님을 아는 것에 대한 요한의 강조로 연결된다. 요한에게는 그러한 앎이 '영생'의 가장 중요한 의미이고, 영생이란 죽음 후의 미래의 상태가 아니라 현재의 체험이다. 하나님을 아는 것이 영생이다. "이것이 영생인데, 그것은 오직 한 분이신 참 하나님을 아는 것이다." 물론 요한에게는 참 하나님은 예수 안에 알려져 있고, 그래서 그 구절의 후반부는 "아버지께서 보내신 예수 그리스도"로 이어진다.[96] 요한에게는 그리스도인의 깨달음의 체험은 예수 안에 있는 하나님을 아는 것이다.

역사-은유적 의미

대부분 학자의 판단에 따르면, "회당 밖으로 쫓겨난"이라는 말이 들어있는 요한복음 9장의 후반부의 질문은 그 복음서가 기록된 1세기

---

94 이 장의 앞의 부분을 보라.
95 "다시 태어난" 혹은 "위로부터 태어난"과 같은 표현이 있는 본문은 요한복음 3:1-10의 예수와 니고데모의 이야기다. 그 이야기가 "밤에" 니고데모가 예수에게 오는 것으로 시작됨을 언급하는 것은 흥미롭다. 즉 니고데모는 어둠 속에 있다는 것이다.
96 요한복음 17:3.

말의 역사적 상황을 가리킨다고 한다.[97] 물론 회당은 가르침과 예배를 위한 지역 유대인의 회합이다. 그 당시 세계에서 회당으로부터 "쫓겨난"(축출된)다는 것은 오늘날 우리의 세계에서 그리스도인의 회중 혹은 교파로부터 출교당하는 것보다 훨씬 더 심각한 일이었다. 우리는 그저 다른 교회를 찾아 입회할 수 있지만, 회당에서 쫓겨난 사람들은 더는 유대인으로 여겨지지 않았다(적어도 받아들일 수 없는 유대인으로 여겨졌다). 대부분 사람이 평생을 같은 마을이나 혹은 읍에서 살았던 전통 사회에서 이것은 강력한 사회적 제재였다. 쫓겨난 사람들은 사회의 배척에 직면했는데, 여러 가지 중에서 특히 출교는 가족들 내의 그리고 이웃들과의 관계를 분열시키고 '진정한' 유대인들과의 결혼을 어렵거나 불가능하게 만들었다.

예수의 추종자들은 예수가 살아있는 동안에 회당으로부터의 축출 위협을 받지 않았다. 빨라도 이 일은 70년 성전 파괴 후 10년에서 20년에 일어났을 것이다. 따라서 요한복음 9장은 그 복음서가 기록된 대략적인 연대를 암시할 뿐만 아니라 요한과 그의 공동체가 처한 역사적 상황을 가리킨다. 그 역사적 상황은 유대인들과 크리스천 유대인들(Christian Jews) 사이의 격렬한 갈등을 말한다. 마태복음과 마찬가지로 이 갈등이 요한의 예수 이야기를 형성한다. 특히 그것은 요한이 '유대인들'이라는 말을 부정적인 불신의 상징으로 사용하고 있는 이유를 설명해준다. 더 나쁜 것은, 비록 '유대인들'이 아브라함과 하나님을 그들의 아버지라고 주장하지만, 그들은 아브라함의 자손도 아니고 하

---

97 J. Louis. Martyn의 책 *History and Theology in the Fourth Gospel* (Nashville: Abingdon, 1968)에서 약 30년 전에 설득력 있게 주장된 그것은 이제 요한복음을 연구하는 학자들에 의해 널리 받아들여지고 있다.

나님의 자녀도 아니라는 것이다. 오히려 그리고 다소 충격적으로 요한의 예수는 "너희는 너희 아비인 악마에게서 왔다"라고 말했다.[98] 그것을 유감스럽게 생각하고 거부해야 하는 바로 그 순간에, 그러한 갈등 상황은 우리가 이 말을 이해하는데 도움이 된다.

'길'(the Way)로서 예수

예수는 "나는 길이요, 진리요, 생명이다. 나를 거치지 않고서는 아무도 아버지께로 갈 사람이 없다"[99]고 말했다.

우리가 탐구할 마지막 본문도 요한복음에 있는 것이다. 그리스도교 이후 수 세기에 걸쳐 이 본문을 듣고 읽었던 일반적인 방식 때문에, 그것은 우리 시대의 많은 주류 그리스도인들에게는 골칫거리이다. 즉, 그것은 그리스도교 배타주의의 전형적인 '증빙 본문'이 되어왔다. 그리스도교 배타주의란, 구원은 예수를 통해서만, 따라서 그리스도교를 통해서만 가능하다는 개념이다.

내재적인 은유적 의미

비록 이 본문은 우리가 살펴보았던 다른 것들처럼 구체적인 역사와 관련이 있지만, 그것은 일반적인 의미도 가졌다. 우리는 본문의 중심에 있는 예수는 '길'이라는 은유에 주의를 기울임으로써 그 의미에 접근하게 된다. 길은 일련의 믿음의 내용이 아니라 행로 혹은 도로 혹은 여정이다.[100]

---

98 요한복음 8:31-59, 특히 39-44절을 보라.
99 요한복음 14:6.

그래서 예수는 '그 길'(the way)이다. 그러나 한 사람에게 적용된 이 은유는 무엇을 의미하는가? 더 구체적으로 말해서, 요한복음에서 예수의 '길'(way)은 무엇인가(혹은 예수가 그 자체인 '그 길'(the way)은 무엇인가)? 그 대답은 단 하나의 구절에서뿐만 아니라 요한복음 전체의 진전 혹은 역학 속에서 찾을 수 있다.

— 요한복음 전체에서: 예수의 공적 활동 시작 장면 이후, 예수의 길은 그의 죽음으로 이어지고, 요한에게는 그것이 그가 영광을 받는 것이기도 하다.[101] 하나님의 현존 속에서 생명에 이르는 길은 죽음을 통해서 가능하다.

— 단 하나의 구절에서: 요한의 예수는 "내가 진정으로 진정으로 너희에게 말한다. 밀알 하나가 땅에 떨어져서 죽지 않으면 한 알 그대로 있고, 죽으면 열매를 많이 맺는다"라고 말한다.[102]

요약하자면, 요한에게서 예수의 길 혹은 행로는 종교적 삶의 은유로서 이해되는 죽음과 부활의 길이다. 그 길―낡은 존재의 방식은 죽고 새로운 존재의 방식으로 태어나는 길―은 하나님에게로 가는 유일한 길이다.

수십 년 전 한 그리스도교 신학대학에서 어떤 힌두교 교수가 했던

---

100 앞 장에서 말했던 것처럼 '길' 혹은 '행로'는 유대교 지혜전승에서 중심되는 이미지다. 이 장에서 논의된 것처럼, 그것은 (다른 공관복음서뿐 아니라) 마가복음의 중심 되는 이미지이기도 하다. 예수를 따르는 것은 길에서 그를 따른다는 말이다.

101 예수의 죽음은 이미 예수의 공적 활동의 시작 장면, 즉 가나의 혼인 잔치에서 예고되었다. 4절에 나오는 "내 때"는 예수의 죽음을 말한다.

102 요한복음 12:24.

설교에 관해서 내가 들었던 이야기에서도 같은 주장을 한다. 그날의 본문에는 '하나의 길'에 관한 구절이 포함되었고, 그것에 관해 그는 "이 구절은 절대적인 진실이다–예수는 유일한 길이다"라고 말했다. 그러나 계속해서 "그리고 그 길—낡은 존재의 방식은 죽고 새로운 존재의 방식으로 태어나는 길—은 세상의 모든 종교 속에 알려져 있다"라고 말했다. 예수의 길은 전혀 예수에 대해서 들어본 적이 없는 수많은 사람에게 알려진 보편적인 길이다.

그러므로 예수의 길은 예수에 관한 일련의 믿음의 내용이 아니다. 그것에 관해 생각해 볼 때, 우리는 언제나 그렇다고 생각했던 것이 낯설게 느껴진다. 마치 어떤 것들이 진실이라고 믿음으로써 새로운 삶을 시작하는 것처럼 혹은 마치 구원받을 수 있는 유일한 사람들은 "예수"라는 말을 알고 있는 사람들인 것처럼 말이다. 그런 식으로 생각하는 것은 사실상 말로 구원받는 것과 마찬가지이다. 오히려 예수의 길은 죽음과 부활의 길, 즉 낡은 존재의 방식에서 새로운 존재의 방식으로의 전환과 변화의 길이다.

끝으로 요한에게 가장 중요한 성육신이란 말은 예수는 '길'일 뿐만 아니라 '진리'요 '생명'이라는 구절이 말하는 삼중적 확언을 이해하는 데 필수다. 성육신은 체현(體現)을 의미한다. 예수는 길이다. 즉, 예수는 한 사람 안에 체현된 길의 모습이다. 예수는 진리다. 즉, 예수는 한 사람 안에 체현된 진리의 모습이다. 예수는 생명이다. 즉, 예수는 한 사람 안에 체현된 생명(실제 생명)의 모습이다. 예수를 진지하게 받아들이는 것은 일련의 믿음의 내용에 관한 것이 아니라, 우리가 보는 바 자신 안에서 길, 진리 그리고 생명을 체현했던 한 사람에 관한 것이다.

역사-은유적 의미

요한복음에서처럼 일반적으로 "나는 길이요 진리요 생명이다"라는 말은 예수의 말로 여겨지지만, 그러나 그것은 예수 자신에게로 거슬러 올라가지 않는다. 오히려 그것은 발전하는 전승의 후기 단계의 산물이고 아마도 요한복음 저자 자신에 의해 창작되었을 것이다.

이 본문 읽기의 비결은 그것을 요한복음의 역사적 맥락 속에 놓는 것이다. 그 역사적 맥락은 크리스천 유대인들의 요한공동체가 그리스도인이 아닌 유대인들로부터 심한 사회적 배척을 겪고 있는 격렬한 갈등의 상황이다. 그 결과, 요한공동체의 일부 구성원들은 그들의 원래 공동체로 돌아가고 싶은 유혹을 받았을지도 모른다.

그러한 환경 속에서 이러한 말들을 기록했다. 그는 세상의 모든 종교가 아니라 길 건너에 있는 회당을 생각하고 있었다. 그는 사실 예수의 공동체 안에 머물러 있으라고 말하고 있었다. 떠나온 길로 돌아가지 말라는 것이다. 그 길은, 길이 아니고 예수가 길이기 때문이다.

우리는 본문을 이런 방식으로 이해하는 그 순간에, 마치 다른 종교들은 괜찮지만 유대교는 아닌 것처럼 그 본문을 유대교에 대한 거부로 바꾸지 않는 것이 중요하다. 요컨대, 그 구절을 역사적 맥락 속에서 읽는 것은 그것을 상대화시키는 것이다. 그것은 다른 모든 종교에 대한 혹은 모든 시대의 다른 모든 형태의 유대교에 대한 절대적인 선언이 아니다. 오히려 그것은 특정한 역사적 환경 속에서 말한 목회적 권고(pastoral exhortation)이다.

결론

정경의 예수에 대한 복음서의 묘사는 예수에 관한 놀라운 주장을 한다. 예수는 하나님과 하나이고 하나님의 능력과 권위를 공유한다. 그는 하나님의 계시이다. 요한복음에서뿐만 아니라 공관복음에서도 그는 또 '길'의 계시이다. 그는 인간의 가장 깊은 굶주림을 충족시켜주는 생명의 빵이고 어둠 속에서 깨달음을 주는 반짝이는 빛이다. 그는 우리를 죽음에서 끌어내서 생명으로 이끈다. 그는 한 인간의 삶 속에서 구체화한 하나님의 말씀과 지혜이다. 그는 하나님으로 충만한 삶-성령으로 충만한 삶-이 어떤 모습인지를 드러냈다.

이것이 그리스도인으로서 우리를 위한 예수의 정체이다. 일부 현대의 그리스도인들은 이러한 주장에 불편해하였다. 왜냐하면 그 주장들이 그리스도교 승리주의(Christian triumphalism)와 함께하고 있는 것처럼 보이기 때문이다. 그러나 그리스도인들에게 이러한 주장들이 희석되어서는 안 된다. 그리스도인으로서 우리에게 예수는 이보다 못하지 않고 이 모든 것이다. "하나님은 예수 안에서만 알려져 있다"라고 말하지 않고서도, 우리는 "이것이 우리를 위한 예수의 정체다"라고 말할 수 있다.

복음서들은—그것들 속에 있는 특정한 문헌들로서, 문헌들의 모음집으로서 그리고 개별적인 이야기들로서—그리스도교의 원시적 내러티브이다. 이 말의 의미는 이것들이 우리가 아는 가장 중요한 이야기들이고, 우리는 그것들이 단연코 진실하다는 것을 알고 있다는 것이다.

9 장

바울

나는 그리스 북부 지역의 데살로니가(Thessaloniki)의 어느 번화한 거리에 있는 한 카페에 앉아서 이번 장을 시작한다. 50년경 바울은 이 도시에 있는 한 작은 그리스도인 공동체에 편지를 보냈다. 이제는 데살로니가전서라고 불리는 이 편지는 마침내 신약성서가 된 책에서 가장 먼저 기록된 문헌이다. 바울이 알고 있던 그 도시에는 이제 아무런 유적도 남지 않았다. 여러 세기에 걸친 세월이 그 도시를 덮어버렸다. 그리고 나는 여기에 앉아서 다시 궁금해진다. 바울은 어떤 사람이었을까?

바울은 그리스도교의 탄생에서 예수 다음으로 가장 중요한 사람이다. 그는 어떤 다른 사람보다도 더 많은 신약성서의 문헌들을 기록했다. 그리고 그는 예수운동을 이방인 세계로 확산시키는 데 있어서 어떤 사람보다도 더 막중한 책임을 맡고 있었다.

그러나 그의 중요성에도 불구하고, 바울은 심지어 오늘날 그리스 도인들 사이에서도 매우 엇갈리는 평가를 받고 있다. 일부는 그를 사랑하고 존경하지만, 다른 사람들은 그와 일정한 거리를 두며, 또 다른 사람들은 그를 경멸한다. 모든 그리스도인이 그에 대해 들어본 적은 있지만, 많은 사람이 그에 관해 아는 것은 많지 않다.

어떤 신학대학에서 신약성서 강의를 하는 동안 나는 이런 엇갈리는 태도를 접하게 되었다. 예수와 복음서에 관한 강의의 첫 부분에서 학생들은 주의 깊게 몰두하고 들떠 있었다. 그다음에 바울에 이르렀고 수업 분위기가 바뀌었다. 학생 모두 예수에 대해서는 긍정적으로 생각했지만, 바울에 대해서는 대부분 경계를 하였다. 비록 일부는 분명한 (그리고 때로 호의적인) 관심을 표했지만, 다수는 무관심하거나 언짢아하고 혹은 심지어 적대적이었다.

바울에 대한 부정적인 태도에는 많은 요인이 있다. 일부 사람들은 (일부 역사학자들을 포함하여) 바울을 예수의 복음을 왜곡시킨 사람, 즉 나사렛 예수를 신적인 존재로 바꾸고 예수의 메시지를 복잡하고 난해한 추상적인 신화적 및 신학적 믿음체계로 왜곡시킨 사람으로 본다. 이런 특정한 비평가들의 관점에서 볼 때, 예수는 좋지만 바울은 나쁘다. 어떤 다른 비평가들은 바울을 죄와 죄책감, 희생과 속죄에 집착하는 청교도적인 도덕주의자로 간주한다. 또 다른 사람들은 성과 젠더에 대한 구절들을 싫어한다. 신약성서에서 여성에 대한 가장 부정적인 진술은 바울의 작품으로 여겨지는 한 편지 속에 있고, 보통 바울이 말한 것으로 여겨지는 다른 구절들도 자신들의 남편에게 복종해야 하는 부인들의 의무에 대해 말하고 있다.[1] 바울은 종종 동성애와 심지어 섹슈얼리티 전반에 대해 부정적으로 인용된다.[2] 더욱이 바울의 편지는 보통 어렵고 모호하며, 명백하기보다는 오히려 불분명하다.

　나는 바울이 결점이 있다는 것과 (나머지 우리보다 더 그렇게 많은 것은 아니지만) 종종 이해하기 어렵다는 것을 인정한다. 바울은 종종 해로운 방식으로 이용되어왔다. 그렇지만, 나는 내가 바울의 찬미자임을 인정한다. 나의 바울 평가는 부분적으로 나의 프로테스탄트 및 루터교의 유산에서 흘러나온다. 비록 나의 초기의 상황 이상으로 관련되기를 희망하지만 말이다. 우리가 순수 바울 편지와 바울이 쓴 것으로 여겨지는 것을 분리할 때, 더 방해되는 구절 일부가 사라지게 된다. 게다가 바울 자신의 종교적 체험, 그가 쓴 편지의 역사적 맥락 그리고 그의 메시지를 형성한 중심 은유들을 진지하게 받아들일 때, 우리는 그의 가르침과 열정이 예수와의 상당한 연속성 속에 있는 바울을 발견했다.

　바울 이해를 위한 우리의 일차적인 자료는 그가 쓴 것으로 여겨지는 13개의 편지 중의 일곱 개의 편지들이다. 이 일곱 편지에 대해서는 바울이 저자라는 강한 의견의 일치가 있다. 그것들은, 거의 정확한 연대순으로, 데살로니가전서, 갈라디아서, 고린도전서, 고린도후서, 빌레몬서, 빌립보서 그리고 로마서이다. 아마 이것들 모두는 50년대의 10년 동안에 기록되었을 것이다. 대다수 학자는 다른 세 개의 편지, 즉 골로새서, 에베소서, 데살로니가후서는 바울이 아니라 바울 사후

---

1 디모데전서 2:8-15. 남편에게 복종해야 하는 부인들에 관한 구절은 에베소서 5:22-24과 골로새서 3:18-19이다. 곧 언급하겠지만, 이 편지들은 아마도 바울이 쓴 것이 아니고 바울 사후 언젠가 바울의 이름으로 기록된 것이라고 학자들이 생각하는 편지들에 속한다.

2 바울에 대한 이런 비난은 기껏해야 부분적으로만 정당할 뿐이다. 많은 모욕적인 구절들은 바울의 이름으로 다른 사람들에 의해 기록된 편지들 속에 있는 것이고, 적어도 나머지 일부는 한 가지 이상의 방식으로 읽을 수 있다.

바울의 이름으로 써졌다고 주장하지만, 그 편지들의 저자에 관해서는 아직도 논쟁이 벌어지고 있다. 마지막으로 나머지 세 개의 편지는 분명히 바울이 쓰지 않았다는 의견에 거의 일치하고 있다. '목회서신'(Pastoral Epistles)으로 불리는 그 편지들은 디모데전서와 후서 그리고 디도서이다.

사도행전은 이차적인 자료로서 역할을 한다. 사도행전 이야기의 역사적 정확성에 관해서는 학자들의 다양한 의견이 있지만, 그 문헌의 반 이상은 바울에 관한 것이다. 예를 들어, 사도행전은 바울의 편지들에 없는 많은 내용을 보도한다. 서로 다른 문학 장르를 고려할 때, 이것은 놀랍거나 특별히 중요한 것은 아니다. 그렇지만, 사도행전과 바울의 편지 사이에 공통되는 부분이 있을 때, 사도행전은 때때로 바울의 편지와 일치할 때도 있고 그렇지 않은 때도 있다. 그래서 공통되는 부분이 없을 때는 사도행전의 역사적 정확성을 평가하기가 어렵다. 일부 학자들은 사도행전의 저자가 바울의 동료이고, 따라서 그가 보도하는 내용 일부분에 대한 목격자라고 생각하지만, 다른 학자들은 사도행전에 나오는 바울의 이야기는 역사적 관심이 아니라 문학적 관심이 가장 중요한 특징이 된다고 생각한다. 따라서 나는 다른 문제에 관해서는 사도행전을 가끔 이용하겠지만, 바울의 가르침에 관해서는 그의 순수 편지만을 이용할 것이다.

다마스쿠스 도상에서

바울 생애의 결정적인 사건은 다마스쿠스로 가는 길에서 겪은 바울의 부활한 그리스도 체험이다. 그 체험이 바울을 완전히 바꿔 놓았다. 다마스쿠스 체험 이전에 그는 예수운동의 열성적인 박해자였지만, 그 후로 그는 그 운동의 으뜸가는 사도가 되었다.

이러한 삶의 변화 체험은 예수 처형 후 약 5년쯤인 35년경에 발생했다. 사도행전의 저자는 이 이야기를 약간의 차이가 있지만 상세하게 세 번 이야기한다. 한번은 그의 이야기 일부분으로, 두 번은 바울이 한 것으로 여겨지는 연설에서 말했다.3

사도행전 9장에 나오는 첫 번째 가장 완전한 이야기에 따르면, 바울은 유대교 당국의 재가를 받아 예수의 추종자들("그도"라고 불리는 막 시작된 운동에 속했던 사람들)을 찾아 그들을 예루살렘으로 끌고 가기 위해 시리아의 다마스쿠스로 가던 중이었다. 그때 그는 환한 빛을 체험하고 음성을 들었다.

> 사울이 길을 가다가, 다마스쿠스 가까이에 이르렀을 때에, 갑자기 하늘에서 환한 빛이 그를 둘러 비추었다. 그는 땅에 엎어졌다. 그리고 그는 "사울아, 사울아, 네가 왜 나를 핍박하느냐?"하는 음성을 들었다. 그래서 그가 "주님, 누구십니까?"하고 물으니, "나는 네가 핍박하는 예수다"하는 음성이 들려왔다.4

---

3 사도행전 9:1-19; 22:3-21; 26:4-18. 비록 바울은 그 체험을 넌지시, 그러나 갈라디아서 1:13-17에서는 가장 분명하게 언급하지만, 자신의 편지에서 그것에 대해 상세하게 서술하지는 않는다. 그는 또 고린도전서 9:1에서 "주님을 본 것"에 대해서도 말하고, 고린도전서 15:3-8에서 부활한 그리스도가 "나타난" 사람들의 목록에 자신을 포함시킨다. 이 두 본문이 분명히 그의 다마스쿠스 체험을 이야기하고 있는 것인지 아니면 부활한 그리스도에 대한 추가적인 체험도 이야기하고 있는지를 아는 것은 불가능하다.
4 사도행전 9:3-5.

바울은 하나의 환상, 즉 순간적으로 다른 실재를 보고 그의 말을 듣는 생생하고 주관적인 감각을 경험했다. 바울과 함께 여행하던 사람들은 바울이 했던 것과 똑같은 체험을 하지 못했다. 사도행전 9장에서 우리는 그들이 그 음성을 들었지만 아무도 보지 못했다는 말을 듣는다. 그러나 사도행전 22장에서 우리는 그들이 그 빛을 보았지만 아무 것도 듣지 못했다는 말을 듣는다.[5]

그 환상은 바울의 눈을 멀게 하였다. 그 음성은 그에게 다마스쿠스로 가라고 명령했고, 거기서 그는 그가 해야 할 일을 듣게 될 것이다. 그 도시에서 예수는 아나니아라는 제자에게 또 하나의 환상 속에서 나타나 바울을 찾으라고 지시했고, 바울이 예수의 이름을 "이방 사람들과 임금들과 이스라엘의 자손들 앞에" 가지고 갈 도구로서 선택되었다는 것을 예수는 그에게 계시했다.

아나니아는 들은 대로 했고 3일 동안 앞을 보지 못했던 바울을 찾았다. 바울에게 손을 얹은 채 아나니아는 "주 예수께서 나를 보내셨소. 그것은 그대가 시력을 회복하고, 성령으로 충만하게 되도록 하시려는 것이오"라고 말했다. 그 결과 "바울의 눈에서 비늘 같은 것이 떨어져 나가고, 그는 시력을 회복하였다."[6] 아나니아가 바울의 시력을 회복시켜 준 것이 기억된 역사이든 아니면 은유적 이야기이든 간에, 그것의 은유적 의미는 도발적일 만큼 적절하다. 성령으로 충만한 바울은 비늘이 그의 눈에서 떨어져 나가면서 다시 보게 되었다. 그리고 나서 그

---

5 이러한 차이점들은 누가의 부주의나 역사적 부정확성을 암시한다고 말할 필요가 없다. 오히려 그것들은 그러한 체험의 특징을 반영할지도 모른다. 다시 말해서, 그런 체험은 형언할 수 없는 것의 가장자리에서 이루어지고, 따라서 그런 체험들에 대한 말은 필연적으로 부정확하다.

6 사도행전 9:10-18.

는 세례를 받았고, 예수의 사도로서의 그의 삶은 시작되었다.

다마스쿠스 도상에서의 바울의 체험은 종교사에서 가장 유명한 체험 중의 하나이다. 세속적인 문화에서조차, 사람들은 극적이고 삶을 변화시키는 체험에 대해 "다마스쿠스 도상의 체험"이라고 말한다. 그것에는 종교사의 다른 환상들에서 보도된 특징들이 포함되어 있다. 환한 빛과 음성 체험에 대한 기술적 용어인 '환시'(photism)와 '환청'(audition)이 그것이다.

일반적으로 바울의 회심 체험으로 불리는 그것은 '회심'의 의미에 따라 회심이기도 하고 아니기도 하다. 종교적 맥락에서 그 단어는 세 가지를 의미했다. 첫째는 비종교적인 생활에서 종교적인 생활로 바뀌는 것이고, 둘째는 한 종교에서 다른 종교로 개종하는 것이며, 셋째는 한 종교전통 안에서 회심하는 것이다. 바울의 체험은 처음 두 가지 중의 어느 것도 아니다. 분명히 그는 다마스쿠스 체험 이전에도 매우 종교적이었다. 게다가 그는 한 종교에서 다른 종교로 개종하지도 않았다. 그리스도교가 아직 따로 떨어진 종교로 간주하지 않았을 뿐만 아니라, 바울은 회심 후에도 그리고 나머지 생애 동안에도 자신을 계속해서 유대인으로 생각했기 때문이다. 그러나 그것은 하나의 전통 안에서 일어난 회심이었다. 즉 유대인으로 살아가는 하나의 방식으로부터 다른 방식으로 바뀐 것이었다.

중요한 의미에서 그의 회심은 나머지 그의 평생 사역을 위한 '소명 이야기'였다. 사도행전에 나오는 세 가지 이야기는 모두 바울이 이방인의 사도로서 소명을 위임받았다고 보도한다. 갈라디아서에 나오는 그 자신의 말에서,

나를 모태로부터 따로 세우시고 은혜로 불러주신 하나님께서, 그 아들을 이방 사람에게 전 하게 하시려고, 그를 나에게 기꺼이 나타내 보이셨습니다.[7]

이 극적인 체험은 바울뿐만 아니라 마침내 세상까지도 변화시켰다. 내가 다마스쿠스 도상에서의 바울 이야기로 시작했던 것은 그 체험이 그의 인생의 전환점이었기 때문이다. 그뿐만 아니라 그의 종교적 체험을 그의 메시지를 이해하기 위한 시작점으로 진지하게 받아들일 때, 우리는 바울을 가장 잘 이해할 수 있다고 확신하기 때문이다. 게다가 이런 극적인 종교적 체험들을 자신의 편지에서도 말하기 때문에, 그는 그러한 체험을 우리에게 직접 전해준 단지 두 사람뿐인 1세기의 예수 추종자 중의 한 명이다(그리고 아마도 유일한 사람일 것이다).[8] 만일 우리가 바울의 신학을 그의 회심 체험에 두지 않는다면, 그것은 쉽게 추상적이고 설득력이 없는 지적인 구성이 되어버리고 말 것이다.

바울의 메시지로 넘어가기 전에 그의 생애를 더 주의 깊게 살펴보자. 다마스쿠스 도상의 체험이 중요하기 때문에—삶을 변화시키는 영향력이 있기에—나는 그의 생애를 다시 살펴보면서 다마스쿠스 체험 이전의 바울과 다마스쿠스 체험 이후의 바울에 대해 말할 것이다.

---

7 사도행전 9:15; 22:15; 26:17-19; 갈라디아서 1:16.
8 다른 후보자는 요한계시록의 저자이다. 다음 장에서 말하겠지만, 그는 환상을 체험했던 것처럼 보인다. 그러나 요한계시록에 나오는 환상 이야기의 일부가 "환상에 대한 보도"인지 아니면 그것들이 모두 문학적 창작인지는 알기 어려운 문제이다. 나는 다른 신약성서의 저자들도 극적인 종교적 체험을 했을 가능성이 있다고 생각할 뿐만 아니라 그들은 실제로 다른 사람들의 체험을 보도하지만, 자신들의 종교적 체험들에 대해서는 기록한 것이 없다.

다마스쿠스 체험 이전의 바울: 그의 삶

다마스쿠스 체험 이전 바울의 삶은 그에게 이방인 세계의 유대인 사도로서 그의 소명을 특별히 잘 감당하도록 준비시켜 주었다.9 바울은 유대인 부모에게서 태어났고, 디아스포라의 한 헬레니즘적 도시에서 자랐다. 유대교 전통과 헬레니즘적 수사학 교육을 잘 받았기 때문에, 그는 그리스어와 적어도 2개 국어에 (그리고 아마도 그 이상의 언어에) 능숙했다. 도시적이고 세계주의자인 그는 또 태어날 때부터 로마 시민이었는데, 이것은 상대적으로 흔하지 않은 신분이었다.

비록 우리는 바울이 태어난 때를 알지 못하지만, 아마도 1세기 최초의 10년간이었을 것이다.10 그는 소아시아(현재의 터키) 남쪽 해안에 있는 도시, 다소(Tarsus)에서 태어나서 자랐다. 길리기아(Cilicia)의 수도인 다소는 중동에서 소아시아와 에게해(Aegean Sea)로 이어지는 주요 남북 무역로에 있었다.11 바울은 그 도시를 "유명한 도시"(no mean city)라고 부르고, 그 시대의 작가들은 그의 판단을 옹호해준다. 다소는 아우구스투스(기원전 31년부터 서기 14년까지의 로마 황제) 시대 때 번성했고 헬레니즘 문화의 중심지로 잘 알려져 있었다. 어떤 고대

---

9 앞으로 나는 학자들에 의해 일반적으로 받아들여지는 것을 논쟁 보도 없이 전할 것이다. 그러나 요점이 상당히 분명치 않을 때는 그것을 지적할 것이다.

10 신약성서는 바울이 언제 태어났는지 혹은 회심 체험 때 (혹은 그의 생애에서 어떤 다른 시점) 몇 살이었는지 대해서 아무 말도 하지 않는다. 추측 근거로는 그가 1세기의 60년대에 활발하게 활동을 했다는 것을 들 수 있는데, 이는 그가 아마도 1세기가 시작되기 전에는 태어나지 않았을 것이라는 사실을 암시한다. 만일 그가 1세기 최초 10년간에 태어났다면, 그의 회심 체험은 그가 스물다섯 살 혹은 서른 살 때 일어났을 것이다.

11 다소에 관해서는 Jerome Murphy-O'Connor, *Paul: a Critical Life* (Oxford: Clarendon Press, 1996), 33-35를 보라.

의 저자는 다소가 아테네와 알렉산드리아를 능가한다고 주장하면서 학문과 철학에 대한 그것의 명성을 언급했다. 비록 다른 저자는 보잘 것 없고 사치를 좋아하는 그 도시의 분위기를 비판했지만 말이다.12

바울은 다소에서 일찍부터 교육을 받았고, 또 교육을 잘 받았던 것 같다. 수십 년 후에 기록된 그의 편지들이 증명하듯이, 그는 뛰어난 인물이었다. 20세기의 한 유명한 학자에 따르면,

그의 복음의 지적 범위는… 오늘날에도 여전히 정복되지 않을 정도로 비교할 수 없이 높이 솟구쳤다. 많은 독자가 무거운 화물 같은 생각에 연결되어 무거운 짐을 진 채 그의 편지 들을 붙잡으려고 하는 것은 놀랄 일이 아니다. 그리고 그의 복음에 굴복한 꽤 많은 사람이 구름으로 덮인 가파른 산봉우리로 둘러싸인 알프스산맥 지역에서 현기증을 이기지 못한 채, 어떻게 뒤따라가야 하고 또 어떻게 그 여행을 계속해야 할지를 모르는 여행자처럼 느끼는 것도 놀랄 일이 아니다.13

고대 그리스의 한 학자는 그의 글을 "헬레니즘의 고전"으로 여겼다.14 비록 이 두 가지 평가가 다마스쿠스 체험 이후의 바울을 말하지만, 다마스쿠스 체험 이전의 바울도 또한 지적인 재능이 있는 게 확실

---

12 Strabo와 Philostratus. 자신의 책 *Paul*, 34-35에서 Murphy-O'Connor에 의해 인용됐음

13 Günther Bornkamm, *Paul* (New York: Harper& Row, 1971), trans. by D. M. G. Stalker, XXVI.

14 Wilamowitz-Moellendorf. *Bornkamm*이 인용했고 "가장 위대한 그리스 학자"라고 말했다. 9-10.

하다. 회심은 세상을 보는 방식을 변화시키지, 사람을 더 총명하게 만들지는 않는다.

사도행전에 따르면, 젊었을 때 바울은 예루살렘에 공부하러 갔었고 거기서 상당한 시간을 보냈다. 사도행전은 그가 유명한 유대인 스승인 가말리엘(Gamaliel) 밑에서 공부했고, 다마스쿠스 체험을 하기 전 스데반이 순교 당한 거기에 있었으며, 또한 그는 예루살렘에 사는 누이가 있었다고 보도한다. 그러나 바울의 편지는 이것에 관해 아무런 말도 하지 않기 때문에, 어느 정도 불확실한 게 확실하다.[15]

그러나 그의 편지들은 그가 유대교 전통 속에서 철저하게 교육을 받았다는 것을 분명히 한다. 그는 (그리스 번역본으로) 히브리 성서를 거듭해서 인용하고 넌지시 말하는데, 그의 본문 사용은 그가 유대교적 해석법에 익숙하다는 것을 나타낸다. 그는 또 유대교에 열성적으로 헌신했다. 바울 자신의 말로 하자면,

여러분은 이미 들은 줄 압니다. … 나는 하나님의 교회를 몹시 박해하였고, 또 아주 없애버리려고 하였습니다. 나는 내 동족 가운데서 나와 나이가 같은 또래의 많은 사람보다 유대교 신앙에 앞서 있었으며, 내 조상들의 전통을 지키는 일에도 훨씬 더 열성이었습니다.[16]

다마스쿠스 체험에 관해 이야기하는 다른 구절에서, 바울은 매우 자랑스럽게 자신을 "여드레 만에 할례를 받았고, 이스라엘 민족 가운

---

15 내가 느끼는 인상은 적어도 근소한 과반수의 바울 학자들은 바울이 예루살렘에서 공부했다는 전승을 받아들인다는 것이다.
16 갈라디아서 1:13-14.

데서도 베냐민 지파요, 히브리 사람 가운데서도 히브리 사람"이라고 기술한다. 그러고 나서 자신을 바리새파 사람이라고 부른다. "율법으로는 바리새파 사람이다." 바리새파 사람들은 강화된 형태의 토라 준수, 특히 정결의 제사장적 기준을 일상생활로 확대하는 것에 헌신했던 유대교의 한 종파의 운동이다. 우리는 바울이 언제 바리새파 사람이 되었는지는 모르지만, 그러나 만일 그가 정말로 예루살렘에서 시간을 보냈다면, 그 일은 아마도 거기서 일어났을 것이다. 그가 바리새파를 선택했다는 사실은 그의 열성적인 종교 탐구와 깊은 확신을 가리킨다. 또한 그는 교회를 열성으로 박해했다고 말한 후, "율법의 의로는 흠 잡힐 데가 없는 사람"이라는 말로 그 구절을 끝맺는다.[17] 비록 율법 아래에서 "흠 없는" 사람이라는 바울의 주장이 많은 개신교 그리스도인들에게는 낯설게 들리겠지만, 그것을 의심할 만한 이유는 없다. 그것은 마치 바울이 다마스쿠스 이전의 바리새파 사람으로서 그의 삶을 억압적이거나 만족스럽지 못한 것으로 여겼다고 생각할 이유가 없는 것과 같다.

그의 생애의 언젠가 바울은 수공업을 배웠다. 그는 가죽과 천으로 천막과 차양을 만드는 일에 종사한 천막 만드는 사람이 되었다. 수공업은 그에게 엄청난 기동성을 주었는데, 이는 어느 곳이든지 가지고 다닐 수 있는 (칼, 송곳과 구부러진 바늘 같은) 몇 개의 가벼운 도구만을 필요로 하는 일이었다. 따라서 그는 선교사로서 삶을 살아가면서 어디에서든지 독립적인 생활을 할 수 있었다.

---

17 빌립보서 3:5-6.

다마스쿠스 체험 이후의 바울: 그의 삶

이제는 예수의 추종자이자 이방인의 사도로서 바울의 삶과 활동으로 넘어가 보자.

유대인 그리스도 신비주의자

신비주의자란 특정한 유형의 종교적인 인물이다. 신비주의자들은 단순히 하나님의 존재를 **믿는** 것만이 아니라 하나님을 **안다**. 따라서 신비주의를 정의하는 핵심은 체험적이고, 신비주의자들은 신성에 대한 직접적인, 생생한 그리고 일반적으로 빈번한 체험을 한다. 때때로 신성은 가시적 세계 너머에 있는 다른 수준의 실재(reality) 속에서 체험된다. 또 다른 때에는 그것이 가시적 세계를 통해 빛나는 실재로서 체험된다. 신비주의는 본질로 평범하지 않은 의식 상태를 수반하는데, 그러한 체험이 평범한 일상적 의식과는 근본적으로 다르다는 의미에서 평범하지 않다는 말이다. 신비적 의식은 그 단어의 어원적 의미에서 **황홀경**(ecstatic)이다. 그리스어로 *ek*는 '-의 밖에서'를 의미하고 *stasis*는 '존재 상태'를 의미한다. 이런 의미에서 황홀경적 이라는 말은 (오늘날 그 용어의 일반적인 용법에서처럼) 황홀해하는(thrilled) 혹은 행복한 혹은 환희에 넘친(jubilant) 상태를 의미하는 것이 아니라 일상적인 존재 상태에서 벗어나 있는 것을 의미한다. 따라서 근사치의 동의어를 사용해서 말하자면, 신비주의자는 종교적인 황홀경에 빠진 사람이다.

바울은 분명히 신비주의자, 즉 유대인 신비주의자였다. 다마스쿠스 도상에서의 그의 체험은 (그뿐 아니라 그 후의 체험도) 그를 이 범주 안에 들어가게 한다. 유대교 전통에서 신비적 체험은 고대의 것이고, 1세기 훨씬 이전으로 거슬러 올라간다. 그것은 히브리 성서의 몇 권의 책들 속에 반영되어 있고, 성서 이후의 시대에서 계속되며, 이후로 줄곧 수 세기를 거쳐 오래 지속되었다. 그러나 유대교 신비주의의 역사 속에서 바울은 특별한 위치를 차지하고 있다. 즉, 그는 우리가 그에게서 직접 알 수 있는 최초의 유대인 신비주의자이고, 또한 서기 약 1000년에 앞서는 유일한 유대인 신비주의자이다.[18]

우리는 바울이 그러한 체험을 얼마나 자주 했었는지를 알지 못한다. 다마스쿠스 도상의 체험은 분명히 그 하나였다. 다른 하나는 고린도후서에서 보도된다. 자신이 사도로서 자격이 있다고 변호하면서, 그는 "주님께서 보여주신 환상들과 계시들을 말할까 합니다"라고 말한 뒤, 3인칭 언어를 사용해서 자신을 가리켰다.

> 나는 그리스도를 믿는 사람 하나를 알고 있습니다. 그는 십사 년 전에 셋째 하늘에까지 이끌려 올라갔습니다. 그때에 그가 몸 안에 있었는지 몸 밖에 있었는지, 나는 알지 못하지만, 하나님께서는 아십니다. 나는 이 사람을 압니다. 그가 몸을 입은 채 그렇게 했는지 몸을 떠나서 그렇게 했는지를, 나는 알지 못하지만, 하나님께서는 아십니다. 이 사람이 낙원에 이끌려 올라가서, 말로 표현할 수도 없고 사람이 말해서도 안 되는 말씀을 들었습니다.[19]

---

18 자신의 책 *Paul the Convert: The Apostolate and Apostasy of Saul the Pharisee* (New Haven: Yale University Press, 1990), 2에서 앨런 시걸(Alan Segal)은 이것을 강조했다.

19 고린도후서 12:2-4.

그것은 특별한 종류의 신비적 체험에 대한 전형적인 기술이다. 바울은 낙원(하나님의 현존 장소)으로 명명된 다른 차원의 실재("셋째 하늘")로의 여행, 자기 몸 밖에 있는 느낌 그리고 거기서 체험한 것을 드러낼 수 없음을 말한다.[20]

이 구절은 바울이 그러한 체험을 많이 했다는 것을 암시하는가? 그가 소개하듯이, 그는 환상과 계시의 복수형을 사용하고 "엄청난 계시들"을 말하면서 다시 복수형을 사용하여 끝맺는다.[21] 이 표현에 큰 비중을 두어서는 안 되겠지만, 아마도 그 말은 그 체험이 여러 번 중의 하나임을 암시했다.

놀랍게도 바울은 그의 신비적 예수 체험을 부활 체험으로 간주했는데, 이는 예수의 초기 추종자들에 의해 체험된 것들과 유사한, 부활한 그리스도의 출현을 말한다. 부활한 그리스도가 모습을 드러낸 사람들을 말하는 신약성서의 가장 초기의 구절인 고린도전서 15장에서 바울은 자신을 포함시켰다. 전체에 걸쳐서 같은 동사를 사용함으로써 유사점도 또한 암시된다.

> 게바[베드로]에게 나타나시고 다음에 열두 제자에게 나타나셨다고 하는 것입니다. 그 후에 그리스도께서는 한 번에 오백 명이 넘는 형제자매들에게 나타나셨는데, 그 가운데 더러는 세상을 떠났지만, 대다수는 지금도 살아있습니다. 다음에 야고보에게 나타나시고, 그다음에 모든 사도에게 나타나셨습니다. 그런데 맨 나중에 달이 차지 못하여 난 자와 같은 나 에게도 나타나셨습

---

20 바울의 말이 신비 체험의 형언할 수 없음을 말하는 것인지 혹은 매우 소수의 분별 있는 사람들을 제외하고는 모두에게 그러한 체험에 대해 말하지 못하게 하는 유대교적 금지 규정을 말하는 것인지를 알기는 어렵다.

21 고린도후서 12:7.

니다.[22]

부활한 그리스도가 언제, 어떻게 바울에게 나타났을까? 물론 그 대답은 다마스쿠스 도상에서의 그의 신비적 환상 속에서 나타났다는 것이다.

신비적 체험에 대한 이러한 보도들에 더하여 바울의 편지 속에는 신비주의자의 의식을 반영하는 구절들이 있다. 갈라디아서에서 그는 신비적 정체성, 즉 옛 자아의 죽음과 그 안에 사는 그리스도를 말하는 새 자아의 탄생을 가리키는 전형적인 신비적 언어를 사용한다. "나는 그리스도와 함께 십자가에 못 박혔습니다. 이제 사는 것은 내가 아닙니다. 그리스도께서 내 안에서 살고 있습니다."[23] 신비적 얼개 내에서 그 말의 의미가 가장 잘 이해가 되는 바울의 많은 구절 중에서 하나를 더 인용해보자. 난해하지만 명백한 한 구절에서 바울은 신비적 체험을 했던 사람에게 특유한 표현을 사용하는데, 그것은 "너울을 벗은 얼굴"과 "주님의 영광을 바라보는"('영광'은 빛나는 현존을 의미한다) 것과 같은 표현들이다. 그는 또한 그러한 체험의 변화시키는 효과에 대해 말했다.

우리는 모두 너울을 벗어버리고, 주님의 영광을 바라봅니다. 이렇게 해서, 우리는 주님과 같은 모습으로 변화하여, 점점 더 큰 영광에 이르게 됩니다. 이것은 영이신 주님께서 하시는 일입니다.[24]

따라서 바울은 유대인 신비주의자일 뿐만 아니라 유대인 그리스

---

22 고린도전서 15:5-8.

23 갈라디아서 2:19-20.

24 고린도후서 3:18. 몇 절 뒤에서 우리는 신비적 의식을 반영하고 있는 다른 구절을 발견하게 되는데, 그것은 고린도후서 4:6이다.

도 신비주의자이다. 네 판단으로 그의 신비적 체험은 예수의 한 추종자로서 그에게 적합한 모든 것의 원천이었다. 예수는 위험하게 호도하고 저주받은 과거의 인물이 아니라 하나님에 의해 일으켜졌던 현재의 살아있는 실재였다는 것이 그의 확신의 근거였다. 또 그것은 그의 정체성과 사도로서 그의 소명의 기반이었다. 그리고 앞으로 보게 될 것이지만, 그것은 그의 메시지의 토대였다.

예수의 사도이자 선교사 바울

예수의 선교사로서 바울의 삶은 약 25년간 계속되었다. 그중 많은 시간을 소아시아와 그리스에서 보냈다. 많은 시간 여행을 하면서 그는 도시 지역에 그리스도 공동체들을 세우고 편지로 그들과 연락하였다.

바울의 여행

사도로서 바울의 여행거리는 총 약 1만 마일에 이르렀을지도 모른다. 그 먼 거리를 주로 걸어서 이동했고 가끔 배로 가기도 했다.[25] 순회선교사로서 그는 자신이 설립한 공동체들로부터 약간의 추가적인 재정 지원을 가끔 받았지만, 천막을 만드는 사람으로 생계를 이어갔다.

다마스쿠스 도상에서 체험 이후 그는 그 당시에 나바테아(Nabatea)를 의미했던 '아라비아'(오늘날의 요르단으로, 고대의 수도는 페트라였다)에서 3년을 보냈다. 그는 1세기의 40년대를 갈라디아 지역을 포함하는 소아시아에서 선교사로 지냈다. 50년경에는 유럽으로 가기 위해

---

25 Jerome Murphy-O'Conner의 흥미로운 논문, "*On the road and On the Sea with St. Paul,*" Bible Review 1 (1985), 38-47을 보라.

소아시아를 떠났다. 그리스에서 그는 북쪽 지역에서 시작하여 빌립
보, 데살로니가 그리고 베레아(Beroea)에 그리스도 공동체를 설립했
다. 바울은 그가 2년을 지냈고 그의 편지 왕래의 대부분이 그곳의 그
리스도인들에게 보내졌던 국제적 도시인 고린도에서는 성공을 거두
었지만, 남쪽 지역의 아테네에서는 성공을 거두지 못한 것 같다.[26] 50
년대의 10년 동안 바울은 그리스와 소아시아 사이를 왕래했는데, 그
곳의 중요한 도시인 에베소에서 상당한 시간을 보냈다. 이 10년 동안
에 그는 자신의 편지 대부분 혹은 전부를 보냈다.

사도로서 바울의 삶은 종종 몹시 힘들었고, 논쟁으로 가득하고 고
통으로 얼룩졌다. 그는 그것을 그리스도인 적대자들에 맞서 자신을
변호하는 한 유명한 구절에서 다음과 같이 기술했다.

> 그들이 그리스도의 일꾼입니까? 내가 정신 나간 사람같이 말합니다마는, 나
> 는 더욱 그렇습니다. 나는 수고도 더 많이 하고, 감옥살이도 더 많이 하고, 매
> 도 더 많이 맞고, 여러 번 죽을 뻔하였습니다. 유대 사람들에게서 마흔에서
> 하나를 뺀 매를 맞은 것이 다섯 번이요, 채찍으로 맞은 것이 세 번이요, 돌로
> 맞은 것이 한 번이요, 파선을 당한 것이 세 번이요, 밤낮 꼬박 하루를 망망한
> 바다를 떠다녔습니다. 자주 여행하는 동안에는, 강물의 위험과 강도의 위험
> 과 동족의 위험과 이방 사람의 위험과 도시의 위험과 광야의 위험과 바다의
> 위험과 거짓 형제의 위험을 당하였습니다. 수고와 고역에 시달리고, 여러 번
> 밤을 지새우고, 주리고, 목마르고, 여러 번 굶고, 추위에 떨고, 헐벗었습니

---

26 고린도전후서는 그의 가장 긴 편지 중의 두 개로서, 이 둘을 합치면 그의 가장 긴 편지
인 로마서보다 길다. 게다가 그는 우리가 지금은 가지지 않는 고린도에 보내는 하나
(두 개?)의 편지를 쓴 것이 분명한데, 고린도후서는 두 개의 편지를 결합한 것이다.
그러므로 바울은 적어도 고린도에 네 개에서 다섯 개의 편지를 보냈을 것이다.

다. 그 밖의 것은 제쳐놓고서라도, 모든 교회를 염려하는 염려가 날마다 내 마음을 누르고 있습니다.[27]

바울은 마지막으로 투옥되기 전에 앞의 편지를 썼는데, 감옥생활은 적어도 4년간 계속되었다. 거의 50년대 말에 그는 주로 이방인 공동체들로부터 "가난한 사람들"을 위해 모은 헌금을 가지고 예루살렘으로 돌아왔다. 사도행전에 따르면, 거기서 그는 이방인들에게 금지된 성전의 구역으로 이방인을 데리고 왔다는 혐의로 체포되었다. 바울은 약 2년 동안 해안에 있는 가이사랴(Caesarea)에서 투옥되었고, 그리고 나서 60년경에 죄수로서 로마로 호송되었다(다시 배가 난파를 당했다). 비록 사람들이 복음을 듣기 위해 그에게 올 수도 있었지만, 로마에서 그는 또 2년 동안 가택연금을 당했다. 사도행전은 거기서 끝나고, 우리는 그 후 바울에게 무슨 일이 있었는지에 대해 아무것도 더는 모른다.[28]

바울의 그리스도 공동체들

모든 사람에게 복음을 선포하고 있는 길모퉁이의 설교자로서 바

---

27 고린도후서 11:23-28.

28 이 장의 끝에 가서 말하겠지만, 아마도 믿을 만한 초기 전승 보도에 따르면 바울은 60년대 로마에서 처형당했다고 한다. 사도행전이 그의 죽음을 보도하지 않은 채 끝나기 때문에, 독자들은 종종 사도행전이 그의 죽음 전에 기록되었음이 확실하다고 생각했다. 즉 만약 사도행전의 저자가 바울의 죽음에 대해 알았다면, 그가 어떻게 그것을 생략할 수 있었겠냐고 생각했다. 그렇지만 대부분 학자는 사도행전 저자의 목적은 바울의 전기를 쓰려고 하는 것이 아니라 예루살렘에서 로마까지의 복음의 전파를 보도한다고 생각한다. 이 목적에 사도행전의 끝은 완벽하게 들어맞는다. 사실 사도행전의 저자가 로마에서의 바울의 설교를 보도한 후 "그리고 나서 그들은 그를 죽였다"라고 기록했다면, 이 저자의 목적에 빈약한 도움이 되었을 것이다.

울의 일반적인 이미지는 아마도 그의 선교 활동 방식에 대한 정확한 모습이 아닐 것이다. 사도행전에 따르면 바울은 일관된 선교 전략을 따랐다. 새 도시에 도착하면, 그는 유대교 회당에 가는 것으로 일을 시작한다. 거기서 그는 유대인들에게는 물론 회당에 느슨하게 관련된 이방인들에게도 연설을 하곤 했다. 흔히 "하나님을 두려워하는 사람들"(God-fearers)로 불리던 이들은 유대교에 끌려 회당에서 예배를 보지만 유대교로 완전히 개종하지 않았던 이방인들이다.[29] (그들을 '구도자들'[seekers]이라고 부를 수도 있다.) 바울은 그들을 찾아내어 아마 일대 일이나 혹은 소집단의 대화에 참가시켰을 것이다. 대부분 바울의 이방인 개종자들(Gentile converts)은 이 범주의 사람들인 것 같다.

바울의 개종자들은 예배와 가르침과 생활을 위해 정기적으로 함께 모이면서 그들 스스로 공동체 생활을 시작했을 것이다. 이 장에서 나중에 이 공동체들의 생활에 대해 더 말할 것이다. 지금으로서는 그 공동체들이 두 가지 이유로 인해 작은 규모였다는 것을 지적하겠다. 첫째는 상대적으로 적은 수의 그리스도인들이 있었다는 것이다. 초기 그리스도교의 성장에 관한 최근의 추정에 따르면, 바울의 선교 활동이 기본적으로 끝났을 무렵인 60년까지 로마제국 전체에는 겨우 약 2천 명의 그리스도인들이 있었다.[30] 이 수의 절반이 유대 본토에 있었

---

29 신약성서에는 회당에 참가했던 이방인들에 대한 획일적인 용어가 없다. 사도행전은 그러한 이방인들을 "하나님을 두려워하는" 사람들(10:2, 13:16, 13:26), "경건한 사람들"(17:4, 17) 그리고 "하나님을 공경하는 사람들"(16:14, 18:7)이라고 부른다.

30 이 추산은 Rodney Stark, *The Rise of Christianity* (San Francisco: Harper-SanFrancisco, 1997)에서 나온 것이다. Stark의 추산은 10년당 40%의 성장률을 토대로 한 것인데, 이는 근대기의 새로운 종교 운동으로 알려진 것(몰몬교)의 가장 빠른 성장률과 맞먹는다.

다고 가정하면, 약 천 명이 로마제국의 나머지 지역에 널리 퍼져 있었다는 것이다. 따라서 한두 곳을 제외하고는 특정한 어느 지역에서든지 그리스도인들의 수는 100명이 훨씬 못 되었다(아마도 10명에서 30명에 가까웠을 것이다).

바울의 공동체들이 작은 규모였다는 것에 대한 두 번째 이유는 공간적인 한계 때문이었다. 이 공동체들은 '가정 교회'였는데, 그 구성원들은 두 가지 종류의 개인 주택에서 모였다. 그것은 (흔히 1층에 상점이 있는) 공동 주택 혹은 빌라였다. 공동 주택 혹은 상점 가정 교회는 10피트×10피트 정도로 작거나 혹은 큰 것도 10피트×20피트 정도인 공간에서 모임을 했고, 그래서 작은 집단의 사람들만 수용할 수 있었다. 빌라 가정 교회는 (개종자 중의 한 명이 빌라 하나를 소유할 수 있을 만큼 부유한 경우에만 가능한) 100명 정도의 사람을 수용할 수 있는 빌라의 안마당에서 모였다.[31]

바울의 전략에는 계속 이동하는 것이 포함되어 있다. 고린도와 에베소에서 각각 2년 동안 머물렀지만, 그는 대개 지역 공동체가 설립된 직후 새로운 도시로 이동했다. 그는 또한 협동 작업의 접근법을 이용했다. 바울은 다른 선교사들과 함께 여행을 했을 뿐 아니라 이미 그 도시에 살던 그리스도인들은 누구든지 자신의 사역 활동에 통합시켰다.

---

[31] 부유한 후원자의 집에서 모이는 "빌라 가정 교회"(villa house church)와 "상점 혹은 공동 주택 가정교회"(shop or tenement house church) 사이의 차이와, "후원자의 나눔 식사"(patronal share-meals)와 "공동의 나눔 식사"(communal share-meals) 사이의 차이를 알기 위해서는 John Dominic Crossan, The Birth of Christianity (San Francisco: HarperSanFrancisco, 1998), 424-430을 보라. 또 크로산(Crossan)이 인용한 Robert Jewett, *"Tenement Churches and Communal meals in the Early Church: The Implications of a Form-Critical Anaysis fo 2 Thessalonians 3.10,"* Biblical Research 38 (1993), 23-43을 보라.

바울의 편지들

바울의 편지는 사도와 공동체 설립자로서 그의 삶에 없어서는 안될 부분이었다. 그가 이동한 후에도 그는 그 편지들을 통해 그의 공동체들과의 연락을 유지했기 때문이다.[32] 그 편지들은 그가 없을 때 그를 대변했고, 공동체의 모임에서 큰 소리로 읽혔다. 바울의 편지는 개인들의 묵독을 위한 것이 아니고 그들이 함께 듣도록 공동체에 보내졌다.

바울의 편지는 '맥락이 있는 대화'다. 다시 말해, 그것은 예수의 사도로서 그의 삶이라는 맥락 속에서 그가 설립한 공동체들과 나눈 대화였다.[33] 사실 바울의 편지는 대화의 절반에 불과하다. 왜냐하면 편지 속에서 바울은 매우 자주 한 공동체로부터 받았던 편지나 혹은 다른 수단을 통해 그가 들었던 그 공동체의 소식에 회답을 하고 있기 때문이다.

이러한 인식은 바울의 편지를 읽는 데 극히 필수적이고, 그것은 여러 가지를 함축하고 있다. 그것은 우리가 바울의 편지를 그의 메시지 요약으로 보아서는 안 된다는 것을 의미한다. 한 편지(로마서)를 제외하고, 바울은 그 목적을 위해 편지를 이용하지 않는다. 왜냐하면 바울은 이미 그의 메시지를 직접 들었던 사람들에게 편지를 쓰고 있기 때문이다. 따라서 바울의 편지 내용은 그가 가장 중요하다고 생각하는

---

32 바울의 편지들에 반영된 고대의 편지의 전형적인 양식을 보는 것은 바울의 편지를 이해하는데 도움이 된다. 예를 들어 설명하기 위해 나는 데살로니가전서를 이용하겠다. 편지는 보내는 사람(1:1a)과 받는 사람(1:1b)을 확인하는 것으로 시작되어, 그다음에 인사말(1:1c), 감사(1:2-10), 본론 (2:1-5:22) 그리고 종결부로 이어진다. 종결부는 일반적으로 인사말, 맺음말, 권고 그리고 축복의 기도로 구성되어 있다 (5:23-28).

33 이 표현은 Calvin Roetzel의 바울 서신 입문서의 부제 덕분이다. *The Letters of Paul: Conversations in Context*, 4th ed. (Louisville: Westminster/Knox, 1998; first edition published 1974).

것과는 거의 관련이 없고 그의 공동체 내에서 발생한 구체적인 문제들에 더 관련이 있다. 바울 편지의 의제는 그가 아니라 공동체들에 의해 정해진다. 이러한 인식 때문에 우리는 왜 자주 그의 편지가 우리에게 이해하기 힘들고 상대적으로 중요하지 않은 것처럼 보이는 문제들을 다루고 있는지를 이해할 수 있다. 예를 들어, 예수의 가르침에 대해 글을 쓰기보다는 그리스도인의 집회에서 여성들이 베일을 써야 하는지 혹은 우상에게 바쳐졌던 음식을 먹을 수 있는지 관해 편지를 쓰는 일에 바울이 왜 더 많은 시간을 보냈는지를 이해할 수 있다.[34]

더욱이 바울은 그가 받았던 편지에 답장할 때, 때때로 그 편지에 나오는 말을 인용하거나 혹은 되풀이한다. 이것을 깨닫지 못할 때, 그 결과로 심각한 오해가 생길 수 있다. 전형적인 예가 고린도전서에 있다.

> 여러분이 적어 보낸 문제를 두고 말하겠습니다. 남자는 여자를 가까이하지 않는 것이 좋습니다. 그러나 음행에 빠질 유혹 때문에, 남자는 저마다 자기 아내를 두고, 여자도 저마다 자기 남편을 두도록 하십시오. 남편은 아내에게 남편으로서 의무를 다하고, 아내도 그와 같이 남편에게 아내로서 의무를 다하도록 하십시오.[35]

이 중에 얼마나 많은 부분이 바울의 견해일까? 특히 두 번째 문장—"남자는 여자를 가까이하지 않는 것이 좋습니다"—은 바울의 입장을 말하는 건가 아니면 그가 받은 편지에 표현된 견해인가? 고대 그리스

---

34 고린도전서 11:2-16과 고린도전서 8장. 고린도의 정육점에서 팔리는 고기 대부분은 신들에게 바쳐진 제물로부터 남겨졌다. 따라서 그런 고기를 먹어도 괜찮은가와 같은 질문은 매우 현실적인 문제였다.

35 고린도전서 7:1-3.

어는 인용 부호를 사용하지 않기 때문에, 그 본문으로는 알 수가 없다.

만일 우리가 그것을 바울의 견해로 본다면, 그것은 그가 성적인 것을 금욕보다 바람직하지 못한 것으로 보고, 성적인 행위에 대한 인간의 수용을 인간의 약점에 대한 인정으로 간주한다는 것의 결과로 보게 된다. 대부분의 그리스도교 세기를 통해 그 구절은 이런 식으로 읽혀 왔지만, (그렇다면 바울이 성행위에 반대하는 사람으로 여겨져 왔다는 것과 그리스도인들이 자주 성문제와 씨름해왔다는 것은 놀랄 일이 아니다). 그에게 보내진 편지 속에 있는 말을 인용한 것이라면, 그는 그 진술을 긍정한다기보다는 오히려 반박하고 있었다(두 번째 문장에 인용 부호를 붙여보라. 그리고 그것이 만들어 내는 차이에 주목해보라). 현대 학자들은 이것이 그 구절을 바르게 읽는 방법이라는 것에 대해 거의 만장일치로 의견이 같다.[36]

다마스쿠스 체험 이후의 바울: 그의 메시지

지금 나는 그리스 북부 지역의 빌립보라는 고대 도시의 성벽 밖에 있는 작은 개울에 앉아 있다. 여기는 매우 조용하다. 고대에는 빌립보가 중요한 도시였지만, 지금은 웅장한 폐허가 되었고, 오월의 오늘 이곳에는 사람들이 거의 없다. 폐허 주위의 목초지에는 붉은 오렌지색의 양귀비가 가득하다. 사도행전에 따르면, 바울이 유럽에서 처음 개종자를 만든 곳이 바로 이 개울 옆이었다. 그녀의 이름은 루디아였고,

---

36 그래서 영어 성서 NRSV는 그 문장에 인용 부호를 붙여 놓고 있다.

그녀는 고대 세계에서 매우 높게 평가받는 자색 옷감을 거래하는 상인이자 여성 사업가였다. 사도행전에 따르면 그녀는 "하나님을 공경하는 사람", 하나님을 두려워하는 사람, 유대교와 이스라엘의 하나님에게 끌린 그러한 이방인 중의 한 사람이었다.

그리고 나는 여기에 앉아서 생각해봤다. 바울은 루디아에게 무슨 말을 했을까? 사도행전은 우리에게 말해주지 않는다. 사도행전은 그 이야기를 몇 개의 절로 압축했다.

> 안식일에 우리는[바울과 그의 선교 동역자 실라와 디모데 그리고 아마 네 번째 사람으로서 내레이터를 가리킴][빌립보의] 성문 밖 강가로 나가서, 유대 사람이 기도하는 처소가 있음직한 곳을 찾아갔다. 우리는 거기에 앉아서, 모여든 여자들에게 말하였다. 그들 가운데 루디아라는 여자가 있었는데, 그는 자색 옷감 장수로서, 두아디라 출신이요, 하나님을 공경하는 사람이었다. 주님께서 그 여자의 마음을 여셨으므로, 그는 바울의 말을 귀담아들었다. 그 여자가 집안 식구와 함께 세례를 받았다.[37]

그러면 바울은 그녀에게 무슨 말을 했을까? 내 질문이 어떤 사람들에게는 무익하게 들리는 것 같다. 우리는 그 답을 알지도 못하고 알아낼 방법도 없기 때문이다. 그러나 내게는 그 질문이 도움이 되는 것처럼 보인다. 왜냐하면 그것은 바울의 메시지가 무엇이었는가에 대해 더 전반적인 의문을 제기하기 때문이다. 새로운 형태의 유대교의 구

---

[37] 이 짧은 이야기는 사도행전 16:13-15에 있다. 그리고 나서 바울과 그의 동역자 디모데와 실라는 그녀의 집에 머물렀는데, 그 집은 아마도 빌립보의 '가정 교회'의 장소가 되었던 것 같다. 16:40도 보라.

성원이 되었을 정도로 루디아처럼 하나님을 두려워하는 이방인의 관심을 끌었던 것은 무엇이었는가?

나는 바울이 루디아에게 여러 번 이야기했다고 추정한다. 루디아가 한 번의 대화 후에 그렇게 중요한 결정을 내렸다고 믿기는 어렵기 때문이다. 하나님을 두려워하는 사람으로서 루디아는 메시아 개념을 포함하여 유대교의 관례, 믿음의 내용 그리고 희망에 관한 중요한 것을 알고 있었을 것이다. 그녀가 유대교에 친숙했다는 것은 그들의 대화를 위한 얼개가 되었을 것이다.

바울이 무슨 말을 했을 가능성이 가장 높은가를 상상해보려고 노력할 때, 내게는 세 가지가 떠올랐다. 첫째, 바울은 그녀에게 예수가 메시아라고 이야기했을 것이다. 그러나 이 말이 그녀에게 어떤 의미를 주기 위해서 그는 또한 예수가 어떤 사람이었는지에 관해 그녀에게 말해야 했을 것이다. 그렇지 않았다면, 예수가 메시아라는 주장은 아무짝에도 쓸모없는 것, 즉 내용이 없는 주장에 불과했을 것이다. 따라서 나는 예수가 어떤 사람이었는지—그의 체제 전복적인 지혜, 그의 치유, 가난하고 사회에서 소외된 사람들을 위한 사회정의에 대한 그의 열정, 지배체제에 대한 그의 고발, 그의 선함—가 바울에게 중요했고, 또 그것이 그의 메시지의 핵심이었을 것이라고 추정했다.[38]

둘째, 그녀에게 예수에 관해 이야기를 하고 난 후, 바울은 "그러고 나서 이 세상 통치자들이 그를 십자가에 못 박았습니다"라고 말했을

---

[38] 신약성서 학자들은 이것을 당연하게 여기지 않는다. 일부 학자들(아마도 과반수에 조금 못 미치는 학자들조차도)은 바울이 그의 편지 속에서 예수에 관해 거의 말을 하지 않는다는 이유만으로 역사적 예수가 그에게 대단히 중요하지는 않았다고 추정한다. 내게는 이것이 믿을 수 없는 것으로 여겨진다.

것이다. 바울이 그의 편지에서 강조했듯이 그리고 나도 나중에 강조하겠지만, "십자가에 달리신 그리스도"(Christ crucified)는 바울에게 아주 중요하다. 셋째, 나는 바울이 그녀에게 그의 회심 이야기를 했을 것이라고 상상한다. 즉 그가 예수와 예수운동에 적대적이었던 것, 예수가 다른 사람들에게 나타났던 것처럼 그때 그에게 환상 속에서 나타났던 것 그리고 이것은 하나님이 예수를 그리스도와 주님으로 확증했다는 것을 의미한다고 이야기했을 것이다.

물론 무엇인가 더 있었을 터인데, 특히 예수의 공동체가 유대인과 이방인 모두에게 열려있다는 것과 유대인과 이방인을 분리하는 분명한 경계를 준수하지 않고도 이 유대인 공동체의 구성원이 될 수 있다는 것을 이야기했을 것이다. 이것은 분명히 바울의 메시지가 호소하고 있는 것의 부분이었다.

바울은 또한 그녀에게 시대의 종말이 가까이 왔다고 말했을지도 모른다. 바울 메시지의 핵심이 "회개하라. 마지막 심판이 곧 있을 것이다"라는 것은 아니었던 것처럼 보이지만, 바울은 예수가 곧 돌아올 것이라고 믿고 있었다.[39] 바울의 말은 오늘날 우리가 생각하듯이 '세상의 종말'을 말하는 복음 전도자의 외침처럼 들리지는 않는다. 그는 하나님이 예수를 통해 새로운 시대의 시작을 알렸고, (로마제국의 통치를 포함하여) '권세들'의 지배가 곧 끝날 것이라고 강조했던 것 같다.

나는 바울과 루디아의 대화를 상상해보는 것으로 시작했다. 왜냐하면 이미 말했듯이 바울의 편지들이 그의 메시지 전체를 담고 있지는 않다고 생각하기 때문이다. 또 바울이 예수의 메시지를 자신의 메

---

39 예수가 곧 돌아올 것이라고 바울이 기대했다는 것은 그의 편지에서 자주 언급되는데, 데살로니가전서 4:13-18과 고린도전서 15:51-52에 가장 분명하게 나온다.

시지로 대체했다고도 생각하지도 않는다. 오히려 나는 바울이 예수의 메시지에 그의 부활절 이후 및 다마스쿠스 체험 이후의 확신과 결론을 추가했다고 생각한다. 성서 전통의 다른 주요한 인물들처럼, 바울은 종교적이면서 정치적인 의미, 영적이면서 사회적인 차원의 메시지를 전하고 있다. 이제 나는 바울의 부활절 이후의 이해 및 메시지의 일부 핵심적인 주제들로 넘어가도록 하겠다.

"예수가 주님이다"

바울에게 부활한 그리스도 체험의 중심 되는 의미는 "예수가 주님이다"라는 것이었다. 그 확언은 그의 다마스쿠스 도상의 체험으로부터 나온 즉각적인 추론이었다. 사실 아마도 그것은 그 체험과 함께 주어졌다고 말하는 것이 옳을 듯하다. 이처럼 바울에게는 예수의 부활이 본래 죽음에 대한 승리를 통한 내세에 관한 것도 아니고, 우리도 역시 언젠가 부활할 것이라는 부활의 핵심적인 의미에 관한 것도 아니었다. 바리새파의 한 사람으로서 다마스쿠스 체험 이전의 바울은 이미 그것을 믿고 있었기 때문이다. 오히려 바울이 예수운동 전반과 공유했던 확언 속에서 부활절은 "예수가 주님이다"를 의미했다.

바울은 매우 자주 예수를 '주님'('큐리오스'로 발음되는 그리스어 kyrios)으로 불렀다. 예를 들면 그는 '아들' 혹은 '하나님의 아들'보다 그 칭호를 더 자주 사용하고, 실제로 바울은 그에게 거의 예수의 성이 되는 ('메시아'를 의미하는) '그리스도' 외에 예수에 대한 어떤 다른 확언보다 더 자주 그것을 사용한다. 바울에게 "예수가 주님이다"라는 것은 예수의 의미와 지위에 대한 주요한 고백이다.[40]

예수의 부활, 주님으로서 그의 지위와 그의 주권의 우주적 범위 사이의 관련성은 아마도 바울 이전의 찬양시에 근거했을 것으로 생각되는, 바울이 빌립보 교인들에게 보낸 편지의 한 구절 속에서 훌륭하게 묘사되어 있다. 그 편지는 예수의 죽음에 대해 말한 직후, 하나님은 예수를 "높이셨다"(exalted)라고 확언하는데, 여기서 "높이셨다"는 "들어 올리셨다"(raised up)를 의미한다. 그리고 나서 그것은 주님으로서 예수의 영역이 고대의 세계관에 의한 삼층으로 된 우주의 모든 층에 확장됐다.

> 그러므로 하나님께서는 그를 지극히 높이시고,
> 모든 이름 위에 뛰어난 이름을 그에게 주셨습니다.
> 그리하여 하늘과 땅위와 땅 아래에 있는 모든 것들이
> 예수의 이름 앞에 무릎을 꿇고,
> 모두가 예수 그리스도는 주님이시라고 고백하여,
> 하나님 아버지께 영광을 돌리게 하셨습니다.[41]

1세기에 '주님'(Lord/kyrios)은 '고위(高位)의 영역'(spectrum of dignity)[42]

---

40 Raymond Brown, Joseph Fitzmyer, and Roland Murphy, eds., *The New Jerome Biblical Commentary* (Englewood Cliffs, NJ: Prentice-Hall, 1990), 1394에 나오는 Joseph Fitzmyer의 다음과 같은 주석을 보라. 아마도 '주님'은 '그리스도'보다 훨씬 더 중요한 바울의 예수에 대한 칭호인 것 같다. 왜냐하면 바울은 그리스도를 분명하게 "호칭의 의미"로 단 한 번만 사용하기 때문이다. 특히 James D. G. Dunn, *Unity and Diversity in the New Testament*, 2nd ed. (Valley Forge, PA: Trinity Press International, 1990), 50도 보라. 예수가 주님이라는 말은 "의심할 여지없이 바울과 그의 교회들에 있어서 제일 중요한 신앙고백이다."

41 빌립보서 2:9-11. 이 구절은 5절에서 시작된다.

42 이 표현은 Dunn, *Unity and Diversity*, 50에서 인용한 것이다.

과 함께 다양한 의미가 있었다. 이 의미 중의 네 가지가 '예수가 주님'이라는 고백과 가장 관련이 있다.

— 그것은 존경을 표시하는 용어였다. 예를 들어 교사를 부를 때 사용되는 말이었다. 이 용법은 공관복음에 반영되어 있는데, 거기서 예수는 가끔 주님으로 불렸다.
— 그것은 노예들이 그들의 주인을 부를 때 사용했던 용어였다.
— 그것은 이스라엘의 하나님을 포함한 신들에 대한 호칭으로 사용되었다. 특히 히브리 성서의 그리스어 번역본에서 큐리오스는 하나님의 이름으로 사용되었다.
— 그것은 로마 황제의 칭호 중의 하나이기도 했다. 즉, 카이사르가 주님이다.

이처럼 바울의 세계에서 예수를 '주님'이라고 부르는 것은 종교적이고 사회적인 의미를 둘 다 가지는 것이었다(그 두 의미는 흔히 현대 세계에서 분리하는 정도만큼 연결되어 있다).

나는 교사로서 예수가, 첫 번째 의미가 제시하는 것처럼, '주님'으로 당연히 불릴 수 있다는 것에 바울이 동의했다고 생각하지만, 이 용법은 바울의 메시지에서 (설사 어떤 역할을 하더라도) 큰 역할을 하지 못한다. 그러나 나머지 의미들은 적용될 수 있다.

예수가 주님이라면, 노예의 주인들은 주님이 아니다. 내가 돌아가게 될 구절에서, 바울은 그리스도 예수 안에서 "유대 사람도 그리스 사람도 없으며, 종도 자유인도 없으며, 남자와 여자가 없습니다"[43]라고 말하면서 '주님'/큐리오스의 두 번째 의미를 확언했다. 예수를 '주님'으로 부를 때, 바울은 또한 부활한 그리스도가 하나님의 능력과 권위에 함께 했다는 것과 다른 신들은 주님이 아니라는 '주님'/큐리오스의 세 번째 의미도 확언했다.[44]

이러한 긍정과 부정은 또한 '주님'/큐리오스(그것의 네 번째 의미)은 로마 황제를 가리킨다는 제국의 이데올로기를 반박했다. 그 호칭이 황제에게 적용될 때, 그것은 그의 정치적 역할을 강조할 뿐만 아니라 신적인 지위도 암시했다. 따라서 "예수가 주님이다"라고 말하는 것은 "카이사르가 주님이 아니다"라는 것을 의미했다. 다시 말해 그 진술은 제국의 지배체제에 도전하는 바로 그 순간에, 예수의 지위를 확인하는 말이었다. 최근의 학문적 연구가 보여주듯이, 그리스도의 주권에 대한 바울 이해의 중심에는 반제국적 신학이 있다.[45] 모세, 예언자들 그리고 예수와 마찬가지로, 바울에게도 종교와 정치는 결합되어 있다. 지배체제는 주님이 아니다. 오히려 하나님이 자신의 계시로서 정당성을 입증하고 높이신 예수가 주님이다. 따라서 그 확언은 우리의 종교적 충성과 정치적 충성 모두를 요구한다.

---

43 갈라디아서 3:28.

44 예수를 '주님'으로 말하는 바로 그 순간에 바울은 여전히 유대교의 유일신론자였다. 삼위일체라는 개념은 여전히 미래에 속한 것이고 그리고 그것은 유일신론이라는 얼개 안에서 부활한 그리스도의 신성을 확인하는 그리스도교적 방식으로 가장 잘 이해된다.

45 예를 들어 다음의 저서들을 보라. Dieter Georgi, *Theocracy in Paul's Praxis and Theology* (Minneapolis: Fortress, 1991); Neil Elliott, *Liberating Paul: The Justice of God and the Politics of the Apostle* (Maryknoll, NY: Orbis, 1994); 그리고 Richard Horsley, ed., *Paul and Empire* (Harrisburg, PA: Trinity Press International, 1997).

"그리스도 안에서"

"그리스도 안에서"라는 짧은 표현은 바울이 그리스도인의 삶에 대한 그의 비전을 위해 사용하는 두 개의 가장 중요한 은유 중 하나이다 (나머지 하나는 "은총에 의해 의롭다 함을 얻게 됨"인데, 우리는 그것을 다음에 고찰할 것이다). 바울은 그의 편지들에서 "그리스도 안에서"라는 표현을 ("주 안에서"라는 표현을 포함하여) 165회나 사용하고, 거의 동의적 표현인 "성령 안에서"는 약 20회 정도 사용하고 있다. 그리스도인의 삶에 대한 은유로서 "그리스도 안에서"는 몇 가지 차원의 의미를 가졌다. 나는 그것과 반대되는 것으로부터 시작하겠다.

"아담 안에서의" 삶

바울은 변증법적 사상가이다. 그래서 그는 종종 대조적으로 혹은 대립적으로 생각한다. "그리스도 안에서의" 삶과 반대되는 것은 "아담 안에서의" 삶이다. 그 두 은유는 서로 다른 그리고 뚜렷하게 대조적인 생활 방식을 말한다. "아담 안에서의" 인간과 "그리스도 안에서의" 인간은 전혀 다르다.

"아담 안에서의" 삶은 인간의 상황에 대한 바울의 주된 은유 중의 하나이다. 히브리 성서의 신성한 상상 내에서 아담은 최초의 인간, 에덴동산에서 그의 최초의 행위로 인해 움켜잡기, 추방, 죄 그리고 죽음과 같은 인간 이야기가 시작된 존재이다. 아담은 하나님과의 동등함을 움켜잡으려고 시도했다.[46] 그 결과는 낙원으로부터의 추방과 하나

---

46 빌립보서 2:6에서 바울은 그리스도를 아담과 대조시킨다. 창세기 3:5에서 "너희는 하나님처럼 될 것이다"라는 뱀의 유혹을 기반으로 아담은 하나님과의 동등함을 잡을 수

님과의 친밀함의 상실이었다. 따라서 "아담 안의" 삶은 하나님으로부터 분리된 혹은 소외된 삶이다.

그것은 또한 죄와 죽음의 삶인데, 바울은 그 삶이 아담을 통해 세상 안으로 들어왔다고 말한다. 바울은 무슨 의미로 이런 말을 했을까? 단순히 아담으로부터 시작되어 사람들이 죄를 짓고 죽기 시작했고 그 이후로 죄를 짓고 죽었다는 것을 의미하는 것일까? 아니다. 그러기에는 그의 말이 너무 강하다. 바울은 죄와 죽음을 우리를 '지배'하고 있는 '권세들'이라고 부른다. 그는 무엇을 염두에 두고 있을까? 죄는 '권세'인가? 우리는 그것을 '권세'로 경험하는가?

나는 모든 사람이 그렇게 경험을 하는지는 모르지만, 바울은 그렇게 경험했고, 그러한 이유로 그는 이 표현을 사용한다고 강하게 의심한다.[47] 대조해서 설명하자면, 죄에 대한 '자유의지적' 이해가 있다. 옳거나 잘못된 것을 선택할 수 있는 각 상황에서 우리는 자유롭다. 잘못된 것을 선택할 때 우리는 죄를 짓는다. 그러나 이것은 바울이 상황을 이해한 방식이 아니다. 오히려 "아담 안에서의" 삶은 죄의 **지배**하에 있는 삶이다. 죄가 우리를 지배하고 있고, 우리는 자유롭지 못하다.

바울은 길고 영향력 있는 구절에서 "아담 안에서의" 삶 위에 군림하는 죄의 지배권을 기술한다. 이 구절은 때때로 자서전적으로 해석되지만, 이 구절의 '나'는 누구에게든지 "아담 안에서의" 삶이 어떠한가를 말하는 것으로 가장 잘 이해된다. 그것은 속박과 내적 갈등의 삶

있는 혹은 움켜잡을 수 있는 것으로 간주했다.

47 로마서 5:12-21. 14절과 17절의 죽음이 '지배'하고 21절의 죄가 '지배'한다는 말에 주목하라. 이 구절은 때때로 원죄 교리와 연결되지만, 그 교리는 수 세기 이후에서야 비로소 나타나게 되었다. 바울은 여기서 존재의 보편적 방식을 말하는 것이다.

이다.48

> 나는 내가 하는 일을 도무지 알 수가 없습니다. 내가 해야겠다고 생각하는 일
> 은 하지 않고, 도리어 해서는 안 되겠다고 생각하는 일을 하고 있으니 말입니
> 다. … 나는 선을 행하려는 의지는 있으나, 그것을 실행하지는 않으니 말입니
> 다. 나는 내가 원하는 선한 일은 하지 않고, 도리어 원하지 않는 악한 일을 합
> 니다. 내가 해서는 안 되는 것을 하면, 그것을 하는 것은 내가 아니라, 내 속에
> 자리를 잡고 있는 죄입니다.

"아담 안에서의" 삶은 "죄의 법에 포로가 된" 것이고, 자유롭지도
못하다. 바울에 따르면 잘못된 일을 하기에 죄인이 아니라 오히려 죄
가 "아담 안에서의" 삶을 지배하기 때문에 잘못된 일을 한다는 것이
다.49 바울은 이 간절한 구절을 다음과 같은 말로 끝맺는다. "아, 나는
비참한 사람입니다. 누가 이 죽음의 몸에서 나를 건져 주겠습니까?"50
이처럼 "아담 안에서의" 삶이라는 바울의 은유는 히브리 성서에 나오

---

48 전체 구절은 로마서 7:7-24에 나오고 인용된 구절은 15-17이다. 이 영향력 있는 구절
에 대한 이전의 공통되는 해석은 (특별히 개신교인들 사이에서) 그것을 (유대교의)
율법하에 있었던 다마스쿠스 체험 이전의 자신의 삶에 대한 바울의 묘사로 보았다. 그
러나 바울의 다른 구절들은 (특히 빌립보서 3:6) 바울이 토라 아래의 삶을 이런 식으로
경험하지 않았다는 것을 암시한다. The HarperCollins Study Bible: New Revised
Standard Version (New York: HarperCollins, 1993), 21, 25의 각 주를 인용하여
말하자면, 오히려 그 구절은 '아담 시대'(Adamic epoch)의 삶을 기술한 것이다.

49 Virginia Wiles, *Making Sense of Paul* (Peabody, MA: Hendrickson, 2000), 57을
보라: "문제는 사람들이 잘못된 일을 하기에 죄인이라는 것이 아니다. 오히려 사람들
이 죄인이기 때문에 잘못된 일을 한다는 것이다." 나는 Wiles의 이 책이 두세 권의 제
일 좋은 현대의 바울 입문서 중의 하나라고 판단한다.

50 전체 구절은 로마서 7:7-24이다. 인용된 말은 15, 18-20, 23, 24절에 나온다.

는 인간의 상황을 묘사하기 위한 핵심 이미지들을 결합하는데, 그 핵심 이미지들은 죄, 죽음, 유배, 속박이다.

"그리스도 안에서의" 삶

"그리스도 안에서의" 삶은 앞과 정반대이다. 그것은 바울이 자신의 체험을 통해 알았고, 그의 공동체의 삶 속에 구체화하려고 했던 새로운 존재 방식이다. "그리스도 안에" 있다는 것은 자유로워지는 것이고, 더는 죄와 죽음의 지배에 종속되지 않는 것이다.[51] 인상적인 것은 바울에게 '자유'는 그리스도인 삶의 가장 중심되는 특징 중의 하나라는 것이다. 그것은 하나님과의 화해됨을 의미하고, 따라서 유배 생활의 끝을 가져다줬다.[52] "그리스도 안에" 있다는 것은 그리스도가 하나님의 현존 속에서 사는 것처럼 하나님의 현존 속에서 사는 것이다. 계속해서 창조와 아담이라는 주제를 반향 하는 말로 하자면, "그리스도 안에" 있다는 것은 새로운 피조물이 되는 것이다.

> 누구든지 그리스도 안에 있으면, 그는 새로운 피조물입니다. 옛것은 지나갔습니다. 보십시오, 새것이 되었습니다. 이 모든 것은 하나님에게서 났습니다. 하나님께서는 그리스도를 내세우셔서, 우리를 자기와 화해하게 하셨습니다.[53]

---

51 예를 들어, 로마서 6:6-7, 18, 22; 8:2; 갈라디아서 5:1을 보라.

52 고린도후서 5:18-19. 또 로마서 8:35-39을 보라. 여기서 주제는 그리스도 안의 하나님의 사랑으로부터 우리를 떼어놓을 수 있는 것은 아무것도 없다는 것이다.

53 고린도후서 5:17-18. 갈라디아서 6:15도 보라. 새 창조 이미지는 창세기뿐만 아니라 제2 이사야와 유배생활로부터의 귀환과 연결된다. 로마서 6:4, 7:6도 보라.

"아담 안에서의" 삶과 "그리스도 안에서의" 삶의 대조는 바울의 "육체에 따라 사는 삶"과 "성령에 따라 사는 삶"의 대조와 같은 것이다.54 그 대조는, 마치 전자는 나쁘고 후자는 좋은 것처럼, 육체적인 삶과 영적인 삶의 대조가 아니다. 여기서 '육체'는, 마치 육체적 존재나 자신의 육체를 향유하는 것이 잘못된 것처럼 그런 육체적인 몸을 의미하는 것이 아니다. 오히려 "육체에 따라 사는 삶"과 "성령에 따라 사는 삶"은 실체화된(embodied) 존재의 두 가지 다른 삶의 방식이다. 전자를 묘사하는 바울의 목록에는 흔히 육체적인 죄로 간주하는 것들이 포함되어 있는데, 그것들은 음행, 더러움, 방탕, 술 취함, 흥청망청 먹고 마시는 놀음이다. 그러나 그 목록에는 우리의 몸을 충족시키는 것으로 축소될 수 없는 특성들도 포함되어 있다. 그것들은 우상숭배, 마술, 원수 맺음, 다툼, 시기, 분노, 말다툼, 분열, 파당, 질투이다.55

　　반면에 성령에 따라 사는 삶—"그리스도 안에서의" 삶—의 특징들은 '자유'와 '사랑, 기쁨, 화평, 인내, 친절, 너그러움, 신실, 온유와 절제'이다. 이것들은 의지의 성과가 아니라 "성령의 열매"이다.56 훨씬 더 간결하게 그리고 성령의 선물이라는 맥락 속에 설정된 고린도전서 13장에 있는 우리에게 친숙한 바울의 훌륭한 사랑의 시의 언어로 말하자면, 성령 안에서의 삶의 특징은 "믿음, 소망, 사랑인데 그 가운데서 으뜸은 사랑입니다"57라는 말이다.

---

54 그 대조에 관해서는 갈라디아서 5.:16-26과 로마서 8:4-17을 보라.

55 갈라디아서 5:19-21.

56 '자유'는 갈라디아서 5장 초반부(1:13-14)에서 강조되고 있고, 그 목록은 5.22-23에 있다.

57 고린도전서 13:13. 12:1-14:40의 확장된 맥락은 중요하다. 왜냐하면 그것은 바울이 자주 인용하는 낭만적인 사랑의 찬가를 성령의 선물이라는 얼개 속에 두고, 이렇게 하

"아담 안에서의" 삶에서 "그리스도 안에서의" 삶에 이르는 길

"아담 안에서의" 삶에 대한 바울의 묘사는 내게 혼란스러울 정도로 (그러나 정확하게) 침울한 인상을 주는 반면에, "그리스도 안에서의" 삶에 대한 그의 묘사는 엄청나게 매력적이다. 자유, 사랑, 기쁨 그리고 평화로 특징지어지는 삶을 누가 원하지 않겠는가? 따라서 그 질문은 명령형이 된다. "아담 안에서의" 삶에서 "그리스도 안에서의" 삶으로 어떻게 옮겨갈 수 있을까? 바울에게는 그 새로운 삶의 방식이 그리스도를 통해 하나님에 의해 만들어진다. 그리고 그 새로운 삶의 방식에 참여하는 방법은 그리스도와 함께 죽고, 함께 다시 사는 것이다.

갈라디아서에서 바울은 자신의 내적인 죽음과 자기 안의 새로운 자아의 탄생에 관해 쓰고 있다. "나는 율법과의 관계에서는 율법으로 말미암아 죽어버렸습니다. 그것은 내가 하나님과의 관계 안에서 살려고 하는 것입니다." 그러고 나서 그는 십자가 처형이라는 말과 연관시킨다. "나는 그리스도와 함께 십자가에 못 박혔습니다." 이처럼 옛 바울은 죽고, 새로운 실재가 바울 안에서 사는 것이다. "이제 살고 있는 것은 내가 아닙니다. 그리스도께서 내 안에서 살고 계십니다."[58]

로마서에서 바울은 아담적인 실존(Adamic existence)에서 그리스도 안에서의 삶으로의 전환 방식으로서 예수의 죽음과 부활을 더 상세하게 전개했고, 죽음과 부활을 세례 의식과 연관시킨다. 세례를 받는다는 것은 옛 삶의 방식의 죽음과 새로운 삶의 방식으로의 부활을

여 바울이 단순히 윤리에 대해 이야기를 하는 것이 아니고 또 결코 낭만적인 사랑에 대해서도 말하고 있는 것이 아니라는 것을 분명히 밝히고 있기 때문이다. 바울이 쓰고 있듯이 사랑은 의지력을 발휘할 수 있는 것이 아니라 새로운 존재 방식에서 흘러나오는 것이다.

58 갈라디아서 2:19-20.

상징할 뿐 아니라 의식을 통해 구체화한다.

세례를 받아 그리스도 예수와 하나가 된 우리는 모두 세례를 받을 때에 그와
함께 죽었다는 것을 여러분은 알지 못합니까? 그러므로 우리는 세례를 통하
여 그의 죽으심과 연합함으로써 그와 함께 묻혔던 것입니다. 그것은, 그리스
도께서 아버지의 영광으로 말미암아 죽은 사람들 가운데서 살아나신 것과 같
이, 우리도 또 새 생명 안에서 살아가기 위함입니다.[59]

옛 존재 방식의 죽음이라는 은유는 바울의 변화 윤리의 중심이기도
하다. 우리는 죽음에 대한 분명한 이미지인 '제물'이 되어야 한다. 그
결과는 더는 이 시대의 풍조를 본받지 말고 변화되어야 한다는 것이다.

형제자매 여러분, 그러므로 나는 하나님의 자비하심을 힘입어 여러분에게 권
합니다. 여러분의 몸을 하나님께서 기뻐하실 거룩한 산   제물로 드리십시
오. 이것이 여러분이 드릴 합당한 예배입니다. 여러분은 이 시대의 풍조를 본
받지 말고, 마음을 새롭게 함으로 변화를 받아, 하나님의 선하시고 기뻐하시
고 완전하신 뜻이 무엇인지를 분별하도록 하십시오.[60]

빌립보서에서 바울은 "여러분 안에 이 마음을 품으십시오. 그것은
곧 그리스도 예수의 마음이기도 합니다"라고 쓰고 있다. 그리고 나서
그는 예수의 십자가의 죽음을 자기 비움, 낮춤(자기 비움과 거의 동의적
표현) 그리고 예수의 고양(exaltation)이 뒤따르는 죽기까지 복종에 참

---

59 로마서 6:3-4. 6:1-14 전체가 관련되어 있다.
60 로마서 12:1-2.

여하는 것으로 말한다. 이것은 바울이 **그들 스스로의 삶을 위해** 그의 공동체에 권하는 모범이다.[61] 이러한 유형의 자기 비움과 낮춤은 단순히 다른 사람들의 의지에 굴복하는 것을 의미할 수 있는 아담적 존재 방식과 함께 가는 그런 유형과 혼동해서는 안 된다. 바울은 (자기중심적인) 자율(autonomy)도 (타자중심적인) 타율(heteronomy)도 옹호하지 않고 (그리스도 안에서 알려진 하나님 중심적인) 신율(theonomy)을 옹호하고 있다.

요컨대, "그리스도 안에" 거하게 되는 방식은 그리스도와 함께 죽고 다시 살아나는 것을 통해 죽음과 부활의 길에 참여함으로써 가능하다는 것이다. 이 길은 공관복음과 요한복음 그리고 히브리 성서에서 (서로 다른 은유로), 특히 전도서와 욥기의 전복적인 지혜에서 보았던 것과 같은 길이다. "그리스도 안에" 거하게 된다는 것은 새로운 정체성, 새롭게 보는 방식 그리고 새로운 삶의 방식을 의미했다.

어떻게 이러한 변화가 바울의 공동체에서 실제로 일어났을까? 도움이 되는 다양한 수단이 관련되었는데, 그 수단에는 바울의 가르침과 그것이 유발하고자 하는 철저한 인식의 변화가 포함되어 있다. 변화는 또한 세례를 통해 구체화되고 일어났다. 마침내 그것은 공동체 안에서의 공동생활을 통해 조정되었다. 즉 바울의 공동체는 성령이 충만한 공동체일 뿐만 아니라 새로운 정체성과 새롭게 보고 살아가는 방식이 내면화된 재사회화의 공동체로서 역할도 했다.

---

61 빌립보서 2:5-11.

"그리스도 안에서의" 삶의 사회적 비전

"그리스도 안에서의" 삶은 구체적인 사회적 함의(implication)도 가지고 있다. 그리스도 안의 새로운 인간은 기존의 인간 존재를 특징짓던 사회적 경계를 전복시키고 부정한다. "그리스도 안에" 있는 사람들은 모두 "한 몸"이다.[62] 그리스도 안에서의 연대(solidarity)는 특히 (이것뿐만 아니라) 유대인과 이방인 사이의 뚜렷한 사회적 경계를 포함하여 바울이 그가 살던 세계에서 알았던 주요한 구분을 극복하게 된다.

> 여러분은 모두 그 믿음으로 말미암아 그리스도 예수 안에서 하나님의 자녀들입니다. 여러분은 모두 세례를 받아 그리스도와 하나가 되고, 그리스도를 옷으로 입은 사람들이기 때문입니다. 유대 사람도 그리스 사람도 없으며, 종도 자유인도 없으며, 남자와 여자가 없습니다. 여러분 모두가 그리스도 예수 안에서 하나이기 때문입니다.[63]

물론 사람들은 태어날 때부터 계속해서 유대인이나 이방인, 종이나 자유인 그리고 남자나 여자였지만, 공동체 안에서는 이러한 차이가 중요하지 않은 것이었다.[64] "그리스도 안에서의" 삶은 평등주의적

---

62 고린도전서 12:12-13. 로마서 12:4-5.

63 갈라디아서 3:26-28.

64 여자들과 아내들의 복종에 대해 말하는 구절들은 모두 아마도 바울이 쓰지 않은 편지들에서 발견된다. 있을 수 있는 예외는 고린도전서 14:34-35와 고린도전서 11:2-16이다. 첫 번째 본문에 의하면 여자들은 교회에서 말하지 말고 집에 가서 남편에게 물어보아야 한다. 많은 학자는 이 구절이 바울이 쓴 것이 아니라 후대에 그 편지에 추가된 것을 생각한다. 두 번째 본문에서, 바울은 여자들이 머리에 무엇을 쓰지 않은 채로 그래서 그들의 머리가 노출된 채 교회에서 기도하거나 예언해서는 안 된다고 말한다. 이 구절이 복종에 대해 이야기하는지 아닌지는 3절에 나오는 그리스어 ('케팔레'로 발음되는) kephale의 해석에 달려 있다. 3절에 남편/남자는 아내/여자의 kephale라고 쓰

인 사회적 비전을 의미했다. 바울의 세계라는 맥락에서 그것은 새로운 사회적 실재이었다.

고린도전서에서 사회적 구분에 대한 도전은 빈부의 문제로까지 이어졌다. 이것의 맥락은 "주의 만찬"을 기념하는 것인데, 그것은 그 안에서 예수의 마지막 식사에 대한 의식적 기념(ritual remembrance)이 있었던 실제 식사를 포함했다. 일부 부유한 사람들이 포함되었던 고린도의 그리스도 공동체는 부유한 후원자(patron)의 집에서 만났던 빌라교회(villa house church)였다. 바울은 부자들이 가난한 사람들과 따로 (혹은 가난한 사람들이 일터에서 도착하기 전에) 자기들만의 식사를 해왔다는 것을 알았다. 고린도전서에서 그의 비난은 혹독하다.

여러분이 모여서 하는 일이 유익이 되기보다는 오히려 해가 되기 때문입니다. … 여러분이 한자리에 모여서 먹어도 그것은 주님의 만찬을 먹는 것이 아닙니다. 먹을 때에, 사람마다 제가끔 자기 저녁을 먼저 먹으므로, 어떤 사람은 배가 고프고, 어떤 사람은 술에 취합니다. 여러분에게 먹고 마실 집이 없습니까? 그렇지 않으면 여러분이 하나님의 교회를 멸시하고, 가난한 사람들을

여 있는데, 이 단어는 흔히 머리로 번역되지만 여기서 그것은 거의 분명히 '근원'을 의미한다. 만일 그렇다면 그것은 남자(아담)는 여자(그의 갈비뼈로 만들어진)의 근원이라는 창세기의 이야기를 반향하고 있는 것이지 복종을 의미하는 것은 아니다. 놀랍게도 12절은 남자와 여자의 동등함을 단언하고 있다. "(창조 이야기에서) 여자가 남자에게서 난 것과 마찬가지로 (태어날 때) 남자도 여자의 몸에서 났습니다." 그러나 kephale의 정확한 번역에 관한 판단이 어떡하든 바울은 여자들이 교회에서 기도하거나 예언해서는 안 된다고 말하지 않았고 교회에서 기도나 예언을 할 때는 머리를 가려야 한다고만 말했을 뿐이라는 것을 이해하는 것이 중요하다. 마지막으로 바울은 여자들이 공공장소에서 머리에서 발끝까지 (얼굴을 포함하여) 완벽하게 가리는 차도르(chador)를 입었던 한 도시(다소)에서 자랐다는 것을 언급하는 것은 흥미롭다. 따라서 바울은 머리를 가리지 않은 여자를 꽤 충격적인 모습으로 여겼을 가능성이 있다.

그러고 나서 그는 그들에게 합당하지 않게, 즉 "몸(공동체를 의미함)을 분별함이 없이" 주의 만찬을 먹는 것에 대해 경고했다.65 쟁점은 수 세기 후에 성찬식의 요소들 속에서 예수의 '실제 현존'을 분별하는 것에 대한 그리스도교적 관심이 아니라 '몸'(즉 "그리스도 안에서의" 삶의 평등주의적인 사회적 실재)에 대한 배신이다.

이처럼 "그리스도 안에서의" 삶은 바울에게는 상당히 포괄적인 은유이다. 그것은 새로운 삶의 길뿐만 아니라 개인적이고 사회적인 차원에서의 새로운 삶의 방식에 대해서도 말해주고 있다. 그것은 또한 바울의 가장 웅변적이고 서정적인 구절 중 하나의 주제이기도 하다. 그리스도 안에서 우리는 서로 떼어놓을 수 없게 하나님의 사랑과 연합했다.

누가 우리를 그리스도의 사랑에서 끊을 수 있겠습니까? 환난입니까, 곤고입니까, 박해입니까, 굶주림입니까, 헐벗음입니까, 위협입니까, 또는 칼입니까?…

나는 확신합니다. 죽음도, 삶도, 천사들도, 권세자들도, 현재 일도, 장래일도, 능력도, 높음도, 깊음도, 그 밖에 어떤 피조물도, 우리를 우리 주 예수 그리스도 안에 있는 하나님의 사랑에서 끊을 수 없습니다.66

---

65 고린도전서 11:17-34. 인용된 말들은 17:20-22, 27, 29절이다. 주의 만찬의 "성체 제정의 말씀"(words of institution)은 23-26절이다. 바울은 고린도교회에게 이 맥락 속에서 그것들을 상기시키고 있기에, 그가 또 예수의 열린 식사 실천의 평등주의적 특성을 상기시키고 있다고 생각하는 것은 솔깃한 일이다. 그렇지 않다면, 왜 여기서 이러한 말들을 했겠는가?

66 로마서 8:35, 38-39.

"은총에 의한 칭의(稱義)"

그리스도인의 삶에 대해 말하는 바울의 중심 은유는 법적 세계에서 도출된 것이다. '칭의'의 문자적 의미는 법정에서 발견되는데, "의롭게 된"다는 것은 "의롭다고 인정됨" 혹은 "무죄 선고를 받음"을 의미하는 법적인 판결이다. 그것은 재판 중이라면 듣고 싶은 판결이다.

바울은 하나님과 인간의 관계에 관해 말하기 위해 하나의 은유로 의롭게 됨을 사용한다. 그것에 대한 그의 가장 중요한 설명은 갈라디아서와 로마서 안에 (특히 처음 네 개의 장) 있다. 바울 사고의 변증법적 특징은 다시 분명히 드러난다. "아담 안에서의" 삶과 "그리스도 안에서의" 삶 그리고 육체에 따라 사는 삶과 성령에 따라 사는 삶이 뚜렷하게 대조되어 있듯이, 여기서도 "율법의 행위로 의해 의롭다 함을 얻게 됨"(justification by works of the law)과 "은총에 의해 믿음으로 의롭다 함을 얻게 됨"(justification by grace through faith)은 서로에게 뚜렷한 대조를 보이며 놓여 있다. 하나님에 의해 의롭다고 인정받는 것의 근거는 무엇인가? 바울의 대답은 율법이 아니라 은총, 행위가 아니라 믿음이라는 것이다. 칭의는 공적에 대한 보상이 아니라 값없이 거저 주시는 선물이다.

갈라디아서에서 그 쟁점은 특별하다. 바울은 갈라디아에 하나의 그리스도 공동체를 설립하였다. 그가 떠난 후 바울의 크리스천 유대인 적대자들은 그리스도 공동체의 구성원이 되기를 바라는 이방인들은 할례를 받아야 한다고 주장했다. 그러므로 쟁점은 다음과 같다. 무슨 근거로 이방인들이 이 새로운 유대교 운동의 구성원이 될 수 있겠는가? 바울의 적대자들은 합리적인 근거가 있었다. 결국 이것은 하나의 유대교 운동이고, 토라 속에 밝혀진 대로 하나님의 율법은 분명히 할례를 요구한다는 것이다.

바울은 그의 크리스천 유대인 적대자를 단호하게 반대하였다. 이방인은 그들의 그리스도를 믿는 믿음으로 의롭다 함을 얻게 되었다고 주장하면서, 그는 그 쟁점을 율법 대 은혜, 행위 대 믿음의 문제로 보았다.

> 사람이, 율법을 행하는 행위로 의롭게 되는 것이 아니라, 예수 그리스도를 믿는 믿음으로 의롭게 됩니다. … 율법을 행하는 행위로는, 아무도 의롭게 될 수 없기 때문입니다. … 율법의 행위에 근거하여 살려고 하는 사람은 다 저주 아래에 있습니다. … 하나님 앞에서는, 율법으로는 아무도 의롭게 되지 못한다는 것이 명백합니다. "의인은 믿음으로 살 것이다" 하였기 때문입니다. … 나는 하나님의 은혜를 헛되게 하지 않습니다. 의롭다고 하여 주시는 것이 율법으로 되는 것이라면, 그리스도께서는 헛되이 죽으신 것이 됩니다.[67]

그의 편지의 끝이 가까워지면서, 바울은 할례에 대한 요구와 은총을 예리하게 대조시킨다. "율법으로 의롭게 되려고 하는 사람은 그리스도에게서 끊어지고, 은혜에서 떨어져 나간 사람입니다." 몇 절 뒤에서 그는 더 나아간다. "할례를 가지고 여러분을 선동하는 사람들은, 차라리 자기의 그 지체를 잘라 버리는 것이 좋겠습니다."[68] 갈라디아서에서 은총에 의해 믿음으로 의롭게 됨은 할례를 통해 유대인이 되지 않고도 이방인이 공동체의 구성원이 될 수 있는 근거이다.

---

67 갈라디아서 2:16, 21; 3:10-11.
68 갈라디아서 5:4, 12. 바울의 언어는 과격해질 수 있었다. 이 편지의 앞부분에서 그는 크리스천 적대자들이 "복음을 왜곡시키고 있다"고 비난하고, 그들을 저주하며(1:7-9), 그의 청중을 "어리석은 갈라디아 사람들이여!"라고 부른다(3:1, 3).

로마서에서 그것은 더 일반적인 쟁점이다. 처음 세 장의 많은 부분은 모든 인간—유대인과 이방인 모두—이 죄인이라고 고발했다.

> 유대 사람이나 그리스 사람이나, 다 같이 죄 아래에 있습니다. … 그것은 모든 입을 막고, 온 세상을 하나님 앞에서 유죄로 드러내려는 것입니다. 그러므로 율법의 행위로는 하나님 앞에서 의롭다고 인정받을 사람이 아무도 없습니다. … 모든 사람이 죄를 범하였습니다. 그래서 사람은 하나님의 영광에 못 미치는 처지에 놓여 있습니다. [69]

대신에 모두가 "그리스도 예수 안에서 얻는 구원으로 말미암아, 하나님의 은혜로 값없이 의롭다는 선고를 받습니다." 그리고 "믿을 때에 유효합니다."[70]

그리고 나서 바울은 유대 사람들의 아버지인 아브라함을 행위가 아니라 신앙의 전형적인 모범으로 든다. "아브라함이 하나님을 믿으니, 하나님께서 그를 의롭다고 여기셨다." 그리고 바울은 아브라함도 할례를 받기 전에 율법의 행위와 상관없이 "하나님께서 아브라함의 믿음을 의로 여기셨다"고 강조했다.[71]

은총에 의한 칭의는 급진적이다. 비록 이 말이 익히 알고 있어 익숙해졌을지라도, 그것은 놀랄 만한 것이다. 바울은 "경건하지 않은 사람을 의롭다고 하신다"고 말한다. 몇 구절 뒤에 바울은 "그리스도께서 경건하지 않은 사람을 위해 죽으셨다"라고 말하고 나서 "우리가 아직

---

69 로마서 3:9, 19-20, 23. 이 주장은 1:16에서 시작되어 5:11까지 계속된다.
70 로마서 3:24-25.
71 아브라함은 로마서 4장의 주제이고, 인용된 구절은 4:3과 9절이다.

죄인이었을 때에" 그리고 하나님의 "원수일 때에도" "그리스도는 우리를 위해 죽으셨습니다"라고 말한다.[72] 우리에 대한 하나님의 사랑은 우리의 가치 있음에 우선한다. 그것은 받을 필요가 없고, 실제로 받을 수도 없다.

은총에 의한 칭의는 다른 시대보다 그리스도교 역사의 어떤 시대에 (그리고 일부 그리스도교 집단들 속에서) 더 중요했다. 그것은 개신교 종교개혁 때 특히 중요하게 되었다. 비록 은총에 의한 칭의에 대한 루터와 칼뱅의 이해가 많은 학자에 의해 바울에 대한 오해와 바울에 대한 근대 초기 서구 문화의 내성적 양심의 투사로 비판받아왔지만, 내게는 은총에 대한 급진적인 개신교적 이해에 통찰력이 있는 것처럼 보였다.

첫째, 율법의 행위들에 의한 칭의에 반대되는 은총에 의한 칭의는 유대교의 율법이나 유대교의 부적당함에 관한 것이 아니다. 바울이 율법 아래서의 삶을 비난할 때, 그는 특별히 토라를 공격하고 있는 것이 아니다. 그와는 반대로 그는 토라를 "거룩하고 의롭고 선한" 것으로 보았다.[73] 이것을 인식하지 못해서 그리스도인들은 유대교를 율법, 행위 그리고 심판의 종교로 그리고 그리스도교를 은총, 믿음 그리고 사랑의 종교로 잘못 간주하게 되었다. 그러나 바울이 비난하는 존재방식, 즉 율법 아래에서의 삶은 유대교에서와 마찬가지로 그리스도교에도 존재한다. 그러므로 은총은 그리스도교 전통 안에서와 마찬가지로 유대교 전통 안에서도 존재했다.

오히려 '율법'에 대한 바울의 공격은 더 보편적인 존재 방식을 뒤집

---

72 로마서 4:5; 5:8, 10.
73 로마서 7:12.

어엎는데, 이는 그리스도교와 유대교 내에서뿐만 아니라 세속 문화 속에서도 발견된다. 율법 아래에서의 삶은 우리의 행복은 우리가 얼마나 성공하느냐에 달려 있다는 '척도'에 따라 사는 삶이다. 만일 우리가 종교인이라면, 우리는 하나님 앞에서의 지위를 종교 생활에 대한 열심에 달린 것으로 본다. 우리는 부족함이 없는 믿음을 가지고 있는가? 우리는 충분히 선한가? 만일 우리가 비종교인이라면, 율법 아래에서의 삶은 우리의 정체성과 자부심을 (긍정적인 용어로든 혹은 부정적인 용어로든) 성취나 외모 혹은 가치에 대한 문화적 기준에 따른 우리의 측정에 달린 것으로 간주함을 의미한다. 율법 아래에서의 삶은, 현대의 한 학자가 지적하듯이, '성과 원칙'에 따라 사는 삶이다.[74]

둘째, 은총에 의한 칭의는 용서에 관한 것이 아니다. 즉, 그것은 단순히 하나님은 회개하는 사람을 용서할 것이라는 확언이 아니라는 것이다. 용서는 바울의 다마스쿠스 도상의 체험 이전에도 그에게 기정 사실이었다. 그가 알고 있던 유대교는 율법을 완벽하게 준수해야 한다고 가르치지 않았고, 오히려 그것은 하나님은 회개한 죄인을 용서한다고 가르쳤으며, 용서를 가져다주는 수단을 제공했다.

셋째, 은총에 의한 칭의는 누가 그리고 어떻게 천국에 가느냐에 관한 것이 아니다. 그렇게 알려진 개념은, 마치 그것이 예수와 바울과 신약성서의 메시지에 가장 핵심이 되는 것처럼, 수 세기에 걸쳐서 전통적인 그리스도교가 내세에 대해 집착한 것에서 흘러나온 것이다. 이러한 맥락 속에서 은총에 의한 칭의에 관해 생각해 볼 때, 그것은

---

74 Robin Scroggs, *Paul for a New Day* (Philadelphia: Fortress, 1977), 10. 각주 49)에서 언급한 와일즈(Virginia Wiles)의 책과 함께 이것은 이런 측면의 바울의 메시지에 대한 가장 이해하기 쉬운 입문서 중 하나이다.

다음과 같은 질문으로 이어지게 된다. 무엇을 믿든 혹은 어떻게 살았든지 상관없이 누구나 천국에 간다는 것을 의미하는가(그런데 이 말은 대다수 사람에게 불공평한 느낌을 준다)? 그리고 만일 그런 의미가 아니라면, 무엇이 정말로 천국에 가는 사람과 그렇지 못하는 사람을 구별하는가? 만일 그것이 우리가 하는 어떤 일이라면, 우리는 행위로 되돌아오게 된다. 그러나 만일 천국에 가는 것이 우리가 하는 어떤 일에 달려 있지 않다면, 하나님이 누가 천국에 가야하는가를 **임의로** 결정해야 하고, 그러고 나서 예정론의 개념들이 나오게 된다. 그 밖의 많은 경우에서처럼, 여기서도 내세에 관한 집착이 그리스도교를 완전히 왜곡해왔다.

넷째, 바울이 이해한 칭의는 하나의 필요조건을 다른 필요조건으로 대체하는 것에 관한 것이 아니다. 이것은, '믿음'이 하나님이 우리에게 요구하는 것으로서 '선한 행위들'을 대신할 때 흔히 생기게 된다. 이러한 필요조건 체계는 그대로 남은 채 내용만 바뀌었다. 물론 예수와 하나님에 대한 믿음은 바울에게 가장 중요하다. 그러나 그것은 새로운 필요조건이 아니고, 오히려 하나님의 은총에 대한—경건하지 않은 사람을 의롭다 하는 하나님에 대한—믿음은 필요조건 체계 전체를 폐지하는 것이다. 따라서 그것은 급진적으로 새롭게 바라보는 방식이다.

그렇다면 은총에 의한 칭의는 무엇에 관한 것인가? 아주 단순하게 말하자면, 그것은 현존하는 하나님과 우리의 관계의 근거에 관한 것이다. 그것은 우리가 행하거나 믿는 것으로 이루어지는가? 아니면 그것은 거저 주어진 것, 즉 선물인가? 물론 바울에게 그 대답은 이제 분명하다. 칭의는 하나님의 선물이지 인간의 성취가 아니다. 은총에 의한 칭의라는 얼개 내에서 그리스도인의 삶은 예수 안에 알려진 하나님과의 기존의 관계를 의식하게 되고, 더 깊은 관계로 들어가는 것에 관한 것이다. 그것은 나중의 구원을 위한 필요조건을 충족시키는 것이 아니라 새로운 현재의 삶에 관한 것이다. 그리고 은총에 의한 삶은 "그리스도 안에서의" 삶과 같은 특성들, 즉 자유, 기쁨, 평화, 사랑을 부른다.

이제까지는 아마도 개신교에서 받은 나의 훈련 때문에 주로 칭의의 개인적 의미에 관해 말했다. 그러나 그것은 철저하게 평등주의적인 사회적 의미도 지니고 있다. 바울에게는 그랬다. 왜냐하면 그에게는 그것이 그의 공동체 안의 동등한 사람들로 유대인과 이방인을 포함시키는 것의 근거였기 때문이었다. "그리스도 안에"라는 그의 은유와 함께 그것은 새로운 사회적 현실의 신학적 토대였다. 그 논리는 흠잡을 데가 없다. 은총의 얼개 안에서는 소수 특권층도 엘리트도 특혜를 받는 사람들도 없기 때문이다. 은총은 우리 모두 하나님 앞에서 평등하다는 것을 의미한다. 실제로 로마서에서 바울이 강조하여 "모든 사람이 죄를 범하였고 그래서 사람은 하나님의 영광에 못 미치는 처지에 놓여 있다"고 말한 것도 철저하게 평등주의적인 개념이다.

"십자가에 달리신 그리스도"

바울에게 예수의 죽음은 전적으로 중심이 된다. 고린도의 공동체에 편지를 보내 그 구성원들에게 그가 전에 설교했던 내용을 상기시키면서, 그는 "나는 여러분 가운데서 예수 그리스도 곧 십자가에 달리신 그분 밖에는 아무것도 알지 않기로 작정하였습니다"라고 말하고 난 뒤, 더 간결하게 "우리는 십자가에 달리신 그리스도를 전합니다"라

고 말했다.[75]

　"십자가에 달리신 그리스도"(Christ crucified)로 요약되는 바울의 메시지의 결정화(crystallization)는 히브리 성서와 신약성서의 매우 많은 부분의 특징이 되는 역사와 은유의 결합을 분명히 보여주고 있다. 한편으로 "십자가에 달리신 그리스도"는 숨김없는 역사적 사실이다. 그리스도인으로서 우리가 메시아로 고백하는 예수는 십자가에 못 박혀 죽었다. 다른 한편으로 바울은 이 역사적 사실에 역사적 주장을 훨씬 넘어서는 매우 다양한 상징적 의미들을 부여한다. 상징 혹은 은유로서 "십자가에 달리신 그리스도"는 다양한 의미의 울림(resonances)이 있다. 이 울림은 신학적일 뿐만 아니라 정치적이고, 그것은 바울의 메시지의 많은 부분을 압축해서 보여줬다.

> 바울에게 "십자가에 달리신 그리스도"는 예수를 처형한 제국의 지배체제에 대한 고발이다. "이 세상 통치자들이… 영광의 주님을 십자가에 못 박았습니다." 바울에게 부활은 하나님이 예수에게는 긍정을 그리고 지배 체제에는 부정을 한 것이다. 그 결과 이 세상 통치자들은 "멸망하게 되어" 있다. 황제들과 왕만이 죽게 되는 것이 아니다. 오히려 지배체제 자체가 끝나야 한다.[76]

　"십자가에 달리신 그리스도"는 하나님의 지혜를 나타내 보이고, 이 세상의 지혜에 반대한다. 십자가는 이 세상의 지혜를 어떻게 드러내는가? 역설을 통해 그렇게 한다. 십자가에 달리신 메시아라는 개념은 하나의 모순어법(oxymoron), 곧 전통적인 사고방식과 기대를 산산조각

---

75 고린도전서 1:23; 2:2.
76 고린도전서 2:6-8.

내는 그리스도교적 선문답(koan)이다. 바울의 말로 하자면, "그것은 유대 사람에게는 거리낌이고, 이방 사람에게는 어리석은 일입니다."[77]

바울에게 "십자가에 달리신 그리스도"는 우리를 위한 하나님 사랑의 계시이기도 하다. 하나님의 아들이 십자가에 못 박혀 죽었다는 것은 우리를 위한 하나님의 사랑의 깊이를 드러냈다. "우리가 아직 죄인이었을 때에, 그리스도께서 우리를 위해 죽으셨습니다."[78] 바울에게 예수의 십자가는 하나님에 의해 제공된 속죄제물이다.[79] 따라서 그것은 율법의 성취이자 필요조건 체계로서 율법의 끝마침이다.[80]

마지막으로, 우리가 살펴본 대로, "십자가에 달리신 그리스도"는 바울에게 변화의 길에 대한 상징이기도 하다. 바울의 삶의 중심에는 "십자가에 달리신 그리스도"의 선포뿐만 아니라 그리스도와 함께 죽고 다시 산 자신의 체험이 있었다. "나는 그리스도와 함께 십자가에 죽었습니다. 이제 살고 있는 것은 내가 아닙니다. 그리스도께서 내 안에서 살고 계십니다."

---

77 고린도전서 1:18-31의 맥락 속에 있는 1:24. 하나님의 지혜는 세상 지혜의 반대이기 때문에, 바울은 또 하나님의 지혜를 "하나님의 어리석음"으로 말할 수 있다.

78 로마서 5:8.

79 로마서 3:25. 이 개념에 대한 문자적 해석은 받아들일 수 없고 사실 믿을 수 없는 함의(含意)로 이어지기 때문에, 나는 그것을 은유적으로 읽어야 한다고 강조하고 싶다. 하나의 은유로서 그것의 의미는 분명하다. 만일 하나님이 속죄 제물을 주었다면, 아무것도 우리를 그리스도 안의 하나님의 사랑으로부터 떼어낼 수 없다는 것이다.

80 "그리스도는 율법의 끝마침이다"라는 로마서 10:4을 반향하고 있다. 이 구절에는 "끝마침"의 의미에 대한 학문적인 논쟁이 있다. 그것은 "끝났다"는 의미로서의 "끝마침"인가 아니면 ('목적' 혹은 '성취'를 의미하는 텔로스(telos)로서의 "끝마침"을 의미하는가? 그리고 여기서 '율법'은 토라를 의미하는가 아니면 필요조건 체계로서 율법을 의미하는가? 이 논쟁을 해결하는 것은 어렵다. 나는 그것을 토라로서가 아니라 "필요조건 체계"로서 '율법'으로 이해해서 사용하고, 따라서 "끝마침"은 "성취되었다"와 "끝났다"의 두 가지를 모두 의미할 수 있다.

바울이 은유적으로 말한 그리스도와 함께 죽음은 실제가 되어야 했다. 그의 메시지와 사역처럼 그의 죽음은 영적인 것과 정치적인 것을 결합시켰다. 신약성서는 우리에게 바울의 죽음에 관해 말하지 않지만, 초기의 믿을 만한 교회 전통에 따르면 그는 네로 황제의 통치 기간인 60년대에 로마에서 처형당했다고 한다. 바울은 제국의 시민이었고, 그는 이제 주님으로 고양된(exalted) 십자가에 달리신 메시아에 대한 그의 메시지를 제국에 전했다. 그런데 그 제국이 그를 처형했다. 시민으로서 그는 십자가형에서 면제되었고, 따라서 아마도 로마법의 세부 사항을 준수해서 로마제국이 그를 참수형에 처한 것 같다.

이처럼 바울은, 그의 죽음으로, 그가 가르쳤던 죽음의 길을 체현했다. "그리스와 함께 죽음"이라는 은유는 육신이 되었다. 이전의 예수와 이후의 순교자들처럼 그는 그리스도인의 삶에 중심에 놓여 있는 '그 길'의 성육신이 되었다.

로마에 의한 바울의 처형은 숙고할 만한 가치가 있다. 로마가 그를 죽인 것은 단순히 잘못된 것인가? 그 처형은 오해에 기초한 것인가? 그것은 제정신이 아니고 냉담한 황제의 판결이었나? 바울과 그의 메시지는 그를 죽인 제국에 실제로 해가 되지 않았나? 그것은 모두 말에 관한, 즉 예수를 '주님'으로 부르고 카이사르에게 똑같은 경의를 표하지 않은 것에 관한 것이었나? **아니면 그것은 훨씬 더 깊고 훨씬 더 중요한 것에 관한 것이었나?**

분명히 바울과 그리스와 소아시아를 통해 흩어져 있던 그의 작은 공동체들은 로마에 직접적인 정치적 위협을 제기하지 않았다. 그러나 바울이 황제의 경쟁자가 되는 주님과 로마에 경쟁적인 사회적 비전을 선포한 것이 진정 또 궁극적으로 제국의 삶의 비전을 위협했는가?

그리스도교가 제국의 체제를 수용한 후 사는 우리는 로마가 단순히 실수했다고, 즉 로마는 그리스도교가 제국에 해가 되지 않는다는 (아마도 심지어 도움이 된다는) 것을 인식하지 못했다고 생각하는 경향이 있다. 그러나 예수와 바울에게 일어났던 일은 우리를 진지하게 생각하게 한다. 그리스도교는 그것의 발전에 가장 중요한 두 인물이 기존의 권위에 의해 처형당한 유일한 주요 종교이다. 우연인가? 하나님의 계획인가? 아니면 예수와 바울에게는 고대와 현대의 지배체제를 전율하게 하는 비전과 프로그램, 메시지와 사역이 있는가?

10 장

요한계시록

　"요한계시록은 잘못된 이유로 널리 유명하다. 많은 사람은 요한계시록의 저자가 자신이 암호화된 부호로 전했던 미래에 대한 상세한 지식을 그리스도에게서 받았다고 가정하면서, 요한계시록을 세상이 어떻게 끝날지에 대한 안내서로 읽기 때문이다"라고 성서학자 레이몬드 브라운(Raymond Brown)은 말한다.[1] 사실 상당히 많은 근본주의자와 보수 복음주의 그리스도인들은 요한계시록을 임박한 "세상의 종

---

1 Raymond Brown, *An Introduction to the New Testament* (New York: Doubleday, 1977), 773. 요한계시록에 관한 훌륭하고 이해하기 쉬운 두 권의 주석은 Adela Yarbro Collins, *The Apocalypse* (Wilmington: Michael Glazier, 1989)와 Eugene Boring, *Revelation* (Louisville: Knox, 1989)이다. George B. Caird의 초기 저서 *A Commentary on the Revelation of St. John the Divine* (London: Adam and Charles Black, 1966)도 보라. 다양한 방식으로 '세상의 종말'을 예언문학과 묵시문학 속에서뿐만 아니라 교회의 역사 속에서 이해한 훌륭하고 매우 읽기 쉬운 입문서는 Reginald Stackhouse, *The End of the World? A New Look at an Old Belief* (New York: Paulist, 1977)이다.

말"(end of the world)과 그리스도의 재림에 대한 예고로 읽는다.

예수가 곧 올 것이라는 혹은 적어도 그가 곧 올지도 모른다는 확신이 널리 퍼져 있다. 한 전국 여론 조사에 따르면, 미국인의 62%는 (그러니까 미국의 그리스도인뿐만 아니라 비그리스도인조차도) 예수가 다시올 것임을 "의심치 않는다"고 한다.[2] 또 다른 여론 조사는 1/3이 세상이 곧 끝날 것으로 믿는다고 보도하고 있다.[3]

나는 임박한 그리스도의 재림을 강조하는 요한계시록 읽기를 '천년왕국적'(millennialist) 해석이라고 부른다. 그러한 견해는 지난 반세기에 번성했다. 지난 30년 동안 핼 린지(Hal Lindsey)가 쓴 책들은 『대행성 지구의 종말』(*The Late Great Planet Earth*)을 시작으로 해서 모두 합해 4천만 부 이상 팔렸다. 1970년대의 10년 동안 린지는 영어권 세계에서 논픽션(?) 베스트셀러 작가였다. 지난 몇 년 동안 팀 라헤이(Tim LaHaye)와 제리 B. 젠킨스(Jerry B. Jenkins)의 '휴거'(the rapture)에 관한시리즈 소설이 베스트셀러 목록에 올랐다. 요한계시록의 천년왕국적 읽기는 전 세계의 텔레비전과 라디오의 부흥사와 '예언 집회'의 빈번한 주제이다. 최근에 텔레비전의 선택 보기를 통해 검색하면서 나는 성서적 '종말의 징후들'을 보여주고, 2007년이 재림의 해가 될지도모른다고 제시하는, 칠판 앞에 서 있는 유명한 텔레비전 부흥사 중의한 명을 보았다. 그는 모금 운동을 이야기하면서, "예수가 다시 올 때부담이 되지 않는 것이 좋을 것입니다"라는 메시지를 전했다.

---

2 Wes Howard-Brook and Anthony Gwyther, *Unveiling Empire: Reading Revelation Then and Now* (Many Knoll, NY: Orbis, 1999), 16에서 인용한 1980 갤럽 여론 조사.

3 Stackhouse, *The End of the World*, 1-2에서 인용한 U.S. News& World Report의 설문 조사.

그렇지만 천년왕국적 해석은 일반적으로 받아들여지고 있지 않다. 사실 요한계시록 해석은 현대의 교회를 분열시키고 있다. 그러나 천년왕국적 관점을 거부하는 그리스도인들은 보통 대안이 되는 해석이 없고, 대신에 요한계시록에 대한 무시를 택한다. 대다수의 주류 그리스도인들은 이 성가신 본문을 거의 알지 못한다. 그들은 개인 기도에서 그것을 피하고, 그것에 대한 설교도 좀처럼 듣지 못한다(왜냐하면 교회 예배 읽기용으로 할당된 성서의 구절들을 뽑아 놓은 성구집에 요한계시록의 본문이 거의 없기 때문이다). 독자들은 요한계시록의 어렵고 기이한 이미지에 어리둥절하고, 파괴와 신적인 폭력 장면에 당혹해하며, "예수께서 곧 오신다. 예비하는 것이 좋을 것이다. 그렇지 않으면 큰 재앙을 당할 것이다"라는 메시지를 싫어하게 된다. 그들에게는 요한계시록의 하나님과 요한계시록의 메시지가 예수의 복음과 거의 관계가 없는 것처럼 보인다. 그들은 (기쁘지는 않지만) 기꺼이 요한계시록을 다른 사람들에게 맡긴다.

서론

요한계시록은 신약성서의 끝에 있고, 따라서 그리스도교 성서의 끝에 있다. 그렇지만 그것은 맨 마지막에 기록된 신약성서의 문헌도 아니고, 그 저자는 그것이 언젠가 그리스도교 성서를 끝맺게 될 거라 알고 있었던 것도 아니다. 그것이 신약성서의 끝에 위치한 것은 그 주제가 '종말'이기 때문이다. '종말'은 창세기의 시작에 나오는 에덴에 대한 묘사를 반향하는 언어로 묘사되어 있는데, 그것은 세상에 대한 심판, 그리스도의 재림, 사탄의 멸망 그리고 새예루살렘의 도래를 말한다. 요한계시록을 끝에 둠으로써, 성서는 '잃어버린 낙원'(paradise lost)에서 '회복된 낙원'(paradise restored)으로 옮겨 갔다.

요한계시록은 고대 그리스도교로부터 지금까지 논쟁거리가 되어 왔다. 사실 그것은 성서 속에 포함되지 못했었다. 일반적으로 라틴어를 사용하는 서방 교회는 2세기 이후 요한계시록을 받아들였지만, 그리스어를 사용하는 동방 교회가 그것을 성서로 받아들이기까지 훨씬 더 오랜 시간이 걸렸다. 4세기에 그리스도교 역사학자 에우세비우스(Eusebius)는 요한계시록을 논쟁이 되는 책 중의 하나로 목록에 올렸다. 거의 비슷한 시기 초기 교회의 아버지인 예루살렘의 키릴로스(Cyril of Jerusalem)는 요한계시록을 그의 정경 목록에서 뺐을 뿐만 아니라 그것을 공적으로나 사적으로 사용하는 것을 금지했다.[4] 동방 교회에서는 요한계시록이 점차 받아들였지만, 기원후 810년에 비잔틴의(동방의) 정경문헌 목록에는 요한계시록이 포함되지 않았다. 10세기와 11세기에 요한계시록은 신약성서의 그리스어 사본에 관례로 포함되기 시작했다.[5]

한참 후 16세기의 개신교 종교개혁의 지도자들은 요한계시록에 대해 의심을 품었다. 마르틴 루터는 그것을 단지 마지못해서 신약성서에 포함시켰고, (그것을 엘베강에 던져버리고 싶었던 바로 그 순간에) 그것에 이차적인 위상을 부여했다. 츠빙글리(Ulrich Zwingli)는 그것의 성서적 지위를 인정하지 않았고, 장 칼뱅은 (신약성서의 26권의 다른 책

---

4 Boring, *Revelation*, 3.
5 Adela Yarbro Collins, *The Anchor Bible Dictionary*, ed. David Noel Freedman, vol. 5 (New York: Doubleday, 1992), 695.

에 대해서는 주석을 썼지만 요한계시록에 대해서는 쓰지 않고) 주로 요한계
시록을 무시했다.

　이처럼 요한계시록을 "어떻게 해야 할까"하는 것이 매우 오랫동안
그리스도인들에게 쟁점이 됐다. 이 장에서 나는 요한계시록을 읽는
아주 다른 두 가지 방법을 기술하고, 그것이 제기하는 더 큰 쟁점을
살펴볼 것이다. 먼저 요한계시록을 소개하고, 그것의 간추린 내용 요
약을 제공할 것이다.

하나의 그리스도교 묵시록

　요한계시록은 묵시이다. 사실 '계시'(Revelation)와 '묵시'(apocalypse)
라는 두 단어는 동의어이다. 두 단어 모두 같은 그리스 단어 *apoka-
lypsis*를 번역한 것이기 때문이다. 그래서 일부 그리스도교 집단에서
는 요한계시록을 '묵시록'(The Apocalypse)으로 부른다. 요한계시록은
요한이라는 이름의 사람에 의해 기록되었기 때문에, 보통 더 완전하
게는 '요한의 계시'(The Revelation of John) 혹은 '요한의 묵시'(The
Apocalypse of John)로 알려져 있다(복수형이 아니라 단수형이 사용된 것
에 주목하라. 그 책의 이름은 '계시들Revelations'이 아니다).

　'묵시'라는 말은 '베일 벗기기' 혹은 '드러냄' 혹은 '계시'를 의미한
다. 그것은 하나의 문학 형태의 이름이기도 하다. 하나의 문학 장르로
서 묵시는 내용과 양식에 의해 정의된다. 그것의 주제는 미래 혹은 천
상의 세계 혹은 둘 다 드러내거나 베일을 벗기는, 하나 이상의 환상이
다. 보통 현재는 하나님에 의해 곧 전복되고 파괴될 악한 세력의 지배

아래에 있는 것으로 보이지만, 신실한 사람들을 위한 행복의 시대가 시작된다. 새 시대의 도래는 일반적으로 극심한 고통과 우주적 재난이라는 특징을 갖는다. 묵시문학적 문체의 특징들에는 풍부한 이미지, 우화 속의 짐승들(fabulous beasts) 그리고 상징적인 숫자들이 포함되어 있다.[6] 묵시문학적 작품들은 기원전 200년에서 서기 100년경 유대교에서 번성하였다. 기원전 165년경에 기록된 다니엘서의 후반부는 히브리 성서의 가장 지속적인 예가 된다.[7]

요한계시록은 1세기 말엽 소아시아(Asia Minor) 해안에서 떨어져 있는 밧모섬에 살고 있던 요한이라는 이름의 사람에 의해 기록되었다. 일부 학자들은 밧모의 요한이 제4복음서와 세 편의 요한서신을 썼던 사도 요한이라고 생각해왔지만, 거의 모든 현대의 학자는 이러한 신원 확인을 거부했다.[8] 소수의 학자는 요한계시록이 1세기의 60년대, 즉 로마의 황제 네로 시대 때 기록되었다고 주장해왔지만, 대다수 학자는 요한계시록의 연대를 서기 95년경, 즉 도미티아누스(Domitian) 황제의 통치 말 무렵으로 확정했다.

요한계시록은 하나의 묵시이지만, 그것은 또한 소아시아에 있는

---

6 '우화 속의 짐승들'이라는 표현은 Luke Johnson, *The Writings of the New Testament* (Philadelphia: Fortress, 1986), 514에서 빌려온 것이다. 511쪽에서 Johnson은 '묵시문학적 순회 동물원'(apocalyptic menagerie)을 말한다.

7 히브리 성서에 포함되지 않은 유대교의 묵시록들에 관한 연구를 위해서는 John Collins, *The Apocalyptic Imagination* (New York: Crossroad, 1984)을 보라. 묵시문학은 에스겔, 요엘, 스가랴 그리고 이사야(24-27장)를 포함하여 히브리 성서의 포로기와 포로기 이후의 책들의 일부 속에 선례가 있다.

8 제4복음서 저자와 요한계시록의 저자가 서로 다른 사람이라는 것은 3세기 중엽 알렉산드리아의 주교인 디오니시우스(Dionysius)라는 이름의 한 초기 그리스도교 저술가의 주장이었다. 요한계시록의 저자가 사도 요한이 아니라는 디오니시우스의 주장은 동방 교회에서 요한계시록이 정경으로 더디게 받아들여진 이유 중의 하나였다.

일곱 개의 그리스도인 공동체에 보내진 편지이기도 하다. 밧모의 요한은 분명히 이 공동체에 알려져 있었고, 순회 그리스도인 예언자이자 카리스마적 권위를 가진 인물이었을지도 모른다. 그는 히브리 성서를 아주 잘 알고 있었다. 비록 그는 히브리 성서를 공식적으로는 단한 구절도 인용하지는 않았지만, 요한계시록의 65% 정도는 히브리 성서로부터 나온 구절들을 반향(反響)하거나 혹은 넌지시 언급했다.[9] 요한이 히브리 성서를 빈번하게 사용했기 때문에 한 학자는 요한계시록을 '이미지의 재탄생'이라고 말했다.[10]

바울의 편지들처럼, 요한계시록도 아마 예배 상황 속에서 한 공동체 모임의 수신인들에게 큰소리로 읽혔을 것이다. 따라서 그것은 (개인들이 묵독한 것이 아니고) 원래의 청중에게 들려졌고, 듣는 사람들은 단 한 번에 앉은 자리에서 모두 함께 들었을 것이다.[11] 이것은 그 자체로 해석을 위한 함축적 의미를 지니고 있다. 다시 말해, 요한계시록을 **모두 함께 듣는다는 것은** 요한계시록의 폭넓은 범위로부터 고립되어 개별 본문들을 개인적으로 읽을 수 없는 방식으로 요한이 본 환상의 누적효과를 전달해 주었을 것이라는 말이다.

---

9 Brown, *An Introduction to the New Testament*, 775. 보링(Boring)은 그의 책 *Revelation*, 27에서 히브리 성서에 대한 암시가 500번이 넘는다고 말한다.

10 Austin Farrer, *A Re-Birth of Images* (Westminster: Dacre Press, 1949).

11 요한계시록을 큰 소리로 읽는 데에는 약 두 시간이 필요하다. 단 한 번의 앉은 자리에서 요한계시록을 듣는 것이 어떠한지를 전달하는 극적인 현대의 요한계시록 읽기를 위해서는 Lutheran School of Theology in Chicago의 신약성서 학자인 David Rhoads를 주연으로 출연시킨 비디오테이프를 보라. 이 비디오는 Trinity Lutheran Seminary, ⟨columbus⟩, Ohio의 *SELECT*에서 구할 수 있다.

내용 요약

짧은 서론 후에 밧모의 요한은 그 책을 기록하라고 지시를 받은 환상적인 체험에 대해 말한다. 그 환상이 요한계시록의 많은 특징들을 분명히 보여주기 때문에, 나는 그것을 길게 인용하겠다.

> 주님의 날에 내가 성령에 사로잡혀 내 뒤에서 나팔 소리처럼 울리는 큰 음성을 들었습니다. 그 음성은 이렇게 말하였습니다. "네가 보는 것을 책에 기록하여, 일곱 교회, 곧 에베소와 서머나와 버가모와 두아디라와 사데와 빌라델비아와 라오디게아의 교회로 보내라."

그때 요한은 그에게 말하고 있는 사람이 누구인지 보기 위해 돌아선다. 환상 상태에서 그는 부활한 그리스도를 본다.

> 그래서 나는 내게 들려오는 그 음성을 알아보려고 돌아섰습니다. 돌아서 보니, 일곱 촛대가 있는데, 그 촛대 한가운데 '인자와 같은 분'이 계셨습니다. 그는 발에 끌리는 긴 옷을 입고, 가슴에는 금띠를 띠고 계셨습니다. 머리와 머리털은 흰 양털과 같이, 또 눈과 같이 희고, 눈은 불꽃과 같고, 발은 풀무불에 달구어 낸 놋쇠와 같고, 음성은 큰 물소리와 같았습니다. 또 오른손에는 일곱 별을 쥐고, 입에서는 날카로운 양날 칼이 나오고, 얼굴은 해가 강렬하게 비치는 것과 같았습니다.

> 그러더니 요한은 "죽은 사람과 같이 그의 발 앞에 엎어졌다." 그러나 그 사람이 "내게 오른손을 얹고," "두려워하지 말아라"라고 말씀하셨고, 그러고 나서 자기의 신분을 이렇게 밝혔다. "나는 처음이요 마지막이라, 살아있는 자다.

나는 한 번은 죽었으나, 보아라, 영원무궁하도록 살아있어서, 사망과 지옥의 열쇠를 가지고 있다." 그러고 나서 그 환상은 부활한 그리스도의 명령으로 끝맺는다.

너는, 네가 본 것과 지금의 일들과 이 다음에 일어날 일들을 기록하여라. 네가 본 내 오른손의 일곱별과 일곱 금 촛대의 비밀은 이러하다. 일곱별은 일곱 교회의 심부름꾼이요, 일곱 촛대는 일곱 교회다.[12]

요한의 첫 번째 환상은 요한계시록의 몇 가지 특징을 분명히 보여주고 있다. 그것들은 환상과 '보는 것'에 대한 강조, 풍부한 이미지의 사용, 히브리 성서의 암시 그리고 상징적 숫자의 빈번한 사용이다. 이 책의 대부분은 일련의 환상으로 이야기된다. 요한계시록 전체에서 "나는 보았다"라는 말은 약 55회나 사용된다. 요한의 첫 번째 환상의 풍부한 이미지는 분명하고, 그것의 많은 부분은 히브리 성서에서 인용한 것이다. 이 인용 구절에는 그 옛 문헌에 대한 간접적인 언급이 열두 번이나 있다. 그리고 '7'이라는 숫자는 요한계시록 전반에 걸쳐 빈번하게 반복된다. 여기서도 일곱 개의 별, 일곱 개의 촛대 그리고 일곱 개의 교회가 나온다. 그다음의 장에서도 일곱 통의 편지, 일곱 개의 봉인, 일곱 개의 나팔 그리고 일곱 개의 대접이 나온다. 7이라는 숫자를 분명히 사용하고 있지 않을 때도 연속해서 7이 나온다. 즉, 일곱 가지 복, 일곱 개의 찬송, 일곱 범주의 사람들, 제단에 대한 일곱 번의 언급 그리고 예수의 재림에 대한 일곱 번의 예언자적 확언이 있다.[13]

---

12 요한계시록 1:10-20.

2장과 3장에는 일곱 교회에 보내는 편지들이 포함되어 있다. 그 편지들에는 각 공동체에 대한 평가, 위협 그리고/혹은 격려와 약속이 포함되어 있다. 서머나와 빌라델비아에 대해서는 나쁜 말이 전혀 없고, 사데와 라오디게아에 대해서는 좋은 말이 한마디도 없으며, 에베소, 버가모 그리고 두아디라는 좋은 것과 나쁜 것이 혼합된 판결을 받는다.[14] 그 공동체들이 직면하고 있는 문제들은 박해, 거짓 가르침 그리고 큰 문화에 대한 순응이다.

4장에서 22장까지는 이 책의 나머지 부분을 거의 채우고 있는, 길게 이어진 환상들이 포함되어 있다.[15] 4장이 시작되면서 요한은 "내가 보니, 하늘에 문이 하나 열려있었습니다!"라고 소리친다. 그리고 나서 그는 그 문을 통해 다른 차원의 현실 속을 들여다본다. 이 장들을 직접 그리고 되도록 앉아서 한 번에 처음부터 끝까지 다 읽는 것을 대신할 방법은 없다. 그렇지만 나는 아래와 같이 요한계시록 전체를 요약하겠다.

이 단락은 하늘의 보좌에 앉아있는 하나님에 대한 환상으로 시작하는데, 흰옷을 입고 머리에는 금 면류관을 쓴 스물네 명의 장로들이

---

13 일곱의 시리즈와 장과 절의 참고를 위해서는 Boring, *Revelation*, 31을 보라.

14 Brown, *An Introduction to the New Testament*, 784-785에 있는 두 쪽의 유용한 도표를 보라.

15 이 장들에 있는 환상 이야기는 실제의 환상 체험을 근거로 한 것인가? 요한은 환각 상태의 의식에서 이 모든 것을 "본" 것인가? 아니면 이 환상 이야기들은 문학적 구성인가? 물론 분별 있는 판단을 내리는 것이 불가능하다고 생각한다. 나는 요한이 환상을 보았다고 생각하지만, 구조적인 요소들의 반복 사용(일곱 개의 봉인, 일곱 개의 나팔, 일곱 개의 대접 등)과 히브리 성서의 빈번한 반향(echoing)은 문학적 구성을 암시한다. 그러나 물론 문학적 구성도 실제 체험을 근거로 할 수 있다.

둘러싸고 있다. 네 마리의 짐승이 보좌 주위에 있는데, 이 짐승들은 각각 여섯 개의 날개와 날개에 눈이 달린 다른 세계에서 온 낯선 생물이다. 보좌 자체에서 번개와 천둥과 목소리가 들려온다.

그것은 죽임을 당했지만 지금은 살아있고, 심판의 두루마리의 일곱 개의 봉인을 뗄 자격이 있는 어린 양의 환상과 함께 계속된다. 일곱 개의 봉인이 떼어질 때, 우리는 지상에서 말을 타고 오는 네 명의 묵시의 기수들을 보게 되는데, 이들은 전쟁, 기근, 전염병 그리고 죽음을 가져온다. 그다음에 큰 지진이 일어나고, 하늘은 검게 되고, 별들은 하늘에서 떨어지며, 하늘은 두루마리처럼 말린다. 일곱 번째의 봉인이 떼어지고, 그것은 또한 다른 일련의 일곱 개의 심판을 소개한다. 일곱 천사가 일곱 개의 나팔을 이어서 분다. 나팔을 불 때 지상에는 또 다른 일련의 전염병과 재난이 일어나는데, 그중에는(전갈같이 꼬리가 달리고 많은 전차처럼 큰 소음을 내는) 전투를 위해 준비된 말처럼 보이는 커다란 메뚜기와 동쪽에서 쳐들어오는 2억 명의 엄청난 군대가 포함되어 있다.

12장이 시작되면서 우리는 해를 둘러 걸치고 열두 별이 박힌 면류관을 머리에 쓰고 있고, 달을 그 발밑에 밟고 있는 여자의 환상을 본다. 그녀는 한 아이를 낳고 있는데, 커다란 붉은 용 한 마리가 그 아이를 삼켜버리려고 한다. 그와 동시에 하늘에서 전쟁이 일어난다. 대천사 미가엘과 그의 천사들은 이 커다란 용과 맞서 싸우고, 그 용은 싸움에서 지고 땅으로 내쫓기게 된다. 13장에서 그 용이 권세를 주었던 머리가 일곱 개이고, 뿔이 열 개 달린 짐승 하나가 바다에서 올라와 땅을 다스린다. 우리가 듣기로는 그 짐승의 수가 666이다.

그리고 나서 일곱 천사는 일곱 개의 하나님의 진노의 대접을 땅에 쏟아붓고, '큰 창녀'(great harlot) 혹은 '큰 음녀'(great whore)에 대한 심판과 파괴가 있는데, 그녀는 짐승을 타고 오며 그녀의 이름은 '큰 바빌론'(Babylon the Great)이다. 이 이야기 뒤에 아마겟돈 전투와 흰 말을 타고 오는 그리스도의 재림이 곧바로 이어진다. 그리스도는 흰옷을 입은 군대를 이끌고, 짐승들의 군대와 맞서고 그들을 전멸시키며, 그 짐승들의 몸은 그 살을 배불리 먹는 사나운 새(carrion bird)의 먹이가 된다. 이제는 '악마'와 '사탄'으로 불리는 그 용은 밑바닥이 없는 깊은 곳에 던져지고 거기서 천 년 동안 갇히게 되고, 그 기간에는 그리스도와 성자들이 다스린다. 천년 후에 사탄은 풀려나고, 곡(Gog)과 마곡(Magog)과 함께 마지막 전투를 벌이지만 다시 패배한다. 그다음에 마지막 심판이 있다. 큰 자나 작은 자나 할 것 없이 모든 죽은 사람들이 일어나고, 생명의 책은 펼쳐지며, 그 책 속에 이름이 없는 사람들은 모두 악마, 짐승, 죽음 그리고 하데스와 함께 불바다에 던져졌다.

이 모든 것이 끝난 후, 21장이 시작되면서 장엄한 최후의 환상이 나온다. 남편을 위해 단장한 신부로서 새예루살렘이 하늘에서 내려오는데, 이 새예루살렘은 더는 눈물도 고통도 또한 죽음도 없게 될 도시다. 그 도시에는 성전이 필요 없다. 성전은 전능하신 주 하나님과 어린 양이기 때문이다. 해와 달도 필요 없다. 하나님의 영광이 그 빛이고, 하나님의 어린 양이 그 등불이기 때문이다. 그 도시를 통해 생명수의 강이 흐르고, 그 도시 안에는 생명의 나무가 자라는데, 그 나뭇잎은 민족들을 치료하는 데 쓰인다. 거기서 하나님의 종들은 하나님과 어린 양을 예배할 것이다.

그들은 하나님의 얼굴을 뵐 것입니다. 그들의 이마에는 그의 이름이 적혀 있고, 다시는 밤이 없고, 등불이나 햇빛이 필요 없습니다. 그

것은 주 하나님께서 그들을 비추시기 때문입니다. 그들은 영원무궁하도록 다스릴 것입니다.[16]

요한계시록 읽기의 두 가지 방식

이 모든 것을 어떻게 읽어야 하는가? 낯설고 폭력적이고 불안하게 만들지만 장엄한 이 책에 나오는 환상과 이미지를 어떻게 해석해야 하는가? 이 단락에서 나는 두 가지 매우 다른, 우리 시대의 요한계시록 읽기 방식을 기술할 것이다.

미래주의적 해석

미래주의적 읽기의 핵심 주장은 간단하다. 요한계시록은 우리에게 미래의 언젠가 일어날 일에 관해 이야기한다는 것이다. 이것에는 세 가지 전제가 있다.

— 요한계시록이 묘사하고 있는 것은 아직 일어나지 않았다.
— 하나님의 영감받은 말씀으로서 성서는 틀릴 리가 없다.
— 그러므로 요한계시록이 묘사하고 있는 것은 여전히 미래가 확실하다.

---

16 요한계시록 22:4-5.

이 전제들은 이번 장의 도입부에서 말한 요한계시록의 천년왕국적 읽기의 토대이다. 이러한 읽기 방식은 요한계시록을 그리스도의 재림에 앞서 있을 종말의 표징에 대한 상징으로 암호화된 메시지, 즉 암호문(cryptogram)으로 본다.

이러한 방식의 요한계시록 읽기를 분명히 보여주기 위해 나는 유명한 천년왕국주의의 저자인 핼 린지의 저서를 이용할 것이다. 그의 책『대행성 지구의 종말』에서 린지는 요한계시록에 의해 예견된 사건들이 우리 시대에서 드러나고 있다고 주장한다. (다른 현대의 천년왕국주의자들뿐 아니라) 그에게는 1948년 현대 이스라엘 국가의 수립이 종말이 가까웠을지도 모르는 중요한 표징이다. 그것은 일부 성서 구절이 이스라엘을 종말의 때에 자신의 고국에서 살게 될 민족으로 묘사하기 때문이다. 1948년 이후로 이것은 사실이 되었다.

그러고 나서 린지는 우리 시대의 현상들을 말하기 위해 요한계시록의 언어의 많은 부분을 '해독'(decodes)한다. 예를 들어, 그는 요한계시록 6:12-17에 나오는 여섯 번째 봉인을 뜯는 것이 핵전쟁(thermonuclear exchange)을 가리킨다고 추측한다. "땅에 떨어지는 하늘의 별들"은 대기권에 다시 들어가고 있는 핵폭탄의 주위에서 궤도를 그리며 돌고 있다. "스스로를 말고 있는 두루마리처럼" 사라지고 있는 하늘은 핵폭발이 있을 때 대기에 발생하는 것을 말한다.

요한계시록 9:13-16에서 여섯 번째 천사가 여섯 번째 나팔을 불고, 동쪽에서 2억에 달하는 군대를 풀어놓을 때, 린지는 그 말이 공산주의 국가, 중국을 말한다고 추론한다. 그는 중국만이 그렇게 엄청난 수의 군대를 전장에 보낼 수 있을 만큼 인구가 많다고 말한다. 그래서 그는 전갈처럼 꼬리가 달리고 많은 전차처럼 소음을 내는, 날개를 가진 커다란 메뚜기(요한계시록 9:7-10)는 특별한 형태의 공격용 헬리콥터일지도 모른다고 추측했다.

요한계시록 13장의 바다에서 나온 뿔이 열 개 달린 짐승은 린지의 해석에서 중심이 된다. 그것이 로마와 어떤 관련이 있다는 것을 알고서 린지는 그것이 10개국의 연합으로 이루어진, 소생된 로마제국을 가리킨다고 말한다. 그는 이 연합이 유럽경제공동체라고 말한다. 그가 그 책을 쓸 당시 그 공동체의 회원국은 10개국에 가까웠고, 그 연합은 로마조약에 의해 만들어졌다. 치명적인 상처를 입었지만 회복된 뿔은 10개국 연합의 미래 지도자를 말하는데, 이들은 또한 세계의 지도자들이 될 것이다. 린지는 이 사람을 '미래의 지도자'(the future Führer)로 말하고, 우리는 그가 누구인지 아직 알지 못하지만 아직 살아있는 사람이라고 주장했다.

따라서 린지에 따르면 '휴거'(the rapture)의 때, 마지막 '환난', 아마겟돈 전투, 그리스도의 재림 그리고 최후의 심판이 가까이 왔다고 한다. 휴거는 "진실로 믿는 그리스도인들"이 땅에서 올리어져서 "공중에서 주님을 만날 것"이고, 그래서 종말에 앞서 있을 극심한 고통을 면하게 될 것이라는 개념이다.[17] 그 고통의 시기는 '환난'으로 알려져 있고, 요한계시록에서는 일곱 개의 봉인을 뜯기, 일곱 개의 나팔을 불기, 일곱 개의 대접을 쏟아붓기, 세상에 하나님의 파괴적인 진노를 폭발시키

---

[17] 휴거의 '증빙 본문'은 데살로니가전서 4:13-18인데, 거기서 바울은 "구름 속으로 이끌려 올라가서 공중에서 주님을 영접할" 예수의 추종자들에 대해 말한다. 바울이 이 말을 얼마나 문자 그대로의 의미로 한 것인지를 알기는 어렵다. 어쨌든 그는 (요한계시록의 저자처럼) 그리스도의 재림이 임박했다고 믿었던 것 같다. 왜냐하면 그의 편지를 받은 사람 중 일부가 (그리고 아마도 그 자신도) 그 일이 일어날 때 여전히 살아있게 될 것이라고 바울이 생각하고 있기 때문이다.

는 일곱 개의 대접으로 나타난다. 환난은 아마겟돈 전투와 함께 그리고 귀환하는 전사 그리스도가 짐승의 군대를 이김으로써 끝이 난다.

천년왕국적 형태로의 미래주의적 읽기는 그리스도교 메시지의 의미에 두드러진 영향을 미치고 있다. 그 복음은 (이 상황에서 그렇게 부를 수 있다면) 예수에 대한 강한 믿음으로 곧 다가올 하나님의 진노로부터 구원받을 수 있는 '기쁜 소식'이 된다. 초점은 대다수 인류에게 닥칠 운명으로부터 당신 자신과 당신이 사랑하는 사람들(그리고 당신이 당신의 말을 경청할 수 있도록 만들 수 있는 다른 많은 사람)을 구하는 것에 있다. 그 메시지는 사회정의와 환경 문제를 포함하여 지상에서의 삶에 대한 우리의 태도에 두드러진 영향을 미친다. 만일 세상이 곧 끝날 것이라면, 왜 여기서 환경을 개선하는 것에 대해 걱정을 하는가? 왜 환경을 보존하는 것에 대해 걱정을 하는가? 어쨌든 그것은 모두 곧 끝날 것이다.

린지의 접근법은 수많은 그리스도인의 마음을 끌었지만, 많은 다른 그리스도인들은 (그리고 내 생각으로는 이 책의 대다수 독자는) 린지의 요한계시록 읽기가 기이하고 아마도 심지어 재미있다고 생각할 것이다. 그러나 미래주의적 해석의 중심 되는 주장—요한계시록은 미래의 언젠가 일어날 일에 대해 말한다는 것—은 천년왕국적 읽기를 거부하는 많은 사람을 포함하여 폭넓은 스펙트럼의 그리스도인들에 의해 공유되고 있다. 그렇지만, 후자의 그리스도인 집단은 요한계시록에 나오는 이미지들이 매우 특정한 방식으로 해독될 수 있다는 것에 대해 의문을 가지고 있다. 그들은 요한계시록이 세상의 종말에 대해 모호하고 일반적인 용어로 말하고 있다고 여기고, 우리가 마지막 날에 살고 있을지에 관해 알려고 하는 시도를 오도된 해석 혹은 심지어 인간오만의 현시로 간주한다. 서로 다른 수준의 확신을 갖고 있지만, 대체로 하나님이 역사를 요한계시록의 전체 메시지에 일치하는 결론으로 이끌어 줄 것이라고 단언하는 바로 그 순간에, 그들은 미래를 하나님이 결정하도록 허락하는 것에 만족한다. 사실 이것은 아마도 대부분의 그리스도교 역사 내내 요한계시록 읽기의 전통적이고 상식적인 방식이었을 것이다. 다시 말해 요한계시록은 우리에게 미래에 관해 이야기하지만, 그것에 너무 매료되거나 혹은 우리가 그 상징적 언어의 의미들을 알아차렸다고 너무 자신해서도 안 된다.

그러나 만일 우리가 린지의 접근법이 기껏 해봐야 설득력이 없다고 생각한다면, 무엇이 잘못된 것인가? 단순히 린지가 세부적인 내용을 오해한 것인가? 열중한 나머지 그는 너무 독특해졌나? 비록 그때가 미래의 수백 년 혹은 수천 년 혹은 심지어 수백만 년 이후 일지라도 그리고 아무리 일반적인 방식일지라도, 요한계시록이 정말로 언젠가 일어날 일을 묘사하고 있다는 것은 사실인가? 혹은 미래주의적 접근법 자체—그것에 대한 린지의 설명뿐만 아니라—가 잘못된 것인가? 이러한 질문들은 우리를 두 번째 방식의 요한계시록 읽기로 이끈다.

과거-역사적 해석

과거-역사적 읽기는 요한계시록의 본문을 다만 그것이 쓰였던 당시의 **역사적 맥락** 속에 둠으로써 그 메시지를 이해할 수 있다는 믿음에서 생겨난 것인데, 이것은 요한계시록이 **과거에** 의미했던 것을 강조한다.[18] 이러한 읽기에서 요한계시록은 우리에게 저자가 자신의 시대

---

18 요한계시록에 대한 이러한 접근법은 그 책에 대한 현대의 학문적 연구의 토대가 되고, 거의 모든 주류 학자들이 이 접근법을 지지한다. 많은 학자는 이 접근법을 넘어서서

에 발생했을 것이라고 믿었던 것을 말해준다. 이 접근법은 요한계시록의 환상들이 1세기 말 소아시아의 특정한 그리스도인 공동체들에 보낸 편지 속에서 발견된다는 것을 진지하게 받아들인다. 이처럼 그 본문은 수천 년 후의 사람들에게 보낸 메시지가 아니라, (당시의) **그들에게** 보낸 메시지가 될 수 있다.

요한계시록 자체는 요한이 자신의 시대에 대해 생각하고 있다는 것을 보여준다. 프롤로그와 에필로그에서 일곱 번이나 요한은 가까운 미래에 관해 쓰고 있다고 그의 청중에게 말한다. 그의 첫 문장은 "이것이 예수 그리스도의 계시입니다. 이 계시는 **곧 일어나야 할** 일들을 그 종들에게 보이시려고 그리스도에게 주신 것입니다"라는 말로 시작된다. 두 절 뒤에 요한은 "이 예언의 말씀을 읽는 사람과 듣는 사람들과 그 안에 기록되어 있는 것을 지키는 사람들은 복이 있습니다. **그때가 가까이 왔기 때문입니다**"라고 말한다. 에필로그에서 가까움에 대한 강조는 다섯 번 나온다. 앞의 **고딕체**로 된 부분은 각각 한 번씩 반복되고, 세 번이나 저자는 "내가 **곧** 가겠다"는 말을 부활한 그리스도의 말로 돌렸다.[19]

이후 여러 세기의 그리스도인들은 "종종 하나님의 시간은 우리의 시간이 아니다"라고 말함으로써 '곧'과 '가까이'라는 말의 함축적 의미를 회피하려고 하였다. 신약성서 중에서 가장 늦게 기록된 문헌이 표현하듯이, "주님께는 하루가 천 년 같고, 천 년이 하루 같다."[20] 그러나

요한계시록의 문학적 그리고/혹은 미학적 그리고/혹은 정치적 의미를 강조하지만, 과거-역사적 읽기는 그들의 공통적인 토대이다.

19 요한계시록 1:1, 3; 22:6, 10, 12, 20.
20 베드로후서 3:8. 이 말은 시편 90:4을 반향하고 있다. 그 맥락은 그리스도 재림의 지연을 말하고 있다는 것이 흥미롭다. 베드로후서 3:1-10.

요한계시록의 원래의 청자들은 이런 조건이 붙은 '곧'이라는 말을 들었다고 생각했었을 리가 없다. 그들에게는 "아마도 곧… 아마도 지금으로부터 수천 년 후에"라는 생각이 들었을 리가 없다.

요한계시록의 프롤로그와 에필로그 외에 그 책의 본문 안에도 저자가 자기 시대의 현실에 관해 쓰고 있었다는 강력한 증거가 있다. 그 증거는 13장과 17장에서 매우 뚜렷하게 나타난다. 13장에서, 로마제국이 요한에게 알려진 세상을 지배하듯이, 바다에서 나온 뿔이 열 개 달린 짐승은 세상을 지배하고 예배를 요구한다. 로마제국의 황제들은 제국 전역에 걸쳐 그들을 예배하는 신전에서 주님과 신으로 불렸다. 13장 끝부분에서 우리는 '그 짐승'은 '그 수가 666'인 사람이라는 말을 듣는다. 고대에는 알파벳의 글자들이 숫자 값을 가지고 있었고, 이름을 숫자로 암호화하고 해독하는 기술을 **게마트리아**(gematria)라고 불렀다. **게마트리아**의 규칙을 사용해보면, 666이라는 숫자는 '카이사르 네로'로 해독된다.[21]

요한이 13장의 짐승과 그 당시의 로마제국을 동일시하려고 했다는 것은 17장의 '큰 창녀'의 환상 속에서 확인된다. 왕의 옷을 입은 이 여자는 13장에 나오는 짐승을 타고 오고, 그녀의 이름은 '큰 바빌론'이다.

---

21 요한계시록 13:18. 네로는 기원후 54년에서 기원후 68년 그가 자살할 때까지 황제였는데, 그때 그는 불과 30살 정도밖에 안됐다. '666'은 네로를 가리키기 때문에, 일부 사람들은 요한계시록이 약 30년 후인 도미티아누스 황제 통치 끝 무렵이라기보다는 오히려 네로의 통치 동안에 기록되었음이 확실하다고 생각해왔다. 그렇지만 두 가지 서로 다른 이유로 네로가 짐승의 이름이라는 것이 1세기 말의 연대 추정과 상충되지 않는다. 한편으로 네로가 죽지 않고 살아남아서 제국의 왕권을 주장하기 위해 돌아왔을 것이라는 소문이 있었다는 것이다. 다른 한편으로 네로는 그리스도인을 박해한 최초의 로마 황제였고, 그래서 네로라는 이름은 그리스도교 운동의 박해자로서 그의 역할 속에서 제국을 가리킨다는 것이다.

바빌로니아제국은 600여 년 전에 사라졌다. 그렇다면 왜 요한은 이 여자를 바빌론이라고 불렀는가? 역사적 맥락이 그것에 대한 답을 준다. 바빌론이 기원전 586년에 예루살렘과 성전을 파괴했던 것처럼, 로마도 기원후 70년에 예루살렘과 성전을 파괴했다. 일부 유대교와 그리스도교 사회에서 바빌론은 로마에 대한 상징적 이름이 되었다.[22]

바빌론이라는 이름의 이 여자와 로마의 동일시는 17장에 나오는 두 개의 더 세부적인 내용에 의해 완결된다. 그 여자는 '일곱 개의 산' 위에 앉아있다. 고대로부터 로마는 일곱 개의 언덕 혹은 산 위에 세워진 도시로 알려져 왔다. 그 동일시는 이 장의 맨 마지막 구절에서 분명해진다. "네가 본 그 여자는 세상의 임금들을 다스리는 통치권을 가진 큰 도시를 가리킨다."[23] 1세기에 이것은 로마를 의미하는 것일 수밖에 없었을 것이다. 요한에게 그 숫자가 666인 사람은 미래의 인물이 아니라 그 당시의 실제 인물이었다.

요한계시록의 이 증거 외에도 과거-역사적 읽기가 미래주의적 읽기를 대체하는 또 하나의 이유가 있다. 만일 요한이 사실상 수천 년 후 미래의 사건에 관해 쓰고 있다면, 그가 편지를 보낸 공동체들은 전혀 그의 편지를 이해할 가망이 없었을 것이다. 만일 뿔이 열 개 달린 짐승이 정말로 유럽경제공동체(혹은 어떤 다른 미래의 제국)라면, 만일 커다란 메뚜기가 정말로 공격용 헬리콥터라면 (혹은 어떤 다른 미래의 치명적인 기계를 상징한다면) 그리고 만일 2억의 군대가 어떤 미래의 나라 군대를 말한 것이라면, 요한계시록의 메시지는 그 편지가 전달된 사람들에게 아무런 의미도 없었을 것이다. 요한은 특정한 청중에

---

22 신약성서에서는 베드로전서 5:13을 보라.

23 요한계시록 17:9, 18.

게 편지와 묵시를 보냈지만, 그 메시지는 그들을 위한 것이 아닐 수도 있었을 것이다.

이 모든 이유로, 요한계시록의 과거-역사적 읽기는 요한이 그의 시대의 현실에 관해 쓰고 있었다고 단언한다. 물론 요한은 미래에 관해서도 쓰고 있었지만, 그것은 요한이 곧 일어날 것이라고 예상한 미래였지, 우리의 시점에서 여전히 미래가 되는 그런 미래가 아니었다. 요한이 쓴 편지를 받았던 공동체에 보내는 그의 메시지는 경고(특별히 2장과 3장의 편지에서)와 격려가 혼합되어 있다. 나는 곧 그의 메시지에 대해 더 많이 말할 것이다. 우선 그것을 세 가지로 간결하게 요약해보면 다음과 같다.

— 외모는 반대로 보임에도 불구하고, 그리스도는 주님이고 카이사르와 짐승은 주님이 아니다.
— 하나님은 곧 짐승과 그 짐승의 화육(incarnation)인 카이사르의 지배를 뒤집어엎으려고 할 것이다.
— 그러므로 지키고, 참고, 확신을 가지고, 용기를 내고, 믿음을 가져라.

요한계시록의 과거-역사적 읽기는 중요한 함축적 의미를 지니고 있다. 그 함축적 의미를 분명히 밝히자면, 요한계시록은 미래를 예언하는 것으로, 즉 예언으로 간주되는 한에서 잘못된 예언이라는 것이다. 저자가 곧 일어날 것이라고 기대했던 일은 일어나지 않았다. 로마 제국은 대략 300년 정도 더 지속했었고, 그 제국이 몰락했을 때 그 붕괴의 서막이 되는 사건들은 요한의 환상 속에서 언급된 것들과 같지 않았다.

다시 말해 과거-역사적 해석은 성서는 신이 보장한 신적인 산물이 아니라 인간의 산물이라는 것을 진지하게 받아들인다. 그것은 성서가 잘못될 수도 있다는 것을 인정한다.

이러한 인식은 "요한의 묵시록을 진지하게 생각한다는 것이 무슨 의미인가"라는 의문을 제기한다. 만일 요한의 상징, 환상 그리고 종말의 시나리오를 1세기에서 우리 시대 혹은 아직은 미래에 속하는 어떤 시간으로 투사한다면, 우리는 그것을 진지하게 생각하고 있는 것인가? 요한계시록이 말하고 있는 일이 아직도 앞으로 일어날 것이라고 단언함으로써, 우리는 그 책의 메시지를 존중하고 있는 것인가? 요한계시록의 미래주의적 읽기와 과거-역사적 읽기 중에서 어느 것이 본문을 더 진지하게 생각하는가? 천년왕국적 읽기가 요한계시록을 더 진지하게 받아들이고 있다고 주장하지만, 아이러니하게도 사실은 그렇지 않다. 왜냐하면 그 읽기는 요한이 그의 편지를 받는 사람들에게 말하고자 했던 것을 무시하기 때문이다.[24]

요한계시록의 과거-역사적 읽기는 또 예수의 재림에 관해 어떻게 생각해야 하느냐의 문제를 제기한다. 밧모의 요한뿐만 아니라 다른 초기 그리스도인들도 예수의 재림이 곧 있을 것이라고 믿었다. 예를 들어 마가복음과 마태복음의 저자들은 '인자'가 곧 올 것이라고 말하는데, 이는 예수의 재림을 말하는 것 같다. 요한복음도 임박한 재림을 말한다. 비록 그 저자가 재림의 개념을 문자 그대로 받아들였는지가 분명하

---

24 브라운은 그가 "뚜렷하게 명확한 진술"이라고 부른 것 속에서 "하나님은 세상이 어떻게 시작되고 어떻게 끝날 것인가에 관한 세부적인 내용을 인간에게 드러내 보이지 않았고, 이것을 인식하지 못하면 성서의 첫 번째 책과 마지막 책을 둘 다 오해할 가능성이 높다. 요한계시록의 저자는 세상이 어떻게 혹은 언제 끝날지를 알지 못했고, 다른 누구도 알지 못한다"라고 쓰고 있다. 그의 책 *An Introduction to the New Testament*, 810.

지는 않지만 말이다. 바울 편지의 구절들도 같은 기대를 가리켰다.

분명히 이 초기 그리스도인들의 생각은 틀렸다. 우리는 이것을 어떻게 해야 하는가? 그들의 기대는 옳았고 예수는 정말로 다시 오겠지만, 그들의 시간 선택이 틀렸다고 말해야 하는가? 여러 가지 이유로 나는 미래에 있을 그리스도의 가시적인 재림을 기대하는 것이 타당하다고 생각하지는 않는다. 그렇지만 그 믿음은 예수가 그리스도인들의 삶 속에서 되풀이해서 온다는 확언으로, 즉 은유적으로 이해될 수 있다. 다시 말해 성찬식에서, 해마다 하는 성탄 축하에서, 그리스도의 현존으로서 성령 체험 속에서 그리고 또한 아마도 다른 방식으로 예수는 되풀이해서 올 수 있다는 말이다.[25]

큰 주제들

그러나 요한계시록은 잘못된 예언 그 이상이다. 요한계시록은 영향력이 있다.[26] 하나님과 그리스도에 관한 요한계시록의 초자연적인 언어는 그리스도교 예배, 전례 그리고 예술로 통합되어왔다. 가시적 세계를 초월하는 또 하나의 실재에 대한 요한계시록의 확언은 영감, 희망 그리고 용기의 원천이었다. 그것의 원형적 이미지는 삶의 정치

---

25 더 상세한 설명을 위해서는 Marcus Borg and N. T. Wright, *The meaning of Jesus: Two Visions* (San Francisco: HarperSanFrancisco, 1998), 13, 194-196.

26 *The Writings of the New Testament*, 513에서 존슨(Luke Timothy Johnson)은 "요한계시록은 사실이나 불일치로 결코 축소될 수 없는 영향력을 가지고 인간 정신의 깊고, 고뇌에 사로잡힌 어떤 것에 대해 이야기하는 진귀한 작품 중 하나다"라고 논평했다.

적 영역과 영적 영역 둘 다 이야기한다. 사실 그것은 그러한 영역들을 분리하기보다는 통합시킨다.

두 주님(Two Lordships) 이야기

요한은 요한계시록의 중심 되는 갈등을 여러 가지 방식으로 묘사한다. 가장 중요한 것 중의 하나는 그리스도의 주권과 카이사르의 주권이라는 경쟁적 주권 사이의 갈등이다. 카이사르가 주님인가, 아니면 예수를 통해 알려진 하나님이 주님인가? 물론 요한의 대답은 분명하다. 그러나 그것을 완전히 이해하기 위해서 우리는 카이사르를 지지하는 주장들을 알아야 한다.

아우구스투스 황제가 율리우스 카이사르(Julius Caesar)의 암살 후에 이어진 파괴적인 내전을 종식한 이후로 줄곧 팍스 로마나(Pax Romana, 로마의 평화)와 '황금시대'(golden age)가 시작되었는데, 이는 로마의 황제들이 신적인 칭호를 받았다는 말이다. 그들은 신의 아들(*filius deus*), 주님(*dominus*) 그리고 심지어 신(*deus*)으로 알려졌다. 아우구스투스는 지상에 평화를 가져다준 구세주(savior)로 예고되었다. 소아시아에서 기원전 9년에 기록된 비문은 다음과 같이 말하고 있다.

> **가장 신성한 카이사르**… 우리는 그분이 **모든 사물의 시초**와 동등함을 알아야 한다. … 우리의 존재 전체를 통제하시는 신(Providence)께서… 우리의 삶을 완성의 절정에 이르게 하시려고 우리에게 황제 아우구스투스를 주셨으며… 그분을 **구세주**로 우리에게 보내주시어 전쟁을 종식시키셨다. … **신 아우구스투스의 탄신일**은 전 세계를

위한 **기쁜 소식**(그리스어로 euaggelion이고, 일반적으로 '복음'으로 번역된다)의 시작이 되었다.[27]

제국 전역에 걸쳐있는 황제숭배(imperial cult)의 신전들에서는 황제에 대한 예배가 드려졌다. 그러한 예배 때문에 지역 주민들이 자신들의 종교를 지키지 못하지는 않았다. 그러나 그 예배는 사실 카이사르와 제국의 통치에 종교적 정당성을 제공하는 원동력이 되었다.

이것에 반대해서, 요한은 하나님과 '어린 양', 즉 예수 안에 알려진 하나님의 유일한 주권을 선포한다. 예수에 대한 요한의 첫 번째 묘사는 그를 "신실한 증인이시요 죽은 사람들의 첫 열매이시요 **땅 위의 왕들의 지배자**"로 말한다.[28] '신실한 증인'으로서 그는 죽임을 당한, 로마의 권력에 의해 처형된 어린 양이다. "죽은 사람들의 첫 열매"로서 그는 하나님에 의해 무죄로 입증되고 높여졌으며, 로마를 주님인 체하는 거짓 주님으로 폭로하였다. 이제 그는 하나님과 함께 보좌에 앉아서 통치하고, "**땅 위의 왕들의 지배자**"가 되었다 .

요한계시록 전반에 걸쳐 카이사르가 요구한 존경과 찬미는 카이사르 대신에 하나님과 예수에게로 바쳐진다. 요한계시록의 많은 부분은 송영(doxology)이고, 그 찬양시는 이후로 줄곧 그리스도교 찬송가의 작사자들을 위한 원천이 되었다.

거룩하십니다. 거룩하십니다. 거룩하십니다. 전능하신 분, 주 하나님!

---

27 Richard Horsely, *The Liberation of Christmas* (New York: Crossroad, 1989), 27에서 발췌. 25-33도 보라. 인용한 본문 중 고딕체는 저자가 첨가한 것이다.
28 요한계시록 1:5.

죽임을 당하신 어린 양은 권세와 부와 지혜와 힘과
존귀와 영광과 찬양을 받으시기에 합당하십니다.

찬송과 영광과 지혜와 감사와 존귀와 권능과 힘이
우리 하나님께 영원무궁하도록 있습니다.

세상 나라는 우리 주님의 것이 되고, 그리스도의 것이 되었다.
주님께서 영원히 다스릴 것이다.

할렐루야, 주 우리 하나님,
전능하신 분께서 왕권을 잡으셨다.[29]

예수가 주님이고 카이사르는 주님이 아니다. 요한은 이 확언을 신
약성서 전체와 공유했다.

고대의 우주적 전투 신화

요한계시록이 영향력 있는 이유들 중의 하나는 가장 널리 퍼진 인
류의 원형적 이야기 중의 하나, 즉 고대의 우주적 전투 신화를 요한이
사용하고 있다는 것이다. 요한은 그 신화에 의지해서 두 주님의 주제
를 계속 이어가고, 제국에 대한 그의 고발을 심화시키고 확대해 나간다.
우주적 전투 신화는 고대 및 현대의 많은 문화권에서 나타나며, 여
러 가지 형태를 갖추고 있다.[30] 전형적인 줄거리는 선과 악 사이의 우

---

29 순서대로 요한계시록 4:8, 5:12, 7:12, 11:15, 19:6.

주적 충돌에 관한 이야기다. 고대 세계에서 그 충돌은 빛, 질서 그리고 생명의 신(혹은 신들)과 어둠, 무질서 그리고 죽음의 악한 세력 사이의 싸움이다. 보통 악한 세력은 용이나 바다의 괴물이나 원시적인 뱀으로 그려졌다.

고대 근동의 우주적 전투 신화는 세계에서 가장 오래된 창조 이야기들 중의 하나인 에누마 엘리시(Enuma Elish)에 나온다. 그 이야기에서 마르두크(Marduk)는 바다와 연관된 머리 일곱 개를 가진 혼돈의 괴물, 즉 티아마트(Tiamat)를 죽임으로써 세상을 창조한다. 바빌론에서는 그 원시적인 전투가 매년 예배의식으로 재연되었다.

고대의 우주적 전투 신화의 흔적들은 히브리 성서에서도 발견된다. 시편 74편에 의하면, 하나님은 "물에 있는 용들의 머리를 깨뜨려 부수셨으며, 레비아탄(Leviathan, 리워야단)의 머리를 짓부수셨다."[31] 이사야의 구절들도 이 신화를 반향하고 있다. "그날이 오면, 주님께서 줍고 예리한 큰 칼로 벌하실 것이다. 매끄러운 뱀 레비아탄, 꼬불꼬불한 뱀 레비아탄을 처치하실 것이다. 곧 바다의 괴물을 죽이실 것이다."[32] 욥기는 라합과 레비아탄으로 명명된 용 혹은 바다 괴물을 여러

---

30 Walter Wink, *Engaging the Powers* (Minneapolis: Fortress, 1992), 13-31을 보라. 월터 윙크(Walter Wink)는 현대의 안보체제 국가(national-security states)의 정책에서뿐 아니라 연재만화, 텔레비전 만화, 스파이 스릴러(thrillers) 그리고 영화에서도 현존하는 우주적 전투 신화에 대해 주목하지 않을 수 없는 분석을 한다. 나는 이 책의 탁월함에 거듭해서 감명을 받는다. 그래서 이 책을 모든 사람에게 권한다. Robert Jewett, *The Captain America Complex*, rev. ed. (Santa Fe: Bear, 1984); 그리고 Robert Jewett and John Sheldon Lawrence, *The American Monomyth* (Garden City, Doubleday, 1977)도 보라.

31 시편 74:12-13. 시편 89:9-10. 여기서는 그 원시적인 괴물이 라합으로 불린다.

32 이사야 27:1; 51:9도 보라. "라합을 토막 내시고 용을 찌르시던 바로 그 팔이 아니십니까?" 이사야 30:7에서 이집트는 '라합'으로 불리었다. 에스겔 29:3도 보라. 여기서는

번 언급한다.33

　신약성서에서는 우주적 전투 신화가 예수의 죽음과 부활에 대한 가장 핵심적인 해석 중 하나의 배후에 숨어있다. 종종 '승리자 그리스 도'로 불리는 성 금요일과 부활절에 대한 해석은 예수의 죽음과 부활을 하나님이 인간을 속박하고 있는 권력과 권세를 패퇴시킨 수단으로 묘사하고 있다.34 성서 이후의 그리스도교 전통에서는 우주적 전투 신화가 가장 일반적인 그리스도교의 성상 중의 두 개에 반영되어 있는데, 그것은 용을 죽이는 성 조지(St. George)와 용과 싸우는 대천사 미카엘(archangel Michael)이다.

　우리 시대에서는 이 고대 신화가 영화 스타워즈의 핵심적인 구성 요소이다. 이 영화는 그 가장 강렬한 대표자가 '죽음의 별'의 사령관인 다스 베이더 경, 즉 어둠의 제국에 맞서 광선검을 휘두르는 제다이 기사들 사이의 싸움 속에 상징화된 선과 악의 전투이다. 스타워즈 무용담의 인기는 굉장히 멋진 특수 효과 때문만이 아니라 그것이 이 고대 이야기의 재연(re-presentation)이기 때문이다. 스타워즈 시리즈는 인간의 기억과 의식 속 깊은 곳에 있는 어떤 것을 이용한다. 그것은 선과 악의 싸움에 대한 인식과 선이 승리할 것이라는 갈망이다. 따라서 요한계시록과 스타워즈는 같은 이유로 영향력을 지니고 있다.

　그 신화는 그리스-로마 문화에서도 잘 알려져 있었다. 그러한 맥락 속에서 그 신화의 일반적인 형태는 아폴론 신(제우스의 아들이고 따

　파라오가 '커다란 악어'로 불리어진다.

33 욥기 7:12; 9:13; 26:12-13과 41장 전부.

34 특별히 예수의 죽음과 부활에 대한 그리스도교적 해석에 관한 아우렌(Gustav Aulen)의 대표적인 연구를 보라. Christus Victor trans. *A. F. Hebert* (New York: Macmillan, 1969; first published in 1931)

라서 신의 아들)과 고대의 괴물, 즉 파이돈(Python)에 관한 이야기였다. 아폴론의 어머니인 레토(Leto)가 막 아기를 낳으려고 할 때, 파이돈은 그 아이를 집어삼킬 기회를 찾고 있었다. 그렇지만 아폴론은 무사히 출산되었고, 성장한 후 그는 파이돈과의 전투를 벌였고, 그를 죽였다. 이 이야기는 (여러 곳에서) 반복해서 나오는데, 모두 같은 이야기다.

밧모의 요한은 고대 신화의 이 판본을 분명히 알고 있었고, 그 신화는 요한계시록의 많은 부분을 형성하고 있다.[35] 그 전투는 이제 하나님과 "죽임을 당한 어린 양"을 한편으로 하고 용, 고대의 뱀, 사탄이며 악마인 심연에서 나온 짐승을 다른 한편으로 하는 둘 사이의 싸움이다. 고대의 티아맛과 레비아탄(Leviathan)처럼, 요한계시록 13장의 짐승도 일곱 개의 머리를 가지고 있다. 흰옷을 입은 군대가 짐승과 사탄을 패배시켜 밑바닥이 없는 구덩이에 던지고, 그다음에 불의 바다에 던져버리면서 그 전투는 절정에 이른다. 요한은 이제껏 알려진 가장 강력한 이야기 중의 하나를 전하고 있다.

계시와 제국

그러나 요한계시록에 깜짝 놀랄 만한 정치적 차원을 제공해주는

---

35 고대의 우주적 전투 신화가 요한계시록을 형성하는 방식에 대해서는 Adela Yarbro Collins, *The Combat Myth in the Book of Revelation* (Missoula: Scholars Press, 1976)을 보라. 또 Boring, *Revelation, 151; Wink, Engaging in the Powers*, 90-93; Collins, *Crisis and Catharsis: The Power of the Apocalypse* (Philadelphia: Westminster, 1984), 148-150에 나오는 간결한 설명도 보라. Collins는 148쪽에서 "기본적인 구성 혹은 형식은 요한계시록의 모든 일련의 환상 속에서 발견되는데, 일곱 개의 봉인(6장)에서 시작하여… 더 정교한 형태로, 예를 들어 19:11-22:5에 이르는 구절들 속에서 발견된다"고 한다(고딕은 추가된 것임).

것은 용의 정체에 대한 요한의 확인이다. 요한은 단순히 원시 시대 신들 사이의 신화적인 전투에 대해서만 이야기하는 것이 아니라 자신의 시대에서 진행되고 있는 싸움에 대해서도 이야기하고 있다. 요한에게는 용의 현재적 화육이 바로 로마제국이다. 이미 말했듯이 짐승의 정체가 로마제국이라는 사실은 13장과 17장에서 매우 분명하게 드러난다.

게다가 요한은 아폴론과 파이돈의 이야기에 대한 로마제국의 판본을 비난하듯 반전시킨다. 카이사르 아우구스투스와 네로는 신의 아들이자 무질서와 어둠과 죽음의 신비적 권세인 파이돈을 죽임으로써, 자신들을 질서와 평화의 황금시대를 가져온 빛의 신으로 불렀다.

요한은 아폴론의 출생 이야기를 흉내 내고, 요한계시록 12장에 나오는 환상 속에서 그 출생 이야기에 관한 제국의 판본을 뒤집는다. 요한의 이야기에는 만국을 다스리게 될 아들을 막 낳으려고 하는 한 여자가 나온다. 커다란 용이 그 아이를 집어삼키려고 기다리고 있지만, 그 아이는 구조되어 하나님의 보좌로 올라가게 된다. 요한에게는 그 아이가 물론 예수다. 그다음에 하늘에서 미카엘과 그의 천사들이 용에 맞서 싸우고, 그를 패배시키는 장면이 보인다. 비록 그 전쟁은 하늘에서 일어났지만, 용을 패배시킨 수단은 지상에서 일어난 사건이었다. 그 용은 "어린 양에 피에 의해", 즉 예수의 죽음에 의해 정복되었다. 그 결과 용은 땅에 던져지고, 그의 권위와 권세와 보좌를 요한계시록 13장의 처음에 나오는 머리가 일곱인 '바다에서 올라온 짐승'에게 준다.

이것이야말로 로마의 아폴론 출생 이야기의 놀라운 전복이다. 카이사르가 아니라 예수가 아폴론이고, 예수는 지상에 참 평화의 황금시대를 가져오는 세상의 빛이다. 카이사르와 로마제국은 짐승을 죽이는 아폴론이 아니며, 그들은 용, 짐승, 고대의 뱀의 화육이다. 로마는 자신이 주장하는 것과 정반대되는 존재이다. 다시 말해 지상에 평화를 가져올 것이라고 주장했고, 황제들을 주님, 구세주, 신의 아들 그리고 심지어 신으로 여겼던 제국은 사실 무질서, 폭력 그리고 죽음의 화육이었다는 것이다.

로마는 무엇이 잘못됐는가?

요한계시록이 로마제국을 가장 강경한 어조로 비난하고 있다는 것은 이처럼 분명하다. 그러나 왜 그랬는가? 로마는 무엇이 잘못됐는가? 왜 요한은 로마제국을 '짐승'으로 불렀는가?

이전 세대의 학자들은 그 이유를 로마의 그리스도인 박해로 여겼다. 특히 이 학자들은 요한의 공동체들이 서기 95년경 도미티아누스 황제의 명령으로 발생한 심각한 박해에 직면하고 있었다고 생각했다. 이 초기의 견해에 따르면, 도미티아누스는 자신이 황제의 신전에서 '주님'과 '신'으로 인정받아야 한다고 요구했다. 그렇게 하기를 거부하는 것은 체포와 처형을 의미했다.

그렇지만 더 최근에 와서 학자들은 도미티아누스 당시 심각한 박해가 있었다는 주장을 뒷받침할만한 역사적 증거가 거의 없다는 결론을 내렸다. 일부 학자들은 박해가 전혀 없었다고 주장하고, 다른 학자들은 단지 소수의 제한된 박해만 있었다고 주장하지만, 대부분의 학자들은 그 당시에 대규모의 박해는 없었다고 주장했다.[36]

---

36 일부 학자들은 도미티아누스 시대에 어떤 공식적인 로마의 그리스도인 박해가 있었다는 것은 사실이 아니라고 말한다. (대규모는 아니지만) 소수의 박해가 있었다는 설득

요한이 일곱 교회에 보낸 편지에서 말하고 있는 것은 대규모의 박해보다는 소수의 박해와 일치한다. 그의 편지를 받은 공동체들은 단한 명의 순교자, 즉 안디바(Antipas)라는 이름의 한 사람만을 언급한다. 그리고 다가올 박해와 재판에 대해서도 경고를 하지만, 이런 일들이 이미 시작되었는지는 분명하지 않다.[37] 요한계시록에서 요한은 몇차례 순교자들에 대해 언급하지만, 이들은 아마 30여 년 전 네로 시대의 순교자들일 것이다.

왜 박해의 정도가 중요한가? 그것은 요한이 왜 로마를 '짐승'으로 불렀는지에 대한 우리의 인식에 영향을 미치기 때문이다. 만일 요한의 시대에 그리스도인들에 대한 로마의 대규모 박해가 있었다면, 그 박해는 그리스도인들에게 행한 것이기 때문에 로마는 '짐승'이었을 것이다. **이것**이 바로 로마가 하나님의 진노와 파괴에 직면하게 된 이유였다. 요한의 메시지는 실제로 "로마가 우리를 힘들게 했기 때문에, 하나님이 로마를 파괴할 것이다"라는 말이었을 것이다.

이 문제를 이런 식으로 이해하면, 중요하면서도 필연적인 결과가 나오게 된다. 그것은 만일 카이사르가 자신을 '주님'과 '신'으로 부르지 않았다면, 그가 제국의 사당에서 예배를 요구하지 않았다면, 그가 그리스도인들을 그대로 내버려 두었다면, 카이사르와 로마제국이 괜찮았을 수도 있었다는 것을 암시한다. 요컨대 이러한 읽기는 그 문제를 좁게 종교적인 것으로 해석하여, 로마에 대한 요한의 고발을 억제하도

력 있는 주장에 대해서는 Raymond Brown, *An Introduction to the New Testament*, 807-809를 보라.

37 안디바는 요한계시록 2:13에서 언급된다. 편지에서 다가올 박해에 대한 언급은 2:10과 3:10에 나왔다. 1:9도 보라.

록 한다. 그것은 만일 로마가 그리스도인들에게 '종교적 자유'를 허락했다면, 그리스도인들이 로마와 아무런 문제가 없었음을 암시한다.

요한계시록이 몰아붙이는 열정 때문에, 그리스도인들에 대한 박해는 무시할 수 없다. 그렇지만 용의 화육으로, 세상을 혼돈 속으로 몰아넣는 머리가 일곱 개 달린 고대의 괴물로서 로마에 대한 요한의 고발을 설명해주는 것은 박해자로서 로마뿐만 아니라 제국으로서 로마라는 명백한 표시가 있다.

최근의 연구는 이 방향으로 진행되었다. 최근의 연구는 요한계시록을 로마제국에 대한 강력한 고발로 본다. 그리스도인들에 대한 로마제국의 박해 때문만이 아니라 로마제국이 인간 역사의 너무도 많은 부분을 특징지었던, 그 당시 지배체제의 화육이었기 때문이다.[38]

제국에 대한 고발

이 책의 앞에서 고대의 지배체제는 정치적 억압, 경제적 착취 그리고 종교적 정당화의 그물망으로 묘사되었다.[39] 권력과 부를 가진 엘리트들은 자기들에게 이익이 되도록 사회를 통제했고, 그들이 강요한 질서를 하나님의 뜻으로 선언했다. 로마제국에 대한 고발에서 요한은

---

38 이런 관점에 찬성하는 가장 일관된 최근의 연구는 Howard-Brook and Gwyther, *Unveiling Empire*이다. Ward Ewing, *The Power of the Lamb* (Cambridge, MA: Cowley, 1990)과 Wink, *Engaging the Powers*, 89-104도 보라. 또 William Stringfellow, *Conscience and Obedience* (Waco: Word Books, 1977)과 Daniel Berrigan, *Beside the Sea of Glass: The Song of the Lamb* (New York: Seabury, 1978)과 *Nightmare of God* (Portland, OR: Sunburst, 1983)도 보라.

39 앞의 5장을 보라.

이런 특징들을 모두 정확히 말했다.[40]

정치적 억압

로마는 유혹, 협박 그리고 폭력의 결합을 통해 1세기의 세계를 통제했다. 로마제국은 스스로를 여신 로마라는 형태의 여자로 인격화했다. 그래서 요한도 로마를 여자로 인격화하지만, 화려한 옷을 입은 '큰 창녀', 즉 "세상의 왕들이 함께 음행을 하는"[41] 매력적으로 유혹하는 여자로 인격화한다. 그녀는 유혹을 할 뿐만 아니라 마술을 쓰고, 세상 사람들을 홀려 제국의 방식을 따르도록 했다.[42]

로마는 유혹하는 마녀일 뿐만 아니라 협박과 폭력을 통해 지배하는 잔인한 짐승이다. "온 세상은 그 짐승을 따라갔다." 그들은 "누가 이 짐승과 같으랴? 누가 이 짐승과 맞서 싸울 수 있으랴?" 하고 말했다.[43] 협박이 적절하지 않을 때, 제국은 잔인한 폭력을 사용했다. 요한은 약 25년 전에 있었던 로마의 유대 재점령, 대규모의 십자가 처형 그리고 예루살렘과 성전의 파괴에 대해 알고 있었다. 요한은 베드로와 바울을 포함한 그리스도인 순교자들에 대한 로마의 처형도 알고 있었다. 그러나 요한의 시대의 제국 속에 화육한 짐승은 그리스도인 순교자들뿐만 아니라 예언자들과 수많은 다른 사람들을 살해한 자이다. "예언자들의 피와 성도들의 피와 땅에서 죽임을 당한 모든 사람의

---

40 Wink, *Engaging the Powers*, 99. "제국을 더 위축시키는 정치적이고 경제적인 비판은 결코 기록된 적이 없었다."

41 요한계시록 17:3; 18:3.

42 요한계시록 18:23. Wink, *Engaging the Powers*, 93. "사실 사람들에게 해로운 체제이지만, 그것 안에서 사람들이 이득을 본다고 믿도록 만들어야 한다."

43 요한계시록 13:3-4.

피가 이 도시에서 발견되었기 때문이다."[44] 무엇보다도 요한은 '어린 양' 예수를 죽인 제국의 매우 잔인한 권력에 대해 알고 있었다. 예수를 처형함으로써, 제국은 자신의 운명을 결정지었을 뿐만 아니라 스스로를 짐승으로 드러냈다. 왜냐하면 하나님이 제국의 권력에 맞서 '죽임을 당한 어린 양'의 무죄를 입증하셨기 때문이다.

경제적 착취

'큰 창녀'와 '큰 바빌론'으로 인격화한 여신 '로마'에 대한 요한의 묘사가 얼마나 많이 로마의 부를 강조하고 있는지는 주목할 만하다. 18장은 로마의 몰락을 상상력이 풍부하게 축하한다. 그렇게 하면서 18장은 로마의 사치를 이렇게 묘사한다. "그 도시가 그렇게 자기를 영화롭게 하고, 사치하였으니… 고운 모시옷과 자주색 옷과 빨간색 옷을 입고 금과 보석과 진주로 꾸민 큰 도시야." 그 도시의 "상인들이 땅의 세도가로 행세하고", "세상의 왕들은 그 도시와 더불어 방탕한 생활을 하였다."[45] 요한은 세상의 부를 지배체제의 중심지인 로마로 실어 나르는 화물선을 생생하게 묘사하고 있다. 요한의 화물 목록에는 사치품, 농산물 그리고 인간 노예가 포함되어 있다.

> … 금과 은과 보석과 진주요, 고운 모시와 자주 옷감과 비단과 붉은 옷감이요, 각종 향나무와 각종 상아 기구와, 값진 나무나 구리나 쇠나 대리석으로 만든 온갖 그릇이요, 계피와 향료와 향과 몰약과 유향이요, 포도주와 올리브기름과 밀가루와 밀이요, 소와 양과 말과 병거와 노예와 사람의 목숨.[46]

---

44 요한계시록 18:24.
45 요한계시록 18:7, 9, 16, 23.

그러나 이 모든 것은 끝날 것이다. "온갖 화려하고 찬란한 것들이 네게서 없어졌다." 로마의 착취로부터 부자가 된 사람들은 슬퍼할 것이다. "화를 입었다. 화를 입었다. 큰 도시야! 바다에 배를 가진 사람은 모두 그 도시의 값진 상품으로 부자가 되었다."[47]

종교적 정당화

종교적 정당화에 대해서는 더 말할 필요가 거의 없다. 로마의 지배가 신들의 뜻을 반영한다는 로마제국의 주장은 이미 강조했다. 요한은 요한계시록의 후반부에서, 사람들에게 '그 짐승'을 예배하게 하는 '거짓 예언자'에 대한 묘사 속에서 이것을 말했다.[48]

이미 살펴본 것과 같이, 요한이 로마를 고발한 것은 단지 로마가 그리스도인들을 박해했기 때문만이 아니고, 그것이 지배체제의 화육이기 때문이다. 다른 형태의 화육이지만 그와 똑같은 지배체제는 모세 시대 당시의 이집트와 멸망 이전, 히브리 성서 예언자들의 시대 때의 이스라엘에게도 알려져 있었다. 로마와 그 짐승은 고대의 혈통을 지니고 있다. '큰 바빌론'은 로마의 암호명일 뿐만 아니라 권세, 부, 유혹, 협박 그리고 폭력을 둘러싸고 조직된 모든 지배체제를 나타낸다. 고대든 현대든, 그것이 어떤 역사적 형태를 취하더라도, 제국은 예수 안에 드러난 하나님 나라와 정반대되는 존재이다.

이 분석은 일곱 개의 교회들에 보낸 요한의 편지 내용과 일치한다. 이 공동체들의 일부는 (혹은 아마도 모두는) 한 세대 전에 설립되었다.

---

46 요한계시록 18:12-13.

47 요한계시록 18:14, 19.

48 Wink, *Engaging the Powers*, 93. 그것은 "국가와 국가의 지도자들을 신성하다고 선언하는 시민종교를 통하여 개종시킨다."

우리는 그 공동체들이 처음에는 대안적 사회의 비전으로 살아가는 매우 평등주의적인 공동체들인 바울의 공동체들과 비슷했던 것으로 상상할 수 있을 것이다. 한 세대가 지나고, 이제 일부 공동체는 설립 당시의 강력하고 열정적인 비전에서 멀어지기 시작하고 있다.

요한은 그의 일부 공동체에 박해의 가능성을 경고하지만, 그것이 그의 초점은 아니다. 개별 집단들에게 보내는 그의 메시지는 예수에 대해 신실했던 어떤 사람들을 칭찬하고, 제국의 문화와 가치를 수용한 다른 사람들을 꾸짖고, 그들에게 자신들이 처음에 들었던 것으로 돌아가라고 명령한다. 부정적인 말을 전혀 듣지 않았던 서머나와 빌라델비아의 공동체들은 가난하지만 부유하고, 힘은 거의 없지만 예수의 말에 신실하다고 칭찬을 받는다.

에베소의 공동체에는 그 구성원들이 처음에 가졌던 사랑을 버렸다고 꾸짖고, 회개하고 "처음에 하던 일을 하라"고 강력히 권고한다. 버가모와 루아디라의 공동체에는 순응의 징후인 우상의 제물이었던 음식을 먹었다고 비난한다. 요한은 사데의 사람들에게 "너는 살아있다는 이름은 있으나, 실상은 죽은 것이다"라고 말한다. 사데공동체는 "아직 남아있지만 막 죽어가는 자들을 굳건하게 하고", "네가 받고 들은 것을 기억하라"는 권고를 받는다. 부유하고 번창하게 된 라오디게아의 공동체는 "미지근하여 뜨겁지도 않고 차지도 않다"고 비난받는다. 누적된 비난으로 볼 때, 요한의 부정적인 비난은 더는 자신들과 제국의 세계를 구별하지 않는 공동체들을 드러내고 있다.

이 맥락에서 볼 때 로마에 대한 요한의 묘사가 의미하는 것은 "로마는 짐승이니까 예수의 비전을 배신하지 말고, 제국에 순응하지 말라"는 것이다. 제국의 세계인 큰 바빌론에 관해 쓰면서, 요한은 자신의 말로 "내 백성아, 그 도시에서 떠나거라. 너희는 그 도시의 죄에 가담하지 말고, 그 도시가 당하는 재난을 당하지 않도록 하여라. 그 도시의 죄는 하늘에까지 닿았다"고 했다.[49]

두 도시 이야기

두 주님 이야기는 두 도시 이야기로 끝난다. 요한계시록의 절정은 매우 다른 종류의 두 도시에 대한 비전이다. 요한은 큰 바빌론과 그것의 몰락에 대한 환상을 본 후에, 하늘에서 내려오는 '새 하늘과 새 땅'과 '새예루살렘'을 본다. 방금 기술한 큰 바빌론은 로마제국일 뿐만 아니라 도시 로마이다. 새예루살렘은 하나님의 나라일 뿐만 아니라 하나님의 도시이다. 따라서 계시는 두 도시에 관한 이야기인데, 한 도시는 심연(abyss)에서 오고, 나머지 한 도시는 하나님에게서 왔다.[50]

새예루살렘에 대한 요한의 환상은 매우 상징적이고, 그 세부적인 것은 어느 것이나 모두 히브리 성서에 나오는 이미지를 바탕으로 하고 있다. 그의 상징주의는 인간의 가장 깊은 갈망을 넘어서는 그리고 그 갈망에 대해 말하는 바로 그 순간에 창조와 낙원 이야기를 반향하고

---

49 요한계시록 18:4. Gerd Theissen, *The Religion of the Earliest Churches*, trans. John Bowden (Minneapolis: Fortress, 1999), 244의 논평을 보라. 요한은 "공동체와 세상 사이를 틀어지게 한다. 큰 문제는 황제숭배가 아니라 교회의 많은 그리스도인과 이교도 세계 사이의 경계의 약화, 이교도의 문제, 이교도 사회이다." 요한은 "이 세계에 동화되어 가는 공동체의 경향에 저항하려고 한다. … 로마제국이 그리스도인들에 대한 선전포고를 한 것이 아니라 한 그리스도인 예언자가 로마제국에 대한 선전포고를 했다."

50 두 도시 사이의 대칭적인 대조를 보여주는 두드러진 도표에 관해서는 Howard-Brook and Gwyther, *Unveiling Empire*, 160과 "Babylon or New Jerusalem?"에 관한 157-196을 보라.

있다.

요한은 '새 하늘과 새 땅'을 본다.[51] 그것은 새 창조이고, 새 창조 안에서는 "더 이상 바다가 없다." 제국이 잇따라 생겨났던, 고대 괴물의 거처인 바다는 사라졌다. 그다음에 그는 "남편을 위하여 단장한 신부와 같이" 새예루살렘이 하늘에서 내려오는 것을 보고, 하나님이 이제 인간과 함께 있다고 선포하는 큰 음성을 듣는다.

보아라, 하나님의 집이 사람들 가운데 있다.
하나님이 그들과 함께 계실 것이요,
그들은 하나님의 백성이 될 것이다.
하나님이 친히 그들과 함께 계실 것이다.

새예루살렘에서는 고대 인간의 고통은 모두 사라지고 없다. 슬픔, 고통 그리고 죽음이 더는 없다. "하나님께서 그들의 눈에서 모든 눈물을 닦아 주실 것이니, 다시는 죽음이 없고, 슬픔도 울부짖음도 고통도 없을 것이다."

새예루살렘의 크기와 구성은 환상적이다. 그것은 거대하다. 그것은 가로와 세로가 각각 1,500마일인 정사각형이다. 사실 그것의 높이는 그것의 너비 및 길이와 동일했기 때문에, 그것은 예루살렘에 있는 성전의 지성소처럼 정육면체이다. 그러나 그 도성은 성전이 필요 없다. "그 도성의 성전은 전능하신 주 하나님과 어린양이기 때문이다." 그 도성은 투명한 금, '맑은 수정과 같은 순금'으로 만들어져 있다. 그

---

51 이어지는 문단은 모두 요한계시록 21:1-22:5을 근거로 했다.

래서 그 거리도 '맑은 수정과 같은 순금'이다. 그것은 금성 예루살렘이다.[52] 그것의 벽은 순수한 벽옥이고, 주춧돌은 온갖 종류의 보석으로 꾸며져 있다. 열두 대문은 열두 진주로 되어있고, 그 도성에는 밤이 없으므로 온종일 대문을 닫지 않는다.

새예루살렘의 의미는 우주적이다. 그것의 대문은 열려있고 거대할 뿐만 아니라, "민족들이 그 빛 가운데로 다닐 것이요, 땅의 왕들이 그들의 영광을 그 도성으로 들여올 것이다." 이 거대한 도성에는 '생명수의 강' 옆에 '생명나무'가 있고, 그 "나뭇잎은 민족들을 치료하는 데 쓰인다." 그것은 빛의 도성이고, 거기에는 더 이상 밤이 없다. 그것은 하나님의 도성이고, 그 안에서 하나님과 어린 양이 사람과 함께 있다.

그러나 우리는 이 예루살렘의 환상에서 무엇을 이루어야 하는가? 요한이 바빌론 및 제국의 세계와 대조시키는 도시는 분명히 결코 **실제** 도시가 아니다. 그 도시가 이 세상에서든 혹은 또 다른 세상에서든 늘 존재했다고 상상할 수는 없다. 그렇다면 요한은 역사의 세계를 떠났던 것인가? 사람들이 상상하는 것처럼, 그는 매우 상징적인 언어로 '천국'에 대해 말하고 있는 것인가?

우리는 너무 빨리 그렇게 추정해서는 안 된다. 그가 말하고 있는 모든 것과 그가 천국에 대해 말하고 있다는 추정을 조화시키는 것이 불가능하기 때문이다. 요한이 말하는 세부사항의 대다수는 이 세상의

---

52 '맑은 수정과 같은 순금'이라는 표현은 혹시 요한이 환상 상태에서 정말로 새예루살렘을 보았는지에 대해 (문학적 창작인 전체 환상과 대조적으로) 궁금하게 만든다. 신비적 체험은 흔히 금빛으로 특징지어지는데, 너무도 금빛이어서 종교역사학자 엘리아데(Mircea Eliade)는 그러한 체험을 '황금빛 세상의 체험'이라고 말한다. *Balancing Heaven and Earth* (San Francisco: HarperSanFrancisco, 1998), 2에서 존슨 (Robert A. Johnson)에 의해 (Jerry M. Ruhl과 함께) 인용됨.

삶에 구체적인 것들이다.

— 비록 새예루살렘이 새 땅과 새 하늘일지라도, 그것은 "땅 위에" 있다.
— 왕들과 민족들은 요한의 환상 속에 있다. 왕들과 민족들이 새예루살렘의 빛으로 줄지어 오기 때문이다.
— 그 도성의 생명나무는 민족들을 치료하는 데 쓰였다.
— 그 도성의 문은 세상을 향하여 열려있다.

요한의 환상은 낙원(과 그런 의미에서 회복된 낙원)의 언어를 생각나게 하지만, 전원적인 정원에서 개인들이 하나님과 소통하는 것에 관한 환상은 아니다. 그것은 **한 도시에서** 함께 살아가는 인간들의 환상이다. 그리고 그것은 다른 도시, 즉 제국의 세계에서의 삶에 정반대되는 것이다.

이처럼 요한의 환상은 역사적 요소들을 지니고 있다. 우리는 이것이 묵시문학의 언어라는 것을 기억할 필요가 있다. 엄밀히 말해서 그것은 수수께끼 같고 은유적이고 비유적이다. 요한의 마지막 환상은 아마도 '하나님의 꿈', 즉 인류를 위한 하나님의 꿈으로 가장 잘 이해될 수 있을 것이다.[53] 성서 전체에 걸쳐 나오는 하나님의 꿈은 이 세상을 위한 꿈이지, 다른 세상을 위한 꿈이 아니다. 요한에게 그것은 꿈만한 가치가 있는 유일한 꿈이다.

---

53 6장에서 말한 것처럼 나는 '하나님의 꿈'이라는 표현을 도지어(Verna Dozier)의 책 제목에서 빌려왔다. *The Dream of God* (Cambridge, MA: Cowley, 1991).

끝맺는 성찰

요한계시록은 흠이 없지 않다. 로마를 '큰 창녀'로 그리고 "여자들과 더불어 몸을 더럽힌 일이 없는" 14만 4천 명의 남자들에 대한 요한의 묘사는 여성 혐오적인 태도를 반영하고 있다.[54] 이 땅의 사람들에게 대량의 파괴를 가져다주는 하나님에 대한 그의 묘사는 극단적이다. 한 장면에서는 피가 "약 200마일의 거리를 말굴레의 높이까지" 흐른다.[55] 요한계시록의 하나님은 때때로 정의보다는 복수와 더 관련이 있고, 그 차이는 대단히 중요하다.[56] 비록 그리스도인들이 그의 책을 통해 이해했던 모든 의미 때문에 요한이 비난받을 수는 없지만, 요한계시록은 세상과 세상에 사는 사람들 대부분을 파괴하려고 하는 화난 폭군(tyrant)으로서 하나님에 대한 묘사를 뒷받침하고 있다.

그렇기는 하지만, 그리스도교 성서의 이 마지막 책에서 우리는 성서 전체의 너무도 많은 부분을 특징짓고 있는 동일한 두 가지 초점을 보게 된다. 그 두 가지 초점은 하나님의 통치와 정의에 대한 급진적인 증언 그리고 하나님의 뜻인 것처럼 가장하는 억압적인 지배체제에 대한 철저한 비판이다. 요한이 고발하는 지배체제는 모세 시대 당시 이집트에 있었고, 그 이후 문서 예언자들의 시대 때 이스라엘 내에 있었

---

54 요한계시록 14:4. 요한의 여성혐오적인 언어와 그것을 다루는 두 가지 다른 방식에 대한 비평에 관해서는 Elisabeth Schüssler Fiorenza, *Revelation: Vision of a Just World* (Minneapolis: Augsburg Fortress, 1991)와 Tina Pippin, *Death and Desire: The Rhetoric of Gender in the Apocalypse of John* (Louisville: Westminster John Knox, 1992)를 보라.

55 요한계시록 14:20.

56 John Dominic Crossan, *The Birth of Christianity* (San Francisco: Harper-SanFrancisco, 1998), 586을 보라.

던 지배체제의 잇따른 화육이다. 그것은 예수와 바울과 초기 그리스도교 운동이 도전했던 것과 같은 지배체제이다.

로마와 그 짐승은 고대의 혈통을 지니고 있다. '큰 바빌론'은 로마의 상징적 이름일 뿐만 아니라 권력, 부, 유혹, 협박과 폭력의 주위에서 조직된 지배체제의 상징적 이름이기도 하다. 그들이 어떤 고대의 혹은 현대의 형태를 갖추든 간에, 지배체제는 예수 안에 드러난 하나님의 주권과 하나님 나라에 정반대되는 존재이다. 따라서 제국에 대한 요한의 고발은 성서 전통의 중심 되는 음성과 똑같게 들린다. 모세, 예언자, 예수, 복음서 저자들 그리고 바울처럼 요한의 주장도 단호하고 강력하다. 그것은 하나님이 주님이고 이 세상의 제국과 문화는 주님이 아니라는 것이다.

새예루살렘에 대한 요한의 환상은 역사적 요소와 초역사적 요소 둘 다 지니고 있다. 사실 초역사적 환상으로서 요한의 환상의 힘은 요한계시록이 최종적으로 성서에 포함된 주된 이유일지도 모른다. 그것은 하나님과 인간의 재연합 그리고 그렇게 하여 에덴에서 시작된 유배 생활을 극복하는 것에 대해 말했다. 거기에서는 눈물이 모두 닦여질 것이다. 생명의 강은 그 사이로 흐르고, 생명나무는 그 안에 있다. 거기서 우리는 하나님을 보게 될 것이다. 이보다 더 강력한 성서의 결말을 상상하기는 어렵다.

나 가 는 말

나는 몇 가지 개인적 성찰로 이 책을 끝맺으려 한다. 물론 이 책 전체는 내 개인적 인식을 반영하고 있다. 나는 나 자신의 역사 바깥에 있는 객관적인 관점을 가지고 있지 않다. 우리 중 누구든지 할 수 있는 모든 것은 "이것이 내가 그것을 이해하는 방식이다"라고 말하는 것일 뿐이다. 물론 우리는 특정한 방식으로 보는 이유를 모을 수는 있다. 그러나 궁극적으로 그것은 언제나 개인적인 것이 된다. 나에게 이 책 은 이제까지 내가 성서를 읽는 방법에 관해 이해할 수 있었던 것으로 요약됐다.

그래서 책 전체가 개인적이었다. 그렇기는 하지만 이 나가는 말 에서 나는 그것 모두가 나를 위해 합쳐지는 것에 관해, 즉 매우 기초 적인 수준에서 성서 '전체'와 그리스도인의 삶 '전체'를 이해하는 내 방식에 관해 말하려고 한다. 그리고 만일 내가 말하려고 하는 것이 혹시 다른 종교에도 적용된다면, 그것은 덤(lagniappe), 즉 보너스일 것이다.

내게는 성서가 여러 가지 목소리로 말하고 있다는 것이 분명하다. 단순히 많은 저자, 공동체들 그리고 이야기꾼들이 그 속에서 말하고 있다는 것을 의미하는 건 아니다. 그것도 사실이지만 말이다. 또 단순 히 인간의 목소리 안에서, 그 목소리와 더불어 그리고 그 목소리 아래 에서 성령의 음성이 때때로 우리에게 말하고 있다는 것을 의미하는 것도 아니다. 그것도 사실이지만 말이다. 다시 말해, 이 모든 것 외에 성서에는 삶은 무엇인가에 대한 서로 다른 목소리들이 (따라서 다른 비전들이) 들어있다는 말이다. 그리고 각각의 화자에게는 "삶은 무엇인가"라는 말이 '하나님과 함께하는 삶'은 무엇인가에 대한 의미였다. 따라서 성서에는 이 핵심적인 질문에 답하는 서로 다른 목소리들이 들어있다.

이 서로 다른 목소리들은 성서 이후의 그리스도교 역사에서뿐만 아니라 성서 시대의 역사 전반에 걸쳐서 발견된다. 그것들 사이의 충돌은 신약성서와 구약성서 둘 다를 형성하고 있다. 파라오 및 왕과 카이사르의 왕조 신학과 모세, 예언자들, 예수 그리고 그들 나름대로 그 신학에 반대하는 바울과 밧모의 요한에 의한 예언자적 저항 사이의 갈등 속에서 우리는 다른 목소리를 듣는다. 왕조 신학은, 성서 시대의 형태든 성서 이후 시대의 형태든 간에, 지배체제를 정당화한다. 예언자 신학은 그것에 반대했다.

이 음성들 사이의 긴장은 종교적인 형태와 세속적인 형태로 현재까지 계속되고 있다. 그리스도교 안에서 우리는 일부 형태의 그리스도교와 극단적 개인주의의 정치 사이의 동맹 속에 수용된 왕조 신학을 본다. 개인적 책임과 의무를 강조하는 이런 믿음의 형태들은 그 자체로는 좋지만, 그 체제가 사람들의 삶에 영향을 미치는 방식을 무시하고 우리 시대의 지배체제에 손을 대지 않는다. 개인주의의 세속적 형태들도 똑같이 정당화를 행한다. 다른 그리스도인들은, 특히 주변부(marginalized) 공동체들에 속한, (그러한 공동체들에서만은 아니지만) 성서 전통의 상당히 많은 부분을 통해 들리는 지배체제에 대한 철저한 비판의 목소리를 듣는다.

우리는 지혜전승 내의 중심 되는 갈등 속에서도 다른 목소리들을 듣는다. 어떤 목소리는 삶을 길들임으로써 삶을 '안전하게' 만드는, 확신에 찬 인습적인 지혜를 확언한다. 다른 목소리는 인습이라는 안이한 확신을 전복시키고, 광야와 같은 삶에 훨씬 더 많이 접촉하는, 대안적 지혜를 확언한다.

이 목소리들 사이의 긴장도 현재까지 계속되고 있다. 세속적이든 종교적이든, 인습적 지혜는 둘 다 현실에 길들이게 할 뿐만 아니라 우리를 사회화 속에서 습득하는 내면화된 메시지에 속박시킨다. 그러나 인습이―심지어 종교적 인습도― 하나님에게서 온 것인가? 아니면 현실을 덮고 있는 그리드(grid: 격자무늬의 네트워트)―사실상 우리를 '자연'(what is)으로부터 소외시키는 그리드―와 같은 것인가? 인습적 지혜는 축복받은 것인가? 아니면, 가지 않은 길을 따라가기 위하여 내려놓아야 하는 것인가? 인습적 지혜는 만물의 이치(how things are)에 대한 정확한 지도인가? 아니면, 그것은 개괄적인 안내도이자 바로 그것 배후에 놓여 있는 신성한 신비(sacred Mystery)를 가리키는 지시봉인가?

삶을 바라보는 이 두 가지 방식에 대한 증언은 성서와 성서 이후의 그리스도교 모두에서 발견된다. 여러 세기를 거쳐 현재에 이르기까지 그리스도교의 대부분은 단지 그리스도교적 형태의 인습적 지혜에 지나지 않았다. 그것은 그리스도교적 언어를 사용한 현실에 대한 길들이기(domestication of reality)이자 자신의 생활 방식에 대한 지시에 불과하다. 다시 말해 "이 길을 따르면 만사형통할 것이다"라는 말이다. 두 번째 방식은 욥기, 전도서, 예수 그리고 바울에게서 나오는 공통적인 목소리이다. 그 목소리는 보다 더 체험적이고 영적인 성서의 흐름 속에서 되풀이하여 나타났다. (삶의) 체험과 성령 체험은 인습이 그저 그것임을, 즉 인습에 불과하다는 것을 분명히 밝히고 있다.

이 단락과 이 책 전체를 통해 보면, 이 목소리 중에 내가 가장 좋아하는 목소리가 있다는 것은 분명하다. 내가 지지하는 목소리가 성서의 주된 목소리이고, 나는 (적어도 매우 일반적인 수준에서) 그 목소리를 상당히 정확하게 "듣고 있다"는 것을 적절하게 입증할 수 있다고 생각했다.

그렇지만 이제 이 목소리가 들려주는 말을 통해 내가 들은 것을 말하면서, 나는 이 모든 것이 얼마나 주관적인가를 알고 있다고 다시 한 번 인정하고 싶다. 그러나 이 분야에서의 주관성은 피할 수 없는 것이다.

내가 들은 바에 의하면, 성서 전통의 주요한 목소리는 세 가지 근본적인 확신을 공유하고 있다.

첫째, 신성의 실재에 대한 깊은 의식이 있다. 하나님은 실재할 뿐만 아니라 알 수도 있는 분이다. 더욱이 신성은 하나님에 관한 일련의 진술 속에서가 아니라, 모든 언어를 넘어서는 하나의 신비(a Mystery)로서 체험을 통해 알려진다. 이 신비, 즉 하나님은 신학과 심지어 성서에 의해 생겨난 것들을 포함하여 우리의 모든 현실의 지배를 초월한다. 하나님은 제국과 황제, 민족과 왕도 초월한다. 이러한 인간들과 그 창작물들은 주님이 아니고, 오직 하나님만이 주님이다. 하나님은 또한 민족과 종교도 초월하고, 따라서 통합은 문화와 종교의 작은 영주들이 지배할 때는 가능하지 않지만, 하늘과 땅을 만든 하나님 안에서는 가능하다.

둘째, 유일한 주님이신 하나님과의 의식적인 관계 속에 살아갈 때, 우리의 삶은 '온전하고', '올바르게' 된다는 강한 확신이 있다. 하나님과 함께하는 삶은 하나님에 관한 특정한 가르침을 믿는 것에 관한 것이 아니다. 그것은 계약, 즉 관계에 관한 것이다. 더 구체적으로 말하자면, 그것은 이미 존재하는 관계를 의식하게 되는 것에 관한 것이다. 성서의 하나님은, 우리가 알든 모르든 혹은 믿든 안 믿든, 처음부터 우리와의 관계 속에 있었기 때문이다. 그리고 우리는 그 관계를 의식해야 할 뿐만 아니라 그것을 의식적으로 더 깊게 하여야 한다. 그리스도인의 신앙은 믿음에 관한 것이 아니라 그 관계에 대한 신실함, 곧 충성에 관한 것이다. 히브리 성서와 신약성서의 중심에 있는 관계적 은유를 이용하여 말하자면, 우리는 하나님과의 계약 속에 있다. 그 계약을 진지하게 받아들이는 것이 삶의 길이다.

삶의 길로서 이 관계는 개인적인 변혁의 길이다. 그것은 인습과 문화의 지배자들에 대한 실존적인, 심리적인 그리고 정신적인 속박으로부터 해방되는 길이다. 그것은 옛 존재 방식에 죽고 새로운 존재 방식으로 태어나는 것과 관련되어 있다. 그것은 급진적인 유일신론(radical Monotheism)에 일치하여 사는 삶이다. 다시 말해 경쟁자인 문화와 인습의 지배자들보다는 하나님 안에 우리의 삶의 중심을 두는 삶이다.

셋째, 이 목소리들은 하나님이 정의와 '함께 아파함'(compassion)의 하나님이라고 확신한다. 성서의 하나님은 함께 아파하는 마음으로 가득하고 정의에 대해 열정적이다. 정의에 대한 하나님의 열정은 하나님의 바로 그 성격에서 흘러나온다. 하나님은 고통에 관심을 가지고 계시며, 불필요한 인간 불행의 단 하나의 가장 큰 원천은 불의하고 억압적인 문화체제이다. 이 체제들은, 중간 범위에 있는 약간 심하게 억압적인 다수의 문화체제와 더불어, 상대적으로 자애롭고 인도적이었던 소수의 문화체제로부터 그보다 더 많은 악마처럼 파괴적이었던 문화체제에 이르기까지 다양하다. 이 목소리들이 말하는 하나님은 인간의 행복을 바라고, 불필요한 상처를 입히는 인간에 의해 구성된 모든 체제에 분노한다. 그 음성들은 지구상의 생명체에 대한 하나님의 열정, 즉 일상세계 속에서 바라는 하나님의 꿈에 대해 말한다.

하나님의 열정은 정의와 '함께 아파함'의 중심에 있는 성서 윤리의 바탕이다. '정의'와 '함께 아파함'이 둘 다 필요하다. 함께 아파함 없는 정의는 의심할 필요 없이 '공정한 정치'처럼 들리고, 정의 없는 '함께 아파함'은 너무도 쉽게 개인주의화되고 조직적으로 순종이 된다.

이 책의 앞에서 말했듯이, 나는 정의라는 말로써 주로 사법제도 혹은 절차적 정의를 의미하는 것이 아니라, 실질적인 혹은 제도적인 정의를 말한다. 다시 말해 그 결과로 판단되는 정의를 말하는 것이다. 그러나 일부 신학이 그런 것처럼, 제도적이고 구조적인 정의만을 위해 하나님의 열정을 강조하는 것은 마치 성서의 메시지가 주로 정치와 공중도덕에 관한 것이고, 개인에 관해서는 별로 많지 않은 것처럼 들리게 한다. 사회정의에 대한 성서의 열정이 담긴 메시지는 항상 하나님의 실재에 근거를 두고, 개인 해방의 메시지가 수반되어야 한다.

그러나 '정의'라는 말은 전적으로 필요하다. 정의 없이 '함께 아파함'에 대해 말하는 것은 제도의 희생자들에 대한 성서의 열정을 개인적인 친절한 행위와 자선의 중요성으로 쉽게 바꾸기 때문이다. 자선과 친절한 행위는 중요하고, 항상 누군가의 도움은 필요할 것이다. 그러나 '함께 아파함'의 개인주의화는 "고통당하고 있는 사람 중 얼마나 많은 사람이 사실상 피해자들인가"라고 묻지 않는다. 정의 없이 '함께 아파함'은 늘 피해자들을 만들어내는 제도를 조용히 묵인하면서 그들을 돌보는 것을 의미한다. 정의는 왜 그렇게 많은 피해자가 있는지를 묻고, 그 문제에 관해 중요한 일을 하는 것을 의미한다.

그래서 나는 이 세 가지가 하나님과 함께 하는 삶의 성서적 비전의 핵심에 있다고 말하는 것이다: 삶의 중심에 있고, 그와 함께 우리가 의식적인 관계 속에 있어야 하는 그리고 전체 피조물의 행복에 열정적인 하나님. 우리는 하나님의 열정에 참여하도록 소환된다. 내가 성서를 하나님과 함께 하는 삶을 보기 위한 하나의 렌즈로 사용할 때, 성서를 달을 가리키는 손가락으로 간주할 때, 그리스도교 문화-언어적 세계의 토대로서 성서의 이야기들을 들을 때 그리고 신성의 성례전으로서 성서에 귀 기울여 들을 때, 그것이 바로 내가 깨닫는 것이다.

이 세 가지 핵심 요소로부터 아주 단순한 그리스도인의 삶의 비전이 흘러나온다. 그것은 도전적이지만, 복잡하지는 않다. 그것은 예수의 말로 여겨지는 매우 친숙한 두 가지 '큰 계명'(great commandment)에서 구체화된다. 나는 그것을 '큰 관계'(great relationship)로 간주하기를 더 좋아하고, 그래서 나는 그것을 다음과 같이 다른 말로 바꾸어 말한다.[1]

첫 번째 관계는 이것이다. "이스라엘은 들으십시오. 주님은 우리의 하나님이시오, 주님은 오직 한 분뿐이십니다. 당신들은 마음을 다

---

1 마 22:37-40; 막 12:29-31. 나는 이 구절에 대한 관계적 읽기를 뉴욕시에 있는 트리니티 연구소의 번햄(Fred Burnham)에게서 빌려왔다.

하고 뜻을 다하여 주 당신들의 하나님을 사랑하십시오." 이것이 가장 중요하고 으뜸가는 관계이다. 둘째 관계도 이것과 같은데, "네 이웃을 네 몸과 같이 사랑하여라." 이 두 관계에 온 율법과 예언서의 본 뜻이 달려 있다.

이 두 가지 주요한 관계는 유대교와 그리스도교에 공통된 것이다. 그리스도교 전통의 중심이 되는 예수가 한 이 말은 히브리 성서에서 인용한 말이고, 히브리 성서의 중심이 된다. 첫 번째는 쉐마(Shema)라는 말인데, 이 말은 여러 세기 동안 줄곧 신앙에 대한 전형적인 유대교적 표현이었다. 두 번째는 레위기에 나오는 말이다.[2] 유대교와 그리스도교는 이 기본적인 핵심을 공유하고 있다.

이와 같이 성서에 근거한 삶의 중심에는 큰 관계의 이중적 초점이 있다. 물론 그리스도인이 된다는 것은 이것 이상을 의미한다. 그것은 그리스도교 공동체 안에 사는 것과 자신의 삶이 그 공동체의 성서, 이야기, 노래, 의식, 관례에 의해 형성되도록 하는 것을 의미한다. 공동체는 성서적 비전의 중심일 뿐만 아니라(결국 새예루살렘은 하나의 도시이다), 새로운 정체성과 비전의 내면화이기도 하다.

공동체에 속한 그리스도인의 정체성과 비전을 형성하는 이 과정에서 성서는 중심 되는 역할을 하는데, 아마도 성령의 역할 다음으로 중심 되는 역할일 것이다. 그리스도교 전통의 토대로서 성서는 하나님의 열정에 대해 말하는 우리의 이미지와 이야기의 원천이다. 따라서 성서 해석은 성서의 하나님을 진지하게 받아들이는 것의 의미에

---

2 신명기 6:4-5; 레위기 19:18.

대한 우리의 비전을 형성한다. 성서는 같은 신성한 신비의 성례전, 즉 그것에 의해 하나님이 오늘도 여전히 우리에게 말하는 수단이기도 하다. 성서의 많은 목소리를 통해 그리고 그 목소리 안에서, 우리는 우리 시대의 우리에게 전하는 하나님의 음성을 알아차리도록 소환된다. 그렇다면 귀 기울여 들어라. 우리가 들은 것은 매우 중요하다. 그것은 매우 큰 차이를 만들어낸다.